Mensch . Natur . Katastrophe
Von Atlantis bis heute

Begleitband zur Sonderausstellung

HERAUSGEGEBEN VON

Gerrit Jasper Schenk, Monica Juneja, Alfried Wieczorek, Christoph Lind

Publikationen der Reiss-
Engelhorn-Museen Band 62

Impressum

Diese Veröffentlichung erscheint anlässlich der Ausstellung *Mensch. Natur. Katastrophe. Von Atlantis bis heute* in den Reiss-Engelhorn-Museen Mannheim, 7. September 2014 bis 1. März 2015. Die Ausstellung wurde von den Reiss-Engelhorn-Museen organisiert und produziert.

AUSSTELLUNG

Gesamtleitung
Alfried Wieczorek

Konzeption und Projektleitung
Gerrit Jasper Schenk
Monica Juneja
Christoph Lind

Wissenschaftliche Koordination
Gerrit Jasper Schenk
Monica Juneja
Christoph Lind
Christian Numrich
Noura Dirani
Jacob Birken

Organisation Leihgaben
Christoph Lind
Gerrit Jasper Schenk
Monica Juneja
Christian Numrich
Noura Dirani
Jacob Birken
Carolin Hoffmann
Santiago Gomez

Ausstellungsmanagement und -aufbau
Christoph Lind (Leitung), Silvia Rückert

Leihverkehr und Transporte
Marianne Aselmeier
unter Mitwirkung von Andrea Tiefensee

Restauratorisch-konservatorische Betreuung
Elke Michler, leitende Restauratorin
Annette Kirsch

Ausstellungsaufbau
Ulrich Debus
Jean Lehr
Robert Leicht
Giuseppe Presentato
Uwe Rehberger

Lichtsetzung
Uwe Rehberger

Ausstellungsgestaltung und -graphik
Christoph Lind
Christian Numrich
Carolin Hoffmann
Santiago Gomez

Presse- und Öffentlichkeitsarbeit / Marketing
Claudia Paul
Magdalena Pfeifenroth
Cornelia Rebholz
Norman Schäfer
Yvonne Berndt
Alexander Häntzschel, Universität Heidelberg
Verena Vöckel, Universität Heidelberg

Graphik und Corporate Design
Tobias Mittag

Museumsvermittlung
Elisa Ziegenbein
unter Mitwirkung von
Melanie Beikirch
und
Nathalie Jacobi

Führungsorganisation und Besucherdienste
Britta Bock

Ausstellungsfotografie
Carolin Breckle
Maria Schumann

Ausstellungstexte
Gerrit Jasper Schenk
Monica Juneja
Christian Numrich
Noura Dirani
Jacob Birken
Christoph Lind
Carolin Hoffmann
Santiago Gomez

Redaktionelle Bearbeitung
Luisa Reiblich

Medientechnik
Jean Lehr
Frank Wanderer

Audioguide
Antenna International

Wissenschaftliche Hilfskräfte
Monica Klasing Chen
Benedict Mette

Praktikanten und ehrenamtliche Mitarbeiter
Christina Sturm
Charlotte König
Frank Heberle

BEGLEITBAND

Herausgeber
Reiss-Engelhorn-Museen Mannheim:
    Alfried Wieczorek
    Christoph Lind
Exzellenzcluster Asia and Europe in a Global Context, Universität Heidelberg:
    Monica Juneja
Technische Universität Darmstadt:
    Gerrit Jasper Schenk

Wissenschaftliche Redaktion und Lektorat
Gerrit Jasper Schenk
Monica Juneja
Claudia Braun
Luisa Reiblich
Noura Dirani
Jacob Birken
Christian Numrich
unter Mitwirkung von
Jennifer Pochodzalla
Carolin Hoffmann
Santiago Gomez

Bildredaktion und Bildunterschriften
Silvia Rückert
Christian Numrich
unter Mitwirkung von
Noura Dirani
Jacob Birken
Carolin Hoffmann
Santiago Gomez

Übersetzungen
Christian Numrich
Marco Ianniello

Reprographie
Carolin Breckle
Maria Schumann

Verlagslektorat
Verlag Schnell und Steiner, Simone Buckreus

Covergestaltung und Corporate Design
Tobias Mittag, in Zusammenarbeit mit Anna Braungart, Tübingen
Norman Schäfer

Bibliografische Information der Deutschen Nationalbibliothek:
Die Deutsche Nationalbibliothek verzeichnet diese Publikation
in der Deutschen Nationalbibliografie; detaillierte bibliografische
Daten sind im Internet über http://dnb.dnb.de abrufbar.

© 2014
Originalausgabe © rem gGmbH Mannheim und
Verlag Schnell & Steiner GmbH, Leibnizstr. 13, 93055 Regensburg
Gedruckt auf säurefreiem und alterungsbeständigem Papier
Layout und Satz: typegerecht, Berlin
Druck: Erhardi Druck GmbH, Regensburg
Printed in Germany
Weitere Informationen zum Verlagsprogramm erhalten Sie unter:
www.schnell-und-steiner.de
ISBN 978-3-7954-2880-8

Finanzielle Förderung und Kooperationspartner

rem gGmbH, Mannheim
Exzellenzcluster *Asia and Europe in a Global Context,* Universität Heidelberg
Technische Universität Darmstadt

Projektpartner

Förderer

Kooperationspartner

Medienpartner

Wir danken unseren Leihgebern

DEUTSCHLAND
Bad Homburg v. d. Höhe, Verwaltung der Staatlichen Schlösser und Gärten Hessen, Schloss Erbach im Odenwald
Berlin, Humboldt Universität zu Berlin, Geomorphologisch-Geologische Sammlung des Geographischen Instituts
Berlin, Museumsstiftung Post und Kommunikation, Museum für Kommunikation Berlin
Bonn, Bibliothek der Friedrich-Ebert-Stiftung
Bremen, Staats- und Universitätsbibliothek Bremen
Deidesheim, Deutsches Film- und Fototechnik Museum Deidesheim
Eberbach, Ludwig Baier
Frankfurt a. M., Museumsstiftung Post und Kommunikation, Museum für Kommunikation Frankfurt a. M.
Frankfurt a. M., Senckenberg Forschungsinstitut und Naturmuseum
Freiburg im Breisgau, Städtische Museen Freiburg, Museum Natur und Mensch
Heidelberg, Anna Andreeva
Heidelberg, Bibliothek des Romanischen Seminars der Universität Heidelberg
Heidelberg, Universitätsbibliothek
Karlsruhe, Staatliche Kunsthalle Karlsruhe
Köln, Japanisches Kulturinstitut – The Japan Foundation
Krefeld, Stadtarchiv Krefeld
Ludwigshafen am Rhein, Erika und Klaus Gerber
München, Bayerische Staatsbibliothek
Schriesheim, Besucherbergwerk Grube Anna-Elisabeth
Ulm, Museum der Brotkultur

SCHWEIZ
Basel, Historisches Museum Basel
Goldau, Bergsturzmuseum Goldau
Lichtensteig, Toggenburger Museum

ITALIEN
Florenz, Archivio di Stato di Firenze
Florenz, Kunsthistorisches Institut in Florenz – Max-Planck-Institut
Plurs, Associazione italo-svizzera per gli scavi di Piuro

FRANKREICH
Straßburg, Archive de la Ville et de la Communauté Urbaine
Straßburg, Observatoire astronomique, Région Alsace – Inventaire général; Université de Strasbourg – Jardin des Sciences

JAPAN
Tokyo, Japan Professional Photographers Society

USA
Gennifer Weisenfeld, Durham, NC

ANDERE
Collection Rabitz

sowie alle ungenannten Leihgeber

Wissenschaftlicher Beirat

Dr. Matthias Dörries — Université de Strasbourg
Prof. Dr. Rüdiger Glaser — Universität Freiburg
Dr. Carsten Felgentreff — Universität Osnabrück
Valerie Hammerbacher M.A. — Stuttgart
Dr. Daniel Krämer — Universität Bern
Dr. habil. Dirk Meier — Küstenarchäologie Schleswig-Holstein
Prof. Dr. Diamantis Panagiotopoulos — Universität Heidelberg
Dr. Eleonora Rohland — Zürich
Prof. Dr. Peter Rothe — Reiss-Engelhorn-Museen Mannheim
Dr. Birgit Schneider — Potsdam
Dr. Nicole Vollweiler — Universität Heidelberg
Gennifer Weisenfeld Ph.D. — Duke University Durham, NC
Prof. Dr. Beat Wyss — Staatliche Hochschule für Gestaltung Karlsruhe

Unser besonderer Dank gilt

Kazimuddin Ahmed, London; Anna Andreeva, Heidelberg; Johannes Anhorn, Heidelberg; Claudia Brosseder, Heidelberg; Riccardo Chellini, Florenz; Uta Coburger, Mannheim; Nicola Crüsemann, Berlin; Meinrad Dreher, Mainz; Iris Edenheiser, Mannheim; Maria Effinger, Heidelberg; Michael Falser, Heidelberg; Anton Feicht, Brannenburg; Walter Ludwig Friedrich; Christine Gerstner, Köln; Martin Gieselmann, Heidelberg; Eva Gramlich, Mannheim; Ann-Sofi Gustafsson, Paradise Island, Florida; Niels Gutschow, Heidelberg; Alexander Häntzschel, Heidelberg; Stephanie Herrmann, Mannheim; Oliver Hochadel, Barcelona; Annegret Höhler, Florenz; Frank Holzförster, Windischeschenbach; Kornelia Kasperkiewicz, Berlin; Liselotte Homering, Mannheim; Marco Ianniello, Heidelberg/Karlsruhe; Eric van den Ing, Uden; Chihiro Kodama-Lambert, Heidelberg; Peter Kloeppel, Köln; Tom Kristensen; Danae Lange, Heidelberg; Richard Leiner, Heidelberg; Ana Cristina Leite, Lissabon; Thomas Lennartz, Heidelberg; Gianni Lisignoli, Plurs; Joachim Lutz, Mannheim; Franz Mauelshagen, Zürich; Aric Mayer, USA; Axel Michaels, Heidelberg; Sabine Michels, Kaiserslautern; Marcus Nüsser, Heidelberg; Roland Numrich, Köln; Leonhard Ottinger, Köln; Yevgenia Petrova, Sankt Petersburg; Alfonso Pinto, Paris; Evelyne Reiblich, Mainz; Gabi Schlag, Frankfurt; Judith Schlehe, Freiburg; Wolfgang Seifert, Heidelberg; Maik Hendrik Sprotte, Halle; Lothar Stöckbauer, Mannheim; Jens Stöcker, Kaiserslautern; Anja Noemi Stubbe, Köln; Melanie Trede, Heidelberg; Imke Veit-Schirmer, Heidelberg; Verena Vöckel, Heidelberg; Rudolf Wagner, Heidelberg; Wakita Mio, Heidelberg; Sven Waskönig; Gennifer Weisenfeld, Durham, NC; Doris Wessa, Köln; Asa-Bettina Wuthenow, Heidelberg

Inhalt

WASSER UND LUFT

FAKTOR MENSCH

Grußwort

Katastrophen sind Herausforderungen, für den Einzelnen wie für die Gemeinschaft. Wenn Extremereignisse in der Natur Menschen treffen, werden sie zum weltweiten Politikum. Und das nicht nur aufgrund der Zerstörungen, sondern auch durch die dadurch verursachten Veränderungen im Denken und Handeln: So hat die Nuklearkatastrophe von Fukushima eine Wende in der deutschen Energiepolitik bewirkt – auch wenn die Reaktorruine nicht bis nach Europa strahlt.

Mit der breit gefächerten Ausstellung *Mensch. Natur. Katastrophe. Von Atlantis bis heute* thematisieren die Reiss-Engelhorn-Museen in Mannheim den Umgang mit Katastrophen. Neben geophysikalischen Fakten präsentiert die Schau einen epochen- und kulturspezifischen Überblick über die Wahrnehmung, Deutung und Bewältigung von Katastrophen. Fanden Erdbeben, Sturmfluten und Vulkanausbrüche einst ihren Niederschlag in Mythen wie dem von Atlantis, so sind sie heute auch ein globales Medienereignis.

Solch ein umfassendes Thema bedarf einer intensiven interdisziplinären Forschungsarbeit. Das Exzellenzcluster *Asia and Europe in a Global Context* der Ruprecht-Karls-Universität Heidelberg, die Technische Universität Darmstadt und die Reiss-Engelhorn-Museen haben sich daher in einer Kooperation zusammengeschlossen, um Katastrophen in all ihren Facetten näher zu beleuchten.

Dank der Arbeit der drei Institutionen zeigt sich ein Problem der Gegenwart – scheinen doch Wirbelstürme, Sturmfluten und Dürren zuzunehmen, vom Klimawandel ganz zu schweigen – nun in historischem Zusammenhang: Auch frühe Gesellschaften betreiben bereits Katastrophenmanagement und -prävention. Manchmal hielt eine regelrechte Erinnerungskultur das Geschehen über Jahrhunderte hinweg lebendig, manchmal half nur die Verdrängung bei der Bewältigung des Unbeschreiblichen. Wichtig ist es, aus diesen historischen Ereignissen zu lernen und präventive Maßnahmen an die geologischen und kulturellen Gegebenheiten anzupassen, um zukünftige Katastrophen leichter abzuwenden. So muss diese Ausstellung auch als Anstoß gesehen werden, um einen bewussteren Umgang mit der Natur zu fördern.

Für die Realisierung und Durchführung der Ausstellung *Mensch. Natur. Katastrophe. Von Atlantis bis heute* sowie die zukunftsweisende Vernetzung innerhalb der Forschungslandschaft Baden-Württembergs und mit einer Institution in Hessen danke ich allen Beteiligten.

Der Ausstellung wünsche ich den verdienten Erfolg und breiten Zuspruch sowie allen Besucherinnen und Besuchern interessante, zum Nachdenken anregende Eindrücke.

Winfried Kretschmann
Ministerpräsident des Landes Baden-Württemberg

Vorwort der Herausgeber

Die Ausstellung *Mensch . Natur . Katastrophe. Von Atlantis bis heute* präsentiert den menschlichen Umgang mit Katastrophen, fokussiert auf beispielhafte Einzelereignisse aus unterschiedlichen Kulturen. Sie reflektiert Forschungsergebnisse des Projekts D17 *Images of Disasters* des Exzellenzclusters *Asia and Europe in a Global Context* der Universität Heidelberg und zeigt Ergebnisse einer seit dem Jahr 2009 bestehenden, intensiven und anregenden Zusammenarbeit zwischen der Universität Heidelberg, der Technischen Universität Darmstadt und den Reiss-Engelhorn-Museen Mannheim.

Das Ausstellungsprojekt stellt den Besuchern erstmals sowohl unterschiedliche als auch übereinstimmende Aspekte des Umgangs mit plötzlichen, aber auch durchaus vorhersehbaren extremen Naturereignissen mit katastrophalen Folgen für den Menschen und seine Kultur zu unterschiedlichen Zeiten und in mehreren Weltregionen vor. Die Grenzen sprengende Bandbreite kultureller Fähigkeiten und Möglichkeiten, auf traumatische Ereignisse zu reagieren, wird an plastischen Beispielen von Alltagsgegenständen bis hin zu Kunstobjekten deutlich. Die Vielzahl der dargestellten Aspekte soll die Besucher anregen, die menschlichen Reaktionen in ihrer Ambivalenz zu verstehen und damit auch die eigenen Wahrnehmungs- und Deutungsmuster besser kennen zu lernen. Die Ausstellung will – ebenso wie die vorliegende zugehörige Publikation – ein tieferes Bewusstsein dafür schaffen, dass die individuellen und kollektiven Wahrnehmungs- und Deutungsmuster von Katastrophen in aller Welt und zu allen Zeiten einen erheblichen Einfluss auf den Umgang mit diesen ausübten: Menschliches Handeln kann Katastrophen lindern oder verstärken. Ohne betroffene Menschen gibt es keine Katastrophen. Umgekehrt gilt aber auch, dass erst das in unterschiedlichsten Medien transportierte Wissen um die Verletzbarkeit des Lebens ein tieferes Verständnis für diese Verbundenheit aller menschlichen Kulturen vermittelt.

Unser Dank gilt den institutionellen und privaten Leihgebern, die die Ausstellung mit außergewöhnlichen Objekten bereichern.

Dank gebührt auch allen Wissenschaftlern, deren Forschungen im Projekt Niederschlag finden und die es in hohem Maße und mit größtem Engagement unterstützt haben. Über Jahre hinweg wurde das Thema auf internationalen Symposien und in Vorlesungsreihen aufgearbeitet. Das dort zusammengetragene Fachwissen überstieg bei weitem die Möglichkeiten einer Ausstellung, sodass nur eine fundierte Auswahl einzelner Themen und Aspekte präsentiert werden kann.

Wesentliche Stützen des Projekts sind auf der Heidelberger Seite Noura Dirani und Jacob Birken sowie auf Seiten der Reiss-Engelhorn-Museen Christian Numrich, Carolin Hoffmann und Santiago Gomez. Ihnen gilt unser herzlichster Dank für ihren unermüdlichen Einsatz, die Koordination der Arbeitsgruppe zwischen den Orten und Wissenschaftlern, ihre Sachkenntnis und für ihr ausgeprägtes diplomatisches Geschick, das in jeder Hinsicht dem Projekt wirkungsvoll zu Gute kam. Die Organisation und Durchführung der Redaktionsarbeiten, die Autorenbetreuung und die Verlagskommunikation lagen in den bewährten und äußerst einsatzfreudigen Händen von Claudia Braun und Luisa Reiblich. Claudia Braun sei für ihre Verdienste um die Kontakte zu den italienischen Leihgebern in besonderem Maße gedankt.

Dank gilt auch den vielen Helfern, die über lange Zeit hinweg das Projekt mit ihrer Arbeit getragen haben: Monica Klasing Chen, Sarah Nelly Friedland, Charlotte König, Benedict Mette, Silvia Rückert und nicht zuletzt Christina Sturm. Über die schon traditionelle, sehr gute und kollegiale Zusammenarbeit mit dem Verlag Schnell und Steiner haben wir uns sehr gefreut.

Wertvolle Unterstützung fand das Projekt durch die RTL Journalistenschule ebenso wie durch die Japan Foundation. Ihnen allen sei herzlich gedankt.

Gerrit Jasper Schenk – Monica Juneja –
Alfried Wieczorek – Christoph Lind

Mensch . Natur . Katastrophe
Von Atlantis bis heute

GERRIT JASPER SCHENK, MONICA JUNEJA UND CHRISTOPH LIND

Von der Natur zum Menschen

GERRIT JASPER SCHENK

In dichter Folge berichten die Medien von Naturkatastrophen, die irgendwo auf dem Erdball über Menschen hereingebrochen sind.[1] Die Bilder im Fernsehen, in Zeitungen und im Internet vermitteln uns nahezu in Echtzeit weltweit immer ähnlichere Darstellungen von Tod, Zerstörung und Hilflosigkeit, aber auch von Heldenmut und Hilfe. Auslandsreporter befragen mit betroffenem Gesichtsausdruck Überlebende (im Hintergrund: Ruinen), Politiker geben in Gummistiefeln (Abb. 1) auf durchweichten Dämmen Anweisungen oder besuchen Erdbebenopfer im Krankenhaus (Abb. 2). In Talkshows und Sondersendungen werden Experten befragt, die wahlweise naturwissenschaftliche Hintergründe erläutern, die Schadenshöhe abschätzen oder Sofortmaßnahmen fordern. Bei großen Katastrophen beherrscht das Thema einige Tage, manchmal sogar Wochen die Schlagzeilen.

Die Diskussion über mögliche Ursachen, versäumte Prävention, überforderte oder fehlgehende Katastrophenhilfe beginnt. Schließlich setzt die Suche nach den tatsächlich oder vermeintlich Verantwortlichen ein – das ›Blame Game‹. Im Extremfall reagieren auch die Börsenkurse, erst von Rückversicherern, dann von ganzen Volkswirtschaften. Schuldzuweisungen können religiös und politisch instrumentalisiert werden und Regierungen in Krisen stürzen.

Erfolgreich bewältigte Katastrophen können aber auch als überstandene Bewährungsprobe ganze Nationen zusammenschweißen. Irgendwann erlischt das Interesse der Medien (oder der Öffentlichkeit). Wenn es sich um prägende Katastrophen handelt, werden womöglich zu den Jahrestagen des Ereignisses noch Sonderberichte gesendet. Der schrecklichen Erfahrung von Zufall und Ausgeliefertsein kann auf diese Weise durch Handeln, Erzählen und Erinnern ein spezifischer Sinn gegeben werden.[2] Einige ganz große oder besonders erinnerungswürdige Katastrophen wirken manchmal im kollektiven Gedächtnis von Regionen, Nationen oder Kontinenten fort. Nach Jahrhunderten oder Jahrtausenden kann die Erinnerung an reale Katastrophen mit Mythen verschmelzen, die von historisch nicht nachweisbaren Urkatastrophen berichten, die ganze Erdteile oder die Menschheit insgesamt betroffen haben sollen.[3]

Selbst wenn die Bilder ferner Katastrophen häufig den Voyeurismus des Publikums bedienen, mobilisieren sie doch auch weltweites Mitgefühl und tätige Solidarität mit den Opfern. Dies reicht von regierungsamtlich entsendeten Katastrophenhelfern über das Engagement von Nichtregierungsorganisationen bis hin zu Privatleuten als Spendengebern und als Aktivisten in den *Social Media*.[4] Die Berichterstattung über Katastrophen kann auf diese Weise in eine globalisierte Erfahrung menschlicher Verbundenheit über alle Grenzen hinweg münden: Die Gewalt einer Naturkatastrophe setzt Menschen nachfühlbar einer elementaren Grenzsituation aus. Menschliches Wollen und Können wird auf der prekären Grenze zwischen ›Natur‹ und ›Kultur‹ auf eine existenziellen Bewährungsprobe gestellt – für den einzelnen Betroffenen geht es dabei um Leben oder Tod. In der Katastrophe als Ausnahmezustand des Normalen bewähren sich oder scheitern nicht nur Individuen, sondern auch ganze Gemeinschaften. Wo der Einzelne aus eigener Kraft wenig vermag, greifen kollektive kulturelle Muster des Handelns, Verstehens und Bewältigens. Versagt der Schutz von Kultur und Gesellschaft jedoch, dann rührt die kollektive Erfahrung des Ausgeliefertseins an die allen Zeiten und allen Kulturen gemeinsame Urangst der Menschen vor den Naturgewalten.

Manchmal lässt die oft nur medial vermittelte Erfahrung einer gemeinsamen globalen Moderne die Unterschiede zwischen Helfenden und Hilflosen, Nord und Süd, Reich und Arm, Geschützten und Schutzlosen aber auch erst richtig deutlich werden. Katastrophen kennen zudem meistens auch Gewinner und Verlierer, regional wie global. Wer genauer hinschaut, sieht neben dem Verbindenden nämlich bezeichnende Unterschiede, die dem eingangs vermittelten Eindruck einer weltweit immer gleichen Katastrophensituation widersprechen. Dies gilt erst recht für den Blick auf kleine und große Katastrophen der Vergangenheit bis hin zu den nur mythischen Vorstellungen von Untergang und Verderben wie der Sage von Atlantis oder der uralten, kulturübergreifenden Erzählung einer alles Leben auslöschenden Sintflut[5] (Abb. 3). Diese mythische und historische Bilderwelt von Vorzeichen und Katastrophen hat einen großen Einfluss auf gegenwärtige Berichte über Naturgefahren und

1 Grimma: Bundeskanzler Gerhard Schröder und der sächsische Ministerpräsident Georg Milbradt gehen am 14. August 2002 durch die verschlammte Innenstadt von Grimma und informieren sich über Hochwasserschäden.

Katastrophen. Bilder von Katastrophen stehen dadurch in engem Zusammenhang mit den jeweiligen kulturellen Vorstellungen von linearer oder zyklischer Zeit und der kosmischen Ordnung der Welt zwischen Göttern und Menschen, Natur und Kultur, Chaos und Logos. Katastrophen können sehr unterschiedlich gedeutet werden, zum Beispiel als gestörte Ordnung, als Zeit der Entscheidung oder reinigenden Katharsis, als Zeichen göttlichen Eingreifens, als Übergang, Transformation oder Neu-Schöpfung. Folglich ist die Bandbreite des menschlichen Umgangs mit Naturkatastrophen über alle Epochen und Kulturen hinweg erstaunlich vielfältig.

»Katastrophen kennt allein der Mensch, sofern er sie überlebt; die Natur kennt keine Katastrophen« schrieb der Schweizer Schriftsteller Max Frisch in seinem 1979 erschienenen Buch *Der Mensch erscheint im Holozän*.[6] Damit formulierte er eine einfache, aber wichtige Einsicht: Die Erde ist ein unruhiger Planet mit einer oft stürmischen Atmosphäre und bewegten Meeren auf einer dünnen Kruste. Natürliche Ereignisse wie Vulkanausbrüche, Erdbeben, Bergstürze, Sturmfluten, Flussüberschwemmungen und

Tsunamis sind insofern ganz normal. Sie gehörten und gehören zur Geschichte der Natur.[7] Sie sind sogar ein wesentlicher Faktor für die Entwicklung des Lebens auf unserem Planeten. Erst wenn ein solches natürliches Extremereignis den Menschen und seine Kultur als ›Naturgefahr‹ bedroht und in zerstörerischer Weise trifft, wird das Ereignis als ›Katastrophe‹ bezeichnet. Ob ein natürliches Extremereignis als Katastrophe verstanden wird, liegt also nicht an der ›Natur‹, sondern hängt mit seinen Folgen für das Kulturwesen Mensch und dessen Wahrnehmung und Deutung des Ereignisses zusammen. Diese sind entscheidend dafür, wie der Mensch mit der Erfahrung einer Katastrophe umgeht, wie er auf das Ereignis reagiert, es darstellt und erinnert oder aber verdrängt und vergisst. Dieser menschliche Umgang mit Katastrophen in Geschichte und Gegenwart wird in der Ausstellung *Mensch . Natur . Katastrophe. Von Atlantis bis heute* thematisiert.

Ein Blick in die Vergangenheit und auf unterschiedliche Kulturen zeigt, dass extreme Naturereignisse und deren zerstörerische Folgen für die Menschen durchaus nicht immer als Katastrophe aufgefasst wurden und werden. Im europäischen Mittelalter konnten Erdbeben zum Beispiel als Vorzeichen gedeutet werden, die die vermeintlich eigentliche Katastrophe – nämlich das Jüngste Gericht vor dem Weltende – ankündigten. So konnten Erdbeben als mahnende Zeichen Gottes positiv gedeutet werden, weil sie zur Abkehr von sündigem Treiben aufforderten.[8] In Südostasien legt die Erzählung von der Erdgöttin, die Buddha im Moment seiner Erleuchtung durch eine Überschwemmung gegen Truppen des Todesdämons Mara verteidigt, bis heute eine positive Interpretation von Überschwemmungen nahe im Sinne eines Symbols der Erneuerung und des Gedeihens.[9]

Ob extreme Naturereignisse überhaupt als katastrophal empfundene Folgen haben, hängt außerdem mit der Verwundbarkeit (*Vulnerabilität*) beziehungsweise Widerstandsfähigkeit (*Resilienz*) der betroffenen Gesellschaft zusammen. Der Mensch ist zugleich ein Natur- wie ein Kulturwesen. Daher gehört die Frage, wie er sich in seiner Welt verhält und mit den Chancen und Gefahren der Natur umgeht, zu den grundlegenden Bedingungen seiner Geschichte und Zukunft. Wer heutzutage am Hang eines aktiven Vulkans wohnt, geht ein bewusstes Risiko ein. Vor erfahrungsgemäß wiederkehrenden Sturmfluten kann sich eine Siedlung mit Deichen schützen. Die erdbebensichere Bauweise von Häusern bewahrt deren Bewohner bis zu einem gewissen Grade vor seismischen Gefahren. Im Moment einer hereinbrechenden ›Naturkatastrophe‹ wird dieses Verhältnis von Mensch und Kultur zur Natur schlaglichtartig erhellt. Hier zeigt sich jedoch die Fragwürdigkeit der verwendeten Begriffe,[10] denn inwiefern ist eine ›Naturkatastrophe‹ überhaupt noch ›Natur‹ und inwiefern ›Katastrophe‹ und welche Rolle spielen Mensch und Kultur im Geschehen?

Im gegenwärtigen Alltagsverständnis bezeichnet eine ›Katastrophe‹ ein jäh hereinbrechendes, schweres Unglück mit verheerenden und schädlichen Folgen. Damit werden nicht nur Schadensereignisse erfasst, die durch geophysikalische, meteorologische oder biologische Ereignisse wie Erdbeben, Sturmfluten und Epidemien ausgelöst werden, sondern auch solche, die technische und soziopolitische Ursachen wie Atomkraftwerksunfälle, Kriege und Terrorakte haben. Der deutsche Begriff ›Katastrophe‹ geht auf das griechische Wort *katastrophé* zurück, dessen Wortsinn einen plötzlichen Umschwung andeutet.[11] Dieser Begriff stand in der spätantiken Dramentheorie zunächst nur für den Wendepunkt einer Komödie und nahm erst im 16. Jahrhundert einen negativen Beiklang im Sinne einer Wendung zum Schlechteren an. Zu Beginn des 17. Jahrhunderts wurde er u.a. von Johannes Kepler mit astrologischen Vorstellungen verbunden, die einer bestimmten Sternenwendung am Himmel einen (meistens unheilbringenden) Einfluss auf das Geschehen auf Erden zuschrieben. Erst in der Moderne fand der Begriff zunehmend Verwendung für schadenbringende Naturereignisse und wurde schließlich mit dem zusammengesetzten Wort ›Naturkatastrophe‹ auf Ereignisse festgelegt, die – vermeintlich – eine rein ›natürliche‹ Ursache haben.

In den romanischen Sprachen (italienisch *disastro*, französisch *désastre*) und im Angelsächsischen (*disaster*) wird für die geschilderten Ereignisse der Begriff Desaster (›Unstern‹) verwendet. Er entstand wohl im 13. Jahrhundert im romanischen Sprachraum aus griechischen und lateinischen Elementen. Vieles spricht dafür, dass er auf süd- und westasiatische Erzählungen von Sindbad dem Seefahrer zurückgeht, in denen eine unter einem ›schlechten Stern‹ stehende unglückliche Wendung geschildert wird, die von den Übersetzern mit diesem damals neuen, von astrologischen Vorstellungen durchtränkten Wort bezeichnet wurde (Abb. 5). Heute ist der astrologische Beiklang dieser Begriffe längst verhallt. Die Worte ›Katastrophe‹ und ›Desaster‹ werden nahezu unterschiedslos für alle denkbaren kleinen und großen Unglücksfälle vom verlorenen Schlüssel über Flugzeugabstürze bis hin zu verheerenden Erdbeben verwendet.

Entsprechend zahlreich sind die Versuche einer Definition für das Phänomen ›Katastrophe‹. Sie unterscheiden sich je nach dem Blickwinkel der beteiligten Wissenschaften, wie der Katastrophensoziologie und Geographie, oder maßgeblicher Institutionen, wie dem *Bundesamt für Bevölkerungsschutz und Katastrophenhilfe* oder großen Versicherungen.[12] Hier werden für die Kategorisierung eines Ereignisses als Katastrophe zum Beispiel quantitative Schwellenwerte festgelegt, wie Opferzahl und Schadenshöhe, oder ein qualitativer Maßstab angelegt, wie eine Überforderung des Krisenmanagements. Unterschieden wird nach ursächlichen Faktoren zwischen ›natürlichen‹, ›menschengemachten‹ oder ›technischen‹ Katastrophen. Häufig wird auch nach den auslösenden Naturgefahren zwischen ›geophysikalischen‹ (Erdbeben), ›hydrologischen‹ (Überschwemmung), ›klimatischen‹ (Dürre) und ›biologischen‹ Katastrophen (Epidemien) differenziert. Weitere Unterscheidungsmerkmale können die Geschwindigkeit des katastrophalen Ereignisses (schnelles Erdbeben, langanhaltende Dürre), der Grad und Umfang der Schäden oder typische Kombinationen zusammenwirkender Faktoren liefern (Dürre mit Hungersnot; *Natech*-Katastrophen: zum

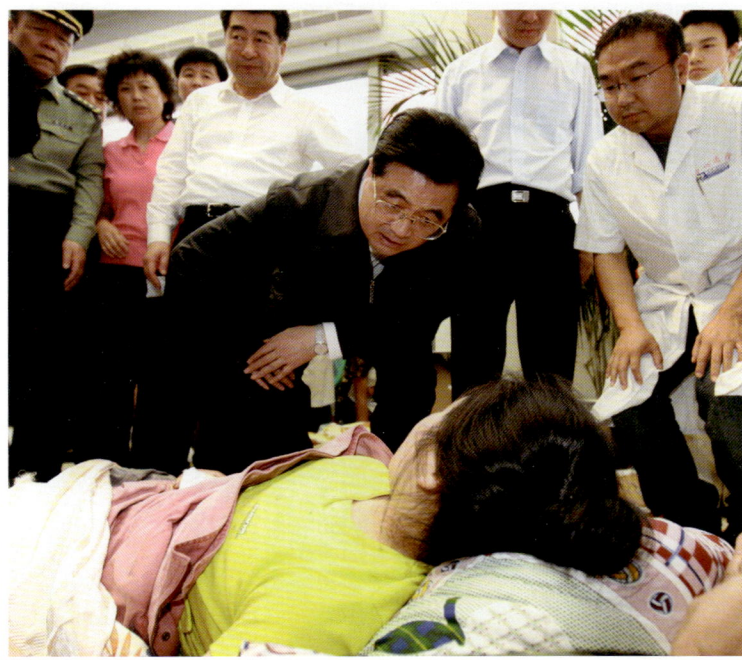

2 Der Staatspräsident der Volksrepublik China Hu Jintao spricht einem Erdbebenopfer in Mianyang nach dem Erdbeben in Sichuan vom 12. Mai 2008 Trost zu.

Beispiel Erdbeben mit Kraftwerksunfall).[13] Diese Vielzahl von Definitionen, Kategorien und Typologien hat zwar eine gewisse Berechtigung, zeigt aber auch, dass jede Bestimmung dessen, was eine Katastrophe ist und wie es zu ihr kommen konnte, von der jeweiligen Perspektive und Weltsicht des Beobachters abhängig und damit stark zeit- und standortgebunden ist.

Gerade für die Katastrophen der Vergangenheit ist die wissenschaftlich begründete Unterscheidung nach auslösenden Naturgefahren mit Blick auf die Wahrnehmung und Deutung durch die Zeitgenossen höchst suggestiv. Nach den kosmologischen Vorstellungen vieler Kulturen war die Welt nämlich aus einzelnen ›Elementen‹ und bestimmten Wirkprinzipien aufgebaut. In den europäischen und nahöstlichen Kulturen, die durch die antike Naturphilosophie vor allem des Aristoteles geprägt wurden, waren dies die ›Elemente‹ Luft (Äther), Feuer, Wasser und Erde.[14] So war im europäischen Mittelalter die Auffassung recht verbreitet, dass es eine Verbindung zwischen bestimmten Sternenkonstellationen und einem dadurch verursachten Übermaß an bestimmten Elementen wie zum Beispiel Luft (Wind) und Wasser gäbe.[15] In den fernöstlichen Kulturen spielte – jedoch in geringerem Maße – die von der daoistischen Naturphilosophie geprägte Fünf-Elemente-Lehre eine Rolle. Sie bildete ein komplexes Gefüge von bestimmten Wirkprinzipien der ›Elemente‹ Holz, Feuer, Metall, Wasser und Erde (beziehungsweise im buddhistischen Kontext Erde, Wasser, Feuer, Luft und Leere).[16] Aus der Perspektive der historischen Wahrnehmung und Deutung von ›Natur‹katastrophen liegt es also nahe, ihre Vielfalt nach den überwiegend beteiligten kosmologischen ›Elementen‹

3 Gustave Doré (1832-1883), *Die Sintflut*, 1866

zu ordnen: Vulkanausbrüche wären so dem ›Element Feuer‹, Stürme der ›Luft‹, Erdbeben der ›Erde‹ und Überschwemmungen dem ›Wasser‹ zuzuordnen. Allerdings ist diese Zuordnung nicht nur im gegenwärtigen, naturwissenschaftlich geprägten Verständnis problematisch, sondern verengt die Perspektive auch zu sehr auf die ›Natur‹ als bestimmender und numinoser Macht im katastrophalen Geschehen.

In der Forschung wird die Frage nach dem ›natürlichen‹ bzw. dem ›menschlichen‹ Faktor im katastrophalen Geschehen, grob vereinfacht, auf zwei gegensätzliche Arten beantwortet:[17] Erstens mit der öfter von Ingenieuren und Naturwissenschaftlern vertretenen ›realistischen‹ Auffassung, extreme Naturereignisse führten zu katastrophalen Schadensfällen für den Menschen und folglich sei die ›Natur‹ der bestimmende Faktor von ›Natur‹katastrophen. Zweitens mit der öfter von Sozialwissenschaftlern vertretenen ›sozialkonstruktivistischen‹ Auffassung, dass erst ein bestimmtes menschliches Verhalten, zum Beispiel die riskante Wahl von Siedlungsorten und Baustrukturen, unzureichende Warnsysteme oder das Versagen gesellschaftlicher Schutzsysteme, zur Katastrophe führe. Weil hier die Gesellschaft als bestimmender Faktor gesehen wird, sprechen die Wissenschaftler auch von »Sozialkatastrophen«.[18] Diese

vordergründig unversöhnlichen Auffassungen stimmen zumindest darin überein, dass entgegen dem Alltagsverständnis eine Katastrophe nicht als plötzlich eintretendes Ereignis, sondern als längerfristig ablaufender Prozess verstanden wird. Dies gilt aus naturwissenschaftlicher wie aus sozialwissenschaftlicher Sicht: Dem Erdbeben geht der Aufbau seismischer Spannungen in der Erdkruste voraus, den geborstenen Deichen bei einer Sturmflut zum Beispiel eine häufig jahrelange Vernachlässigung ihrer Wartung und eine Jahrhunderte zurückliegende riskante Siedlungsweise an exponierten Küsten. Katastrophen haben also eine mehr oder weniger lange Vorgeschichte.

Aus dem Blickwinkel der betroffenen Menschen enden Katastrophen auch nicht mit dem Eintritt des Schadens, sondern setzen sich in der Phase der ›Ersten Hilfe‹ mit der Kompensation der schlimmsten Schäden fort. In der Regel folgt eine Phase des Wiederaufbaus – nur in seltenen Fällen werden Siedlungen verlegt oder vollständig aufgegeben. Manchmal wird aus der Erfahrung der Katastrophe gelernt, indem beim Wiederaufbau zum Beispiel die gebrochenen Deiche höher und stärker oder die eingestürzten Häuser erdbebensicher(er) wieder aufgebaut werden.[19] Der Übergang zu einer Phase der ›Normalität‹ ist gleitend und lässt sich manchmal schwer bestimmen. Da in bestimmten Regionen Naturgefahren mehr oder weniger regelmäßig auftreten und sich die betroffenen Gesellschaften darauf einstellen, kann die Zeit zwischen den potentiell katastrophalen Ereignissen auch schon wieder als eine Phase der Prävention vor drohenden Katastrophen verstanden werden. In solchen Fällen können wiederkehrende Naturgefahren und die damit verbundenen Katastrophen die ›Normalität‹ der betroffenen Kulturen so stark prägen, dass von regelrechten »Katastrophenkulturen« (zum Beispiel den Philippinen) oder »Erdbebennationen« (zum Beispiel Japan) gesprochen wird.[20] Äußerlich sichtbar wird dies zum Beispiel an einer bestimmten Architektur (erdbebensichere Skelettbauweise), aber auch an Siedlungsmustern (zum Beispiel Bergdörfer nur unterhalb von Bannwäldern gegen Lawinen) oder sogar der baulichen Umformung ganzer Landschaften, man denke an die von Deichbauten geprägte Nordseeküste.

Weitgehend einig ist sich die jüngere Forschung auch darin, dass Katastrophen am besten als ein multifaktorielles Geschehen im Schnittpunkt von ›Natur‹ und ›Kultur‹ beschrieben werden. Natürliche und soziokulturelle Faktoren sind im katastrophalen Geschehen so innig miteinander verwoben, dass sie nur im Sinne einer gedanklichen Abstraktion sinnvoll voneinander geschieden werden können. Der Mensch wirkt mit seiner Kultur nicht erst seit der Moderne als Faktor im ›natürlichen‹ Geschehen mit, indem er Wälder abholzt, Flussläufe kanalisiert und Küsten eindeicht. Mit Blick auf die Gegenwart wird sogar diskutiert, ob menschliche Aktivitäten das Klima beeinflussen können und unsere Epoche daher als *Anthropozän* bezeichnet werden muss.[21] Als wesentliches ›Element‹ im katastrophalen Geschehen treten neben die oben bereits erwähnten auslösenden ›natürlichen Elemente‹ Feuer, Wasser, Luft und Erde somit aus gutem Grund der Mensch und seine Kultur.

Bilder von Katastrophen, Katastrophe als Bild

MONICA JUNEJA

Für die Überlebenden einer Katastrophe kann die Erfahrung mit der elementaren Grenzsituation zur Sinnfrage werden. Um das Unbeschreibliche zunächst zu thematisieren, es dann zu deuten und anschließend zu zähmen, greifen Menschen und Kulturen zu Bildern: Sprachbildern, Mythen, Mahnmalen, Symbolen, bewegten Bildern. Die Vorstellung des Unfassbaren wird im Icon gebannt, der Prozess der Bildproduktion selbst könnte eine kathartische Wirkung entfalten. So wird die Bandbreite der Katastrophenerfahrung – Vorzeichen drohenden Unheils, Gewalt der Elemente, Schock der Katastrophe, Untergang und Verderben, Flucht und Rettung, Bewältigung der Gefahr, Sieg über die Elemente, Hilfe für die Opfer – zu allen Zeiten und Kulturen weltweit zum Motivreservoir visueller Darstellungen in den unterschiedlichsten Medien. Das bildliche Arsenal imaginärer und imaginierter Katastrophen hat immer sein Publikum gefunden, von mythischen Katastrophen wie der Sintflut und dem Untergang von Atlantis bis zu prognostizierten Katastrophen wie der Apokalypse oder Szenarien einer Klimakatastrophe. Kaum weniger Interesse finden die realen Katastrophen vom Memorialbild über die Fernsehreportage bis zur wissenschaftlichen Rekonstruktion historischer Vulkanausbrüche in Computersimulationen. Die mythische und historische Ikonographie der Katastrophe hat einen enormen Einfluss auf die vergangene und gegenwärtige Kommunikation über Katastrophen.

Die Beschreibung und Deutung realer Katastrophen wird in entscheidender Weise von kulturellen Mustern aus dem kollektiven Gedächtnis einer Gesellschaft geformt. Die eigene Sprache der Bilder – die Semiotik der Katastrophe – spielt dafür eine zentrale Rolle. Bilder übersteigen daher den Charakter naturalistischer Dokumentationen, sie bieten einen Zugang zu kollektiven Vorstellungen, Ängsten und Sehnsüchten. Ihnen werden unterschiedliche Funktionen zugeschrieben. Über ein Bild oder einen Gegenstand wird zunächst eine Katastrophe als deutliches Phänomen erkennbar und darstellbar. Ein einfacher, im Alltag präsenter Gegenstand wie etwa ein Flutmarkierungsschild mitten in einer Stadt übt die kognitive Funktion aus, ein Hochwasser als Katastrophe auszuweisen (Abb. 4). Er fungiert zudem als materieller Zeuge, der die Erinnerung an wiederholte Überschwemmungen in der Vergangenheit in kondensierter Form wachhält, Erfahrungen neuer Katastrophen mit den vergangenen in Beziehung setzt und damit den menschlichen Umgang mit Katastrophen stets mitgestaltet und strukturiert.

Die kulturelle Vielfalt der medialen Überlieferungsformen von desaströsen Naturereignissen erstreckt sich weit über Zeiten und Räume: Dies können Bilder von einem Unstern oder Blutregen sein, die in mittelalterlichen Flugblättern als Vorzeichen von Katastrophen dargestellt wurden, oder weltweit verbreitete Bilder einer Weltenschlange, von der man annahm, dass sie Erdbeben auslöse, oder moderne Fernsehreportagen über heldische Katastrophenhelfer

4 Wasserstandsmarke in Hirschhorn am Neckar, 2012

und mitleiderregende Opfer. Sie alle machen das jeweilige Ereignis auf spezifische Weise erkennbar. Indem sie das Ereignis zugleich deuten, machen sie es für die soziale Kommunikation verfügbar. In ihrer deutend-kommunikativen Funktion ermöglichen Bilder Stellungnahmen zu Fragen von Verantwortung und Schuld, denn sie werden in aktuellen Debatten stets herangezogen. Medien der Gegenwart tragen durch ihre globale und grenzüberschreitende Wirkung entscheidend zu diesem Kommunikationsprozess bei: Bildreportagen über die durch das Tōhuku-Erdbeben und den Tsunami von 2011 ausgelöste Katastrophe im Atomkraftwerk von Fukushima wirkten zum Beispiel sofort in die politischen Diskussionen über die potentielle Schließung ähnlicher Kraftwerke in Deutschland hinein. Die Auseinandersetzung mit der kommunikativen Macht von Bildern legt es wiederum nahe, spezifische mediale Strategien und Darstellungskonventionen unter die Lupe zu nehmen. Welche Rolle spielen bei kulturübergreifender Kommunikation über Katastrophen vorhandene Vorbilder und Typologien, die zum Beispiel eine kulturell fremde Gesellschaft zur Projektionsfläche eigener Wünsche und Ängste machen? Um beim Beispiel Japan zu bleiben: Es ist

5 Holzschnitt aus einem Druck des Kommentars von Ambrosius Theodosius Macrobius zu Ciceros Traum Scipios, der Astrologen mit einem Astrolabium und astronomischen Instrumenten zeigt und einen möglichen Zusammenhang zwischen Sternenkonstellationen und Erdbeben herstellt, Venedig 1513

auffallend, auf welche Weise die ›westlichen‹ Medien nicht nur die in Japan seit Jahrhunderten ausgeprägte historische Tradition von sozialer Kritik, sondern auch die komplexe japanische Wirklichkeit des 21. Jahrhunderts überwiegend ausgeblendet haben zugunsten einer konstruierten, einheitlich verflachenden, orientalisierenden Darstellung des ›stoischen Japaners‹ durch das genrefixierte Auge des europäischen Fotografen.

Auf einer weiteren Ebene betrachtet eröffnen Bilder durch ihre Wirkungsmacht vielfältige Möglichkeiten des gesellschaftlichen Umgangs mit Katastrophen. Mit anderen Worten sind visuelle Medien nicht nur ein soziales Barometer, sondern üben selbst eine zentrale soziale Funktion aus, indem sie Handlungen anregen oder sogar selbst als »handelnde Akteure« fungieren. Fotografien des

Zyklons Nargis, der 2008 das Irawady-Delta in Myanmar traf und über 140.000 Menschen das Leben kostete, brachten eine internationale ›disaster diplomacy‹ in Gang, um das politische Regime Myanmars zu sofortigen Hilfsaktionen zu drängen.[22] Die Verquickung zwischen Bild, materiellem Gegenstand und individueller Handlung wird zum Beispiel anhand von Pariser Postkarten während der Seine-Überschwemmung von 1910 deutlich. Durch einen Rückgriff auf künstlerische Darstellungsmuster zeigten unzählige Fotografien die überflutete Stadt Paris als schimmernde Oberfläche von bezaubernder Schönheit, erzählten aber zugleich Geschichten von Verlust und nachbarschaftlicher Solidarität und brachten eine sichtbare Fortschrittskritik zum Ausdruck, die eine älteres Substrat von Brüderlichkeitsgefühlen wiederbeleben konnte.[23] Als handhabbarer materieller Gegenstand stand die Postkarte im Mittelpunkt menschlicher Handlung: Sie konnte gekauft, beschriftet, verschickt und als Souvenir aufbewahrt werden. Bilder von Katastrophen können Trost spenden, Solidargemeinschaften bilden, mahnen, erinnern oder die Kraft zur Bewältigung verleihen.

Dennoch ist die ästhetische Wirkung von Bildern mehrdeutig. Ihr reichhaltiges Repertoire künstlerischer Mittel erzeugt eine Spannweite von Gefühlen: vom Erregen voyeuristischer Angstlust und solidarisierenden Mitleids bis hin zum Versuch, ein erhabenes Naturschauspiel ins Bild zu bannen oder durch naturwissenschaftliche Simulationen den Betrachter zu informieren. In der Kunst gab es seit der Frühmoderne ein Nachdenken über den Zusammenhang zwischen Gefühlen – von Furcht und Schrecken bis hin zu Mitleid – und der gewählten Bildsprache als Voraussetzung für die ästhetische Wirksamkeit von Gemälden.[24] Der irisch-britische Philosoph Edmund Burke schrieb von dem Reiz der schönen Seite des Schrecklichen – oder der schrecklichen Seite des Schönen –, den er in seiner ästhetischen Theorie des Erhabenen und des Schönen zusammenfasste. Bilder von übermächtigen Naturgewalten, wie zum Beispiel Vulkanausbrüchen, Stürmen und Bränden, sollten nach dieser Auffassung durch distanzierte Betrachtung Gefühle der Bewunderung und des Erhabenen anstelle von Furcht und Schrecken erregen (Abb. 6). Während des 18. Jahrhunderts hatten Bilder des feuerspuckenden Vesuvs Konjunktur: Allein der Maler Joseph Wright of Derby schuf für einen florierenden Markt mehr als 30 Vesuvgemälde. Europaweit trugen ›Vulkanliebhaber‹ – Kunsthändler, Sammler, wissenschaftliche Gesellschaften – zu einer Neubewertung der die Affekte erregenden Darstellung der Natur als gefährliches Spektakel bei.[25] Naturfurcht wird zum Naturgenuss – diese Darstellungsart von Naturgewalt wirkt bis heute weltweit und in den unterschiedlichsten Medien wie etwa Film und Fotografie fort.

Werden visuelle Medien für die Vermittlung wissenschaftlicher Sachverhalte in einer breiten Öffentlichkeit eingesetzt, so kann die Grenze zwischen Wissenschaft, Imagination und Simulation verschwimmen. Denn wissenschaftliche Visualisierungen müssen keineswegs nüchtern sein; vielmehr setzen sie zwecks effektiver Kommunikation rhetorische Mittel wie etwa Farbgebung, Form oder Dramatisierung ein, um zugleich über Emotionen sprechen zu können. Wissenschaftliche Bilder zum Klimawandel zeigen, wie stark kulturelle Konventionen beim Einsatz von Farben wie Rot oder Blau wirken.[26] Visualisierungen von wissenschaftlichen Kenntnissen erweitern und beschränken zugleich Möglichkeiten, indem Aussagen im dargestellten Modus den Konventionen der Darstellungsgattung unterworfen werden: Wenn zum Beispiel aus einer Zahlenreihe ein Balkendiagramm oder aus einem dynamischen, dreidimensionalen Sturmtief eine statische, zweidimensionale Wetterkarte wird. Dies gilt umso mehr, wenn nicht nur wissenschaftliche Aussagen gemacht, sondern politische oder wirtschaftliche Interessen ins Spiel gebracht werden.

Die Mobilität von Individuen, Objekten, Ideen und Konzepten über weite Entfernungen hinweg ist seit jeher ein konstitutives Merkmal von Gesellschaften. Auch Bilder, Erklärungsmuster und Formen der Bewältigung von Katastrophen haben an transkulturellen Austauschprozessen in Raum und Zeit partizipiert. Während Reaktionen auf Katastrophen überall auf bestimmten elementaren menschlichen Gefühlen gründen, ist deren Übersetzung in eine ganze Vielfalt von Medien unauflöslich an kulturspezifische Faktoren und Darstellungspraktiken gebunden. Beschreibungen und Deutungen von realen Katastrophen werden in entscheidender Weise durch kulturelle Muster geformt, die aus einer gleichsam sedimentierten kollektiven Erinnerung an mythische oder imaginäre Katastrophen erwachsen. Die Reaktionen auf Katastrophen wurden rund um den Globus durch spezifische – lineare und zyklische – Zeitvorstellungen und Auffassungen von der Ordnung der Welt geformt, ihrer Deutung als Chaos oder Kosmos. So konnten katastrophale Ereignisse als eine Störung des geordneten Universums verstanden werden, aber auch als Zeit der Entscheidung oder Katharsis, als Zeichen eines göttlichen Eingreifens oder aber als Phase des Übergangs, der Verwandlung oder der Wiedergeburt.

Zu den weltweit und kulturübergreifend verbreiteten Erzählungen vom Untergang der Welt gehört die Geschichte der Sintflut: eine vom Gott veranlasste Flutkatastrophe, die fast alles Leben auf der Erde auslöschte. Die älteste schriftliche Überlieferung der Sintflutsage geht auf das 19. Jahrhundert v. Chr. zurück. Sie findet sich später im Gilgameschepos, in Legenden und bildlichen Darstellungen aus den altindischen Puranen (Abb. 7) sowie auf einer altirakischen Tontafel aus dem 7. Jahrhundert v. Chr., die heute im Britischen Museum aufbewahrt wird. Die überraschende Ähnlichkeit dieser Erzählungen mit der biblischen Geschichte der Sintflut suggeriert, dass solche Erzählungen, vermutlich geprägt durch Erinnerungsspuren tatsächlicher Flutkatastrophen, Teil eines wandernden Mythos bildeten, der über Jahrhunderte zu einer Europa und Asien umspannenden gemeinsamen kulturellen Ressource wurde. Die überhöhte und grenzenlose Dramatik des Mythos macht ihn zum sowohl transkulturellen als auch kulturspezifischen Medium der Welterklärung und Weltdeutung, indem er zum Beispiel als Bezugspunkt von Sinnzuschreibungen für aktuelle Katastrophen dienen kann. Mythen ordnen die Welt symbolisch und ermöglichen als ausdrücklich genannter oder auch unausgesprochener Hintergrund, über das

6 Michael Wutky (1739-1822), *Der Ausbruch des Vesuv, über den Golf von Neapel gesehen*, um 1771 Öl auf Leinwand, Gemäldegalerie der Akademie der bildenden Künste Wien

7 Unbekannter Künstler, *Matsya, die erste Inkarnation Vishnus*, um 1780. Durch die Rettung Manus vor der Sintflut bewahrt der hinduistische Gott Vishnu die Welt vor ihrem Untergang. Dekkan, Indien Aquarell, Victoria and Albert Museum, London

Geschehen zu kommunizieren und damit dem katastrophalen Geschehen Sinn zu geben. Heute ist unsere Wahrnehmung von Katastrophen häufig stärker durch Medienbilder und Deutungen als von konkreten Katastrophenerfahrungen geprägt. In ihrer sozialen Konstruktion von Wissen über Katastrophen greifen moderne Darstellungen immer wieder auf alte Erklärungsmuster und Erinnerungen zurück. Erste Untersuchungen weisen bereits darauf hin, dass Darstellungen des Klimawandels in der visuellen Kultur der Gegenwart auf die weltweit über zum Beispiel von Bildagenturen distribuierte Ikonographie von Naturkatastrophen zurückgreifen und im Genre populärer Kino- und Fernsehfilme über den katastrophalen Klimawandel apokalyptische Motive eine wichtige Rolle spielen.

Die Form einer thematisch fokussierten Ausstellung ermöglicht es, diese Funktionen visuell, akustisch und haptisch erfahrbar zu machen. Weil die Wanderung und Verwandlung von Bildmotiven als Resultat wechselnder kultureller Asymmetrien zwischen Asien und Europa nur in der *longue durée* von der Antike bis zur Gegenwart sichtbar werden, sollen Objekte bzw. Bildmotive aus den Kulturen des Alten Orients bis zu solchen aus der Gegenwart gezeigt werden. Damit ist zugleich auch eine grobe regionale Eingrenzung entlang der eurasiatischen Kontaktschiene vorgegeben: Europa, Osmanisches Reich, Persien, Indien, China und Japan. Die Bilderwelten der beiden Amerikas und Australiens treten nämlich erst in der Neuzeit hinzu und haben dann in hohem Maße teil an der eurasiatischen Bilderwelt. Afrika spielt eine Sonderrolle, da bis in die Neuzeit hinein nur der nördliche Rand (von Ägypten bis Marokko) an der eurasiatischen Formierung eines Katastrophenimaginaire mitwirkt. Eine Konzentration auf ›Europa und Asien‹ lässt sich also nicht nur wegen der notwendigen Eingrenzung des Umfangs, sondern auch wegen der inhaltlichen Formierung der Katastrophenbildlichkeit vertreten – ohne die vor allem neuzeitliche Entwicklung in den beiden Amerika gänzlich aus den Augen zu verlieren.

So vielfältig wie die Verläufe der jeweiligen Naturereignisse, ihre desaströsen Folgen und die menschlichen Reaktionen ist die Auswahl der Objekte, die in der Ausstellung präsentiert werden.

Diese allein genügen jedoch nicht, die vielfältigen Aspekte des Katastrophengeschehens zu verdeutlichen, es bedarf zusätzlicher musealer Mittel, Desaster darzustellen.

Desaster ausstellen – wie kommt die Katastrophe in die Vitrine?

CHRISTOPH LIND

Bei der Präsentation von Forschungsergebnissen, die durch Texte und Graphiken dem Publikum nahegebracht werden, ist bei gewollter Nüchternheit eine sinnliche Komponente eher die Ausnahme. Die museale Präsentation von vielschichtigen, höchst emotionalen und in der Gesamtheit heterogenen Ereignissträngen, die sowohl das Einzelobjekt als auch die Komposition einzelner Abteilungen umfassen kann, verfügt demgegenüber über einen völlig anderen Charakter: Vor allem die emotionale Ansprache bindet den Besucher mit ein. Gerade in diesem Bereich liegt die Stärke der musealen Präsentation: Sie ermöglicht das Nachempfinden und -erleben von Geschehnissen, Fakten, auch komplizierte Sachverhalte werden anschaulich und im Erlebnis für den Besucher auf der Gefühlsebene erfahrbar. Nicht zuletzt werden auch (kollektive!) Erinnerungen wachgerufen. Sie bedürften dann lediglich einer Kommentierung. Ganz so einfach ist es allerdings nicht.

Katastrophen sind nicht vitrinentauglich. Sie sind von vergleichsweise kurzer Dauer, wirken aber lange nach: Ein Erdbeben währt meist nur Sekunden oder wenige Minuten, das verursachte Leid und die Schäden hingegen bleiben, sind oftmals kaum reparabel. Menschliches Dazutun, menschliches Erleben, menschliche Erinnerung wie auch menschliche Faszination sind Komponenten, die den Umgang mit Katastrophen umreißen. Sie sind im übertragenen Sinne die eigentlichen Ausstellungsgegenstände.

Der Ausstellungsbesucher soll sowohl die Einzigartigkeit als auch die Relativität von Katastrophen an Hand von menschlichem Handeln begreifen und bei aller Besonderheit der jeweiligen Beispiele ein Grundrepertoire verschiedener Reaktionsmöglichkeiten kennen lernen, das in Abwandlungen und mehr oder weniger ausgeprägt immer auftritt. Die Spannbreite der Themen und Situationen bedingt dann die heterogene Präsentation. Einzelfallschilderungen, geordnet nach den Elementen Feuer, Wasser, Erde, Luft und zusätzlich der engen Verflechtung natürlicher und kultureller – eben menschlicher – Faktoren, geben die Struktur und damit auch den Gestaltungsrhythmus vor.

Um die jeweilige Ablaufschilderung zu unterstützen, wird jedes Ereignis durch ein Bild des betroffenen Gebiets vor dem Naturereignis eingeleitet. Eine Eigenfarblichkeit hält die sonst insgesamt uneinheitliche Gestaltung zusammen.

Menschliche Reaktionen auf Katastrophen zeigen sich in Objekten, Dokumenten und Inszenierungen; die Ausstellung geht daher über die bloße Rekapitulation des Extremereignisses in der Natur weit hinaus. Weniger sein Verlauf im speziellen Fall als vielmehr die Folgen für die Betroffenen und deren Reaktionen sind Thema der Ausstellung und somit Grundlage einer heterogenen Gestaltung.

Vom Beginn der Ausstellung an werden Erklärungen für das Phänomen ›Katastrophe‹ präsentiert und hinterfragt. Sie zeigen sich als weitaus weniger eindeutig als gemeinhin angenommen, und der Besucher ist gefordert, für seine Definition eigene Kriterien zu entwickeln. Diese ›Prüfstationen‹ ziehen sich daher durch die gesamte Ausstellung. Doch nicht nur dort ist Besucherbeteiligung gefordert: Spielerisches Herantasten an Katastrophen – sei es mit klassischen Brett- oder aktuellen Konsolenspielen – ermöglicht dem aktiven Besucher in vielen Bereichen der Ausstellung den mittelbaren Kontakt mit diesen Zivilisationsphänomenen an der Schnittstelle von ›Natur‹ und ›Kultur‹.

Von zerstörerischen Naturereignissen und ihren Folgen berichten auch die Medien in großer Fülle – auch dies ist eine menschliche

Reaktion auf Katastrophen. Ohne selbst direkt betroffen zu sein, nimmt eine große Öffentlichkeit Anteil. Hohe Einschaltquoten sind ein wichtiger Hinweis, dass die Faszination, die von diesen Bildern ausgeht, weite Teile der Zuschauenden erfasst. Es ist daher weniger das bloße Faktische des Bebens oder der Flut, als vielmehr die bildlich dargestellte Zerstörung, das Grauen, welche Betroffenheit – obwohl diese ja oftmals nicht unmittelbar gegeben ist! –, Empathie und Hilfsbereitschaft auslösen. Mediale Repräsentation wird in der Ausstellung als eigenständiges Thema aufbereitet. Daher ist es umso wichtiger, auf Bilder zu verzichten, die den Besuchern bereits aus den Medien bekannt sind. Das gilt insbesondere für die aktuelleren Ereignisse, deren Schreckensbilder aus den Medien und auch aus den sozialen Netzwerken und Medienportalen jedermann geläufig sind und die optische Repräsentation des katastrophalen Ereignisses feststehend prägen.

Zusätzlich zu aller Faktizität der jeweiligen Ablaufdarstellungen spielt die Gefühlsbetontheit eine tragende Rolle bei der Gestaltung, sowohl beim Entwurf der Räume, der Präsentation des Einzelobjekts respektive der Objektgruppen als auch bei der Farbgestaltung und der Lichtinszenierung. Die neutrale Objektschilderung wird mit einem gestalterisch bewirkten *stupor* – einem ›Erstaun-Effekt‹ – unterlegt, der keinesfalls die Präsentation beherrscht, sondern im Ausstellungsbesucher eine Stimmung hervorruft, die sublim den individuellen Erlebnischarakter stützt.

Ein umfangreiches Repertoire an Möglichkeiten steht dafür zur Verfügung, es wird ständig erweitert und ist insbesondere in Bereichen wie der Werbe- und Unterhaltungsindustrie geradezu unerschöpflich im Einsatz. Ganz anders jedoch ist der Bedarf innerhalb dieser Ausstellung, in der keinesfalls etwaige Schockeffekte die Besucher vom Inhalt und dem eigenen Nachdenken ablenken sollen. Somit ist nicht die konkrete und möglichst lebensnahe Inszenierung, sondern das Unterschwellige beim Nachempfinden der Reaktionen ein wichtiger Teil der einzelnen Erzählstränge. Wesentlicher Bestandteil ist darüber hinaus die vielfache Verwendung bewegter Bilder, die Unmittelbarkeit und Erlebnischarakter in weitaus stärkerem Maße transportieren können als die statischen Objekte.

Schiefe Positionierung, ungleichmäßige Winkel und disharmonische Proportionen ergeben gestalterisch eine *architecture parlante* des Aus-Dem-Lot-Geraten-Seins. Bei aller unterschwelligen Unruhe verfügt dieses Gestaltungsmerkmal jedoch über keinerlei intentionalen Eigenwert, es dient einzig als Stimmungsverstärker und wird durch Farbgebung und Beleuchtung unterstützt.

Ganz anders zeigen sich gegenüber den Einzelfallschilderungen die Exkurse und übergeordneten Themenbereiche wie beispielsweise »Wunder – Zeichen – Glaube« und »Krisenrituale«: Hier gibt sich die Ausstellungsgestaltung bewusst neutral und trägt so dem erklärenden Charakter Rechnung.

Einerseits neutrale Schilderung, andererseits Betonung des bedrohlichen Charakters und die mögliche Empathie angesichts eines ›unscheinbaren‹ Objekts: Ambivalenz ist ein durchgängiges Merkmal der Ausstellungsgestaltung. Diese Gegensätzlichkeit setzt sich in weiteren Gestaltungsmitteln fort: Annäherungswerte neben schroffen Gegensätzen; klare Raumgliederung neben Verwinkelungen und Schrägen; ruhige, natürlich wirkende Kolorierung neben schrillen Alarmfarben; ruhig rhythmisierte Lichtsetzung neben Punktleuchten.

Kann man den Umgang mit Katastrophen lernen? Die Ausstellung gibt Anregungen, verzichtet aber auf Belehrungen, sie will die Sinne und Gedanken der Besucher für das Thema schärfen, aber kein Leitfaden, kein Vademecum sein. Zwei Beispiele der Katastrophenbewältigung – bei einer mit hohen Opferzahlen und bei einer mit sehr geringen bei vergleichbarer Intensität der auslösenden Naturgewalten – entlassen den Besucher, sie markieren aber kein Ende der persönlichen Beschäftigung mit Katastrophen, sondern sind vielmehr Auftakt zu einer zukünftigen geschärften Beobachtung – bei der auch der Faszination eine gebührende, eben menschliche Rolle zukommen kann.

Anmerkungen

1 Zur Medialisierung von Katastrophen vgl. den Beitrag von Gabi Schlag in diesem Band.

2 List 2012.

3 Sintflutmythos: Leitner 1994; Mulsow – Assmann 2006.

4 Vgl. den Beitrag von Monica Klasing Chen, Aus der Katastrophe lernen, in diesem Band.

5 Vgl. die Beiträge von Beat Wyss zum Atlantismythos und Christian Rohr zur Sintfluterzählung in diesem Band.

6 Frisch 1979, S. 103.

7 Zu den naturwissenschaftlichen Hintergründen einzelner Katastrophentypen siehe die Exkurse und Infokästen in diesem Band.

8 Vgl. den Beitrag von Gerrit Jasper Schenk, Wunder – Zeichen – Glaube, in diesem Band.

9 Chirapravati 2014.

10 Latour 1993.

11 Zur Begriffsgeschichte in diesem Abschnitt Schenk 2013, S. 191–99.

12 Zu diesem Abschnitt Hewitt 1997; Quarantelli 1998; Oliver-Smith 2002; Weichselgartner 2002; Wisner [et al.] 2007; Felgentreff – Glade 2008; Bostrom – Ćirković 2008.

13 Zu Natech-Katastrophen vgl. den Beitrag von Constantin Canavas in diesem Band.

14 Böhme – Böhme 1996.

15 Schenk 2013, S. 189 f.

16 Henderson 2010; Allan 1991, S. 98–102; Andreeva 2014, S. 82 Anm. 7.

17 Felgentreff – Kuhlicke – Westholt 2012, S. 13–25.

18 Felgentreff – Glade 2008.

19 Schenk 2014.

20 »Cultures of disaster«: Bankoff 2003; »Earthquake nation«: Clancey 2006.

21 Chakrabarty 2010, S. 280–298.

22 Vgl. Gaby Schlag 2014.

23 Jackson 2014.

24 Gründler 2012.

25 Beitrag von Valerie Hammerbacher, Vesuvius in Eruption, in diesem Band.

26 Birgit Schneider, Eine Klimakultur des *homo oecologicus?*, in diesem Band.

Seit Menschengedenken erschüttern Vulkanausbrüche die Erdoberfläche. Sie kommen vor allem in den Gegenden vor, wo Erdplatten aufeinander treffen und dadurch Feuerherde bilden. Als ein wichtiger Bestandteil gehören sie zum geologischen Kreislauf und sind Katalysatoren unseres Ökosystems. Aus sicherer Entfernung betrachtet, erscheint die rohe Naturgewalt als ein spektakuläres Naturschauspiel, das allerdings schnell zu einer lebensbedrohlichen Gefahr werden kann. Vulkanausbrüche zählen zu den faszinierendsten und erschreckendsten Naturereignissen zugleich: Zeitgenössische Quellen berichten immer wieder von einem dumpfen Grollen, das, meist begleitet durch ein vorangehendes Erdbeben, eine gewaltige Vulkaneruption ankündigt. Innerhalb von nur wenigen Minuten liegen dann ganze Städte unter Schutt und Asche und kaum jemandem gelingt es, dem flammenden Inferno rechtzeitig zu entkommen. Die Frage, warum Menschen an solchen Gefahrenherden siedeln, scheint daher berechtigt. Als vor rund 3.500 Jahren der Inselvulkan Thera explodierte, erlebten die Menschen eine der bislang größten Katastrophen in der Ägäis. Sie könnte im Mythos vom Untergang von Atlantis bis heute weiterleben. Ähnlich wie auf Thera siedelten die Menschen auch in der Gegend um den Vesuv wegen des fruchtbaren Bodens und der für Handelstätigkeiten äußerst günstigen Lage am Fuße des Vulkans. Vulkanausbrüche wurden bis in die frühe Neuzeit als Strafe Gottes für ein sündhaftes Verhalten der Menschen verstanden. Daher wird der Heilige Januarius in Neapel bis heute als Schutzpatron angerufen. Auch am Merapi in Indonesien werden noch heute Rituale zur Besänftigung der Naturgeister abgehalten. Dass Vulkane auch eine globale Dimension haben und durch den Ausstoß von Asche- und Staubpartikeln das Klima beeinflussen können, wissen wir erst seit der Pinatubo im Jahr 1991 ausgebrochen ist. Klimamodelle bestätigten, was sich schon mit den Ausbrüchen der indonesischen Vulkane Tambora und Krakatau andeutete. Als der Tambora im Jahr 1815 explodierte, schleuderte er eine solch große Menge vulkanischen Materials in die Atmosphäre, dass eine normale Sonneneinstrahlung verhindert wurde, wodurch sich die weltweite Durchschnittstemperatur verringerte. In der Folge kam es zu Missernten und Hungersnöten. Allerdings war den Zeitgenossen der Grund für ihr Unglück noch nicht bewusst. Erst als der Krakatau 68 Jahre später ausbrach, wurde die Nachricht dank der technischen Innovation des Telegraphen innerhalb kürzester Zeit weltweit verbreitet. Vielerorts auftretende Phänomene wie die farbenprächtigen Sonnenuntergänge konnten vor allem durch die Beobachtungen der Royal Society mit diesem Vulkanausbruch am anderen Ende der Welt in Verbindung gebracht werden.

Vulkane und ihre Tätigkeit[1]

PETER ROTHE

Vulkane sind Auswirkungen der Hitze im Inneren unseres Planeten, dessen äußerer Kern in etwa 2.900 km Tiefe beginnt und aus flüssigen Gesteinsschmelzen besteht; der innere Erdkern ab ca. 5.000 km Tiefe ist dann infolge noch höheren Drucks wieder fest. Die Wärme steigt in Form von Schläuchen, so genannten *plumes,* vom Erdkern aus nach oben (Abb. 1).

Aus den Untersuchungen des Verhaltens bestimmter Erdbebenwellen wissen wir, dass der obere Erdmantel, die Schicht unmittelbar unter der Erdkruste, teilweise plastisch sein muss. In diesem Bereich, in etwa 50 bis 150 km Tiefe, entstehen die Schmelzen, die auch die Vulkane speisen. Infolge der chemischen Zusammensetzung des Erdmantels haben die als Magma bezeichneten Schmelzen zunächst eine basaltische Zusammensetzung, sie werden ›primitiv‹ genannt. Basalt ist das am weitesten verbreitete vulkanische Gestein auf der Erde.

Aber nicht alle Vulkane fördern basaltisches Magma. Das erklärt sich damit, dass die aus dem Erdmantel aufsteigende primitive Schmelze in so genannten Magmakammern in mehreren Kilometern Tiefe in der Erdkruste zwischengelagert wird, wo sie ihre chemische Zusammensetzung verändert (Abb. 2). Dieser Prozess heißt Differentiation. Dabei kann sich aus einer Basaltschmelze zum Beispiel eine Andesit-, Dazit- oder Rhyolithschmelze entwickeln. Bei der Differentiation kristallisieren durch die langsame Abkühlung (die Kammer verzögert diese) zuerst die Minerale mit den höchsten Schmelzpunkten aus, vor allem Olivin, und sinken auf den Boden der Kammer, die einem großen Topf gleicht. Wenn zu diesem Zeitpunkt die Schmelze eruptiert, ist sie zunächst noch basaltisch und kann den Bodensatz des Topfes mitreißen: Dann finden wir in den Gesteinen Olivinknollen, die von Schmelze umgeben sind. Weil Olivin aus Eisen und Magnesium in Verbindung mit Silizium und Sauerstoff (in Form von SiO_2/›Kieselsäure‹) besteht, wird die Schmelze ärmer an Eisen (Fe) und Magnesium (Mg), die auch die dunklen Farben von Basalt bewirken. Und letztlich wird sie relativ reicher an SiO_2 und dadurch zäher, was ihr Eruptionsverhalten ganz entscheidend bestimmt. Der Prozess der Differentiation geht kontinuierlich weiter, die Schmelze wird immer ärmer an dunklen Mineralen (nun auch Pyroxen und Hornblende/Amphibol), im oberen Teil des Topfes sammeln sich die im Magma gelösten Gase (vor allem CO_2) an, die zum explosiven Ausbruchsverhalten hochdifferenzierter Magmen beitragen (Abb. 3).

Magma steigt in der Erdkruste auf, weil es leichter ist als die es umgebenden Gesteine. Dabei können Wege durch Spalten hilfreich sein. Unterschiedliche Magmen sind auch für die verschiedenen Formen von Vulkanen von Bedeutung, denn auch der Gasgehalt beeinflusst die Fließfähigkeit: Vor allem primitive Basaltmagmen mit hohem Gasgehalt fließen schnell. Dann ergießen sich oft große Massen, wie sie aus Spalten gefördert werden, und bauen flächige, übereinander gestapelte Lavadecken auf. Bei eher punktförmigen Eruptionszentren, also einzelnen Vulkanen, entstehen Schildvulkane mit sehr flachen Hängen. Die Lava fließt hier meist schnell und bildet charakteristische Oberflächenformen (Stricklava, Pahoehoe). Sobald das Gas in der Schmelze weitgehend entwichen ist, ändern sich die Lavaformen, aus Pahoehoe wird Aa-Lava/Zackenlava. Manchmal geht so ein anfangs schnell fließender Strom in eine Art Kokshaufen über, dem man sich dann nähern kann, um die Temperatur zu messen: Basaltlava ist 1.000–1.250 Grad Celsius heiß. Hellere und SiO_2-reichere Magmen führen wegen ihrer Zähigkeit zu steileren Vulkanflanken, aber sie bilden infolge ihrer oft explosiven Förderung auch ganz andere Produkte: Die Schmelze zerreißt nämlich bei der Eruption in einzelne Bestandteile und unterscheidet sich dadurch vom kohärenten Lavastrom. Diese vulkanischen Lockerprodukte werden unter der Bezeichnung Pyroklastika (der Begriff setzt sich aus den altgriechischen Wörtern für ›Feuer‹ und ›zerbrechen‹ zusammen) zusammengefasst. Vulkane, die aus einer Wechselfolge von Lavaströmen und Pyroklastika bestehen, heißen Schicht- oder Stratovulkane, und sie sind oft aus dazitischem/andesitischem Material aufgebaut (siehe Abb. 3). Extrem SiO_2-reiche Schmelzen sind die Rhyolithe, die entweder zu hochexplosiven Ausbrüchen führen oder domartige Gesteinskörper aufbauen.

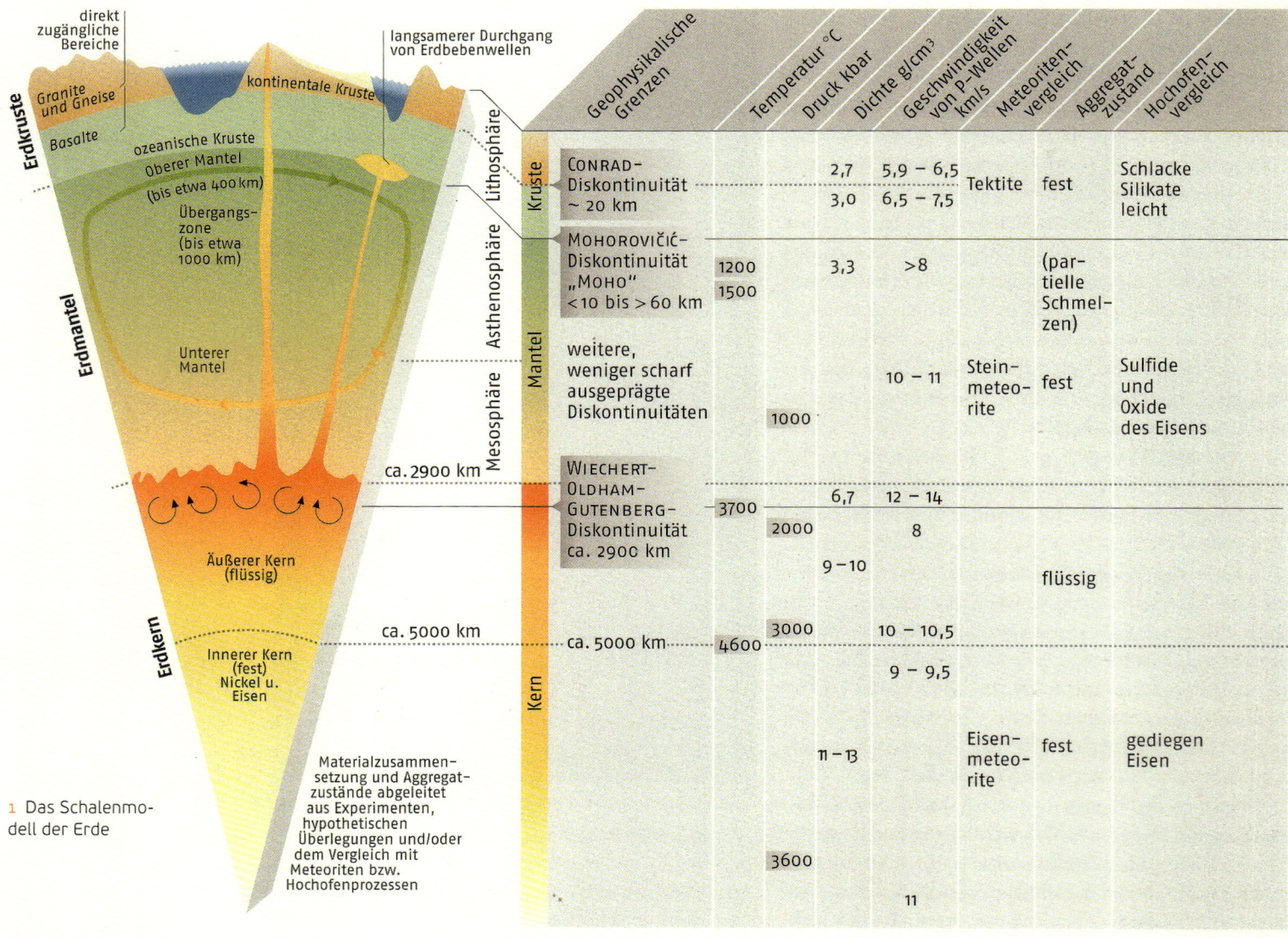

1 Das Schalenmodell der Erde

Labels within figure (left section):
direkt zugängliche Bereiche — langsamerer Durchgang von Erdbebenwellen — Granite und Gneise — Basalte — kontinentale Kruste — ozeanische Kruste — Oberer Mantel (bis etwa 400 km) — Übergangszone (bis etwa 1000 km) — Unterer Mantel — Äußerer Kern (flüssig) — Innerer Kern (fest) Nickel u. Eisen — Erdkruste — Erdmantel — Erdkern — Lithosphäre — Asthenosphäre — Mesosphäre — Kruste — Mantel — Kern — ca. 2900 km — ca. 5000 km — Materialzusammensetzung und Aggregatzustände abgeleitet aus Experimenten, hypothetischen Überlegungen und/oder dem Vergleich mit Meteoriten bzw. Hochofenprozessen

Geophysikalische Grenzen	Temperatur °C	Druck kbar	Dichte g/cm³	Geschwindigkeit von P-Wellen km/s	Meteoriten-vergleich	Aggregat-zustand	Hochofen-vergleich
CONRAD-Diskontinuität ~ 20 km			2,7	5,9 – 6,5	Tektite	fest	Schlacke Silikate leicht
			3,0	6,5 – 7,5			
MOHOROVIČIĆ-Diskontinuität „MOHO" <10 bis >60 km	1200 / 1500		3,3	>8	(partielle Schmelzen)		
weitere, weniger scharf ausgeprägte Diskontinuitäten	1000			10 – 11	Stein-meteorite	fest	Sulfide und Oxide des Eisens
WIECHERT-OLDHAM-GUTENBERG-Diskontinuität ca. 2900 km	3700 / 2000		6,7	12 – 14 / 8			
				9 – 10		flüssig	
ca. 5000 km	3000 / 4600			10 – 10,5			
				9 – 9,5			
				11 – 13	Eisen-meteorite	fest	gediegen Eisen
	3600			11			

So erfahren wir also aus den Formen der Vulkane und ihren Förderprodukten immer auch etwas über die Ausbruchstätigkeit selbst: Indem wir die heute ablaufenden Prozesse und die dabei entstehenden Produkte studieren, lernen wir etwas über die Vorgänge in der Vergangenheit. Kohärent fließende Schmelzen führen zu Lavaströmen, explosiv auseinander gerissene zu Pyroklastika. Wie die Lavaströme lassen sich auch diese systematisch unterteilen: nach Korngröße, chemischer Zusammensetzung, Formen oder Entstehungsprozess. Ganz feinkörnige Pyroklastika bilden Aschen (keine Verbrennungsrückstände, sondern Gesteinspartikel),

millimeter- bis zentimetergroße die runden Lapilli, noch größere und unregelmäßig geformte die meist porösen Schlacken, massive dagegen Bomben. Besondere, sogenannte akkretionäre Lapilli sind millimeter- bis zentimetergroß und bestehen aus Aschelagen, die in einer turbulenten Aschewolke zusammenbacken, wenn es beim Ausbruch regnet. Schlacken können in sich gedreht und Bomben manchmal spindelförmig sein, ein Hinweis darauf, dass sie während des Fluges noch plastisch waren und durch die Bewegung verformt wurden. Schlacken können gelegentlich noch heiß und plastisch sein und beim Aufeinandertreffen miteinander

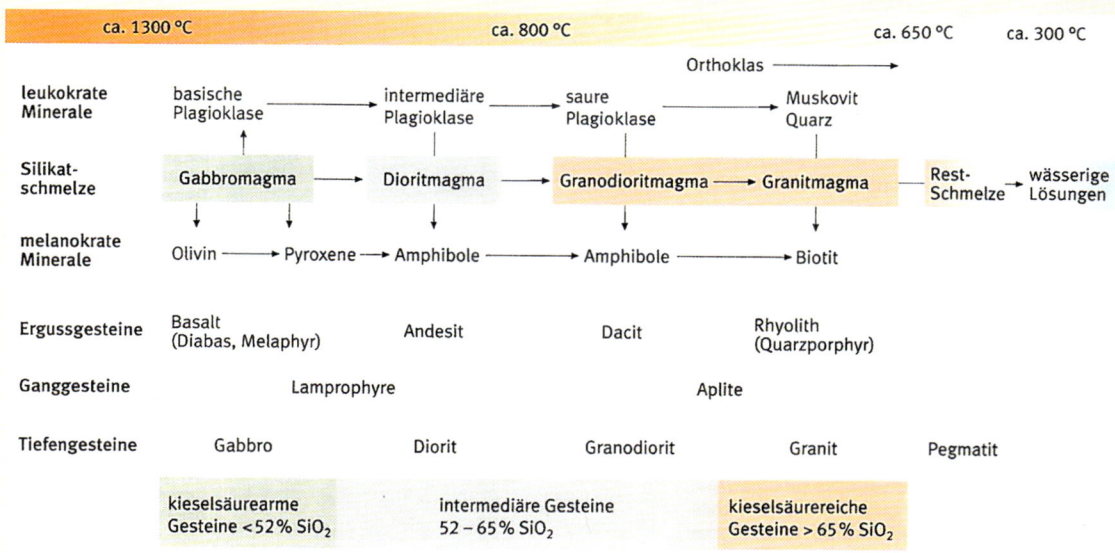

ca. 1300 °C		ca. 800 °C		ca. 650 °C	ca. 300 °C
			Orthoklas →		
leukokrate Minerale	basische Plagioklase →	intermediäre Plagioklase →	saure Plagioklase →	Muskovit Quarz	
Silikatschmelze	Gabbromagma →	Dioritmagma →	Granodioritmagma →	Granitmagma	Rest-Schmelze → wässerige Lösungen
melanokrate Minerale	Olivin → Pyroxene →	Amphibole →	Amphibole →	Biotit	

Ergussgesteine	Basalt (Diabas, Melaphyr)	Andesit	Dacit	Rhyolith (Quarzporphyr)	
Ganggesteine		Lamprophyre		Aplite	
Tiefengesteine	Gabbro	Diorit	Granodiorit	Granit	Pegmatit

| kieselsäurearme Gesteine <52% SiO_2 | intermediäre Gesteine 52 – 65% SiO_2 | kieselsäurereiche Gesteine > 65% SiO_2 |

2 Differentation basischer »Urschmelzen« zu chemisch veränderten Gesteinsschmelzen, die immer reicher an SiO_2 werden (Bowen-Schema). Die daraus kristallisierenden Gesteine erstarren entweder in einigen Kilometern Tiefe (Tiefengestein/Plutonite) oder an der Erdoberfläche (Ergussgesteine/Vulkanite).

3 Schematische Darstellung einer Magmakammer

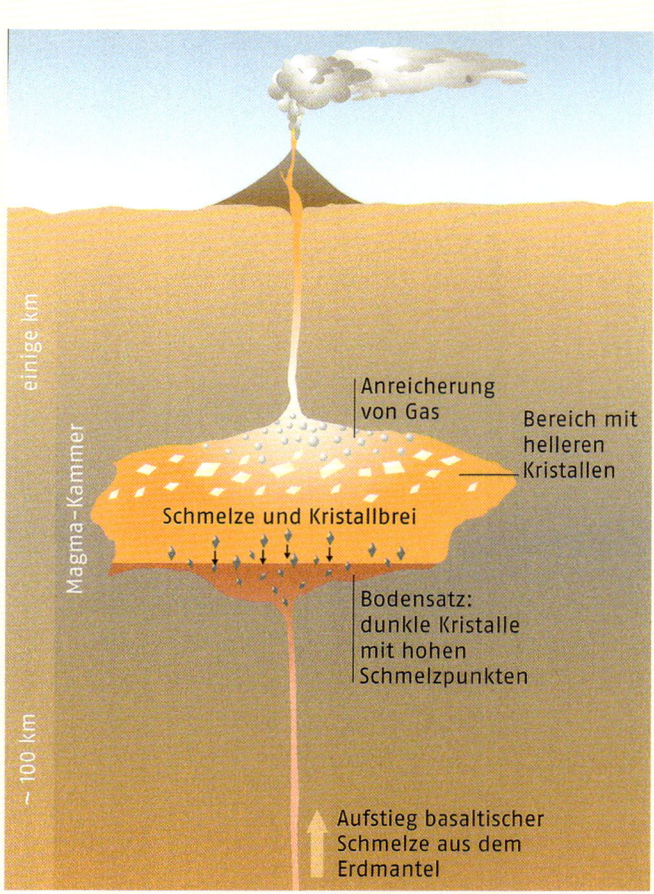

einige km

Magma-Kammer

~ 100 km

Anreicherung von Gas

Bereich mit helleren Kristallen

Schmelze und Kristallbrei

Bodensatz: dunkle Kristalle mit hohen Schmelzpunkten

Aufstieg basaltischer Schmelze aus dem Erdmantel

verschweißen (Schweißschlacken). Die mit ein paar hundert Grad Celsius heißesten Partikelströme sind die gefährlichsten Äußerungen des Vulkanismus: Pyroklastische Ströme, in denen die Festbestandteile zusammen mit Gas fließen. Die Reibung in diesen Strömen ist praktisch aufgehoben, deshalb können sie Geschwindigkeiten von ein paar hundert Kilometern pro Stunde erreichen und sich über alle Geländeunebenheiten hinweg ausbreiten. Ihre Partikel, vielfach Glas, Bims und Gesteinsbruchstücke, können bei hohen Temperaturen nach dem Transport zu Gesteinen verschweißen, die sich nur schwer von kompakter Lava unterscheiden lassen, sie werden als Ignimbrite bezeichnet.

Auch die Abkühlungsgeschwindigkeit hat Einfluss auf die entstehenden Produkte: Bei langsamer Abkühlung werden die Kristalle groß, bei schneller kleiner, und bei noch schnellerer bleibt gar keine Zeit für das Kristallwachstum und die Schmelze erstarrt zu Glas, das wir zum Beispiel als Obsidian kennen. Aus Glaspartikeln besteht auch Bimsstein, für den die Schmelze praktisch aufgeschäumt wurde, wie die vielen Poren darin zeigen; diese führen dazu, dass er auf Wasser schwimmt, allerdings nur so lange, bis alle Poren mit Wasser gefüllt sind.

Im Magma sind immer auch Gase gelöst, die oft an den Schäden durch Vulkanausbrüche beteiligt sind. Neben Wasser und CO_2 sind das vor allem SO_2 (das sich mit Wasser zusammen zu Schwefliger Säure oder Schwefelsäure zu entsprechenden Aerosolen verbindet) und Halogenide wie Chlor oder Fluor in Form von HCl und HF.

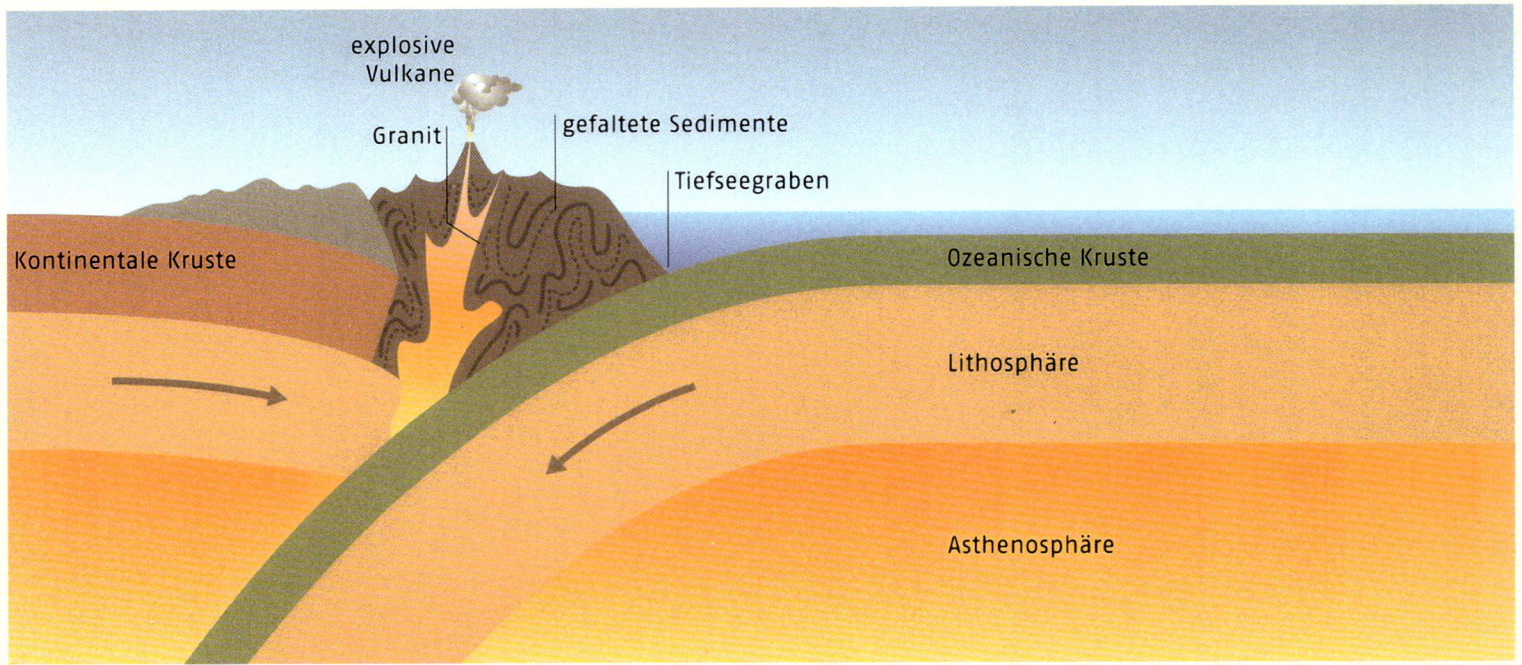

4 Darstellung von Subduktionszonen

Die unterschiedliche Intensität explosiver Ausbrüche wird heute in Form des Vulkan-Explosivitäts-Index (VEI) beschrieben, der in logarithmisch ansteigenden Stufen von 0 bis 8 qualitative und quantitative Daten berücksichtigt, zum Beispiel Fördervolumen und Höhe der Eruptionssäule. Besonders explosiv sind Vulkane, wenn deren Magma mit Wasser zusammentrifft (Phreatomagmatische Eruptionen). Das erklärt zum Beispiel die vielen, geologisch jungen Eifel-Maare. Wenn vergleichsweise große Volumina an Schmelzen schnell eruptieren, kommt es zum Einbruch des Dachs einer Magmakammer. Die dabei entstehenden Hohlformen heißen Calderen, sie können mit weiteren Förderprodukten gefüllt werden, oft bauen sich aber auch neue Vulkane innerhalb solcher Calderen auf.

Am Rand des Pazifischen Ozeans häufen sich die Vulkane, man spricht deshalb vom Pazifischen Feuerring, in dessen Bereich auch verstärkt Erdbeben auftreten. Erst heute ist es möglich, dafür eine plattentektonische Begründung zu erkennen: Subduktionszonen, an denen die schwere ozeanische Kruste auf die kontinentale Kruste trifft und unter diese abtaucht (Abb. 4). Dabei gerät sie zusammen mit den darauf abgelagerten Meeressedimenten in tiefere Bereiche, wo sie allmählich wieder aufgeschmolzen wird. Die auf dem Kontinentalrand durch den Aufstieg dieser Schmelzen entstehenden Vulkane sind vielfach explosiv und durch andesitische/dazitische Gesteine geprägt, die steilere Flanken bewirken. Zu dieser Art Vulkanen gehört auch der Mount St. Helens, der 1980 einen spektakulären Ausbruch hatte. Er ist Teil einer ›Perlenkette‹, die von Alaska bis nach Feuerland reicht, und hat Entsprechungen von Kamtschatka über Japan bis nach Indonesien.

Literatur:

Rothe 2009, 2010; Schmincke 2013; Decker – Decker 1992; Szeglat – Rietze 2010

Anmerkung

1 So der Titel eines Buches von A. Rittmann.

5 Plinianische
Wolke nach einer
Darstellung aus
dem 19. Jahr-
hundert

FRANC. BACONIS
DE VERULAMIO/
Summi Angliæ
CANCELARII/
Novum Organum
Scientiarum.
Editio Secunda

Multi pertransibunt & augebitur scientia.

AMSTELÆDAMI
Sumptibus Joannis Ravesteiny
Anno 1660.

Von Atlantis lernen

BEAT WYSS

Sagenhafte Gerüchte

Meine frühe Kenntnis von Atlantis hielt zwar keiner wissenschaftlichen Prüfung stand, aber sie kam von Herzen. Botschafter jener versunkenen Insel war mir Donovan, der schottische Sänger und Gitarrist, mit seinem Lied *Atlantis* aus dem Jahr 1968:

> *»Der Kontinent Atlantis war eine Insel*
> *Die vor der großen Flut*
> *In der Gegend lag, die wir heute den*
> *Atlantischen Ozean nennen.*
> *Ein so großartiges Land,*
> *Dass von ihren westlichen Küsten*
> *Diese schönen Seeleute*
> *Mit Leichtigkeit nach Süd- und Nordamerika reisten*
> *In ihren Schiffen mit angemalten Segeln ...«*

Wer damals Donovan hörte, trug lange Haare und fühlte sich dem Stamm der Hippies zugehörig, die vom guten Leben träumten: »Mach' Liebe, keinen Krieg.« Als Gymnasiast in Griechisch und Latein geschult, war mir Platon, der Erfinder von Atlantis, natürlich bekannt. Das Lied von Donovan jedoch ließ eine Ahnung aufkommen, es gäbe aus den Texten des athenischen Philosophen wohl Aufregenderes zu lernen als jenes Pauken unregelmäßiger Verben, zu dem uns der Professor in Altphilologie anhielt. Meine Vorstellungen von Atlantis waren mit Musik unterlegt. Das erste Jazzlokal in Basel, meiner Heimatstadt, war das *Atlantis* (Abb. 1). Hier wurden Ragtime und Dixieland geboten, es gab einen Kiosk mit afrikanischen Souvenirs, einem echten Krokodil im Terrarium und die Kinder durften zusehen, wenn es gefüttert wurde.

Warum ich so persönlich werde? Weil Geschichte immer bei uns selber anfängt. Das lehrt uns Atlantis. Der Ort ist, seit ihn Platon in die Welt gesetzt hat, eine Projektionsfläche aus sagenhafter Vergangenheit für gegenwärtige Ängste und Wünsche. So wie die Vergangenheit stets von unserem gegenwärtigen Wissensinteresse beleuchtet wird, beginnt jede Zeitreise auf der Plattform von heute. Historische Forschung sollte sich immer bewusst bleiben, dass sie archäologisch arbeitet. Bevor wir die Fundamente einer antiken Stadt finden, müssen sie ausgegraben werden. Dabei sind die Schichten von Geröll, Schutt und Asche ebenso wichtig wie die Ruinen selber: Denn jene erzählen die Geschichte dieser Stadt und geben Zeugnis, wann, wie und warum ihre Überreste so unter die Erde zu liegen kamen.

Schälen wir also die Idee von Atlantis sorgfältig aus ihrer Decke. Zur obersten Schicht von Platons versunkener Inselstadt zählen die vielen Hotelbauten, die nach ihr benannt wurden, das Urlaubsparadies Palm Islands zum Beispiel, auf einer künstlich angelegten Inselgruppe vor dem Strand von Dubai am Persischen Golf. Zum Bild von Atlantis passt der monumentale, orientalisierende Torbau in Form eines Hufeisens, der zwei Türme im Stil maghrebinischer Minarette verbindet. Der Besitzer der Ferienanlage ist Solomon Kerzner, ein südafrikanischer Hoteltycoon. Die Veranstalter gestanden bei der Eröffnung im Herbst 2008, dass die 28 Millionen Dollar teure Party mit Brillantfeuerwerk, einem Auftritt der australischen Starsängerin Kylie Minogue und geladener Galaprominenz wie David und Victoria Beckham wohl etwas bescheidener ausgefallen wäre, hätte man den Bankencrash der Lehman Brothers vorausgesehen.[1] Ungemach war dem Bau schon kurz vor der Einweihung durch eine Feuersbrunst in der Hotellobby beschieden. Ein schlechtes Omen, gesandt von Göttern, die das übermütige Unternehmen missbilligten? Die düstere Vermutung wäre durchaus im Sinne der Atlantis-Sage. Zehn Jahre zuvor hatte Kerzner sein erstes Hotel Atlantis gebaut, auf Paradise Island, Bahamas, im selben orientalischen Stil wie das Dubaiprojekt (Abb. 2). Der Riesentorbau belegt Rang 14 unter den größten Hotelanlagen weltweit und kann mit dem Rekord der teuersten Hotelsuite punkten: 25.000 Dollar pro Nacht. Bei Platon lernen wir, dass auch sein Atlantis mit Rekorden und Übergrößen zu tun hat.

Weltweit gibt es tausende Hotels, die Atlantis heißen. Der maritime und exotische Charakter des literarischen Urbilds verbindet die Moderne mit Urlaub und Freizeit. Atlantis als Ferienparadies

○ Simon de Pass (um 1595-1647), Frontispiz aus Francis Bacons *Instauratio magna*, London 1620 Kupferstich, Universitätsbibliothek Heidelberg

1 Heinz Höflinger, Jazz Club Atlantis in Basel. Die Betreiber Kurt, Paul und Uschi Seiler mit Bolle Baumgartner vor ihrem Ford Super Deluxe Tudor Sedan. Pressefoto um 1947 Staatsarchiv Basel-Stadt

liegt irgendwo im Orient oder im Pazifischen Ozean wie das Neue Atlantis von Francis Bacon.[2]

Weitreichendere Einflüsse noch als auf den Tourismus hatte die Atlantis-Sage auf Literatur und Film.[3] Die antike Geschichte der versunkenen Insel bildet die Inkunabel für Fantasy- und Science-Fiction-Romane. Hier wird Atlantis, gehüllt in die ewige Nacht des Weltalls, in fernen Sonnensystemen und Milchstraßen geortet. Die Fernsehserie *Stargate Atlantis*, gesendet vom amerikanischen Sci-Fi-Channel in den Jahren 2004/08, berichtet von einer Expedition in die Pegasus-Galaxie. Hier entdecken die Erdastronauten eine menschliche Bevölkerung, die einen Panzerkreuzer mit Hochhäusern bewohnt, eine amphibische Raumstation, die schwimm- und flugtauglich ist. Diese Beweglichkeit ist überlebenswichtig, denn die Siedler sind bedroht von der menschenfressenden Rasse der Wraiths. Die irdischen Astronauten verbünden sich mit den Atlantiden und kämpfen gegen den gemeinsamen Feind. Ihnen gelingt es, einen Angriff der Wraiths auf die Erde abzuwehren. Die Geschichte findet ihr Happy End, als Stargate Atlantis nach gewonnener Schlacht in der Bucht von San Francisco zu Wasser geht.

Der kämpferische, hochtechnologische Charakter dieser Science Fiction ist gar nicht so weit entfernt vom antiken Modell, denn das platonische Atlantis war alles andere als ein Urlaubsort, es war ein kolonialistischer Staat, geführt von Kriegerkönigen.

Die literarische Quelle

Noch viele moderne Gerüchte gäbe es zu berichten, doch nähern wir uns jetzt dem ›wirklichen‹, vom Philosophen Platon erdachten, Atlantis. Im Timaios-Dialog wird der Standort der Insel von einem ägyptischen Hohepriester beschrieben:

> *»Vor jener Meerenge, die ihr Griechen ›die Säulen des Herakles‹ (Gibraltar) nennt, liegt ein Land, das grösser ist als Libyen und Ägypten zusammen. [...] Das Meer jenseits der Meerenge kann mit Fug und Recht ein Ozean, und das Land, das ihn umgibt, ein Kontinent genannt werden.«*[4]

2 Schnorcheln in den Ruinen von Atlantis Paradise Islands, Bahamas

Dass der Ozean jenseits von Gibraltar der ›Atlantische‹ heißt, verdankt sich dieser Textstelle. Athanasius Kircher, ein deutscher Gelehrter vom Jesuitenorden, erstellte 1665 eine Karte nach der literarischen Vorlage (Abb. 3). Die Insel Atlantis setzte er zwischen die Westküste Spaniens und Mittelamerika, das inzwischen von Kolumbus für die Europäer entdeckt worden war. Es lag noch außerhalb von Kirchers Vorstellungen, dass sich in den fernen Kolonien des ›Neuen Indien‹ einst ein politisches Machtzentrum wie die Vereinigten Staaten von Amerika herausbilden würde. Auf dem Plan steht Europa als koloniales Zentrum der damaligen Welt links, am Anfang der Leserichtung. Landkarten waren nach damaliger Gewohnheit gesüdet, daher stehen ihre Angaben nach unserer Lesegewohnheit auf dem Kopf.

Nach Platons Erzählung wurde Atlantis vor etwa 11.600 Jahren vom Meeresgott Poseidon gegründet. Zur selben Zeit erschuf Athene, Poseidons Schwester, Ur-Athen, den griechischen Staat, dem die Göttin der Weisheit als Patronin ihren Namen stiftete.[5]

Aus dem Timaios-Dialog[6] erfahren wir, dass die Gründung vor 9.000 Jahren erfolgt sei. Der Erzähler ist ein ägyptischer Hohepriester, der zur Zeit Solons des Gesetzgebers lebt. Nehmen wir dafür das Jahr 600 v. Chr., als die Athener Sozialreformen (594 v. Chr.) die Grundlagen für eine Polisdemokratie schufen, ergeben sich, auf heute berechnet, jene 11.600 Jahre. Ganz genau lässt sich Platons Erzählung allerdings nicht datieren. Im Kritias-Fragment wird erzählt, der Krieg zwischen Athen und Atlantis habe vor 9.000 Jahren stattgefunden.[7] Hier berichtet Kritias, Zeitgenosse von Sokrates. Die

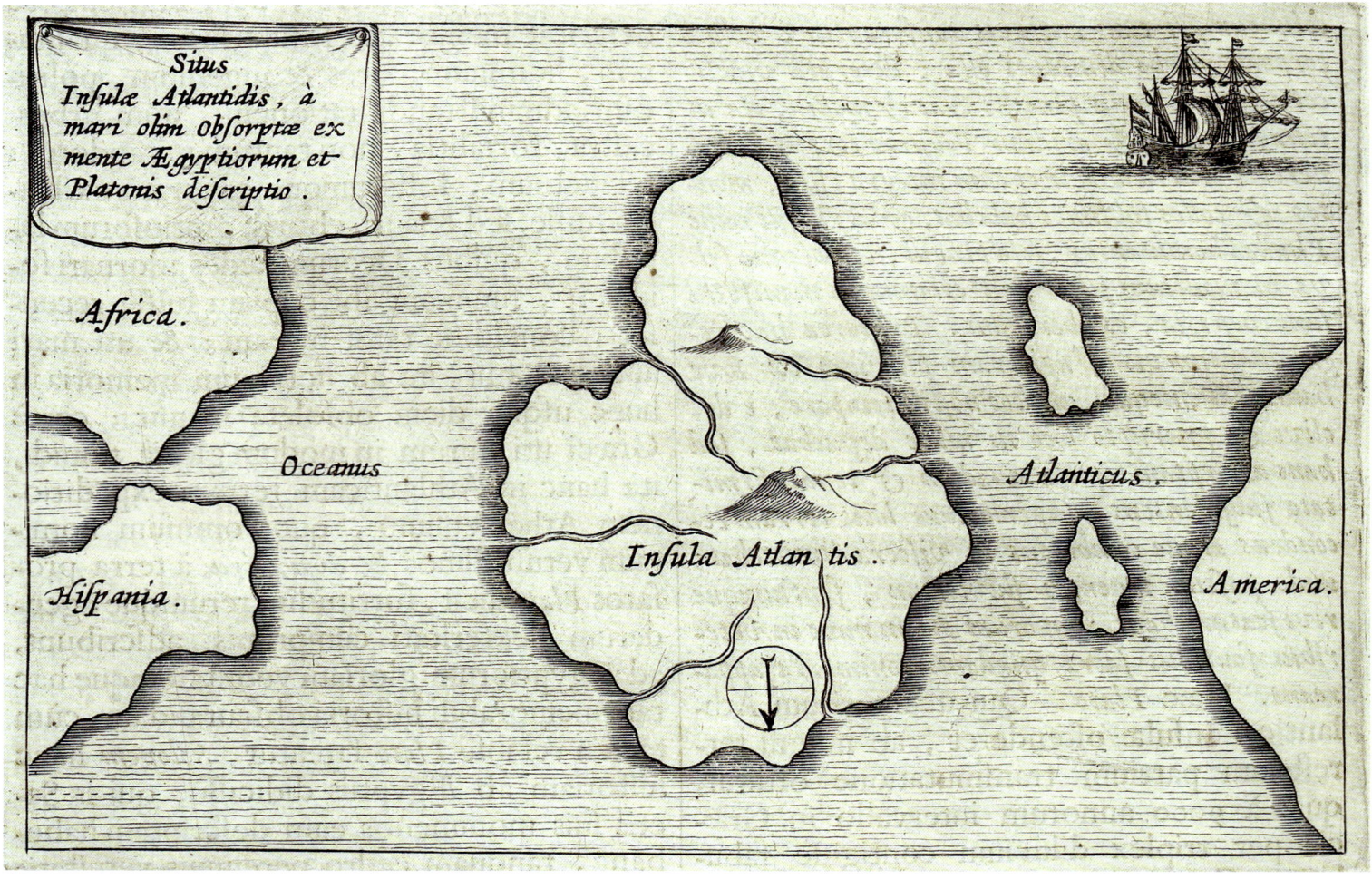

3 Athanasius Kircher (1602–1680), *Mundus Subterraneus*, um 1665. Gesüdete Karte von Atlantis Universitätsbibliothek Heidelberg

Kriegshandlungen hätten damit vor rund 11.400 Jahren stattgefunden. Verbindet man die beiden Daten, so liegen zwischen Staatengründung und Krieg zwischen Athen und Atlantis 200 Jahre. Für den Untergang von Ur-Athen und Atlantis liefert Platon kein Datum.

Atlantis und Athen waren autoritär geordnete Ständestaaten, Platons Staatsideal entsprechend. Die herrschende Klasse, die Klasse der bewaffneten Wächter und die gewöhnlichen Bürger und Bauern lebten voneinander abgeschirmt. Die soziale Entmischung zeigt sich im Grundriss der Hauptstadt Atlantis: Die drei Kasten bewohnten je einen der konzentrisch angelegten Stadtringe, die von kreisrunden Wassergräben umgeben waren (Abb. 4). Auf der Akropolis lebten die Könige und Priester, ihnen folgte die Kaste der Wächter, die ihre Herren bewachten. In der Ebene schließlich siedelten die Gewerbetreibenden und Werktätigen, der Nährstand, dem die Bestellung der Felder vor den Toren oblag. Der ägyptische Hohepriester, der dieses im Timaios-Dialog berichtet, preist denn auch das Kastensystem in Atlantis und Ur-Athen: Es sei der ägyptischen Gesellschaft und ihrer Herrschaftsform verwandt.

Trotz ihrer Ähnlichkeit im politischen Aufbau sind sich die Zwillingsstaaten feind. Während Ur-Athen alle Tugenden einer idealen Gesellschaft verkörpert, entwickelt sich Atlantis zu einem Reich des Bösen. Der Charakter der Atlantiden ist verschwenderisch und kriegerisch zugleich. Denn beide Laster bedingen einander: Je mehr Begierden in der Gesellschaft befriedigt sein wollen, desto mehr ist der Staat gezwungen, sein Herrschaftsgebiet auszudehnen, um aus unterjochten Völkern Gewinn zu ziehen. So lehrt es Sokrates im Dialog über den Staat. Ein tugendhaftes Gemeinwesen zeichnet sich dadurch aus, dass es politisch und wirtschaftlich Maß zu halten versteht.

So war die Gesellschaft der Ur-Athener beschaffen, im Gegensatz zu den maßlosen Atlantiden. Der Hang zur Üppigkeit zeigte sich in der Architektur ihrer Hauptstadt: Die Tempel und Paläste, die öffentlichen Plätze strotzten von Statuen aus purem Gold, Silber und Elfenbein, selbst die riesige äußere Ringmauer war von Kupferplatten bedeckt.[8] Dank eines ausgeklügelten Bewässerungssystems wurden im Jahr zwei Ernten erzielt, die den Appetit der Atlantiden zu befriedigen hatten. Doch sie bekamen nicht genug. Die Könige

von Atlantis schickten sich an, ihr Herrschaftsgebiet kolonial auszudehnen, indem sie über die Säulen des Herakles ins Mittelmeer
eindrangen, um Libyen, Ägypten und die italienische Halbinsel zu
erobern.

Doch die tapferen Ur-Athener besiegen das mächtige atlantische Heer. Plato hebt sogar hervor, dass die alten Vorfahren den
Krieg ohne die Hilfe von Bundesgenossen gewonnen hätten. Dabei
mochte der Philosoph seine zeitgenössischen Zuhörer und Leser
an die Schlacht von Marathon erinnert haben: Im Spätsommer 490
v. Chr. stoppten die Athener ohne die Hilfe Spartas das übermächti-
ge Heer der Perser unter Dareios I.

Über das Ende von Atlantis war Platon, der Autor der Erzählung,
offenbar unentschieden. In einem Punkt war er sich als Staatsphilo-
soph im Klaren: Der Niedergang der Sitten in jenem Land hatte sich
angebahnt durch unrechtmäßige Herrschaft und Gewinnsucht. Der
Ungeist der Demokratie breitete sich aus, vor der Platon warnte, da
diese Staatsform Luxus und Habgier unter den Reichen, Missgunst
und Neid unter den Armen sät. Und die atlantische Demokratie
kippte prompt in Tyrannei, die schlechteste Form der Herrschaft.
Als dies eintrat, berief Zeus den Rat der Götter, da er die Absicht
hegte, dieses Volk büßen zu lassen.[9] Doch die Erzählung bricht ab,
als der Göttervater vor der Versammlung die Stimme erhebt. Der
Kritias-Dialog blieb Fragment. Im Timaios-Dialog erfahren wir aus
dem Mund des ägyptischen Hohepriesters, Atlantis sei nach gewaltigen Erdbeben und Überschwemmungen im Meer versunken:
»Seither ist der Ozean an dieser Stelle unwegsam und unerforschbar, da schlammige Untiefen, die das Eiland zurückließ, die Passage
behindern.«[10]

Es stellt sich jetzt die Frage: Warum ist unsere gewöhnliche
Auffassung von Atlantis so verschieden von der Platons, der mit
der Geschichte eine staatsphilosophische Warnung aussprach?
Der Name eines raffgierigen, angriffslustigen Kriegervolks wurde
zur Projektionsfläche für touristische Wohlfühloasen, für schräge
Jazzkeller und für Hippies, die »Liebe statt Krieg« predigen. Liegt
hier nur Unbedarftheit und mangelhafte Quellenkenntnis vor? Das
wäre nur die halbe Wahrheit. Erinnert sei an den eingangs geäußerten methodischen Zweifel betreffend Geschichtsschreibung:
Jede Nachforschung über die Vergangenheit sei gefärbt von Gegen-
wartsinteressen und zeitgenössischen Wissensgewohnheiten.

Die Katastrophe: blinde Gewalt oder Strafgericht?

Der Paradigmenwechsel von einem schlechten zum guten Atlantis
ist genau datierbar mit dem Erscheinungsjahr einer utopischen Novelle: *Nova Atlantis* von Francis Bacon, 1627 postum publiziert. Der
Reisebericht in Form eines Dialogs folgt dem platonischen Muster.
Bacon identifiziert Atlantis mit Amerika. Die Indianer seien die
Überlebenden einer apokalyptischen Katastrophe. Der englische
Autor korrigiert Platon, wenn er sagt, Atlantis sei nicht gesun-
ken, sondern von einer ungeheuren Sturmflut verwüstet worden,
derselben Katastrophe, die im Buch Mose als Sintflut auftrat. Nur
eine kleine, kluge Gruppe Auserwählter sei vom göttlichen Strafgericht verschont geblieben und habe sich auf eine Insel im Pazifik
retten können, der man den Namen Bensalem gab.

Bereits Bartolomé de las Casas, von Kaiser Karl V. zum Bischof
der mexikanischen Provinz Chiapa eingesetzt, sah in Südamerika
einen Überrest von Atlantis. Aufhorchen lässt die Behauptung des
Dominikanermönchs, dass Christoph Kolumbus sein Vertrauen auf
den Westweg nach Indien seiner Platonlektüre verdankte. Weit her-
geholt war diese Behauptung nicht, hatte doch der Vater des Autors,
Pedro de las Casas, Kolumbus auf dessen zweite Reise nach Hispa-
niola begleitet. Bei der Überfahrt wird man genügend Zeit gehabt
haben, solche Hypothesen zu erörtern. Dem Seefahrer mochte es
durchaus wahrscheinlich sein, dass der untergegangene Kontinent
Inseln zurückgelassen hatte, die als Etappen für die Passage quer
durch den Ozean dienen konnten. So fand der verwegene Entde-
cker auf dem Weg ins Unbekannte soliden Halt in einem frei erfun-
denen Mythos aus der Antike.[11]

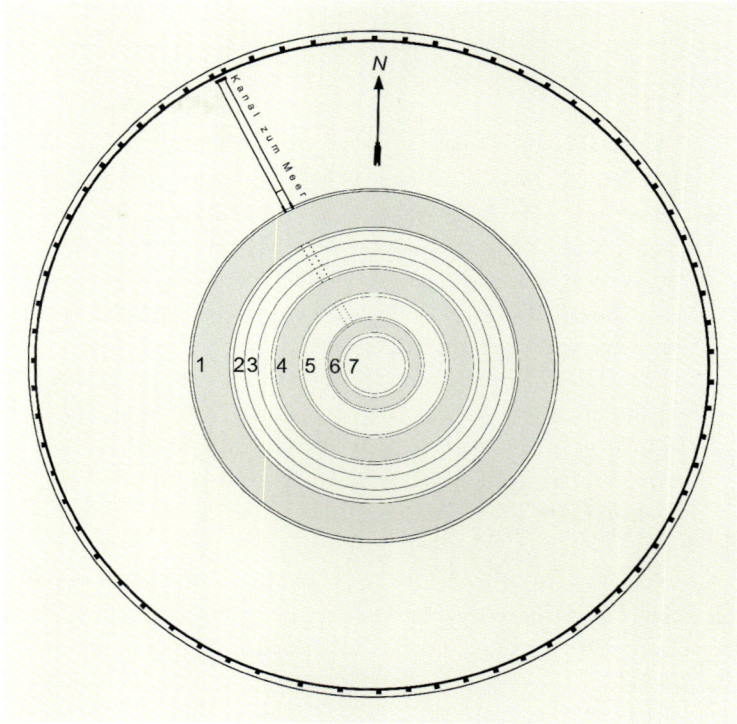

4 Rekonstruktion der Ringstruktur der Insel Atlantis nach Platon

1 Haupthafen
2 Wohnstätten der königlichen Garde
3 Hippodrom
4 Zweiter Hafen
5 Innerer Landring
6 Binnenhafen
7 Akropolis mit Poseidontempel

De las Casas, der Dominikanermönch, interpretierte den Untergang von Atlantis als göttliches Strafgericht. So lange das Volk tugendhaft blieb, lebte es glücklich und im Wohlstand, jedoch:

»[Die Insel] gedieh und blieb in diesem wohlhabendsten und glücklichsten Zustand für viele Jahrhunderte, solange ihre Bewohner sich dem Dienst an den Göttern und der Bewahrung der gerechten Gesetze und sittenreinem Handeln hingaben; doch sobald sie in ihren verdorbenen Neigungen und schuldhaften Sitten dieses Leben voller Tugend verließen und vergaßen, versank die so wohlhabende, glückliche und unermesslich große Insel samt all ihren Provinzen, Städten und Bewohnern in einer Sintflut und einem schrecklichen Erdbeben von einem Tag und einer Nacht, ohne dass von ihr Spuren noch Überreste blieben, bis auf das blinde und stürmische Meer, das dort für eine lange Zeit nicht mehr befahrbar war.«[12]

Wegen der Katastrophe sei das Meer westlich von Gibraltar lange nicht mehr schiffbar gewesen. Für De las Casas entspricht Platons Bericht der Wirklichkeit, antike Autoren wie Plinius und Seneca, aber auch der Kirchenvater Augustinus hätten die Geschichte beglaubigt. In der Tat sei Amerika größer als Asien und Afrika zusammen, wie Platon über Atlantis schreibt. De las Casas geht davon aus, dass sich der versunkene Kontinent einst vom heutigen Südamerika bis zu den Kanarischen Inseln erstreckte. Seit der Sintflut sei dieser Teil der Erde überschwemmt.

Bacons Kolonisten auf der Insel Bensalem werden von einer Forschungsgemeinschaft regiert, die sich naturwissenschaftlichen Experimenten widmet. Die Gelehrten bilden eine Geheimgesellschaft unter dem Namen *Haus Salomon* in Anlehnung an den weisen alttestamentarischen König der Israeliten. In ihren Laboratorien betreibt die Bruderschaft Grundlagenforschung der Naturkräfte. Sie führt Baumschulen und botanische Gärten, hält Tiere aller Art, züchtet neue Rassen, wobei auch Vivisektion angewandt wird. Sie entwickelt neue Nahrungsmittel auf chemischer Basis und erforscht deren Geruch und Geschmack. Überall auf der Insel gibt es mechanische Manufakturen, wo mit industriellen Methoden und Geräten gearbeitet wird. Die Forschung zu Luftfahrt, Robotik und Automatisierung unterliegt dem Berufsgeheimnis weniger Eingeweihter. Sachverständige für Magnetismus, für optische und akustische Effekte betreiben »ein Haus der Blendwerke, wo wir alle möglichen Gaukeleien, Trugbilder und Vorspiegelungen und Sinnestäuschungen hervorrufen.«[13] So bieten die eingeschworenen Wissenschaftler, die das Land politisch beherrschen, dem Volk Brot und Spiele.

Bacon überträgt mit *Nova Atlantis* die platonische Insel auf einen Ort, wo die neuzeitliche Wende zur empirischen Naturwissenschaft vollzogen ist. Im Sinne des angelsächsischen Pragmatismus erklärt der Philosoph das Studium des humanistischen Textkanons für fruchtlos. Stattdessen soll das experimentelle Lesen im Buch der Natur geübt werden. Platons unersättlich neugierige Atlantiden werden zum Vorbild für ein Gesellschaftsmodell der Zukunft.

5 Rekonstruktion des Emblems Kaiser Karls V. mit dem Motto ›Plus Ultra‹

Damit schreibt Bacon eine antike Dystopie in eine moderne Utopie um.

Es zeugt von philosophischem Selbstbewusstsein, wenn Bacon sich das Emblem des habsburgischen Kaisers Karl V. aneignete: Die Zwei Säulen des Herakles, Symbol für die Meerenge zwischen dem Felsen von Gibraltar auf spanischer und dem Berg Jbel Musa auf marokkanischer Seite (Abb. 0). Der Wahlspruch »plus oultre/darüber hinaus« beschreibt die Machtfülle des katholischen Kaisers, die sich von Osteuropa bis nach Amerika erstreckte und somit ein Reich umschloss, in dem die Sonne nie sank (Abb. 5).

Die empirische Wende ist buchstäblich bestätigt in der Redaktion des kaiserlichen Mottos, das auch das heutige Königreich Spanien im Wappen trägt. Die Worte stammen aus der antiken Mythologie: Nachdem Herakles den Atlas überlistet hatte, das Firmament zu schultern, fügte er eine Inschrift an die zwei Säulen bei Gibraltar: »Nec plus ultra/Nicht darüber hinaus.« Damit markierte der Halbgott das westliche Ende der Welt. Platon hat die mythische Mahnung befolgt, wenn er im Timaios schreibt, der Ozean jenseits des Tors von Gibraltar sei »áporon kaì adiereúnaeton (unwegsam und unerforschbar).«[14]

Noch vor Platon warnt Pindar in der dritten Nemäischen Ode auf den Allkämpfer Aristokleides von Aigina 475 v.Chr. vor einer Durchquerung der Meerenge von Gibraltar:

»Keineswegs bequem
Lässt sich das unwegsame Salzmeer hinaus über die Säulen des Herakles queren,
Die der göttliche Held als Grenze der Schifffahrt gesetzt hat,
Der gefeierte Zeuge.«[15]

Im Zeitalter der globalen Kolonisierung jenseits des mediterranen *Mare nostrum* wurde der Bann des Herakles gebrochen. Die seefahrenden Nationen strichen das *nec*/nicht im Motto und wandelten so ein Verbot in eine Einladung: Ja, geht nur immer weiter!

Als Mitglied des königlichen Rats war Francis Bacon 1609 damit beauftragt, einen Bericht über die britische Kronkolonie Virginia zu verfassen. Er entwarf auch eine Gründungsurkunde zur Besiedlung von Neufundland, einem Territorium, das heute zu Kanada gehört.[16] Im US-amerikanischen Staat Pennsylvania, nordöstlich der Hauptstadt Philadelphia, erinnert eine 1692 gegründete Ortschaft mit dem Namen Bensalem an das Neu Atlantis des englischen Kolonialphilosophen.

»Plus ultra!« hat inzwischen die Welt umrundet und steht für den universellen Anspruch auf die Annehmlichkeiten technologischen Fortschritts. Unser Atlantis ist dieses ›Neue Atlantis‹, vorausgesagt von Francis Bacon und verwirklicht im Rahmen eines globalisierten Kapitalismus. Bei aller Banalität dieser Errungenschaft blieb Atlantis ein Name von exotischer Würze. Als Label für Jazz Clubs, Kinos und Wellness-Oasen beschwört er eine verschwommene, sagenhafte Erinnerung: an das abgespaltene Versprechen auf paradiesische Zustände.

Der Fortschrittsgedanke, der in Neu Atlantis herrscht, verdrängt die Erinnerung an jene Katastrophe, der Platons Atlantis zum Opfer fiel. Doch die versunkene Insel bleibt, wie der Philosoph schreibt, stets in den Untiefen böser Ahnungen gegenwärtig. Die fragmentarisch erhaltene Geschichte von Atlantis endet unentschieden. Im Kritias-Fragment werden die Atlantiden von den Göttern für ihre Hybris bestraft. Im Timaios-Dialog hingegen wird die Idee eines Gottesgerichts widerrufen. Hier tritt die Katastrophe als *anánke* (griech. Notwendigkeit, Zwang, Schicksal) auf: blinde Naturgewalt, die zyklisch hereinbricht und das schlechte Atlantis wie das gute Athen unterschiedslos zerstört. Der Athener Philosoph vertrat einen antiken Deismus mit der Lehre, dass Götter sich in das Handeln der Menschen nicht einmischen. Aber zugleich ertappt sich Platon beim alten animistischen Glauben, wonach die Katastrophe göttliches Geschick, ja gar Rache der Himmlischen für menschlichen Frevel sei. In solchen Gedanken regt sich unbewusste Selbstbestrafung aus Schuldgefühl. Vielleicht hat der Autor den Kritias-Dialog deswegen abgebrochen.

In Platons Denken findet sich eine Ambivalenz, die im modernen Denken weiterlebt. Hartnäckig plagt uns Aufgeklärte beim Fahren eines Sportwagens mit Hybridantrieb, beim Essen eines tellergroßen Biorindersteaks das schlechte Gewissen, dieser Spaß könne vielleicht doch mit der globalen Erwärmung zusammenhängen.

Anmerkungen

1 Singh 2008.

2 Bacon 1960, S. 175–176.

3 Eco 2013, S. 183–221.

4 Stephanus 1578, Timaios, 24e-25a.

5 Stephanus 1578, Kritias, 109b,c.

6 Stephanus 1578, Timaios, 23d-24c.

7 Stephanus 1578, Kritias, 108e.

8 Stephanus 1578, Kritias, 116b.

9 Stephanus 1578, Kritias, 121c.

10 Stephanus 1578, Timaios, 25d.

11 »Tornando al propósito cómo el Cristobal Colon pudiese haber leido por el Platon que de la dica isla Atlántica parecia puerta y camino para otras islas comarcanas y para la tierra firme.« Las Casas 1875, Bd. I, cap. VIII, S. 78–79. [Übersetzung des Zitats hier: Santiago Gomez.]

12 »En el cual estado prosperísimo y felicísimo [la isla] creció y permaneció por muchos siglos, en tanto que al culto divino y a la guarda de las justas leyes y al ejercicio de la virtud las gentes della se dieron; pero después que aquellos ejercicios de solicitud virtuosa, con sus corruptas afecciones y costumbres culpables, dejaron y olvidaron, con un diluvio y terrible terremoto de un dia y una noche, la isla tan próspera y feliz y de tal inmensa grandeza, con todos sus reinos, ciudades y gentes, sin quedar rastro de ellos ni vestigio, sino todo el mar ciego y atollado, que no se pudo por mucho tiempo navegar, se hundieron.« Las Casas 1875, S. 74 (übersetzt von B. W.).

13 Bacon 1960, S. 212–213.

14 Siehe Anm. 7. Ein direkter Vorläufer für die kompakte lateinische Formulierung ›nec plus ultra‹ in griechischer Sprache ist mir nicht bekannt. Die Römer pflegten den Nominalstil kurzer Maximen, die dann dem europäischen Humanismus Stoff für heraldische Mottos gaben.

15 οὐκέτι πρόσω
ἀβάταν ἅλα κιόνων ὑπὲρ Ἡρακλέος περᾶν εὐμαρές,
ἥρως θεὸς ἃς ἔθηκε ναυτιλίας ἐσχάτας
μάρτυρας κλύτας· Zitiert nach: Pindar 1937 bzw. nach Perseus Digital Library, Verse 20–22, aus dem Griechischen übersetzt von B. W.

16 Siehe Dodd 1949, S. 157–158, 425, 502–503, 518–532.

○ Fresko an der Südwand im Westhaus in Akrotiri, Raum 5, spätes 17. Jahrhundert v. Chr. Archäologische Gesellschaft zu Athen

Leben (und Sterben?) im Schatten des Vulkans

Die Vulkaneruption von Thera und ihre Folgen

DIAMANTIS PANAGIOTOPOULOS

Ein historisches Drama als archäologisches Glück

In der langen Periode der Ägäischen Bronzezeit (circa 3100–1200 v. Chr.) mit ihren faszinierenden kulturellen Errungenschaften gibt es nur ein einziges ›Ereignis‹, das innerhalb der Archäologie konkret erfasst werden kann: die gewaltige Vulkaneruption von Thera um 1613 v. Chr.,[1] die jedes Leben auf der gleichnamigen Insel auslöschte und dramatische Auswirkungen auf die benachbarten ägäischen Regionen hatte. Thera, auch Santorin genannt, ist ein Archipel am südlichen Rand der Ägäis, etwa 120 km nördlich von der kretischen Nordküste. Vieles deutet darauf hin, dass die Insel in der Bronzezeit aufgrund ihrer strategisch günstigen Lage eine Sonderstellung innerhalb des ägäischen Handelsnetzes einnahm und die Hafenstadt Akrotiri im Süden der Insel vor allem deshalb zu unerwartetem Wohlstand gelangte.

Allerdings liegt Thera, wie auch viele andere Inseln der südlichen Ägäis, an einer besonders kritischen Stelle seismischer Aktivität: einer plattentektonischen Schwachstelle, welche die Entstehung submariner Vulkane zur Folge hat. Thera erlebte seit dem Pliozän (also vor 5,3 Millionen Jahren) etwa zwölf große Eruptionen dieser Vulkane, eine davon – womöglich die gewaltigste – zur Zeit des Höhepunkts der bronzezeitlichen minoischen Kultur. Die enormen Tephra(Vulkanasche-)schichten dieses Ausbruchs, die die Insel in einer Höhe von bis zu 40 m bedecken, sind noch heute ein eindrucksvolles Zeugnis für das unvorstellbare Ausmaß dieses Naturereignisses (Abb. 1). Jenes an der Südküste Theras gelegene Akrotiri bildet einen archäologischen Glücksfall, denn es wurde unter den Tephramassen vollständig begraben und ist uns daher in einem hervorragenden Zustand erhalten geblieben (Abb. 2). Für die Archäologen, die die spärlichen Überreste anderer bronzezeitlicher Siedlungen in der Ägäis gewohnt waren, kam die Entdeckung des perfekt konservierten Akrotiri im Jahre 1967 dem Fund eines Mammuts aus dem sibirischen Permafrostboden gleich, das nicht als Skelett, sondern als intakter Körper geborgen werden konnte. Seit den Grabungen in Akrotiri und dem Erweis fataler Folgen des Vulkanausbruchs auf die lokale Bevölkerung wurde aus dem geomorphologischen Ereignis ein historisches, das seitdem im Mittelpunkt der wissenschaftlichen Aufmerksamkeit steht. Wie es

allerdings das Schicksal jeder spektakulären archäologischen Entdeckung will, hat auch die Entdeckung von Akrotiri viel mehr neue Fragen aufgeworfen als Antworten gegeben. Die heißen Debatten über den genauen Ablauf der Eruption, die präzise Bestimmung ihres Zeitpunkts, ihre Auswirkungen auf die anderen ägäischen Regionen, insbesondere auf das minoische Kreta, und schließlich ihre eventuelle Verknüpfung mit dem Atlantismythos halten noch an und werden auch in den nächsten Jahren und Jahrzehnten Archäologen und Laien beschäftigen.

Die Erde bebt, der Vulkan erwacht

In der frühen Spätbronzezeit war Akrotiri eine pulsierende, blühende Hafenstadt. Theras günstige Lage zwischen dem griechischen Festland, der kleinasiatischen Küste, den anderen Kykladeninseln und Kreta hatte dieser Siedlung, wohl dem wichtigsten Zentrum der Insel in der Bronzezeit, einen hervorragenden Ausgangspunkt für

1 Schichten der 'minoischen' Eruption

eine dynamische wirtschaftliche und kulturelle Entwicklung in der Mittleren und Späten Bronzezeit (erste Hälfte des 2. Jahrtausends v. Chr.) verschafft. Die archäologischen Grabungen haben bisher nur einen Teil Akrotiris freigelegt, der allerdings die einstige Vitalität dieses Zentrums mit seinen Geräuschen, Gerüchen, Farben und vor allem mit dem erstaunlichen Luxus einiger Privathäuser sehr gut erahnen lässt. Eine ganze Welt entfaltet sich hier vor unseren Augen, die nicht nur erstaunliche architektonische und künstlerische Leistungen, sondern auch religiöse Zeremonien und unzählige Details aus dem Alltagsleben umfasst. Die entdeckten Häuser rufen nicht nur wegen ihrer kühnen architektonischen Lösungen, sondern auch aufgrund ihrer antiseismischen Maßnahmen Staunen hervor. Man lebte in einer vorzüglichen, allerdings von Naturelementen bedrohten Insellandschaft, in der die Gefahren von oben (Vulkan) und unten (Erdbeben) verdrängt oder bewusst in Kauf genommen wurden. Das Risiko der geographischen Lage hatte man bereits seit mehreren Generationen, wenn nicht Jahrhunderten, erkannt, denn zumeist sehr starke Erdbeben erschüttern die Ägäis oft mehrmals im Jahr. Und dennoch wollten die Einwohner der Stadt diesen Ort nicht aufgeben. Sie entschlossen sich hingegen, mit der Gefahr zu leben. Man baute sehr massive Fundamente und verwendete extensiv Holzbalken oder -rahmen für die Konstruktion der Wände. Dies verlieh dem Bau Elastizität und machte ihn weniger anfällig für Erschütterungen.

Der Beginn der Vulkaneruption von Thera wird wenige Tage vor dem eigentlichen Ausbruch mit einem außerordentlich starken Erdbeben rekonstruiert. Das Beben, das kurz vor der Vulkaneruption die Häuser Akrotiris zum Wackeln brachte, war also keine neue, aber sicherlich eine traumatische Erfahrung. Die Bevölkerung von Akrotiri musste ihre Häuser verlassen. Wände und Treppen wurden beschädigt (Abb. 3), Gebäude drohten einzustürzen. Wo sich die Einwohner direkt nach dem Erdbeben aufgehalten haben, bleibt unbekannt, doch anscheinend war man keineswegs bereit, seine Heimatstadt für einen anderen, sichereren Ort aufzugeben. In die verlassene Stadt kamen offensichtlich einige ›Mannschaften‹ zurück, um aufzuräumen, die Schäden zu reparieren und die Stadt wieder bewohnbar zu machen. Die Spuren der Räumungsarbeiten in der menschenleeren Stadt sind überall sichtbar: Man hat beschädigte Mauern abgerissen, Bauschutt in Haufen auf den Straßen gesammelt, ja sogar Betten vor der Haustür gestapelt, um das Hausinnere zu reparieren.

Während dieser Arbeiten muss dann die zweite, endgültige Katastrophe geschehen sein.[2] Der Vulkan erwachte mit einer ersten gewaltigen Eruption. Die Menschen, die gerade die Schäden des Erdbebens beheben wollten, haben Akrotiri offensichtlich rechtzeitig verlassen. Bis heute haben die Archäologen – im Gegensatz zu den römischen Siedlungen unterhalb des Vesuvs – keine menschlichen Opfer entdeckt. Nur in einer anderen Siedlung auf Therasia kam das Skelett eines alten Mannes im Inneren eines Hauses zu Tage. Aus Akrotiri selbst stammt nur das Skelett eines Schweins, aber auch in diesem Fall ist nicht ganz klar, ob das Tier zum Zeitpunkt des Vulkanausbruchs noch lebte oder bereits geschlachtet worden war. Die gewaltige Explosion, die wesentlich stärker als die des Krakatau im Jahre 1883 war, erfolgte in vier Phasen, die innerhalb von anscheinend wenigen Tagen aufeinander folgten und für alle lebenden Organismen auf der Insel fatale Folgen hatten. Während der Eruption fegte eine gewaltige pyroklastische Welle auf sehr niedriger Höhe über die gesamte Insel. Weder Mensch noch Tier, auch kein Gebäude hätte ihre zerstörerische Wirkung überlebt. In Akrotiri selbst wurden die oberen Stockwerke und Dächer aller freigelegten Gebäude von dieser Welle regelrecht abrasiert vorgefunden. Hat die theräische Bevölkerung die Insel rechtzeitig verlassen können? Oder werden die Archäologen in der Zukunft an einem theräischen Strand die Spuren einer kollektiven Tragödie entdecken?

Der Vulkan wirft seinen (langen) Schatten

Die Geschichte des bronzezeitlichen Thera endete mit dem Vulkanausbruch. Erst mehrere Generationen, wenn nicht Jahrhunderte, später kehrten die Menschen wieder nach Thera zurück, um neue Siedlungen zu gründen. Die spannende Frage, wie die Menschen mit diesem Ereignis und seinen Folgen umgegangen sind, kann daher nicht für Thera selbst, wohl aber für die benachbarten Inseln und Regionen gestellt werden. Die Aschewolke, die sich nach dem Vulkanausbruch im Großteil des ägäischen Raumes südsüdöstlich von Thera verbreitete, bedeckte zahlreiche Landschaften und Siedlungen mit zentimeterdicken Tephraschichten und hat sicherlich enorme Schäden verursacht. Dasselbe gilt auch für eine gewaltige

2 Ausgrabungssituation der Siedlung von Akrotiri auf Santorin, Griechenland

Tsunamiwelle, die wenige Minuten nach dem Vulkanausbruch die meisten Inseln um Thera herum erreichte. Die Frage, die allerdings noch offen bleibt, ist, wie schwerwiegend diese Auswirkungen für die ägäischen Bevölkerungen waren. Handelte es sich lediglich um Schäden, die rasch behoben werden konnten? Oder vielmehr um das tragische Ende mehrerer Siedlungen?

Diese Frage stellt sich vor allem für das minoische Kreta, dessen Nordküste etwa 120 km südlich von Thera liegt und an Tagen mit klarem Wetter sogar von dort aus sichtbar ist.[3] Es besteht kein Zweifel, dass ein großer Teil der minoischen Bevölkerung diese Naturkatastrophe sehen konnte. Die riesigen Aschewolken, die der Wind nach Südsüdost führte, und der Tsunami erreichten sicherlich die Osthälfte Kretas. Einige Siedlungen an der Nord- und Ostküste scheinen schwer getroffen worden zu sein. Spuren einer hohen Tsunamiwelle und einer dicken Tephraschicht, die alle Häuser bedeckte, sind vor allem in der Küstensiedlung von Palaikastro sichtbar. Theräische Tephra entdeckte man ferner in weiteren ostkretischen Siedlungen wie Pseira, Mochlos, Gournia und Kato Zakros. Auch wenn sich Geologen und Archäologen seit einigen Jahrzehnten intensiv darum bemühen, das Ausmaß dieser Naturkatastrophe und ihre Auswirkungen auf Kreta möglichst präzise zu rekonstruieren, herrscht bei der Interpretation der geologischen und archäologischen Fakten keine Einigkeit. Das liegt vor allem an einem sehr divergenten Befund: Jene Ereignisse lassen sich im Rahmen der minoischen Chronologie ans Ende der Keramikperiode Spätminoisch I A (1700–1580 v. Chr.) datieren. Dieser Zeitpunkt stellt jedoch nur teilweise eine Zäsur im archäologischen Befund der minoischen Palastkultur dar. Einige Zentren wurden zerstört und nicht wieder aufgebaut, in anderen allerdings ging das Leben bruchlos weiter. In der darauffolgenden Periode (Spätminoisch I B,

3 Treppe in Akrotiri, die vom Erdbeben beschädigt wurde

Bevölkerung aus der Entfernung Augenzeuge der Naturkatastrophe. Dass es keine – oder nur zweifelhafte – Hinweise auf eine Verarbeitung des Geschehens gibt, erscheint merkwürdig. Der psychologische Effekt dieser Erfahrung darf nicht unterschätzt werden. Viele Kulturen und Religionen haben gewisse Strategien zur rituellen und sozialen Bewältigung elementarer Gewalten entwickelt.[5] Dasselbe haben sicherlich auch die Minoer im Fall der wiederkehrenden Erdbeben getan. Es ist allerdings sehr unwahrscheinlich, dass das minoische Priestertum mit dieser in Art und in Ausmaß völlig unerwarteten Katastrophe leicht fertig geworden ist. Wäre ein solch tragisches Ereignis in der Lage gewesen, die Fundamente des religiösen Glaubens der Minoer zu erschüttern, indem es ihr harmonisches und rituell überbautes Verhältnis zur Natur auf psychologischer Ebene ›kontaminierte‹? Wurde die Vulkaneruption zu einem minoischen kollektiven Trauma? Das Problem ist, dass, abgesehen von Zerstörungshorizonten und Umbaumaßnahmen, in der Bildsprache keine deutlichen Hinweise auf eine kollektive traumatische Erfahrung vorhanden sind. Die Blüte des ›Meeresstils‹ in der palatialen Keramik wird zwar als eine religiös motivierte Reaktion auf den Vulkanausbruch gedeutet, nämlich als eine Sakralisierung des Meeres, aus dem die Katastrophe kam, doch diese ephemere Dominanz der Meeresmotive könnte auch ganz andere Gründe gehabt haben.

Der archäologische Befund beschreibt demnach zwei divergente Entwicklungen. Es wäre möglich, beide als Teil ein und derselben historischen Realität zu betrachten. Bedingt durch die Kleinteiligkeit und Diversität der kretischen Landschaft ist es durchaus vorstellbar, dass der Vulkanausbruch ganz unterschiedliche Folgen für die einzelnen kretischen Regionen hatte. In einigen Fällen könnte er schwere Schäden für Natur und Siedlungen verursacht, in anderen allerdings keine nennenswerten Auswirkungen gehabt haben. Im Falle Kretas ist es daher irreführend, ein einheitliches historisches Szenario für die gesamte Insel anzunehmen. Hier hat jede kleine Landschaft ihre eigene Geschichte, die vom Zusammenwirken ganz unterschiedlicher Faktoren abhängt. Tatsache ist, dass einige Jahrzehnte nach dem Vulkanausbruch die neupalastzeitliche Kultur (1800–1490 v. Chr.) Kretas zusammenbrach. Der Vulkanausbruch könnte ein Grund dafür gewesen sein, sicherlich allerdings nicht der einzige. Bis auf Knossos – und vielleicht auch Chania – wurden alle minoischen Palastzentren zerstört. Dasselbe Schicksal erfuhren auch viele Siedlungszentren auf der ganzen Insel. Wie die Paläste und viele Siedlungen zerstört und aufgegeben wurden, lässt sich anhand des archäologischen Befunds nicht sagen. Ein Erdbeben oder auch kriegerische Auseinandersetzungen könnten der Grund gewesen sein. Dass dieses Ende zumindest an einigen Orten gewaltsam war, wird im Palast von Kato Zakros deutlich, wo die Lagerräume noch überfüllt mit kostbaren Objekten waren, die nach der Zerstörung des Gebäudes dort bis zu ihrer archäologischen Entdeckung begraben worden sind (Abb. 4).

Wie kann man in der Zukunft an diese zahlreichen offenen Fragen herangehen? Eine der wichtigsten Erkenntnisse der rezenten

also 1580–1490 v. Chr.), die für lange Zeit als die Epoche des absoluten Höhepunktes der minoischen Kultur galt, erkannten jedoch rezente Forschungen Anzeichen einer Krisenzeit. Umbauarbeiten, die auf die Vergrößerung von Lagerräumen zielten, Hinweise auf die Errichtung von wehrhaften Anlagen, ein deutlicher Populationsrückgang und die zahlreichen Hortfunde aus mehreren kretischen Siedlungen könnten für eine unsichere Zeit sprechen.[4] Darüber hinaus ist es durchaus möglich, dass die Vulkaneruption mittel- oder langfristige Auswirkungen auf das kretische Klima hatte. Eine Periode mit Sommern, die wie Winter aussahen und zu schlechten Ernten führten, wäre ausreichend gewesen, um die Fundamente einer Gesellschaft ins Wanken zu bringen. Vielleicht haben die kurz- oder mittelfristigen Auswirkungen der Katastrophe die Schwächen des politischen und wirtschaftlichen Systems offenbart.

Diese Auswirkungen könnten nicht nur materieller Natur gewesen sein. Wie bereits erwähnt, war ein großer Teil der kretischen

4 Der Palast von Kato Zakros auf Kreta, in dem Tephra vom Vulkanausbruch von Thera entdeckt wurde

Forschung über die soziale Dimension von Naturkatastrophen besagt, dass ihr Ausmaß allein nicht als Grund für den Zusammenbruch einer Kultur betrachtet werden kann. Jedes natürliche Ereignis stellt eine soziale Gruppe vor eine Herausforderung. Vielleicht liegt hier auch die Antwort auf den widersprüchlichen archäologischen Befund: Ob man diese Herausforderung bewältigen kann oder ihr nicht gewachsen ist, hängt eigentlich weniger von der Intensität einer Vulkaneruption oder eines Erdbebens ab, als vielmehr von der sozialen und wirtschaftlichen Stabilität einer Gruppe. Wenn man im Falle Kretas von einer zerstörerischen Auswirkung der Vulkaneruption auf die gesamte oder einen Teil der Insel ausgehen will, ist es notwendig, in der Zukunft die wesentliche Frage zu stellen, worin die inhärenten Schwächen des minoischen Palastsystems bestanden, die das theräische Naturereignis zu einer minoischen Katastrophe werden ließen.

Ein Mythos und sein vielleicht historischer Kern

Kann die Geschichte vom plötzlichen Untergang einer einzigartigen Hochkultur, die uns von einigen antiken griechischen Autoren überliefert wird, ihren Ursprung in der verheerenden Vulkaneruption von Thera gehabt haben? Auch wenn die Altertumswissenschaftler dieser Möglichkeit extrem skeptisch gegenüber stehen, kann man eine solche Geschichte nicht – ohne eine nähere Betrachtung – als eine phantasievolle Erfindung altgriechischer Intellektueller abtun. Warum eigentlich nicht? Was uns vor allem zu einer intensiveren Auseinandersetzung mit diesem Problem zwingt, ist die Tatsache, dass hier Archäologie und Mythos eine unverkennbare Gemeinsamkeit haben: Beide berichten von einer gewaltigen Naturkatastrophe, die nachweislich Auswirkungen auf die kulturelle Entwicklung einer Bevölkerung hatte. Dabei ist es vor allem das Ausmaß dieser ›Ereignisse‹, das eventuell ihre

Verknüpfung nahelegt. Ferner fällt es schwer, sich vorzustellen, dass die theräische Vulkaneruption, die das Leben auf einer Insel komplett auslöschte und die geschichtliche Entwicklung benachbarter Regionen schwer beeinträchtigte, überhaupt keine Spuren in der griechischen kulturellen Erinnerung hinterlassen haben soll. Wenn man allerdings versucht, die archäologischen Befunde mit dem Mythos zu verbinden, stellt man eine Reihe von Unterschieden fest, die eine direkte Gleichsetzung unmöglich macht. Die wundersame Stadt Atlantis mit ihren unglaublichen technischen Innovationen und ihrer Dominanz kann nicht Thera oder konkreter Akrotiri gewesen sein, das zwar eine blühende Küstensiedlung, jedoch kein überregionales Machtzentrum war. Eine solche Rolle könnte man nur dem minoischen Kreta und genauer dem Palast von Knossos zuschreiben. Nur in dieser Kombination von einem Naturdrama unvergleichbaren Ausmaßes (theräische Vulkaneruption) und dem Niedergang einer Hochkultur mit überregionaler Strahlkraft (minoisches Kreta) kommen die archäologischen Fakten dem überlieferten Mythos näher und machen seinen historischen Kern zu einer überlegenswerten Möglichkeit. Es ist also tatsächlich nicht auszuschließen, dass die Atlantiserzählung ihren Ursprung in Fragmenten der griechischen kollektiven Erinnerung an das weit zurückliegende, dramatische Ende einer Hochkultur durch die Naturelemente hat, dessen Details allerdings im Verlauf von Jahrhunderten verwischt oder verzerrt wurden.

Anmerkungen

1 Dies war bis vor kurzem die plausibelste absolut-chronologische Datierung des theräischen Vulkanausbruchs. In einem erst vor wenigen Monaten erschienenen Artikel erhoben sich allerdings ernste Zweifel gegen die Zuverlässigkeit der angewandten Methode. Es ist daher durchaus möglich, dass sich die Eruption wesentlich später und konkreter im späten 16. Jahrhundert vor Chr. ereignete, s. Cherubini [et al.] 2014.

2 Zur forensischen Rekonstruktion des Eruptionsablaufs: Druitt [et al.] 1989; Heiken – McCoy 2000.

3 Friedrich 2004, S. 8 – 9.

4 Driessen – MacDonald 1997, S. 41; 65 – 70; 104 – 109.

5 Eine Auswertung und Zusammenstellung der Befunde bei Soles 1999.

Die Olive in der Tephra

BERND KROMER

1 Stück des Olivenbaumzweigs aus der Tephra auf Santorin

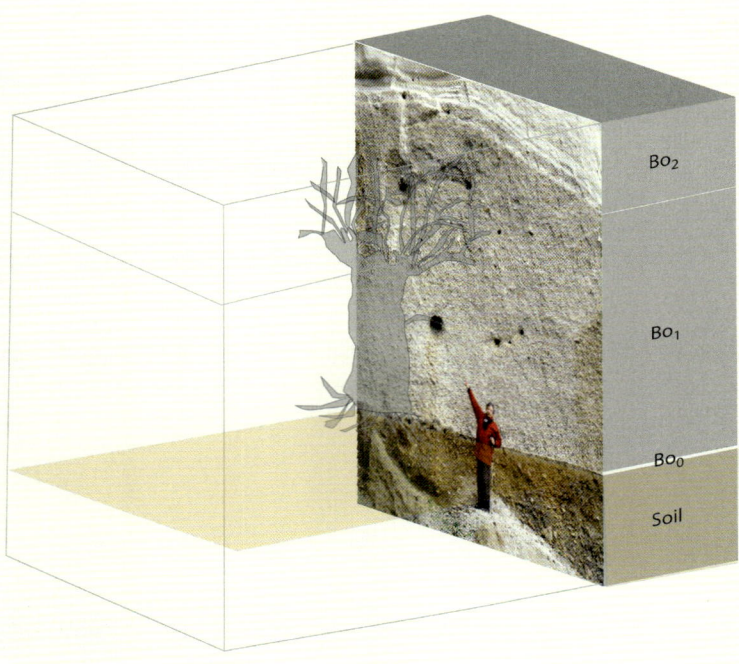

2 Schaubild zum Auffindungsort des Olivenbaumzweigs auf Santorin

Der Ausbruch des Vulkans auf Santorin zählt zu den stärksten der jüngeren Menschheitsgeschichte und er geschah in einem bedeutenden Kulturraum der Spätbronzezeit im östlichen Mittelmeer. Eine genaue Datierung des Ereignisses ist die Grundvoraussetzung, Auswirkungen des Ausbruchs auf die Hochkulturen im Raum zu untersuchen.

Es gibt zwei Datierungsansätze: Die ägyptisch-historische Chronologie über die Zählung von Regierungsjahren von Pharaonen ist hoch entwickelt, für den fraglichen Zeitraum des 17. bis 15. Jahrhunderts v. Chr. wird eine Unsicherheit von ca. einer Dekade genannt.

Aus einer Synchronisierung von Keramik- und Bimssteinfunden in der Levante wird der Ausbruch mit diesem Ansatz auf den Beginn des Neuen Reiches in Ägypten datiert, ca. 1.520 v. Chr.

Ein davon unabhängiger Ansatz kommt von naturwissenschaftlichen Datierungsverfahren, insbesondere von der Radiokohlenstoffdatierung (C14-Datierung). Mit ihr werden seit mehr als 30 Jahren sowohl organische Materialien datiert, die von dem Ausbruch in Akrotiri, dem Hauptort auf Santorin, begraben wurden, als auch solche von Fundstellen im weiteren Umfeld, zum Beispiel auf Kreta. Alle diese Studien ergaben ein Ausbruchsdatum im späten 17. Jahrhundert v. Chr., ca. 1.630 bis 1.600 v. Chr., womit eine Diskrepanz von ca. 100 Jahren zwischen den Ergebnissen der naturwissenschaftlichen Methoden und denen aus der historischen Chronologie Ägyptens besteht. Die derzeit genaueste C14-Datierung beruht auf einem Olivenast, der in der Tephra auf Santorin eingebettet gefunden wurde (Abb. 1 und 2). Im Unterschied zu den genannten Messungen an Einzelproben erlaubt die Jahrringserie des Olivenastes den Vergleich der C14-Alter aus verschiedenen Abschnitten im Ast mit den Daten der C14-Kalibrationskurve, die aus europäischen Baumringserien gewonnen wurde. Messserien verschiedener C14-Labore, darunter welche aus Heidelberg und Mannheim, ergaben übereinstimmend ein Ausbruchsdatum von ca. 1.620 v. Chr., mit 1.600 v. Chr. als jüngstmöglichem Datum.

Die Diskrepanz zwischen den Resultaten aus den beiden Methoden ist auch nach mehr als drei Jahrzenten intensiver Forschung und Diskussion auf beiden Seiten nicht aufgelöst. Auf der Seite der historischen Chronologie wird insbesondere die Sicherheit der Synchronisierung zwischen Ägypten und der Ägäis diskutiert. Alle neuen C14-Datierungen festigen das Datum im 17. Jahrhundert. Es ist bemerkenswert, dass es eine gute Übereinstimmung der C14-Datierung mit der historischen ägyptischen Chronologie gibt, die zurück bis 2600 v. Chr. reicht, aber eben gerade nicht für das Jahrhundert gilt, in dem der Ausbruch von Santorin stattfand.

Thera/Santorin und seine kleinen Nachbarinseln in minoischer Zeit

PETER ROTHE

Thera im östlichen Mittelmeer liegt in einer geologischen ›Knautschzone‹, die sich tektonisch zwischen der Afrikanischen und der Eurasischen Platte entwickelt. Das Magma entstammt Aufschmelzprozessen in einer Subduktionszone, die dort Richtung Norden abtaucht. Eine solche geologische Situation bietet gute Voraussetzungen für Erdbeben und wegen der eher sauren Schmelzen auch für explosive Vulkanausbrüche.

Dem im Wesentlichen pleistozänen Vulkanismus ging die tektonische Zerstückelung von Teilen des Kykladenmassivs voraus, das mit teilweise in Marmor umgewandelten Triaskalken und Tertiärphylliten das Grundgebirge der Inseln bildet; daraus besteht auch die mit 568 m höchste Erhebung, der Eliasberg/Profitis Ilias. Geologische Profile täuschen hier auf den ersten Blick einen aus Lava und Lockerprodukten aufgebauten Schichtvulkan vor, aber die Lockerprodukte überwiegen bei weitem, was immer auf eine vorwiegend explosive Förderung hindeutet. Meeresgeologische Untersuchungen haben gezeigt, dass pyroklastisches Material der minoischen Eruption offenbar auch vom Wind vertragen in den Sedimenten des östlichen Mittelmeeres nachweisbar ist; mit zunehmendem Abstand zu Thera werden die Korngrößen kleiner und die Menge nimmt ab.

Die Gesteine der frühen Ausbrüche sind schon dazitisch, was auf Differentiation der aufsteigenden Basaltschmelze in einer hochliegenden Magmakammer hindeutet. Die ältesten Vulkanbauten (der Vulkanismus begann schon vor etwa 1,6 Millionen Jahren), die zu einer Vereinigung von Grundgebirgsinseln und früher entstandenen, neuen Vulkaninseln geführt hatten, wurden vor 200.000 und 180.000 Jahren durch bis zu 70 m mächtige Bimsdecken überlagert. Diese großvolumige Magmaförderung hatte die Kammer so weit geleert, dass deren Dach einbrach; so entstand die erste Caldera. Diesem Geschehen sind insgesamt zwölf weitere explosive Ausbrüche gefolgt, die mit der Bildung von vier weiteren Calderen einhergingen. Die jüngste entstand vor etwa 3.600 Jahren im Gefolge des so genannten minoischen Ausbruchs (Vulkan-Explosivitäts-Index [VEI] 6/7). Morphologisch wird sie durch den Verlauf der einen Bogen bildenden Inseln nachgezeichnet. In dieser Caldera haben sich in den vergangenen 2.200 Jahren die neuen Vulkane der Palea- und der Nea-Kameni aufgebaut.

Die Datierung des minoischen Ausbruchs ist noch immer umstritten, es gibt eine Differenz von etwa 100 Jahren: 1628–20 steht 1530–20 v. Chr. gegenüber. Der Ablauf dieser auch für die Kulturgeschichte so bedeutenden Vulkankatastrophe ist anhand der Förderprodukte rekonstruierbar: Es werden vier Phasen unterschieden. Die erste begann mit einer plinianischen Förderung von Bims und Asche. Die zweite war phreatomagmatisch, weil die heiße Schmelze mit dem in den Krater eindringenden Meerwasser zusammentraf. Sie ist durch pyroklastische Ströme dokumentiert, die Lapilli, Bomben und große Gesteinsblöcke aus Lavaströmen des Untergrunds enthalten. Die nachfolgend verstärkte phreatomagmatische Tätigkeit der dritten Phase förderte Blöcke von bis zu 20 m Größe und, eingelagert in Aschenströme, wiederum Lapilli und heiße Lahare, in denen Bims mit Wasser gemischt war. In dieser Phase wurde die größte Masse vulkanischer Produkte gefördert. Bei dann nachlassender Intensität wurden in der vierten Phase Ignimbrite, weitere Aschenströme, Lahare und große Schuttdecken abgelagert.

Die bisher letzte vulkanische Äußerung stammt aus dem Jahre 1950. Nach neuesten Beobachtungen, die kleinere Erdbeben und von 2011–2012 eine Hebung von 8 bis 14 cm registriert haben, ist zwar mit erneutem Vulkanismus zu rechnen, der aber nur mit 0,03 % der Menge der minoischen Eruption beziffert wird.

Literatur:
Newman [et al.] 2012

Zwei Tage im Jahr 79 n. Chr.

CLAUDIA BRAUN UND CHRISTOPH LIND

Der Vulkanausbruch

Es versprach ein heißer Tag zu werden, als am 24. August 79 n. Chr.[1] die Sonne hinter der Bucht von Neapolis aufstieg. Der knapp 18 Jahre alte Gaius Plinius Secundus (61–112 n. Chr.) besuchte seinen Onkel in Misenum, dem Flottenstützpunkt im Norden der Bucht, wo Gaius Plinius Secundus Maior (23–79 n. Chr.) Kommandant war. Der Blick ging über das Meer zum Kegel des Vesuvs, der das fruchtbare Land voller Dörfer, Städte, Felder und Weinberge überragte. *Campania felix* – glückliches Kampanien!

Die Mutter des jungen Plinius störte gegen Mittag die beschauliche Ruhe, sie zeigte auf eine riesige, wie eine Pinie geformte Wolke über dem Berg. Plinius Maior, leidenschaftlicher Naturforscher, der er war, beobachtete gebannt, dass die Wolke mal weiß, mal schmutzig und voller Flecken erschien. Es traf ein Brief ein: Eine Freundin aus der Nähe von Herculaneum bat verzweifelt um Hilfe, denn besagte Wolke erschien dort wesentlich bedrohlicher, man konnte ihr nur noch über das Meer entkommen. Plinius Maior stach sofort mit einem größeren Schiff in See, um die Freundin – und vielleicht noch viele andere Menschen – zu retten. Sein Neffe blieb zurück, auch er mehr fasziniert als verängstigt, er sollte viel später das Geschehen der folgenden Stunden in zwei Briefen an den Historiker Tacitus schildern und es so für die Nachwelt festhalten.[2]

Immer heißerer und dichterer Ascheregen begleitete die Rettungsfahrt von Plinius Maior. Dann kamen auch noch Bimssteine und schwarze Lavabrocken von oben. Da das Anlanden an der Küste bei Herculaneum nicht mehr möglich war, nahm Plinius Kurs auf Stabiae am anderen Ende der Bucht. Dort traf er seinen fluchtbereiten Freund Pomponianus, wollte aber erst noch ein Bad und ein Abendessen, voller Ruhe und Zuversicht. Zwar zeigten sich in der Nacht am Vesuv Flammen und Feuer, doch Plinius sah darin nichts Bedrohliches. So begab er sich zu Bett und fiel in einen tiefen Schlaf. Inzwischen füllten Asche und Bimssteinregen den Innenhof des Hauses höher und höher. Die verängstigten Bewohner weckten Plinius, was sollten sie tun? Blieb man im Haus, konnten

die häufigen, starken Erdstöße die Mauern über einem einstürzen lassen. Draußen trafen einen zwar ununterbrochen die Bimssteine, doch man konnte weglaufen. Also banden sie sich alle Kissen über den Kopf und suchten im Schein von Fackeln und Lampen den Weg zum Strand, in der Hoffnung, übers Meer zu entfliehen. Aber das Wasser war zu aufgewühlt und starker Gegenwind verhinderte die Abfahrt. Flammen und Schwefelgeruch kamen immer näher und trieben die meisten zu weiterer Flucht. Plinius jedoch blieb, Rauch und Schwefeldunst bereiteten ihm dort einen schnellen Tod. Seine Leiche wurde später unversehrt gefunden.

Sein Neffe verweilte bei seiner Mutter in Misenum und widmete den Tag der Wissenschaft. Diesem folgte eine unruhige Nacht, denn die schon seit Tagen spürbaren Erdstöße wurden immer stärker. Doch erst nach einem besonders heftigen Beben verließen Mutter und Sohn ihre Schlafzimmer und begaben sich in den Hof. Wie sein Onkel bewahrte Plinius nach eigener Aussage stoische Ruhe und verbrachte die restliche Nacht mit Lesen. Im Morgengrauen stürzten die ersten Häuser in der Nachbarschaft ein und endlich flohen auch Plinius und seine Mutter wie die anderen Bewohner aus der

o Porträtbüste des Titus, letztes Drittel 1. Jahrhundert n. Chr. Marmor, Schloss Erbach im Odenwald

Stadt. Der Blick zurück zeigte noch ein schreckliches Schauspiel: Das Meer hatte sich zurückgezogen, Unmengen von toten Seetieren lagen auf dem feuchten Sand.[3] Am Ufer gegenüber explodierte eine tiefdunkle Wolke und schleuderte Feuer und Blitze. Schließlich sah Plinius, wie sich diese Wolke herab senkte, über das Meer verbreitete und dabei alles einhüllte, wie es Asche regnete und dichter Qualm über den Erdboden zog.

Er sah, das wissen wir heute, einen pyroklastischen Strom, eine dem Vulkan entstiegene und dann in sich zusammenfallende, bis zu 400 Grad Celsius heiße Gas-Aschewolke, die sich mit hoher Geschwindigkeit (bis zu 250 m/sec) ausbreitet und dabei alles Leben vernichtet.

Plinius und seine Mutter entkamen dem Inferno aufs freie Feld, sie flohen durch die finstere, mit Wehklagen, Schreien und verzweifelten Rufen erfüllte Nacht. Erneut fiel dichter, schwerer Ascheregen, bei Tagesanbruch beschien die blasse Sonne eine graue, tote Landschaft.

Pompeji, eine aufblühende Handelsstadt südöstlich des Vesuvs und etwa zwölf Kilometer vom Vulkankrater entfernt, war an diesem 25. August schon meterhoch unter Lapilli, Lavabrocken und Asche begraben. Der erste Steinhagel nach der Explosion hatte bis weit in die Nacht gedauert und zahlreiche Häuser zerstört. Immerhin konnten sich in diesen Stunden noch die meisten Einwohner retten. Am nächsten Morgen brachten Wolken aus Asche und Feuer jenen den Tod, die geblieben waren.

Diese pyroklastischen Wolken leiteten die zweite Hauptphase der Eruption ein. Der Historiker Cassius Dio berichtete im frühen 3. Jahrhundert n. Chr., dass die bei diesem Ausbruch freigesetzte Staubmenge so groß war, dass Staub bis nach Afrika, Syrien und Ägypten gelangte, auch in Rom soll sich der Himmel verdunkelt haben. Schätzungen zufolge starben damals etwa 2.000 Menschen in Pompeji, etwa ein Zehntel der Einwohner.

Die ungefähr 10.000 Einwohner des nur sieben Kilometer vom Vesuv entfernten Herculaneum zögerten zunächst noch, ihre Häuser zu verlassen, trotz der dunklen Säule über dem nahen Feuerberg. Erst am späteren Nachmittag des 24. August flüchteten die Ersten. Über fast die ganze Stadt ergoss sich dann ein Strom aus flüssigem Magma und glühender Lava, er erstarrte später zu einer mehr als 20 m dicken Tuffsteinlage (Abb. 1). Gegen ein Uhr in der folgenden Nacht brach die riesige Säule über dem Vesuv in sich zusammen und erreichte als erster pyroklastischer Strom sehr schnell die Stadt und ihren Hafen. Dort fanden Hunderte von Menschen, die sich verzweifelt in den Bootshäusern zusammendrängten und noch gehofft hatten, übers Meer zu entkommen, den Tod durch Hitze und Gase. Die Ausgräber entdeckten allein 300 Skelette. Doch insgesamt waren die Verluste geringer als in Pompeji, da den Bewohnern mehr Zeit für die Flucht geblieben war.

Der Ausbruch von 79 n. Chr. veränderte die Landschaft, die Explosion sprengte den oberen Teil des Vulkankegels weg und hinterließ die heutige Form mit der Doppelspitze. Auch verschob sich die Küstenlinie, der Hafen von Pompeji wurde vollständig verschüttet.

1 Die meterhohen Tuffsteinschichten sind im Grabungsgelände von Herculaneum noch an vielen Stellen sichtbar.

Das Verhalten der Menschen

Der Vulkan war für die Bewohner Kampaniens im 1. Jahrhundert n. Chr. offenkundig keine Bedrohung. Seine letzte heftige Aktivität lag etwa neun Jahrhunderte zurück, der so genannte Avellino-Ausbruch hatte sich in der Bronzezeit (um 1880–1680 v. Chr.) ereignet. Ein Dorf samt Nekropole fiel ihm zum Opfer, doch keine Überlieferung davon fand den Weg ins kollektive Gedächtnis.[4] Der Vesuv galt den Römern als erloschen, dies glaubte auch der Geograph Strabon (5,4,8). Die Kampanier fürchteten eher die häufigen Erdbeben, das letzte im Februar 62 n. Chr. hatte große Teile des Landstriches verwüstet. In Pompeji besserte man 17 Jahre später noch immer die Schäden aus.

Der Philosoph und Naturwissenschaftler Annaeus Seneca (4 v. Chr. – 65 n. Chr.) schreibt in seinem Buch über Erdbeben *De terrae motu,* dass das Erdbeben von 62 eine böse Überraschung war, weil man seit Generationen glaubte, im Winter gäbe es keine Beben.

2 Blick von Süden über den Golf von Neapel in Richtung Vesuv

Immerhin verließen laut Seneca einige daraufhin Kampanien, doch die meisten machten sich wegen des Vesuvs keine Sorgen, sondern genossen seine Gaben. War doch der mineralien- und nährstoffreiche Boden überaus fruchtbar und brachte nicht nur mehrere Ernten im Jahr, sondern bot auch vielfältiges Baumaterial (Tuff, Lava, Pozzolan-Erde). Dazu kamen die gute Wasserversorgung, weil in der erhärteten Vulkanasche nur wenig Wasser versickert, die Thermalquellen, das milde Klima und die schöne Landschaft. Schon in der Antike war diese Gegend sehr dicht besiedelt, (Abb. 2)[5] heute zählt die Region um Neapel unglaubliche vier Millionen Einwohner. Die Gefahr ist nun bekannt, wird aber auf allerlei Weise ausgeblendet. Evakuierungspläne für den Fall eines Vesuvausbruchs gibt es, fraglich bleibt, ob sie greifen (Abb. 3).[6]

Die Schilderung des Verhaltens der beiden Plinii angesichts des Vulkanausbruchs stammt vom Jüngeren selbst und ist nicht frei vom Verdacht der Stilisierung auf ein bestimmtes Ideal hin: Onkel und Neffe legen stoische Ruhe an den Tag, handeln effektiv und gleichzeitig abgeklärt. Wie Mischa Meier zuletzt nochmals ausgeführt hat, verfolgten die betreffenden Plinius-Briefe eine Absicht.[7] Weniger die Tatsachen aus dem Jahr 79 sind wichtig, sondern das literarische Denkmal für den Onkel und natürlich auch für sich selbst. Der gelehrte Plinius Maior verkörperte das Ideal der Seelenruhe und handelte vorbildlich im Sinne der Stoa. Wie sehr die literarischen Topoi greifen, zeigt sich in der Gleichsetzung des jüngeren Plinius, der seine Mutter aus dem einstürzenden Misenum führt, mit Aeneas, der seinen Vater aus dem brennenden Troia rettet. Jeder Leser dürfte die Anspielung damals verstanden haben. Die Beschreibung der dramatischen Ereignisse steht deshalb eher im Dienste der Heroisierung der Augenzeugen als in dem einer exakten Dokumentation.

Anders als die ›heldenhaften‹ Hauptpersonen reagieren natürlich die weniger philosophisch gebildeten, ›gewöhnlichen‹ Kampanier. Plinius schildert ausdrucksstark ihre Panik, die Todesangst, das haltlose Fliehen ins Freie, das ziellose, verstörte Umherrennen. Zwischen hilflosem Wehklagen und Heulen werden die Götter verzweifelt angerufen und gleichzeitig verflucht. Schreckensnachrichten

3 Historische Aufnahme der zum Vesuv führenden Straße mit dem Osservatorio Vesuviano, 19. Jahrhundert. Reiss-Engelhorn-Museen Mannheim, Forum Internationale Photographie, Sammlung Wilhelm Reiß

4 Vitrine im Haus des Menander mit Skelettüberresten und Hacken, Pompeji 2005

machen die Runde, nicht immer der Realität entsprechend, dies gehört wohl zum inzwischen bekannten Katalog der Verhaltensmuster bei Katastrophen.

Die in Pompeji gefundenen Spuren dokumentieren die Bandbreite menschlichen Verhaltens während einer Katastrophe: Sehr viele Menschen konnten sich retten, weil sie die Gefahr richtig einschätzten und zeitig flohen. Andere blieben im vermeintlich schützenden Haus und wurden dann von den einstürzenden Mauern erschlagen. Manche starben auf der zu späten Flucht auf der Straße, wo die todbringende Wolke sie einholte. Einige waren allein, andere suchten in Todesnähe die Gemeinschaft. Einige wollten sogar vom Unglück profitieren und drangen in die verlassenen Häuser ein: So lagen in der Villa des Menander die sterblichen Überreste von drei Männern, die wohl nicht während des Ausbruchs, sondern Tage später ums Leben kamen – beim zerstörerischen Plündern, wie Hacke und Pickel neben ihnen zeigen (Abb. 4).[8]

Die religiöse Deutung

Die eigentliche Ursache für den verheerenden Vulkanausbruch ist den Zeitgenossen gänzlich verschlossen. Frühe Erklärungs- und Deutungsmuster sind offensichtlich Teil einer Bewältigungsstrategie, die das Unerklärliche zu erklären versucht.[9] Naturkatastrophen galten in der Antike als Werk der Götter, als ein Zeichen für die Störung der ansonsten friedlichen Beziehungen zwischen ihnen und den Menschen. Fürsorglich zu behandeln waren vor allem Poseidon, der ›Erderschütterer‹ und Gebieter über Winde und Wasser des Meeres, sowie Zeus, der das Blitzbündel in Händen hielt. Ihr Zorn entfesselte die Naturgewalten, deshalb erhielten sie zur vorsorglichen Befriedung Tempelbauten, Opfergaben und Verehrung. War das Unglück eingetreten, bedurfte es verstärkter Rituale zur Wiederherstellung der *pax deum*. Für den Golf von Neapolis ist ein Kult des Jupiter Vesuvius inschriftlich bezeugt (zum Beispiel CIL X 3806, aus Capua), man sah den Berg als zu Jupiter gehörig an, eine nicht ganz abwegige Zuordnung angesichts der Verbindung dieses Gottes mit Blitz und grollendem Donner.[10]

Andere mythische Kräfte sah der griechische Historiker Cassius Dio (ca. 155–235 n. Chr.) bei Vulkanaktivitäten am Werk. Er hatte einen weiteren Vesuvausbruch, den von 202, selbst erlebt und schrieb die vernichtende Eruption von 79 (66, 21,1–23,4; 77, 2,1) den Giganten zu, den besiegten und gefangenen Feinden der olympischen Götter. Sie hätten in ihrem Kerker revoltiert – er beschreibt das ›Brüllen‹ des Berges – und Steine gegen den Himmel geworfen, um sich zu befreien. Diese Deutung stellt der geordneten Welt der himmlischen Götter die unterirdischen Kräfte des Chaos gegenüber, die trotz ihrer Niederlage noch wirkmächtig sind. Wie andere Zeitgenossen erklärt er das Naturereignis als durch die Widersacher der

Die Rolle von Kaiser Titus nach dem Untergang von Pompeji

Die literarische Verarbeitung der Folgen des Vesuvausbruchs in der Antike gibt wichtige Hinweise auf die Geschehnisse und den menschlichen Umgang mit dieser Katastrophe. Allerdings können diese Quellen nicht nach unserem heutigen Verständnis interpretiert oder gar wörtlich genommen werden. Zudem waren bis auf Plinius die Autoren keine unmittelbaren Zeitzeugen, sondern verarbeiteten Informationen aus anderen, heute teilweise unbekannten und diffusen Quellen. Die besondere Rolle von Kaiser Titus im Zusammenhang mit der Katastrophe ist jedoch in der Literatur zu fassen, die unmittelbar nach dem Ereignis ansetzte und über drei Jahrhunderte einen festen Platz innerhalb der römischen Geschichtsschreibung einnahm.

Imperator Titus Caesar Vespasianus Augustus, so sein offizieller Name und Titel, geboren 39 n. Chr. als Sohn seines Vorgängers Vespasian, regierte erst seit Juni 79 n. Chr. Er blieb nur etwas mehr als zwei Jahre an der Macht, die jedoch für die römische Geschichte außerordentlich ereignisreich waren. Nur wenige Wochen nach Beginn seiner Herrschaft fand die Katastrophe am Vesuv statt.

Titus' Biograph Sueton, der Begründer der literarischen Gattung der Herrscherbiographien, gibt insgesamt ein ausgesprochen positives Bild der Regentschaft wieder – ganz im Gegensatz zu seiner Beurteilung von Titus' Taten, bevor dieser Kaiser wurde. Außerordentlich positiv schildert er auch das Engagement von Titus im Zusammenhang mit den Maßnahmen nach dem Vesuvausbruch:

> »Während Titus' Regierungszeit ereigneten sich einige schwere Katastrophen – der Vesuvausbruch in Kampanien, ein Brand in Rom, der drei Tage und drei Nächte lang wütete – wie sie mit dieser Heftigkeit noch nie aufgetreten waren. Bei all diesen zahlreichen, schweren Heimsuchungen bewies er nicht nur die Fürsorge eines Herrschers, sondern auch das einzigartige Mitgefühl eines Vaters, indem er durch Edikte Trost zusprach und auch, soweit es in seinen Kräften stand, Hilfe brachte. Aus der Zahl der ehemaligen Konsuln wählte er durch das Los eine Kommission für die Hilfeleistung in Kampanien; den Besitz von Leuten, die beim Vesuvausbruch umgekommen waren und keine Erben besaßen, wies er den heimgesuchten Städten zum Wiederaufbau zu.« (Sueton, Titus 8,4)[11]

Wahrscheinlich erst drei bis vier Jahrzehnte nach dem Ereignis entstanden, sind die Schilderungen Suetons keine exakte historische Dokumentation. Zu großen Teilen gehören sie zur Darstellung eines ›guten‹, idealtypischen Herrschers, der sich um seine Untertanen kümmert und die Ordnung wiederherstellt. Möglicherweise als Bestätigung der Aussage Suetons zu der von Titus geleisteten Hilfe in Kampanien – in Pompeji, Herculaneum und weiteren vollständig verschütteten Städten gab es zunächst nichts mehr aufzubauen! – ist eine Inschrift in Neapel zu werten. Sie ist 80/81 n. Chr. entstanden

göttlichen Mächte hervorgerufene Katastrophe. Diese Deutung wird ebenfalls weit über den Erlebniszeitraum des Geschehens hinaus tradiert.

Die frühen Christen sahen hingegen in der Katastrophe ein Strafgericht des biblischen Gottes, verhängt über das ›dekadente‹ römische Imperium, das der jungen Religion feindlich gesonnen war und dessen Lebenspraxis christlichen Grundsätzen zuwider lief, so nachzulesen bei den christlichen Schriftstellern Septimius Tertullianus (*de pallio* 2,4 mit Hinweis auf Sodom und Gomorra) und Minucius Felix (*Octavius* 35,3).

Offenbar existierte in Pompeji und Herculaneum zum Zeitpunkt des Ausbruchs des Vesuvs eine frühchristliche Gemeinde. Tatsächlich wurde in Pompeji eine Wandkritzelei mit den Worten »SODOMA GOMORA« gefunden, die möglicherweise im Angesicht der drohenden Katastrophe entstanden ist. Somit würde der alttestamentarische Gotteszorn, der die beiden lasterhaften Städte Sodom und Gomorra mit Feuer und Schwefel vernichtet hat, mit dem Vesuvausbruch und der absehbaren Zerstörung Pompejis gleichgesetzt. Was aber sollte diesen Gotteszorn ausgelöst haben? Die naheliegende Erklärung wäre analog zum biblischen Geschehen die Lasterhaftigkeit der Bewohner. Dieser Topos ist universal in fast allen Kulturen zu finden; der Untergang der sündigen Stadt Pompeji als verdiente Strafe findet sich bis in die neuzeitliche Romanliteratur.

5 Ruinen von Pompeji. Der Eindruck einer malerisch-verwunschenen Anlage relativiert sich, wenn die durch das Wurzelwerk der Pflanzen entstandenen Schäden deutlich werden.

und berichtet von Instandsetzungen an wichtigen öffentlichen Ge- bäuden, die von Titus durchgeführt wurden.[12] Einen weiteren Hin- weis auf Hilfsaktionen liefert der aus Neapolis stammende Dichter Statius um 90 n. Chr. in seinen Gedichten zu verschiedenen Anläs- sen (*Silvae*), in denen er auch von den wiedererstandenen Orten am Vesuv berichtet.[13] Die positive Rolle des Kaisers beim Versuch der Schadensbehebung und der Wiederherstellung der Ordnung, also im Katastrophenmanagement, ist somit festgehalten. Sie wird über lange Zeit weitertradiert und nicht in Frage gestellt.

Titus' Rolle wurde jedoch auch negativ bewertet. Die Vernich- tung der Städte um den Vesuv galt nämlich als Reaktion auf politi- sches Verhalten, so in den *Oracula Sibyllina* IV 125–127, 130–136 als Strafe für die Zerstörung von Jerusalem 70 n. Chr. Die so genann- ten Sibyllinischen Orakel sind eine spätantike Zusammenstellung einzelner prophetischer Schriften aus unterschiedlichen Epochen.

Eine prophetische Deutung – naturgemäß vage und andeutungs- weise formuliert – des Vesuvausbruchs findet sich dort im 4. Buch (betitelt als *Von Gott und verschiedenen Gegenden und Inseln*), das etwa zur Zeit des Ausbruchs entstanden sein dürfte. Es thematisiert un- terschiedliche Orte der mediterranen Welt, historische Ereignisse und Persönlichkeiten. Nach der Schilderung eines blutrünstigen Kriegsführers (*bellator*), der in der römischen Provinz Syria (zu der Judaea mit Jerusalem gehörte) mit Feuer die Tempel niederbrennt und die Felder der Juden verwüstet, folgt wenige Zeilen darauf eine sehr poetische Darstellung des Vesuvausbruchs, die das Naturer- eignis in seiner Größe und seiner Zerstörungskraft beschreibt. Die textliche Nähe der beiden Ereignisse zueinander innerhalb der Si- byllinischen Orakel legt es nahe, dass der Ausbruch des Vesuvs mit der Jerusalemer Tempelzerstörung in Verbindung gebracht wird. Der geschilderte *bellator* ist demnach niemand anderes als Titus selbst, der 70 n. Chr. den Tempel plündern ließ und in dessen Triumphbogen in Rom sich ein Relief mit dem Raub des Siebenarmigen Leuchters findet. Seine Rolle als sorgender Landesvater, der sich rührend um die Opfer der Katastrophe kümmert, wird in den Orakeln nicht erwähnt: Dort erscheint er als Verursacher des Gotteszorns, als Schuldiger an der Katastrophe.

Das Nachleben

Die Zerstörung der Region am Vesuv war fast endgültig, Herculaneum blieb unter harten, meterdicken Schichten begraben. In Pompeji ragten zwar noch einige Dächer und Türme heraus, so von Gebäuden am Forum, vom Theater, von hohen Wohnhäusern, doch auf dem verschütteten Stadtgebiet wurden bald Äcker angelegt. Die Städte gerieten weitgehend in Vergessenheit, auch wenn sie auf der *Tabula Peutingeriana* aus dem 4. Jahrhundert n. Chr. noch eingetragen sind und mittelalterliche Quellen Pompeji zumindest als *la città* in Erinnerung halten.

Stabiae dagegen hatte sich bereits um 89 wieder erholt.[14] Das Gebiet wurde neu besiedelt mit vielen kleinen *vici* und *pagi*, allerdings erholte sich die Bevölkerungszahl nur langsam. Für das 2. bis 4. Jahrhundert lässt sich der Wiederaufbau des Wegenetzes feststellen. Doch generell gestaltete sich alles bescheidener als vor dem Ausbruch.

Im Dezember 1631 brach der Vesuv ein weiteres Mal aus, verheerte das Land und forderte mehr Todesopfer als in der Antike, um die 4.000 Menschen starben. Die neue Katastrophe weckte die Erinnerung an die ältere und auch das Interesse für das im Boden Begrabene, auf das immer wieder Zufallsfunde hinwiesen. Hauptsächlich begaben sich Raubgräber auf die Suche nach Schätzen. Erst 1738 begannen systematische Ausgrabungen in Herculaneum, 1748 in Pompeji. Die Bourbonenkönige von Neapel förderten sie und sicherten sich kostbare und vor allem schöne Fundstücke. Ausgrabungen und Forschung in den Vesuvstädten dauern noch heute an, doch mittlerweile droht eine zweite, weniger plötzliche, doch nicht minder nachhaltige Zerstörung: Die Ruinen sind aus mehreren von Menschen, nicht von der Natur verursachten Gründen in höchster Gefahr. Zum einen werden sie von wildwachsenden Pflanzen überwuchert, zum anderen können aufgrund fehlender bzw. fehl geleiteter Finanzmittel weder ausreichende Sicherheitsvorkehrungen getroffen noch alle notwendigen Restaurierungen vorgenommen werden (Abb. 5).[15]

Anmerkungen

1 Hier ist die gängige Datumsangabe in heutiger Zeitrechnung gewählt, auch wenn inzwischen vielfach der 24. Oktober als Tag des Ausbruchs verfochten wird, vgl. Stefani 2011.

2 Gaius Plinius Caecilius Secundus Minor, *Epistulae* VI, 16 und 20 (Plinius 1969, S. 230-234, 237-240). Die Briefe wurden zwar 20 Jahre nach den Ereignissen verfasst, gelten heute aber als die ältesten schriftlichen Augenzeugenberichte eines Vulkanausbruches.

3 Möglicherweise ist darin der Vorbote eines Tsunami zu sehen, dies ist aber nach jetzigem Kenntnisstand unklar. Weniger Zweifel hierüber lässt der kanadische Film *Pompeii* (2014) von Paul W. S. Anderson, minutenlang stürzen Wassermassen in 3D durch die Straßen Pompejis.

4 Olshausen 1998, S. 448–461.

5 Strabon *Geographica* 5,4,8 beschreibt um die Zeitenwende, dass vom Meer her gesehen die Küste zwischen Neapolis und Stabiae wie eine einzige Stadt aussieht.

6 Heute wird weniger der Vesuv als Bedrohung angesehen als der eine große Magmakammer aufweisende sog. Supervulkan unter den Phlegräischen (griech. brennend) Feldern westlich von Neapel, dessen Ausbruch zu einer geradezu apokalyptischen Situation führen würde. Betroffen wäre ein Gebiet von 150 km².

7 Meier, M. 2009.

8 Dickmann 2011.

9 Siehe den Überblick in Meier. 2009, S. 20–36; Sonnabend 1999, S. 16–18 und 246.

10 Pappalardo 1998, S 271.

11 Suetonius 1955, S. 324.

12 De Carolis – Patricelli 2003, S. 76.

13 Statius 2003, S. 3,5,71–74 und 4,4,78–85.

14 Siehe die Zeilen in einem Gedicht des Statius (Anm. 13), mit dem er seine Frau zur Rückkehr nach Neapolis bewegen will.

15 Die letzte Meldung vom 3. März 2014 betraf den Einsturz von Wänden in Pompeji, der u. a. die gerade abgeschlossene Restaurierung einer anderen Wand zunichte machte. [http://www.spiegel.de/wissenschaft/mensch/verfallende-ruinenstadtmauern-in-pompeji-eingestuerzt-a-956679.html].

Der Vesuv 79 n. Chr.

PETER ROTHE

Der Vesuv ist nur neun Kilometer von Neapel entfernt und zuletzt 1944 aktiv gewesen. Sensationell an dieser Eruption war höchstens, dass durch sie etwa 80 in Terzigno stationierte B-52-Bomber der US Airforce zerstört wurden. Es wurde Lava gefördert, und es gab kleinere pyroklastische Ströme, die einige Städtchen in der Umgebung fast vollständig verschütteten. Seitdem bezeugen nur noch Fumarolen und gelegentlich leichte Erdstöße, dass dieser Vulkan noch nicht als erloschen gelten kann.

Die eigentliche Katastrophe ereignete sich im Jahre 79 n. Chr., sie ist durch den ›Augenzeugenbericht‹ des jüngeren Plinius hinlänglich bekannt, der allerdings auf den Aufzeichnungen seines Onkels beruht. Der Vulkan hat aber eine längere geologische Vorgeschichte, die anhand von Indizienbeweisen rekonstruiert worden ist. Und er wird eine Zukunft haben, denn die Eigenschaften dieses Berges deuten auf eine mögliche weitere Aktivität hin: Er gilt noch immer als einer der gefährlichsten Vulkane Europas.

Seine geologische Vorgeschichte umfasst mehrere Aktivitätsphasen, unterbrochen von Ruhephasen. Lavaflüsse hatten mit pyroklastischen Ausbrüchen gewechselt, es entstand so ein Schichtvulkan mit relativ steiler Hangneigung. Die ältere Literatur (wie Rittmann 1933/34) orientierte sich bei seiner Beschreibung am Monte Somma, einem Vulkan, der dem eigentlichen Vesuv vorausging, von dem aber nur noch ein Teilstück des früheren Randes erhalten ist. Ein in dieser Nomenklatur Ur-Somma genannter Vulkan ist mittlerweile auf 25.000 Jahre datiert; seiner anfangs noch weitgehend effusiven Ausbruchsphase folgten vor 18.300 Jahren nacheinander vier plinianische Eruptionen, von denen die letzte vor 3.800 Jahren bronzezeitliche Siedlungen zerstört und damit erstmals Menschenopfer gefordert hatte. Die Pyroklastika wurden damals zeitweise über 30 km weit verbreitet. Von da an bis zur Katastrophe von 79 n. Chr. vergingen noch ein paar Jahrhunderte, ohne dass sich der Vulkan bemerkbar machte. Erst im Jahre 62 n. Chr. zerstörten Erdstöße einen Teil der Bausubstanz in Pompeji – das waren die Vorläufer des Ausbruchs, die aber offenbar niemand als ernste Bedrohung

wahrgenommen hat, möglicherweise, weil Erdbeben in Kampanien nicht selten sind.

Die großgeologische Situation ist auch hier die einer Subduktionszone zwischen Afrikanischer und Eurasischer Platte, der auch andere Vulkane des italienischen Festlands zuzuordnen sind. Da in solchen Bereichen auch durch die Aufnahme von Meeressedimenten ›saurere‹ Magmen (Andesit, Dazit) entstehen, ist hier immer mit explosivem Vulkanismus zu rechnen. Beim Vesuv kommt noch hinzu, dass im Untergrund Dolomitgesteine der Trias anstehen, aus denen die Schmelze in der etwa sechs Kilometer tief gelegenen Magmakammer zusätzlich Gas gewinnt, angeschmolzene Dolomite sind unter den Auswürflingen bekannt. Heute hat der Vulkan einen Doppelgipfel: den Somma-Rand als Rest einer eingestürzten Caldera, in der sich der eigentliche Vesuv aufgebaut hat. ›Somma‹ wird als Fachbegriff für entsprechende Bildungen auch bei anderen Vulkanbauten verwendet. Früher wurden für die Rekonstruktion des vulkanischen Geschehens am Vesuv mehrere Sommas diskutiert, von einer ›Ur-Somma‹ über eine ›Alt-Somma‹ und eine ›Jung-Somma‹ bis hin zum Vesuv selbst (Rittmann 1933/34), das bedeutet, dass ein jeweils neu entstandenes Vulkangebäude immer wieder eingebrochen sein musste, in dem sich dann ein neuer Gipfel aufbauen sollte.

Neuere Datierungen haben ergeben, dass die Vulkantätigkeit wesentlich früher als bisher angenommen eingesetzt hat. Die stratigraphische Abfolge von den älteren zu den jüngeren Phasen wird durch unterschiedliche, mit Lokalnamen bezeichnete Bimslagen belegt, die allesamt durch plinianische Eruptionen gefördert wurden. Die Mächtigkeit (Schichtdicke) der Bimssteinlage, die bei der letzten präplinianischen Eruption vor 3.800 Jahren gefördert wurde (Avellino-Eruption), erreichte in der Nähe des Eruptionszentrums selbst mehrere Meter, in 35 km Entfernung waren es immer noch 50 cm. 2004 hat man beim Bau der Bahnstrecke Neapel–Rom bei der Stadt Afragola tausende von menschlichen Fußspuren gefunden. Diese prähistorischen Spuren stammen von Menschen, die vor dieser ersten Katastrophe geflohen sein müssen. Offensichtlich hatte aber das kollektive Gedächtnis dieses Ereignis nicht bis in die römische Zeit bewahrt.

Die Pliniusbriefe sind die ersten ›Augenzeugen‹ berichte von einem Vulkanausbruch überhaupt, der darin geschilderte Ablauf zeigt eine hohe Übereinstimmung mit den Befunden aus den geologischen Profilen. Danach wurde der durch zähes Gestein plombierte Schlot in einer ersten Eruption zertrümmert und die Magmakammer offensichtlich bis in größere Tiefe geleert, denn in den Basislagen finden sich auch Xenolithe der Triasdolomite. Die Bimspartikel wurden vom Wind in südöstliche Richtung vertragen und verschütteten Pompeji, Oplontis und Stabiae. Die Eruptionssäule war anfangs 20 km hoch und nach einigen Stunden sogar 30 km. Der gleichzeitig einsetzende Wolkenbruch führte zur Bildung akkretionärer Lapilli, die man in den Ablagerungen findet, und bewirkte auch die Entstehung von Laharen. Stunden später entwickelten sich aus der kollabierenden Eruptionssäule nacheinander mehrere pyroklastische Ströme, die dann Herculaneum zerstörten. Die kurzfristige Förderung so großer Mengen an Schmelze (3,3 km³ Tephra, die 20 m mächtige Schichten ergaben) hatte den Einbruch des Dachs der Magmakammer zur Folge, sodass eine neue Caldera entstand: Das war das Ende der ›Jung-Somma‹, in dem sich nachfolgend der Vesuv aufbaute. Im Vulkan-Explosivitäts-Index (VEI) wird der Ausbruch mit 5 angegeben.

Neueste Untersuchungen sehen eine kommende Gefahr, die eher von den Phlegräischen Feldern auszugehen scheint. Die Rede ist von einem potenziellen ›Supervulkan‹, dessen Spuren sich zu einem Ausbruch vor 39.000 Jahren zurückverfolgen lassen, der so gewaltig war, dass er möglicherweise mit dem Aussterben der Neandertaler in Verbindung gebracht werden kann.

Literatur:

Rittmann 1933/34; Rittmann 1981; Smithsonian Institution 2014

o Pierre-Jacques Volaire (1729–1799), *Der Ausbruch des Vesuvs am 14. Mai 1777*, nach 1777 Öl auf Leinwand, Staatliche Kunsthalle Karlsruhe

»Vesuvius in Eruption«

Eine ästhetische Allianz von Religion und Naturwissenschaft

VALERIE HAMMERBACHER

»Eine gigantische Feuerfontäne in der Nacht. Gespiegelt auf der glatten Oberfläche des Meeres. Es ist ein großartiger, erhabener Anblick.«[1] William Hamilton, der englische Gesandte in Neapel, war ergriffen von der überwältigenden Kraft des Naturschauspiels, dessen Augenzeuge er 1779 wurde. Als wissenschaftlich interessierter Amateur und leidenschaftlicher Vesuvforscher, der von 1764 bis 1800 in Neapel lebte, war er von der Royal Society beauftragt worden, den brennenden Berg zu erkunden, Proben zu sammeln und seine Beobachtungen zu dokumentieren. Sein Bericht stellt den Höhepunkt der Eruption und das Emporschießen der Feuerfontäne ins Zentrum. Im Kontrast zur nächtlichen Lichterscheinung liegt das ruhige Meer am Golf von Neapel – insgesamt ein Naturschauspiel, das in William Hamilton das Gefühl des Erhabenen hervorruft. Mit dieser kurzen Beschreibung fasste der Forscher und Botschafter eine Naturwahrnehmung in Worte, die seit Mitte des 18. Jahrhunderts in Neapel Konjunktur hatte. Italienische Vulkanmaler sowie zugereiste Künstler aus England und Frankreich entdeckten den Ausbruch des Vesuvs als eigenständiges Bildsujet, das in ihren Gemälden weder auf literarische Anspielungen verwies noch als Bühne für Historien oder Mythen mit topischen Referenzen diente. Stattdessen zeigte sich in diesem Bildtypus die Natur selbst als Akteurin in einem eigens inszenierten Schauspiel.

Hamiltons Zeitgenossen, die Maler Joseph Wright of Derby, Pierre-Jacques Volaire, Michael Wutky und Jacob Philipp Hackert, griffen das Motiv auf, popularisierten es und vertrieben Vesuvgemälde auf einem florierenden Markt. Vulkanliebhaber aus ganz Europa, eine Vielzahl von Kunsthändlern, bürgerlichen Sammlern, wissenschaftlichen Gesellschaften und Fürsten interessierten sich für diese spezifische Form der Darstellung, die sowohl mit der geologischen Erforschung des Vulkanismus, einer neuen Sicht auf Natur und der ästhetischen Diskussion um das Erhabene verknüpft war. Joseph Wright of Derby, von dem mehr als 30 Vesuvgemälde bekannt sind, erreichte im Oktober 1774 Neapel. Seit seiner Italienreise gehörten Bilder dieses Typs zu seinem Repertoire. Wie in der Beschreibung von Hamilton stellt er in seinem Gemälde *Vesuvius in Eruption, with a View over the Islands in the Bay of Naples* (Der Ausbruch des Vesuv, mit einem Blick über die Inseln im Golf von Neapel) (Abb. 1) aus dem Jahr 1777 einen nächtlichen Vulkanausbruch in

Nahsicht dar. Im Gegensatz zur Vedute, die als Überblick möglichst viel topographische Bildinformation transportiert hätte, wählte Wright den effektvollen Ausschnitt des Naturspektakels. Blickpunkt ist der Sommarand, die prähistorische Formation, die konzentrisch den Krater rahmt. Eine glühende Feuersäule schießt aus der Spitze des Berges, der sich dort durch eruptive Tätigkeit als Binnenkegel gebildet hat und als Schlot die Lavamassen fördert. Auch der französische Künstler Pierre-Jacques Volaire (1729–1799) rückt den Vulkan in das Zentrum des Bildinteresses. Sein Gemälde *Ausbruch des Vesuvs* besitzt alle vorgestellten Merkmale der Vulkanlandschaft: den Ausschnitt, der das Stadtgebiet skizzenhaft auffasst, sowie die nächtliche Szenerie. Auch die zweite Lichtquelle, die den Bildraum von Wright of Derby beleuchtete, ist bei Volaire vertreten: Der Vollmond und sein blasses Licht konkurrieren mit dem Feuer und der rotglühenden Lava, die den Kegel herabfließt. Der Mond befindet sich bei Wright auf gleicher Höhe wie die Feuererscheinung, sodass der Kontrast durch die blau-grauen und gelb-roten Farbtöne der jeweiligen Naturerscheinung deutlich betont wird. So sind es eigentlich zwei Landschaftsdarstellungen, die in diesen Vesuvbildern nebeneinander stehen, ein Seeblick in der rechten Bildhälfte und eine Feuerlandschaft im linken Bildfeld. Bis ins 19. Jahrhundert ist diese Variante der Bildkomposition prägend, wie sich etwa am Gemälde *Der Ausbruch des Vesuv* von Christian Clausen Dahl aus dem Jahr 1821 zeigen lässt.

Doch wie konnte ein Berg, der zuvor als hässlich, bedrohlich und ungestalt klassifiziert wurde und bei einem starken Ausbruch eine Katastrophe für das nahe Neapel bedeutet hätte, zur Metapher für eine entgrenzte Begegnung mit der Natur werden? Die Antwort liegt in einer veränderten Naturwahrnehmung, die sich in drei Disziplinen der Wissensproduktion nachweisen lässt. In Theologie, Naturwissenschaft und Philosophie wurde der feuerspeiende Berg einer veränderten Lesart unterzogen. Erst diese Neucodierung ermöglichte es, den Vesuv mit positiven Attributen zu besetzen und als bildwürdigen Gegenstand darzustellen. Zuvor wurden Vulkanausbrüche, Erdbeben, Feuersbrünste und vor allem Fluten in Bezug auf die alttestamentarischen Strafgerichte gewertet. Durch den Sündenfall waren Vulkane entstanden, welche die Erde, die ehemals in Harmonie und Proportion geschaffen worden war, in eine

1 Joseph Wright of Derby (1734–1797), *Der ausbrechende Vesuv mit Blick über die Inseln der Bucht von Neapel*, um 1776–80 Öl auf Leinwand, Tate London

2 Joseph Wright of Derby (1734–1797), *Porträt des John Whitehurst*, 1782 Derby Museums

3 Joseph Wright of Derby (1734–1797), *Studie des Geländes am Vesuv*, 1774 Derby Museums

chaotische Ruine verwandelt hatten. Durch die Vertreter der Physikotheologie, eine dem Protestantismus verbundene Richtung, die in England mit der Rezeption von Thomas Burnets Schrift *The Wisdom of God manifested in the Works of Creation* (Die Weisheit Gottes, wie sie sich in der Schöpfung manifestiert) (1691) beginnt, bildete sich daraufhin ein anderer Naturbegriff heraus. Die neueren Ergebnisse der Naturwissenschaft konnten als gänzlich kompatibel mit den biblischen Texten verstanden werden. Physikotheologen folgten dem Grundsatz »Alles, was von Gott geschaffen wurde, ist sinnvoll, nützlich, vollendet und schön.«[2] William Derham, dessen Schrift *Physicotheology or a Demonstration of Being and Attributes of God from His Works in Creation* (Physikotheologie oder der Beweis der Existenz Gottes und seiner Eigenschaften anhand seiner Schöpfungen) 1713 erschien, legitimierte bedrohliche Naturgegenstände durch ihre Nützlichkeit hinsichtlich der Erdatmosphäre. So qualifiziert er Vulkane als physikalisch notwendig als Entlastungsventil für die Feuer und Dämpfe, die sonst zu einer Verwüstung führen würden.[3] Dieser Aussage liegt die Annahme zugrunde, dass Vulkane notwendige Sicherheitsventile darstellen, die durch den Ausbruch den Druck, der durch unterirdische Erdfeuer erzeugt wird, kompensieren und so einer Verwüstung vorbeugen. Schönheit der Natur wird hier von ihrer Nützlichkeit abgeleitet. Dabei sind die Schrecken des Vulkanismus erklärbar, sinnvoll und notwendig, anstatt zwangsläufig als Ausdruck von göttlicher Strafe gewertet zu werden. Gott zeigt sich in seiner Schöpfung – und in dieser besitzen Vulkane eine

wichtige Aufgabe. Die Feuerfontäne, die Wright in seinem Gemälde präsentiert, ist darum nicht zufällig einer religiösen Erscheinung entlehnt. Eingefasst von kreisförmigen, dunklen Wolken, steht sie im Zentrum eines Lichttrichters. Eine Bildformel, die als Aureole bisher der Darstellung von Christus und Heiligen vorbehalten war, wird von dem Maler nun auf die Darstellung eines Naturphänomens übertragen.

Doch Wrights Gemälde offenbart eine weitere Bedeutungsschicht, die in Zusammenhang mit den Themen seiner Zeit steht. Die Kompositlandschaft, bei der sich rechts der Golf von Neapel befindet und links der Vesuv dargestellt ist, setzt zwei zentrale Elemente einer geologischen Debatte ins Bild. Feuer und Wasser sind hier Zeichen, die jeweils auch Objekte der naturwissenschaftlichen Forschung aufrufen. Sie werden gegenübergestellt und ihnen werden eigene Bildräume zugewiesen. Zudem fällt auf, dass der Kraterrand detailliert zeichnerisch aufgefasst ist. Mit großer Präzision gibt Wright Spalten, Verwerfungen und die raue Oberfläche des Steins wieder, sodass dieser Bildausschnitt wie eine in das Gemälde eingefügte naturwissenschaftliche Illustration wirkt. Tatsächlich hatte er im gleichen Jahr seines Vesuvgemäldes (1774) eine Bleistiftzeichnung angefertigt, die den Vulkankegel lediglich am Bildrand zeigt und stattdessen den Felsen, die charakteristische Spalte und die erstarrten Lavaströme fokussiert (Abb. 3). Hier ist es nicht die Nachtszene, die ihn interessiert, sondern die präzise Studie der Gesteinsoberfläche. Geologie, Chemie, Vulkanismus, Wirtschaftstheorien und

Medizin lernte Wright durch den Gelehrten-Zirkel der *Lunar Society of Birmingham* kennen. Die Mitglieder, Forscher, Erfinder und Unternehmer, hatten sich 1764 formiert und tagten monatlich. Auch der Geologe John Whitehurst, mit dem Wright befreundet war, war Teil dieser wissenschaftlichen Gesellschaft, sodass Wright von den aktuellen Debatten durch seine persönlichen Kontakte, Freunde und Auftraggeber, Kenntnisse hatte. In seinem Porträt von 1782 zeigt Wright John Whitehurst als bekennenden Vulkanisten (Abb. 2). In einem Studiolo sitzt er an einer Schreibplatte, rechts neben ihm rahmt ein Fenster den Ausblick auf einen rauchenden Vulkan. Vor ihm befindet sich ein Stich, der den Verlauf der Gesteinsstrata des Matlock High Tor zeigt, eines Felsens in der Region Derbyshire. Das Blatt wurde 1774 in seiner geologischen Schrift *Inquiery into the Original State and Formation of the Earth* (Untersuchungen zum Urzustand und zur Herausbildung der Erde) veröffentlicht, in der Whitehurst die Gesteinsbildung der englischen Midlands als Ergebnis vulkanischer Tätigkeit bestimmte. Er argumentierte, dass die Erdkruste durch eine Umformung und Hebung der Schichten durch Hitze im Erdinneren entstanden war und nicht durch Sedimente erklärbar sei. Damit stand er den Neptunisten gegenüber, welche die Gestalt der Erdoberfläche als Abbild der Meerestopographie verstanden und diese von Ur-Ozeanen ableiteten. In der Kontroverse, die sich bei der Klassifikation des Basalts formierte, bezog er Stellung und wirkte dadurch bei der Herausbildung von Geologie als moderner Wissenschaft mit.

Das Gemälde *Vesuvius in Eruption* markiert also eine Verschiebung der Wahrnehmung in Theologie und Naturwissenschaften. Es gibt aber auch Zeugnis von einem ideengeschichtlichen Umbruch, der sich im 18. Jahrhundert in der Kunsttheorie ereignete. Seit der Neuzeit galt in der Malerei eine strenge Themenhierarchie, die aus der Moduslehre der Rhetorik übertragen wurde. An der Spitze stand das Historiengemälde, am Ende die Landschaft. Aus malereitheoretischer Sicht stehen die Vesuvbilder also für die Aufwertung eines zuvor marginalisierten Bildgegenstands. Dies gelang durch die Ästhetik des Erhabenen, die das komplexe Erleben, das spezifische Landschaften bei Betrachtern freisetzten, in einen Diskurs über die Funktion von Kunst überführte. Ohne die Kategorie des Erhabenen ist nicht zu erklären, warum Wright das Thema mit künstlerischen Mitteln effektvoll verdichtete. In der Theorie der Dichtung Anfang des 18. Jahrhunderts wurde durch die Auseinandersetzung mit der Schrift *Peri Hypsous* (Über das Erhabene, lat. *de sublimitate*) des antiken Autors Longinus das Erhabene als ästhetische Kategorie begründet.[4] Während die Rezeption durch die Übersetzung von Longinus' Text durch Nicolas Boileau 1674 in Frankreich begann, war in England das ›Natural Sublime‹, das Erhabene der äußeren Natur, bestimmend. Der Dramatiker und Essayist John Dennis führte die begrifflich noch unscharf formulierte Unterscheidung von Schönem und Erhabenen ein. Er berichtet 1704 in seiner Schrift *The Grounds of Criticism in Poetry* (Die Grundlagen des Urteils in der Poesie) von einer doppelwertigen Erfahrung, die er während einer Reise durch die Alpen gemacht hatte. Beim Anblick der alpinen Bergwelt beschreibt er eine Ergriffenheit, die sich aus zwei gegensätzlichen Impulsen zusammensetzt: »a delightful horror, a terrible joy, and at the same time, that I was infinitely pleased, I trembled« (ein reizvoller Schrecken, eine schreckliche Freude und gleichzeitig war ich unendlich zufrieden und zitterte vor Angst).[5] Das angenehme Grauen, die mit Schrecken verbundene Freude, die sowohl aufregend wie wohltuend ist, prägten sein Naturerlebnis. Damit hatte er Begriffspaare eingeführt, die das Erhabene nun kennzeichneten und die Wahrnehmung des Vulkans und seiner

Ausbrüche begleiteten. Er verband Angst mit Bewunderung und wonnevollem Entsetzen und definierte den in ästhetisches Vergnügen gewendeten Schrecken als Wesenskern des Sublimen. Durch seine Beschreibung wird deutlich, dass er das Erhabene sowohl als eine Objektqualität wie auch als eine Subjekteigenschaft verstand. Wenn also Gegenstände der Natur als erhaben betitelt werden, so bedeutet das nicht nur, dass sie das Erhabene als Merkmal besitzen, sondern dass sie sich als Dinge auszeichnen, die das Gefühl des Erhabenen zu erregen vermögen. Im erkennenden Widerstand gegen eine elementare Übermacht vergewissert der Betrachter sich seiner »Überlegenheit über die Natur selbst in ihrer Unermeßlichkeit«,[6] schrieb Immanuel Kant in seiner Abhandlung über das Dynamisch-Erhabene der Natur. Der Mensch, dessen Blick einem vulkanischen Ausbruch standhalten kann, begreift sich selbst und zwar als vernünftiges Wesen in seiner Freiheit. Was uns eigentlich im Anblick der Natur erhebt, ist die Idee freier Menschlichkeit; unbewusst spiegeln wir die Achtung vor uns selbst im Angeschauten. Die Großartigkeit der Natur übersteigt unser Fassungsvermögen, stürzt uns aber dennoch nicht in Panik, weil wir uns ihr gegenüber ästhetisch zu behaupten wissen. Es ist vor allem die in dieser Wahrnehmung eingeschlossene Reflexion über die eigene Sicherheit, die erst den Genuss ermöglicht. »Ein Löwe kann unmöglich erhaben brüllen, wenn wir Gefahr laufen, von ihm gefressen zu werden«,[7] stellte Carl Grosse in seiner Schrift *Über das Erhabene* von 1788 fest. Für die Spektakeltouristen, die sich *en miniature* bei Volaire im Bildvordergrund befinden, war die natürliche Formation des Vesuvs bereits bestens geeignet, erhabene Gefühle hervorzurufen. Da der Sommarand eine Art Aussichtsplattform bildet und sich zwischen ihm und dem Vulkankegel das ›Campo del Atrio‹ befindet, konnten sich die Vesuvbesucher aus sicherer Distanz einer Konträrfaszination hingeben und überwältigen lassen.

Edmund Burke prägte die Diskussion über das Schöne und Erhabene Mitte des 18. Jahrhunderts, kurz bevor die Gemälde von Wright of Derby und Volaire entstanden. Seine Schrift *A Philosophical Inquiry into the Origin of Our Ideas of the Sublime and Beautiful* (Eine philosophische Untersuchung des Ursprungs unserer Gedanken über das Sublime und das Schöne) beeinflusste die englische Kunsttheorie, in dem das Erhabene und das Schöne in einer »doppelten Ästhetik«[8] zu gegensätzlichen Kategorien wurden. In Burkes Schrift finden sich die Schlüsselbegriffe, welche die Künstler in Neapel malerisch in ihren Vesuvdarstellungen umsetzten. Alles, was geeignet ist,

> *»die Ideen von Schmerz und Gefahr zu erregen, das heißt alles, was irgendwie schrecklich ist oder mit schrecklichen Objekten in Beziehung steht oder in einer dem Schrecken ähnlichen Weise wirkt, ist eine Quelle des Erhabenen; das heißt es ist dasjenige, was die stärkste Bewegung hervorbringt, die zu fühlen das Gemüt fähig ist.[...] Aber aus einer gewissen Entfernung und unter gewissen Modifikationen können sie [Gefahr und Schmerzen] froh machen.«[9]*

Das Gefühl des Erhabenen stellt sich dabei in zwei Schritten ein. Der erste ist bestimmt von totaler Überwältigung, der zweite von einer mit Lust gekoppelten Reflexion über diese Erfahrung. Dem Sprung des Bewusstseins in das Erdrückend-Bedrohliche folgt also nach Sekunden der Angst der Aufschrei der Erlösung. Das ›Ich‹ selbst hat sich der Gefahr entzogen und fühlt sich ihr in einem Augenblick titanisch gewachsen.[10]

So ist das Gemälde als »ästhetische Allianz von Religion und Naturwissenschaft«[11] lesbar, indem sich wissenschaftliche Aufzeichnung, quasi-religiöse Naturdarstellung und Kunsttheorie erhabener Landschaft verschränken. Nicht die Katastrophe von Pompeji, sondern die Urgewalt, welche die Affekte erregte, stand im Mittelpunkt. Ein Spektakel, das schnell auch andere Formen der Inszenierung erreichte: Mit dem *Eidophusikon* kreierte der Landschaftsmaler Philip James de Loutherbourg 1781 eine Illusionsmaschine, die in Form eines Miniaturtheaters Diashow und Musikevent vereinte. Er führte unter anderem auch den Ausbruch des Vesuvs inmitten einer stimmungsvollen Mittelmeer-Landschaft mit Mondschein auf: geteilt in zwei Bildhälften, also mithilfe der Inszenierungsformel, die Wright und seine Zeitgenossen geprägt hatten. Das unberechenbare, maßstabslose Naturereignis trat jedoch in den Hintergrund. Bewundert wurde nun die menschliche Fähigkeit, Phänomene technisch zu simulieren, zu reproduzieren und letztlich damit künstlerisch zu beherrschen.

Anmerkungen

1 Hamilton 1780, S. 57.
2 Philipp 1967, S. 1233–1267.
3 Willey 1967, S. 45.
4 Dazu umfassend zuletzt: Van Eck [et al.] 2012.
5 Busch 1999, S. 405.

6 Kant 1996, S. 185.
7 Grosse 1990, S. 28.
8 Der Ausdruck ist dem Titel der Studie von Carsten Zelle 1996 entlehnt.
9 Burke 1980, S. 72.
10 Poenicke 1989, S. 85. Zu den Vesuvbildern auch Trempler 2004.
11 Willey 1967, S. 133.

Naturgewalten im Bild

NOURA DIRANI

Der Himmel über dem Ozean hat sich verdunkelt, ein Unwetter ist aufgezogen. Der Wind peitscht das aufgewühlte Meer und das sich rechts auftürmende Wassergebirge droht über das bereits gekenterte Schiff im Bildvordergrund hinweg zu brechen und es in die Tiefe zu reißen. Die Seeleute, die sich in letzter Minute in das kleine Rettungsboot flüchten konnten, scheinen den tosenden Wellen aber auch hier nicht entkommen zu können. Ihre miniaturhafte Größe inmitten der offenen See verdeutlicht ihre ausweglose Situation angesichts der Naturgewalten. Hin- und hergerissen zwischen Angst und Faszination kann der Betrachter sich dem Elend der Betroffenen kaum entziehen. Fast hat er den Eindruck, sich selbst inmitten der wütenden Naturgewalt zu befinden, denn die enorme Größe der Leinwand von drei auf fünf Meter übertrifft den Betrachter um ein Vielfaches.

Der russische Maler Iwan Konstantinowitsch Aiwasowski (1817-1900) war vor allem für seine romantischen Marinedarstellungen bekannt. Als Hofmaler des Zaren reiste er nach Spanien, Frankreich und schließlich nach Italien, wo er 1840 sein Vorbild William Turner traf. In Aiwasowskis' Spätwerk *Die Woge* (Abb. 1) von 1889 wird der Einfluss Turners spürbar, der es verstand, »die Kraft aufgewühlten Wassers [...] mittels furchtloser und vollständiger Gestaltung«[1] darzustellen. In *Die Woge* wird die gesamte Bildfläche durch eine fast monochrome Farbfläche so vereinheitlicht, dass die Grenze zwischen Himmel und Wasser kaum auszumachen ist.[2] Nur durch die Andeutung ihrer Stofflichkeit unterscheiden sich Wolken von Gischt und Meeresschaum. Seine bevorzugten Sujets fand Aiwasowski in der Natur, wobei es ihm vornehmlich um das Einfangen von Stimmungen unterschiedlicher Naturzustände ging. Neben einem tosenden Gewitter konnte es auch die Ruhe vor dem Sturm sein, die er auf der Leinwand festzuhalten suchte. Aiwasowski äußerte sich selbst über die Wirkung der ruhigen See:

> »Das Stehen am Ufer des Meeres, das Betrachten der unaufhörlich hereinlaufenden, brechenden Wogen, gaben die letzte Möglichkeit, im Grenzbereich zwischen Land und Wasser eine Einheit mit einem Element zu empfinden und vielleicht eine Entsprechung des Schicksals zu fühlen.«[3]

Schon Kant betonte 1790 die Anziehungskraft von Landschaften, in denen sich der Mensch klein, aber nicht tatsächlich gefährdet fühle und die den Menschen so zu Betrachtungen über den Sinn des Lebens anregten (siehe Abb. 2 im Beitrag Hammerbacher).[4] In *Die Woge* wird der Mensch nicht mehr als Beobachter eines spektakulären Naturschauspiels dargestellt, sondern fällt selbst der Natur zum Opfer. Man könnte von einer Verschiebung der Grenzen sprechen: Die sicherere Distanz zwischen Naturgewalt und Betrachter im Bild verschiebt sich auf die Bildgrenze und wir werden zum schau- ›lustigen‹ Zuschauer.

Das ›Erhabene‹ diskutierte Edmund Burke bereits 1757 ausführlich in einer philosophischen Abhandlung.[5] Er stellte fest, dass zu den grundlegenden Leidenschaften der Menschen jene gehören, die entweder die Geselligkeit oder die Selbsterhaltung betreffen. Burke definierte den Schrecken, der die Leidenschaften zur Selbsterhaltung in Gang setze, als die Quelle des Erhabenen. Die Lust hingegen sei ein positives Vergnügen und habe in ihrer Entstehung nichts mit der Verminderung von Schmerz zu tun.[6] Auch das Bewusstwerden über das ›Nicht-Betroffen-Sein‹ bei der Anschauung vom Unglück Anderer führe nicht automatisch zu Erleichterung und Erquickung über das eigene Glück. Im Gegenteil: Die Not Anderer erwecke Mitleid, eine positive Leidenschaft, die der Geselligkeit entspringe und somit auch mit der Lust verknüpft sei. Es sei also eine Notwendigkeit der Natur, gleich einem Instinkt, dass der Mensch dann Lust empfinde, wenn er tätig werden solle und ein Unglücksfall ihn auf ergötzende Weise rühre.[7] Diese »stärkste Bewegung der Seele«[8] ist es, die das Erstaunen weckt und uns vor der Not Anderer erstarren lässt.[9] Es scheint diese Wirkung des Erhabenen zu sein, die die Landschaftsmaler der ersten Hälfte des 19. Jahrhunderts erzielen wollten. Burke lieferte mögliche Ideen zur bildnerischen Darstellung: Er beschrieb große Dimensionen in der Landschaft als schrecklicher, sobald ihnen die Idee des ›Grauens‹ zugrunde liege, so wie beispielsweise beim Ozean.[10] In der Dunkelheit liege das Ungewisse und somit die erhabene Wirkung. Zudem schilderte Burke, dass die Länge weniger furchteinflößend sei als die Höhe und dass die Tiefe die größte Wirkung des Erhabenen hervorrufe. So verwundert auch nicht, dass die Künstler der romantischen Landschaftsmalerei den Ausschnitt häufig so wählten,

1 Iwan K. Aiwasowski (1817-1900), *Die Woge*, 1889 Öl auf Leinwand, Staatliches Russisches Museum, Sankt Petersburg

dass der Betrachter mit einer tiefen Schlucht am unteren Bildrand konfrontiert wird. Auch die Filmindustrie rezipierte später jene Bilder extremer Natur und ihrer Opfer, die wiederum heutzutage unsere Vorstellung von Katastrophen prägt.[11] So wirken Katastrophen, die wir wirklich erleben, ›auf unheimliche Weise‹ wie ihre eigenen Darstellungen: Die Augenzeugen berichten das Erlebte als »»unwirklich‹, ›surreal‹ und ›wie im Kino‹«.[12]

Eine ähnliche Auseinandersetzung mit dem Mensch-Natur-Verhältnis wie in der europäischen Romantik zeigt uns auch der japanische Künstler Hokusai: In seinem Holzschnitt *Die große Welle von Kanagawa* (um 1830) fallen die beiden langen Fischerboote mit den klein dargestellten Menschen kaum auf, so sehr fügen sie sich in die Bogenform der brechenden Welle ein. Auch hier scheint der Mensch ohnmächtig gegenüber der Natur zu sein, dennoch werden die Menschen offensichtlich nicht als Opfer eines Schiffbruchs dargestellt. Im Gegenteil: Die Fischer beugen sich nach vorne, es scheint, als wollten sie sich der Bewegung der Welle anpassen, um sie zu überwinden. Die *Welle* von Hokusai erlangte bereits in der zweiten Hälfte des 19. Jahrhunderts internationalen Ruhm. Im *Neuer Orbis pictus für die Jugend* von Jacob Eberhard Gailer (1792 – 1850) wurde in einem Bild, das einen Schiffbruch illustrieren soll, die Wellendarstellung Hokusais' übernommen. Vielfach rezipiert,

gehört das Motiv von Hokusai heute zu einem der berühmtesten Holzschnitte überhaupt und findet sich nicht nur in der heutigen Popkultur, sondern auch in dem zeitgenössischen fotografischen Werk von Robert Longo wieder.[13]

Als die Fotografie sich in der ersten Hälfte des 19. Jahrhunderts entwickelte, bot sich nicht nur für die Künstler ein neues Medium, um ihre bildnerischen Ideen umzusetzen. Vor allem die Presse profitierte von dem vorherrschenden Glauben an die objektive Darstellung von Realität durch die Fotografie. In gewisser Weise konkurrierte die Malerei mit diesem Anspruch, was (unter anderem) in der Folge einen Stilpluralismus in der Malerei beförderte. Dass sich die ›Fotografen‹ (unter denen sich oft auch Maler befanden) an dem Motivrepertoire der Zeit orientierten, scheint sehr wahrscheinlich, wie folgendes Beispiel belegt: Um für seine Naturforschungen finanzielle Mittel einzuwerben, beauftragte der amerikanische Geologe und Landvermesser Ferdinand Vandeveer Hayden einen Fotografen, der den bildnerischen Beweis für die bislang der Wissenschaft nicht bekannten Geysire liefern sollte (Abb. 2). In Absprache mit dem Expeditionsmaler diskutierte William Henry Jackson die Kompositionen für seine Fotografien, und es wird deutlich, dass die dramatische Darstellung durch die traditionelle Mensch-Natur-Relation im Bild erzeugt wird.[14] Die Motive

2 Henry William Jackson (1843-1942, Der Geysir Old Faithful im Yellowstone, Wyoming, 1871 The J. Paul Getty Trust

der romantischen Landschaftsmalerei finden über unterschiedliche Kanäle Eingang in unsere Bilderwelt und dabei scheint die ruhige sowie die aufgewühlte Natur als Träger jener ›erhabenen‹ Ideen zu funktionieren. Der zeitgenössische Künstler Hiroshi Sugimoto zitiert in seiner Meeresansicht *Mirtoan Sea* von 1990 die stillen Meeresbilder Caspar David Friedrichs. In der Komposition zweier Farbflächen erscheint eine Tiefe und Unendlichkeit, die uns den *Mönch am Meer* in Erinnerung ruft: Wir nehmen bei der Betrachtung von *Mirtoan Sea* gleichsam dessen Position ein. Die Idee des Erhabenen ist so, wie sie die romantische Landschaftsmalerei formulierte, nicht statisch, sondern wird adaptiert und umgeformt und erfährt so einen Zuwachs an Bedeutungen. Gerhard Richter näherte sich den Naturgewalten in seinen naturalistischen Gemälden und äußerte sich über die Kraft jener Bilder: »Wir haben das Gefühl für die Allgegenwart Gottes verloren. […] Aber diese Bilder sind noch da. Sie sprechen uns immer noch an. Wir lieben sie weiter, benützen sie, brauchen sie.«[15] Die *Erfahrung des Erhabenen*, wie sie Kant und Burke in ihren Schriften beschreiben, und die *Darstellungen*, die jene Erfahrung abbilden, sind zweierlei. Einige Künstler bemühten sich durch eine möglichst genaue Imitation der Natur jene *Erfahrung* durch das Medium des Bildes zu transportieren. Als die Land Art sich in der zweiten Hälfte des 20. Jahrhunderts entwickelte, wurde der Bildbetrachter selbst zum Akteur in den oft monumentalen Werken. Meist an abgelegenen Orten, wie der Wüste, wurden begehbare tiefe Krater gesprengt oder große Hügel aufgeschüttet und das Erleben großer Dimensionen verlagerte sich aus dem Bild in die (durch Menschenhand umgeformte) Natur selbst.

Anmerkungen

1 Ruskin 1904. Zitiert nach und übersetzt von Busch 1997, S. 289.
2 Steiniger 2011.
3 Zitiert nach Bätschmann 1989, S. 125.
4 Kant 1996.
5 Burke 1773 sowie Beitrag von Valerie Hammerbacher in diesem Band.
6 Burke 1773 S. 50ff.
7 Ebd. S. 65.
8 Ebd. S. 52.
9 Ebd. S. 83ff.

10 Ebd. S. 84 – 85.
11 Der amerikanische Filmproduzent und Tricktechniker Ray Harryhausen soll sich über das Werk des Romantikers John Martin wie folgt geäußert haben: »it resembles a frame from a movie – this time perhaps a blockbuster disaster movie.« Zitiert nach Milne 2011.
12 Sontag 2003. S. 29.
13 Guth 2012, S. 16 – 29.
14 Jackons Bilder überzeugten im Übrigen auch den amerikanischen Kongress (1872), Yellowstone zum (ersten) Nationalpark zu erklären. Langer 2002, S. 74.
15 Zitiert nach Steiniger 2011, S. 71.

Trockener Nebel und Berge von Eis

Die Klimaextreme 1783/84

OLIVER HOCHADEL UND NOURA DIRANI

Sommer 1783 – der trockene Nebel

Schlägt man heute in einem Geschichtsbuch das Jahr 1783 nach, wird man dort mit Sicherheit den ersten Aufstieg einer Montgolfière am 4. Juni finden. Die Menschen waren begeistert und bald stiegen überall in Westeuropa Heißluft- und Gasballone in die Höhe. Könnten wir aber die Menschen von damals fragen, was sie in diesem Sommer 1783 am meisten beschäftigte, hätten viele wohl eine andere Antwort gegeben. Ja, es lag etwas in der Luft – aber das waren nicht die Ballone.

Ab Mitte Juni legte sich über ganz Europa ein trockener Nebel, der mit Unterbrechungen fast den ganzen Sommer über blieb und die Sicht zum Teil massiv einschränkte. Dieser Nebel war »weder kalt, noch naß«, heißt es.[1] Georg Christoph Lichtenberg, Professor der Experimentalphysik in Göttingen, schrieb Anfang Juli 1783: »Der Hahl-Rauch erstreckt sich, sichren Nachrichten zufolge, weit über Straßburg hinaus, gegen Norden über Hannover u(nd) gegen Süden über Gotha; ich habe Briefe über Briefe aller Orten her darüber gehabt.«[2] Einen seiner Briefe beendete er mit *in nebula nebulorum* (im Nebel aller Nebel).[3] Heute weiß man, dass dieser eigenartige Rauch auch Nordafrika und den Nahen Osten, vielleicht sogar Nordamerika und den Westen Chinas erreichte.

Der Berner Gelehrte Samuel Studer sprach von »dikem trokenem Dunst«, dahinter schien die Sonne »wie eine Kugel weissglühenden Eisens«. Bei Auf- und Untergang wurde sie blutrot, vereinzelt wurde gar von einem Schwefelgeruch berichtet. So verwundert es nicht, dass es viele Menschen mit der Angst zu tun bekamen. Stand nicht im Buch der Offenbarung, dass Rauch aus der Unterwelt steigen werde, um das Ende der Welt zu verkünden? In zahlreichen Orten wurden Buß-, Fast- und Bettage angeordnet. In der Nähe von Broué in Nordfrankreich zwangen besorgte Gläubige den Priester gar dazu, die Wolken zu exorzieren.

Andere Geistliche wiederum versuchten ihre Gemeinden zu beruhigen, es handle sich um eine »natürliche« Erscheinung. Wie

dieser trockene Nebel entstanden war, suchten nun die europäischen Gelehrten zu ergründen, wobei sie sich freilich nicht auf eine Erklärung einigen konnten: Manche verwiesen auf die Erdbeben, die Anfang Februar 1783 den Süden der italienischen Halbinsel und Sizilien heimgesucht hatten. Kam der Rauch womöglich aus den Tiefen der erschütterten Erde?

»Das stärkste Gewitterjahr«

Mit dem Nebel kam auch die Hitze. Wie wir heute durch Klimarekonstruktionen wissen, zählt der Sommer 1783 in Westeuropa zu den drei heißesten der letzten 300 Jahre. Der französische Wissenschaftler Jérôme de Lalande hielt daher eine Mischung aus vorangegangenen schweren Regenfällen und der großen Hitze für die

○ Ferdinand Kobell (1740–1799), *Die Alte Brücke in Heidelberg nach dem Eisgang*, 1784. Der Eisgang zerstörte Brücken und die in Flussnähe gelegenen Städte in ganz Nordeuropa. Öl auf Leinwand, Kurpfälzisches Museum Heidelberg

Ursache.[4] Der deutsche Aufklärer Franz von Beroldingen hielt den Nebel für »entzündbare Luft«, die vor den Erdbeben in unterirdischen Höhlen eingeschlossen gewesen sei.[5] Der Schweizer Gelehrte F. Verdeil wiederum führte den trockenen Nebel auf die gesteigerte Luftelektrizität zurück.[6] Zeichnete sich doch der Sommer des Jahres 1783 auch durch eine einzigartige Häufigkeit und Heftigkeit von Gewittern aus. Für den Wiener Anton Pilgram, der über Jahrzehnte die Wetterlagen erfasste, war 1783 das »stärkste Gewitterjahr, das ich noch erlebet habe.«[7]

Berichte über Blitzeinschläge und niederbrennende Häuser füllten einen ganzen Sommer lang die Zeitungen – europaweit. Im böhmischen Klattau (Klatovy) flog am 29. Juni 1783 gar ein Pulvermagazin in die Luft. Am schlimmsten wütete der Blitz unter den Mesnern, die während des Unwetters die Glocken läuten mussten. Laut einer zeitgenössischen Zählung schlug zwischen 1750 und 1783 im Deutschen Reich in 386 Kirchtürme der Blitz ein, was 103 Mesnern das Leben kostete.[8] Dieses Gewitterläuten war in katholischen Gebieten eine weit verbreitete ›Schutzmaßnahme‹ gegen den Einschlag des Blitzes. Die Aufklärer hatten schon lange gegen diese ihrer Ansicht nach durch nichts gerechtfertigte, ja abergläubische Praxis gewettert.

Der trockene Nebel war sowohl ein klimatisches wie auch ein mediales Phänomen. Die Menschen erinnerten sich des gleichzeitigen Auftretens des Nebels und der schweren Gewitter. Und sie erinnerten sich, darüber gelesen zu haben: 1793, also zehn Jahre später, schrieb der schwäbische Amateurwissenschaftler Gottlieb Christoph Bohnenberger:

> »Man weiß, wie ungemein trocken die Luft zur Zeit des Höherauchs im Sommer 1783 war, aber auch wie häufig die Donnerwetter, und wie heftig fast überall ihre Ausbrüche. Immer hörte man von Unglücklichen, die der Bliz getödet hatte, und in allen Zeitungen lase man Nachrichten von den schröcklichen Ungewittern und den Zerstörungen und Verwüstungen, die sie anrichteten.«[9]

Die Zeitungen waren andererseits voller ›Erfolgsmeldungen‹. Sie berichteten von Blitzeinschlägen in Schlösser, Kirchen, Pulvermagazine, Häuser und Ställe, die aber dank eines Blitzableiters unversehrt blieben. Dieses mediale Trommelfeuer blieb nicht ohne Folgen: In Bayern wurde bereits Anfang August 1783 das Gewitterläuten untersagt, da »die leidige Erfahrung durch eingelaufene Berichte, und öffentliche Zeitungsblätter bewiesen hat, dass das üblich gewesene Wetterläuten mehr schädlich als nützlich« sei.[10] Preußen zog im September, Österreich im November nach. Auch in geistlichen Territorien wie Mainz, Augsburg, Würzburg und Salzburg wurde das Wetterläuten unter Strafe gestellt. Das Verbot hielt freilich viele Gemeinden nicht davon ab, noch bis weit ins 19. Jahrhundert hinein gegen das Gewitter zu läuten.

Der Siegeszug der Blitzableiter

Die Aufklärer hingegen sahen die Möglichkeit, ihre ›Lieblingstechnologie‹ zu propagieren. Die Gewitterdichte des Jahres 1783 beschleunigte die bis dahin eher schleppende Einführung der Blitzableiter enorm. Obwohl bereits 1752 von Benjamin Franklin erfunden, wurde der erste Blitzableiter im deutschsprachigen Raum erst 1770 in Hamburg errichtet. Nun aber wurde aus der Hansestadt berichtet, dass »im Sommer des Jahres 1783 der Bestellungen bei dem Bleidecker Medlerkamp so viele, dass sie nicht alle befriedigt werden konnten.«[11] Das *Wienerblättchen* schrieb am 28. August 1783: »In diesen schrecklichen Wettermonaten sind mehr als 600 neue Blitzableiter in Deutschland errichtet worden.«[12]

Im südwestdeutschen Raum spielte Johann Jakob Hemmer (1733–1790) eine wichtige Rolle. Er hatte sich vor allem als Meteorologe einen Namen gemacht und war ein umtriebiges Mitglied der Kurpfälzischen Akademie der Wissenschaften und Vertrauter von Kurfürst Carl Theodor. Hemmer hatte schon in den 1770er Jahren Blitzableiter etwa auf dem Schwetzinger Schloss montieren lassen. Im Sommer 1783 lief Hemmer dann nochmals zu großer Form auf, er errichtete etwa die ersten Blitzableiter im Raum Stuttgart. Glaubt man den Quellen, so hat er insgesamt über 150 Blitzableiter selbst angebracht.[13] Hemmer glaubte übrigens auch, und er war nicht der einzige Naturkundige, dass Blitzableiter Erdbeben ›ableiten‹, also unschädlich machen könnten.

Seine Blitzableiter waren fünfspitzig, samt einem waagrecht liegenden Spitzenkreuz (Abb. 1). So war die Wahrscheinlichkeit hoch, dass dieses bei einem Einschlag leicht beschädigt wurde. Hemmer »hielt dies für eine Ueberzeugung für den gemeinen Mann, der daraus sehen könnte, daß der Blitz darauf gefahren wäre, und das Haus unbeschädigt gelassen hätte.«[14] Die Metallstange musste also nicht nur Blitze unschädlich machen, sondern auch aufklärerische Überzeugungsarbeit leisten.

Um nochmals das *Wienerblättchen* zu zitieren: Die Blitzableiter »haben zum Triumphe der gesunden Vernunft über Aberglauben, und Vorurtheil in Jedermanns Augen an mehr als 30 Orten ihren Nutzen gezeigt.«[15] Aberglauben und Vorurteil – mit diesen Kampfbegriffen suchten die Aufklärer den Widerstand der skeptischen Bevölkerung zu brechen. Denn immer wieder gab es Berichte, dass Blitzableiter zerstört oder deren Errichtung verhindert worden war, weil die Bauern darin eine Gefahr – warum den Blitz anlocken? – oder gar eine Sünde sahen, galt doch der Blitz als traditionelles Strafinstrument Gottes.

Freilich, die Aufklärer – so sehr wir uns mit diesen auch identifizieren – kontrollierten seinerzeit die Medien fast völlig, wir kennen also nur ihre Sicht der Dinge. Für die historische Analyse ist es aber wichtig, die Beschreibung des Volkes als unaufgeklärt und abergläubisch zu hinterfragen. Denn was der ›einfache Mann‹ wirklich dachte, ist mangels Quellen schwer zu ermitteln.

Eine wertvolle Ausnahme stellt das Tagebuch des Schweizers Ulrich Bräker (1735–1798) dar. Die heftigen Gewitter des Sommers

1 Das Mannheimer Zeughaus mit zwei Hemmer'schen Fünfspitzen, nach Johann Franz von der Schlichten in: *Vues de Mannheim* von den Gebrüder Klauber, Mannheim 1782 Kupferstich, Reiss-Engelhorn-Museen Mannheim

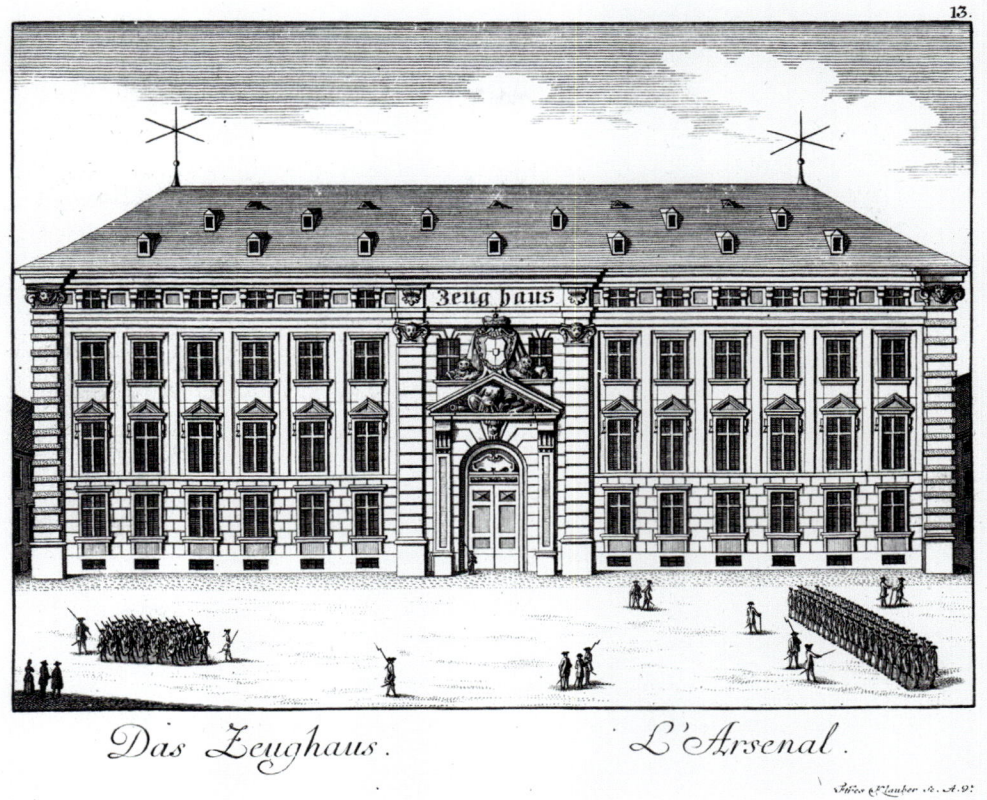

1783 werden hier mehrmals erwähnt. Der »arme Mann aus dem Toggenburg« berichtet etwa: »das gespräch fiel auf die blitzableiter - worüber sich einige Bauren hefftig ereyfert - das mann solche gottversuchende sachen unternehme.«[16] Auch für Bräker waren die Unwetter die Stimme Gottes aus den Wolken. Dennoch entspricht der St. Gallener Bauernsohn so gar nicht dem Stereotyp des abergläubischen Landmanns. Anders als viele seiner Mitmenschen hielt er den trockenen Nebel keineswegs für einen Vorboten kommenden Übels. Gott allein wisse um die Dinge, die kommen. Seine Religiosität hielt ihn freilich nicht davon ab, intensiv das Wetter zu beobachten, das Barometer abzulesen – und sich über die hilflosen Wissenschaftler lustig zu machen.

Laki – der isländische Vulkanausbruch

In der Tat konnten sich die Gelehrten nicht einigen: Warum lag Europa unter einer Dunstglocke? Als sich der Sommer dem Ende zuneigte und der Nebel sich allmählich auflöste, erreichte am 1. September 1783 die Nachricht über einen Vulkanausbruch in Island Kopenhagen. Am Morgen des 8. Juni war an der Seite des Lakivulkans im Südosten der Insel die Erde auf etwa 25 km Länge aufgebrochen. Dieser so genannte Spaltenbruch dauerte mit wechselnder Intensität bis zum Februar 1784.

15 km³ Magma quollen aus der Erde, mehr als bei jedem anderen Ausbruch im letzten Jahrtausend. Etwa 122 Millionen Tonnen Schwefeldioxid entwichen in die Atmosphäre, der trockene Nebel war nichts anderes als ein schwefelsäurehaltiger Aerosolschleier. Der Laki-Spaltenbruch war vermutlich auch für die Hitze und die Gewitter verantwortlich. Bei Vulkanausbrüchen gelangen große Mengen CO_2 in die Atmosphäre, was damals für einen allerdings kurzfristigen Treibhauseffekt gesorgt haben könnte.

Island erlebte die größte Katastrophe seiner Geschichte. Das Gras wurde durch säurehaltigen Regen vergiftet, der Viehbestand reduzierte sich um die Hälfte. Die daraus resultierende Hungersnot forderte ungefähr 10.000 Tote, was etwa 20 Prozent der damaligen Bevölkerung entsprach.

Neuere Studien legen nahe, dass die Luftverschmutzung durch Schwefeldioxid und die extreme Hitze des Sommers zumindest in Nord- und Westeuropa, also in Großbritannien, Skandinavien und wohl auch Frankreich, die allgemeine Sterblichkeit bedeutend erhöhte. Allein in England starben nach neuesten Auswertungen der Kirchenregister im Juli und August 1783 23.000 Menschen mehr als in anderen Jahren. Für Mitteleuropa fehlen noch eingehende Studien zur Mortalität. Der folgende Winter war aber auf der gesamten Nordhalbkugel extrem kalt, was die Sterblichkeit nochmals erhöhte.

Bald nach dem Ende des trockenen Nebels vermuteten einige Naturforscher, dass er von jenem Vulkanausbruch in Island

2 Wilhelm Kobell, *Die Heidelberger Altstadt nach dem Eisgang des Neckars*, um 1784 Kupferstich, Reiss-Engelhorn-Museen Mannheim

3 Die Hochwasserstandkarte aus dem Jahr 1789 zeigt die über-schwemmten Gebiete der Stadt Mannheim nach dem Eisgang in den Jahren 1784 und 1789. Universitäts-bibliothek Heidelberg

herrührte. Es ist nicht klar, wer dies zuerst behauptete. Die vier in Frage kommenden Autoren spiegeln aber die Vielfalt der europäischen Gelehrtenrepublik wider: der Amerikaner Benjamin Franklin (passenderweise auch der Erfinder des Blitzableiters und seinerzeit in Paris ansässig), der Schweizer Meteorologe J. R. Salis-Marschlins, der deutsche Physiker (und Professor in Kopenhagen) Christian Gottlieb Kratzenstein und der französische Naturkundige Jacques Antoine Mourgue de Mont-Redon.[17]

Die Schmelzhochwasser 1784 im Rhein-Neckar-Raum

Auch E. F. Deurer, der als *Commissarius* der Kurpfälzischen Akademie der Wissenschaften mit der Erstellung eines Berichts über die Flussüberschwemmung im Rhein-Neckar-Raum beauftragt worden war, bemerkte die »auf der Erde so erschreckliche[n] und ausserordentliche[n] Naturbegebenheiten.«[18] Er berichtete über die Erdbeben auf Sizilien und in Kalabrien, den »ungewöhnliche[n] Hehrrauch«, die »vielfältigen gefährlichen Gewitter« und betont die »verheerenden Eisgänge und Überschwemmungen« als Folge der »unbeschreiblichen Menge gefallenen Schnee[s]« und der »alle Beispiele übertreffende[n] Kälte«. Deurer verwies in diesem Zusammenhang auch auf »andere Naturveränderungen«, wie die

Entstehung einer Insel »in der Gegend von Island«, wahrscheinlich als Folge vulkanischer Aktivität, worauf die dadurch entstehende Rauchmenge hinweise. Einen zusammenhängenden Erklärungsversuch unternahm er jedoch nicht.[19]

Heute geht man davon aus, dass die durch die Laki-Eruption freigesetzte Asche und Staubpartikel in die Atmosphäre gelangten, wodurch sich der Aerosolschleier über die gesamte Nordhalbkugel verteilen konnte. Die Aerosole verhinderten eine normale Sonneneinstrahlung, wodurch sich die Durchschnittstemperatur im Winter 1783/84 verringerte. Die extreme Kälte setzte bereits Anfang Dezember ein und führte dazu, dass sämtliche Flüsse Nordeuropas zufroren. Auf die extreme Kältephase folgte um den 23. Februar ein plötzlicher Warmlufteinbruch, der die Schnee- und Eismassen zum Schmelzen brachte.[20] Die schweren Eisschollen brachen auseinander und wurden mit den Wassermassen flussabwärts getrieben. Besonders gefährdet waren unmittelbar am Flussufer gelegene Städte wie Mannheim und Heidelberg. Die großen Eisblöcke türmten sich vor allem an verengten Flussufern und Brücken auf und führten so zu einem Eisstau, der das Ansteigen der Wassermassen und somit verheerende Überschwemmungen noch beförderte. Als der Neckar am 27. Februar anschwoll, waren die Bewohner der Stadt Heidelberg allerdings gewarnt, denn bereits Mitte Januar hatte eine erste kurze Wärmeperiode eingesetzt, die eine Schneeschmelze und dadurch ein gefährliches Hochwasser

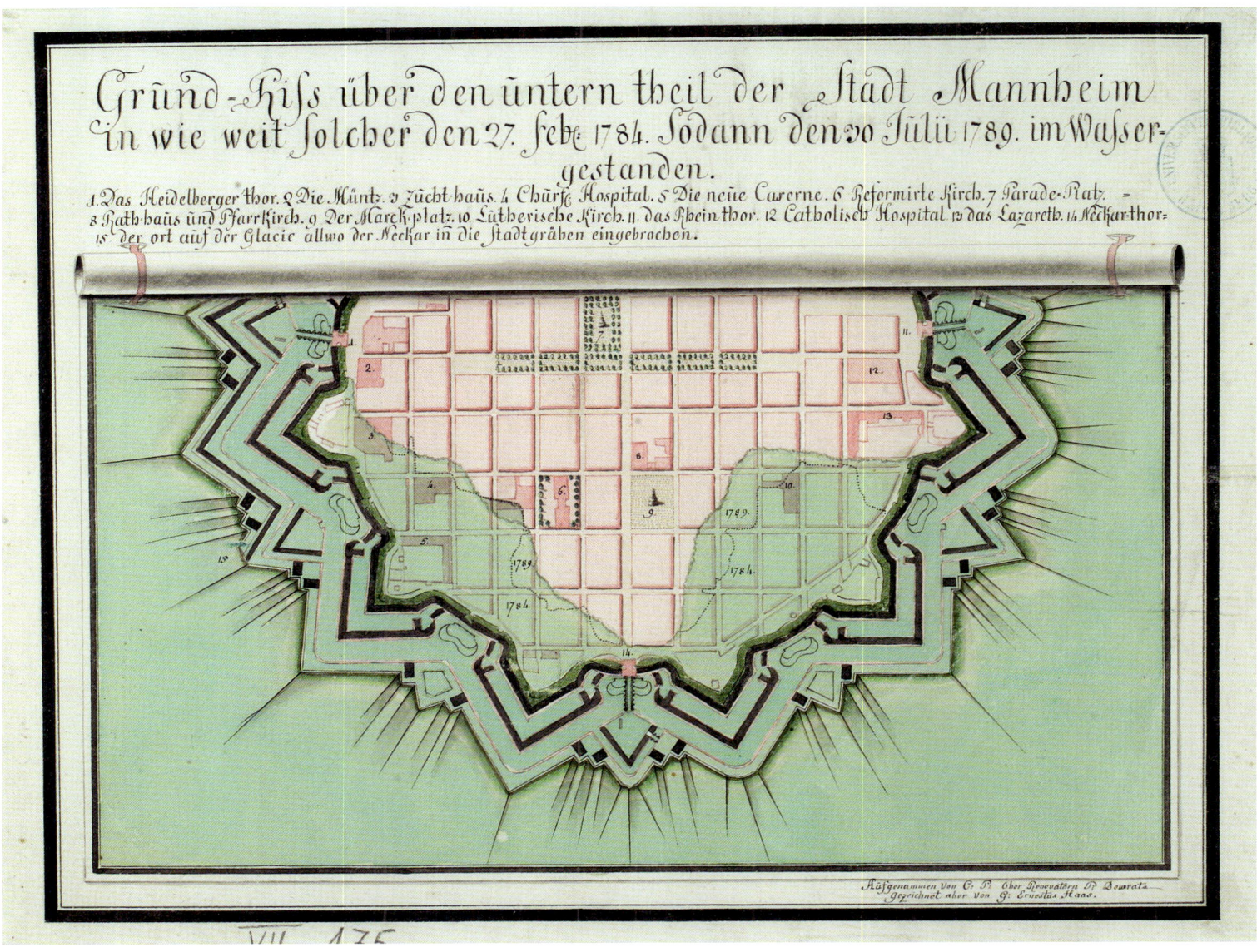

verursacht hatte. Nach dieser ersten Katastrophe wurde sogleich eine Broschüre veröffentlicht, die im Falle eines zweiten Hochwassers die Gefahrenzone für jede Straße Heidelbergs berechnete.[21] So konnten die Einwohner der tieferliegenden Straßen evakuiert und Wachen bereitgestellt werden. Die Warnungen, die Alte Brücke könne dem Druck nicht standhalten, wurden ernst genommen: Gräben zwischen den Brückenpfeilern sollten das Aufbrechen der Eisschollen unter der Brücke befördern.[22] Bereits am 26. Februar wurde Alarm geschlagen, da langsame Bewegungen der Eisschollen registriert wurden. Das Eis schob sich in seiner ganzen Masse langsam vor, sodass es die Alte Brücke am 27. Februar »wie einen Federballen von den Pfeilern [...] hob und in dem Eise aufrecht stehend [...] hinwegführte (Abb. 2).«[23] Das Wasser reichte am Nachmittag schon bis hinauf zum Rathaus »und die unten gelegenen Häuser (standen) ganz unter Wasser.« Insgesamt wurden 39

Gebäude zerstört und 290 beschädigt, dennoch war »nicht einmal ein Stücklein Vieh in Heidelberg verunglückt.«[24] Dies sei sicherlich auf die sofortigen Hilfemaßnahmen der kurfürstlichen Regierung und den hilfreichen Einsatz der Bürger zurückzuführen, so Deurer.[25] Er bescheinigte auch den Mannheimern eine außerordentliche Hilfsbereitschaft. Nachdem die Eisfluten die Stadt in der Nacht zum 28. Februar 1784 trafen, drang der reißende Fluss »nicht in seinem rechten Bette, welches noch zu(gefroren war), sondern bogenförmig« kurz nach Mitternacht in die Stadt ein und setzte weite Teile unter Wasser (Abb. 3).[26] Dabei rissen die vielen schweren Eisschollen Teile der Befestigungsmauern ein und brachten Häuser zum Einsturz. Das Wasser fand aber auch andere Wege und quoll mancherorts einfach aus der Erde heraus.[27] »Schon früh um 8 Uhr standen alle Brücken [...] und Gärten [...] sehr tief« und »der untere Theil der Stadt [...] früh um 9 Uhr [...] schon gänzlich unter Wasser.« Das unaufhörliche Läuten der Turmglocke tönte zur Warnung vor der drohenden Gefahr durch die Straßen Mannheims. Die Bewohner retteten sich »theils auf Kähnen und theils auf Wagen« aus der Gefahrenzone, wobei die »Herren vornehmen Standes und hohen Ranges« auch den notleidenden »gemeinen Bürgern« zu Hilfe eilten. Sie spendeten Geld und gewährten ihnen Obdach. Die kurfürstliche Regierung half den Einwohnern mit Holz, Brot und Spenden und unterstützte die Bergung jener, die in ihren Häusern festsaßen. Wirtshäuser wurden zu Notunterkünften umfunktioniert und Garküchen aufgestellt. Gegen einen »zuvor ausgeteilten Zettel« konnte man eine warme Mahlzeit erhalten. Es dauerte einige Zeit, bis der Alltag wieder Einzug hielt, denn das Wasser blieb in manchen Teilen der Stadt bis zu zwei Wochen lang stehen (wie beispielsweise am Alten Schlachthof). Um das Wasser aus dem Stadtinneren ablaufen zu lassen, hatte man das Glacis (Festungsmauer) an vielen Stellen durchstochen. Und um die öffentliche Sicherheit während der Aufräumarbeiten zu wahren, wurden nachts die Straßen beleuchtet und Wachen aufgestellt.[28]

Präventionsmaßnahmen

Bereits 1790 veröffentlichte Cosimo Alessandro Collini, Historiograph am Mannheimer Hof und Direktor des kurfürstlichen Naturalienkabinetts, seine Gedanken zur Prävention von Flussüberschwemmungen. In seiner Publikation *Über die Überschwemmung des Neckars bey Mannheim* versuchte er zu beweisen, dass die unmittelbaren Ursachen für das verheerende Unglück neben den »großen Krümmungen dieses Flusses« auch die »allzustarke Breite seines Bettes« sowie die Eigenschaft fließenden Wassers, sich einen geradlinigen Lauf zu suchen, seien (Abb. 4). Wolle man keine Dämme anlegen, so Collini, gäbe es nur eine Möglichkeit, das Steigen des Wassers zu verhindern, nämlich indem man die Fließgeschwindigkeit durch Begradigung des Flussbettes beschleunige.[29] Die Regulierung des stark mäandrierenden Laufs von Rhein und Neckar wurde zu Beginn des 19. Jahrhunderts durchgeführt. Der Flusslauf wurde dabei mittels Durchstichen der Flussschlingen begradigt und verkürzt. Es standen aber auch wirtschaftliche Interessen hinter dieser Entscheidung, denn die Begradigung diente auch der Verbesserung des Schiffsverkehrs in der Rhein-Neckar-Region.

In Erinnerung an das Ereignis

Die Erinnerungen an die Ereignisse von 1784 sind in das Stadtbild vieler deutscher Städte eingeschrieben. Hochwassermarken zeigen meist den höchsten Wasserstand und vermitteln einen Eindruck des Katastrophenausmaßes.[30] Gedenktafeln und Jubiläumsveranstaltungen halten die Erinnerung an das Geschehene lebendig und machen es für die Nachwelt unvergesslich. Zum 100-jährigen Jubiläum der Überschwemmung erschien in einer Heidelberger Zeitung ein langer Artikel, der die damaligen Ereignisse detailliert schilderte und dabei auf den Bericht Deurers zurückgriff.[31] Der Autor stellte beeindruckt fest, dass die Zeitgenossen der Überschwemmungskatastrophe von 1784, also »schon vor 100 Jahren«, Zusammenhänge zwischen dem Höhenrauch, den farbenprächtigen Sonnenuntergängen und den Erdbeben in Italien vermutet hätten. Dies sei umso beeindruckender, da erst die Gelehrten seiner Zeit die weltweit vorkommenden Färbungen der Sonne mit der vulkanischen Eruption in der Sundastraße (gemeint ist der Ausbruch des Krakatau 1883) in Verbindung brachten.

Auch in dem Gedicht *Bei den Ruinen am Neckar*, das den Bericht von Deurer abschließt, kommt das ›erdgeschichtliche Verständnis‹ zum Ausdruck:

> »[...] Hekla rauchet , tobet und sein Feuerbusen
> Gieset Schwefelbrände übers Land;
> [...] Bist du Hekla, Necker! Wirfst du statt der Brände
> Hocherstarrte Fluthen, dürren Kies und Sand [...]«

In einer Fußnote äußerte sich Deurer über die Form, in der jene Geschehnisse geschildert wurden, und verweist dabei auf das hier zitierte Gedicht. Wohingegen die »Feder schicklicher und ausführlicher« die Rettungsgeschichte sowie die Ereignisse aus Erzählungen nachzeichnet, eigne sich der »Grabstichel des Künstlers«, um eine »Originalkopie der Natur« herzustellen, die als »ewiger getreuer Spiegel« an die »damalige grässliche Gestalt« erinnern soll. Ausdrücklich macht Deurer deutlich, dass der Künstler Wilhelm Kobell (Sohn) die Zeichnung acht Tage nach der Katastrophe »getreu nach der Natur gezeichnet« habe. Ein durch die Kraft des Wassers und der Eisschollen an das Heidelberger Ufer gespültes Schiff hatte das Dach des Färberhauses weggerissen und blieb an dessen Stelle auf den Mauern des Hauses liegen – im Übrigen ein Motiv, das auch heutzutage noch in den Bildberichten von Überschwemmungen auftaucht. In seiner Darstellung zitiert Kobell das Motivrepertoire der erhabenen Landschaftsmalerei: Als kleine Figuren gezeichnete Menschen beobachten aus sicherer Distanz im Bildvordergrund die übergroße Naturgewalt (siehe Artikel Hammerbacher). Kobell überhöht den Moment des Erhabenen durch die Darstellung einer konkreten Katastrophe, wobei nicht nur der Ort, sondern in diesem Falle auch die Opfer, nämlich die Eigentümer des Färberhauses, bekannt sind. Mitleid überkommt den Betrachter. Versehen mit einem Rahmenkupfer konnten jene Bilder, die dem Buch nur beigefügt sind, von Liebhabern entnommen werden und gerahmt

4 *Skizze des mäandrischen Flusslauf des Neckars* aus dem Bericht von Cosimo Alessandro Collini, *Ueber die Ueberschwemmung des Neckars bey Mannheim*, um 1790. Cosimo A. Collini versuchte zu beweisen, dass die Flusskrümmungen eine Überschwemmung beförderten. Stadtarchiv Mannheim - Institut für Stadtgeschichte

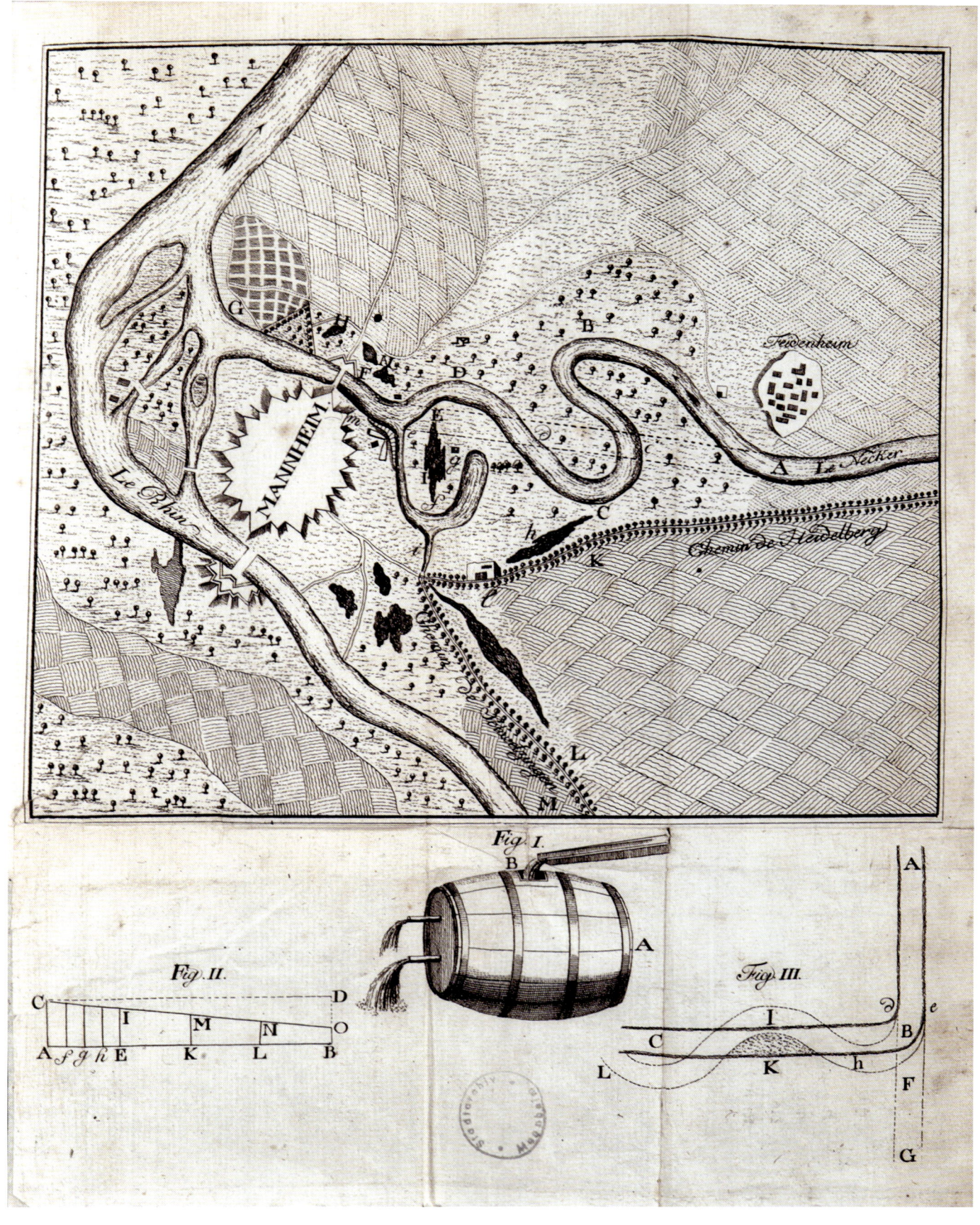

der Erinnerung an die »damalige grässliche Gestalt« dienen. Weiter äußert der Autor sich über die Wahl der Motive und betont, dass nichts als »wahrhafte Erzählungen« in seinem Bericht zusammengefasst würden, die nicht mit phantastischen Abbildungen versehen werden sollten.[32]

Deurers Bericht schildert detailliert die Ereignisse jener Tage in der Gegend um Heidelberg und Mannheim. Allerdings waren auch viele andere Städte von Hochwassern betroffen, dazu gehörten unter anderem Prag, Regensburg, Aschaffenburg, Köln Würzburg, Nürnberg, Mainz, Dresden, Düsseldorf und Bamberg.[33]

Die historischen Quellen bestätigen, dass bereits die Zeitgenossen über Zusammenhänge zwischen ungewöhnlichen Naturphänomenen und Wetteranomalien spekulierten. Dass Vulkanausbrüche durch den Ausstoß von großen Mengen Sulfat in höhere Atmosphären einen weltweiten Einfluss auf das Klima haben können, wissen wir mit Gewissheit allerdings erst seit 1991, als der Pinatubo auf den Philippinen ausbrach. Klimamodelle berechneten ein Absinken der globalen Durchschnittstemperatur, und in der Tat wurde in den folgenden beiden Jahren eine Abkühlung von 0,3 Grad Celsius gemessen.[34]

Anmerkungen

1 Wiener Zeitung, 12.7.1783.
2 Lichtenberg 1985 (an Amelung, 3.7.1783), S 640.
3 Lichtenberg 1985 (an Wolff, 21.7.1783), S. 669.
4 Lalande 1783, S. 762.
5 Beroldingen 1783, S. 11.
6 Verdeil 1784, S. 110.
7 Pilgram 1788, S. 211.
8 Fischer 1784, S. 12.
9 Bohnenberger 1793, S. 129.
10 Augsburger Ordinari Postzeitung, 11.8.1783.
11 Günther 1792, S. 75.
12 Wienerblättchen, 28.8.1783, S. 131.
13 Oberdeutsche Allgemeine Litteraturzeitung, 1788, S. 1281.
14 Gütle 1804, S. 201.
15 Wienerblättchen, 28.8.1783, S. 131.
16 Bräker 1998, S. 417.
17 Hochadel 2009.
18 Der Bericht von Deurer wurde erstmals von Fricke 1988 ausführlich kritisch untersucht.

19 Deurer 1784, S. 6 – 9.
20 Zur witterungsklimatischen Rekonstruktion siehe Glaser – Hagedorn 1990.
21 Heidelberg 1784.
22 Ebd. S. 3.
23 Deurer 1784, S. 116.
24 Nach Fricke 1988, S. 42 – 43.
25 Deurer 1784, S. 42 und S. 53.
26 Deurer 1784, S. 83.
27 Deurer 1784, S. 85.
28 Deurer 1784, S. 96 – 98.
29 Collini 1790, S. 8. F.
30 Glaser und Hagedorn zeigen dies für das Maintal. Siehe Glaser – Hagedorn 1990.
31 »Ein Jubiläum des Schreckens«, in: Heidelberger Familienblätter 1884, S. 66 – 68.
32 Deurer 1784, S. 121 – 123.
33 Zur quellenkritischen Auseinandersetzung und witterungsklimatischen Untersuchung siehe Glaser 2013.
34 Dörries 2006.

Laki 1783/84

PETER ROTHE

Die gewaltige Eruption von 1783/84, die den Süden Islands verwüstet und weltweite Auswirkungen auf das Klima hatte, war vor allem von der Förderung riesiger Mengen basaltischer Lava geprägt. Hinzu kamen große Mengen vulkanischer Gase, die als Aerosole in die Atmosphäre gelangten und dort durch Luftströmungen vertragen zu einem globalen Phänomen mit Temperatursturz beitrugen und Missernten verursachten.

Die Begründung für die eher harmlosen Basaltmassen, die sich nach dem anfänglichen Aufstieg von etwa 1.000 m (!) hohen Lavasäulen in Form von Lavaströmen ergossen und hauptsächlich den ausgetrockneten Flusstälern folgten, liegt in der geologischen Position Islands: Es ist eine Fortsetzung des Mittelatlantischen Rückens, der sich hier über die Meeresoberfläche erhebt. In solchen Positionen wird zwar besonders viel Schmelze gefördert, wegen der basaltischen Zusammensetzung aber meist ohne explosive Ausbrüche. Man kann auf der Insel selbst die Kluft sehen, die hier die Europäische von der Nordamerikanischen Platte trennt. Auf Island sind damals entlang einer von Südwest nach Nordost verlaufenden Spalte von etwa 25 km Länge fast 15 km³ Schmelze gefördert worden, die 600 km² bedeckt hatten. Solche Spalten, alle ähnlich orientiert, gehören zu einem ganzen System, das auch aus dem unter Wasser verlaufenden Basaltrücken bekannt ist. Auf Island ist diese Spalte mit über 100 Vulkankegeln besetzt, deren Förderprodukte hauptsächlich Schlacken, Schweißschlacken und Tuffe sind. Hinzu kamen damals große Mengen vulkanischer Gase mit enormen Mengen an SO_2, die vor allem wegen ihres Fluorgehalts besonders gefährlich waren: Sie ließen die Vegetation absterben, was nicht nur Missernten zur Folge hatte, sondern auch den Tierbestand dezimierte. Die giftigen Aerosole hatten damals ein als »trockenen Nebel« bezeichnetes Phänomen in ganz Europa verursacht. Im Vulkan-Explosivitäts-Index (VEI) wird der Laki-Krater mit Stärke 4 eingestuft.

Literatur:
Smithsonian Institution 2014

○ Unbekannter Künstler, Hungertafel 1816/1817: Merkwürdige Beschreibung der beispiellosen Theuerung des Jahres 1817, Ausschnitt mit der Darstellung grasender Menschen samt Bildbeschreibung:»*Oft zählte man in einer einzigen Wiese, zur gleichen Stunde 30 bis 40 Menschen, die unter dem Vieh ihre Nahrung aufsuchten. […] Da diese Nahrung den Menschen nicht dienten, starben […] in vielen Gemeinden wöchentlich 10–14 erwachsene Personen.*« Toggenburger Museum Lichtensteig

Der Ausbruch des Tambora und das ›Jahr ohne Sommer‹ 1816

DANIEL KRÄMER

Der Untergang eines Fürstentums

Die *Benares*, ein schwer bewaffnetes Segelschiff der britischen East India Company, ankerte am 5. April 1815 im Hafen von Makassar, Indonesien. Am Nachmittag zerrissen gewaltige Explosionen die Stille in der Meerenge. Was Kapitän Eatwell an Kanonendonner und Gewehrsalven erinnerte und an einen Angriff von Piraten glauben ließ, waren die Vorboten einer der größten Vulkaneruptionen in den letzten 20.000 Jahren. Nicht nur die *Benares* stach an diesem Tag auf der Suche nach Freibeutern vergeblich in See. Als am Abend des 10. April 1815 erneut Explosionen zu vernehmen waren, versetzte Eatwell die Besatzung abermals in Gefechtsbereitschaft. Erst als es am kommenden Morgen nicht hell wurde und Eatwell selbst während des Tages kaum die Hand vor Augen sehen konnte, erkannte er bei Kerzenlicht die Ursache der Explosionen: Einer der zahlreichen Vulkane in der Region war ausgebrochen. An den Tambora auf der Insel Sumbawa in Indonesien dachte er nicht – der Vulkan galt als erloschen.

Als die sichtbare Dunkelheit nachließ und die *Benares* von einer 30 cm hohen Schicht aus Asche und Bimssteinen befreit war, segelte Eatwell am 13. April 1815 nach Süden und erreichte fünf Tage später Sumbawa. Der Besatzung bot sich ein Bild des Schreckens: Ganze Dörfer waren zerstört und die Ernten waren unter Schlamm und Asche begraben. Vier Monate später hatte sich die Lage noch nicht verbessert, im Gegenteil. Die *Benares* kehrte nach Berichten über eine Hungersnot mit einer Schiffsladung Reis auf die Insel zurück. Leutnant Owen Philips berichtete von verlassenen Dörfern, von Straßen, die von Leichen und Gräbern gesäumt wurden und von Überlebenden, die auf der Suche nach Nahrungsmitteln umherirrten. Insgesamt dürften allein auf Sumbawa rund 70.000 Menschen an der Naturkatastrophe und ihren Folgen gestorben sein. Zehntausende von Überlebenden wurden in den Monaten danach zu Opfern einer zweiten Tragödie. Sie verkauften sich aus Armut und Verzweiflung an Sklavenhändler. Es war der Untergang des kleinen Fürstentums Tambora.

Die Eruption des Tambora war in vielerlei Hinsicht außergewöhnlich. Der Berg schrumpfte durch den Ausbruch von rund 3.900 Metern auf 2.850 m Höhe, der Krater erreichte einen

Durchmesser von sechs Kilometern, die Aschewolke ragte ca. 25 km in die Höhe, es wurden rund 150 km³ Gestein und Asche in die Stratosphäre geschleudert und auf dem achtstufigen Vulkanischen Explosivitäts-Index erreichte die Eruption die Stärke 7. Nicht zuletzt deshalb spricht Clive Oppenheimer, einer der führenden Vulkanologen, vom größten Ausbruch in »historischer Zeit.«[1]

Sir Thomas Stamford Raffles, ein Naturforscher, der gleichzeitig Vizegouverneur der britischen Kolonie war, sammelte Berichte über den Ausbruch, weil »eine amtliche und ausführliche Zusammenstellung aller der Beobachtungen, welche über ein so ausserordentliches und wundervolles Ereigniss aufzutreiben seyn mögten [...], von grossem Interesse und Nutzen seyn müsse.«[2] Besonders der Augenzeugenbericht des Herrschers von Sanggar, einem anderen Fürstentum auf Sumbawa, verlieh dem Ausbruch des Tambora deutlichere Konturen. Bei der Eruption am 10. April 1815 schossen drei Flammensäulen aus dem Krater hervor, die den Berg innerhalb kürzester Zeit mit flüssigem Feuer überzogen. Begleitet wurden die

1 J. M. William Turner (1775–1851), *Sonnenuntergang*, um 1820/30. Spektakuläre Sonnenuntergänge tauchten den Himmel weltweit in buntes Licht, doch der Grund dafür, der Ausbruch des Tambora, war unbekannt. Gouache auf Papier, Tate London

rasend schnellen Glutwolken (pyroklastische Ströme) von Wirbelwinden und von Tsunamis, die alles mitrissen, was nicht niet- und nagelfest war und »Menschen, Pferde, Ochsen, und was sonst in seine Gewalt kam«, in die Luft hoben.[3] Obwohl die Kraft der Eruption am Mittag des folgenden Tages nachließ, waren kleinere Explosionen bis zum 15. Juli 1815 zu hören und aus dem Krater stiegen im August 1815 noch immer große Rauchschwaden auf.

Von Schwebeteilchen und ihrem Einfluss auf das ›Jahr ohne Sommer‹

Raffles kehrte im Frühling 1816 in seine Heimat zurück. Er erlebte hautnah, weshalb der Ausbruch des Tambora ein ›glokales‹ Phänomen war: eine lokale Naturkatastrophe mit globalen Auswirkungen, die sich regional sehr unterschiedlich äußerten. Während in Mittel- und Westeuropa kein Sommer kam, weil Nässe und Kälte nicht enden wollten, regnete es auf der iberischen Halbinsel gar nicht. Im Baltikum und in der Region um das Schwarze Meer traten hingegen keine Klimaanomalien auf und die Ernten fielen gut aus. Auf der anderen Seite des Globus, in Nordamerika, war es wiederum ungewöhnlich kalt und trocken. Die monatlichen Temperaturen lagen im Sommer 1816 global betrachtet zwischen 2,3 und 4,6 Grad Celsius unter dem langjährigen Mittel. Der Ausbruch des Tambora hatte großen Teilen von Europa das bislang letzte und den Vereinigten Staaten von Amerika das bisher einzige ›Jahr ohne Sommer‹ gebracht.

Vulkane sind Schwefelschleudern, die das globale Klima vorübergehend stark verändern können. Mit der Eruptionssäule wurden im April 1815 große Mengen von Vulkanasche und magmatischen Gasen in die Atmosphäre geschleudert. Langfristig erweist sich allerdings nicht die Asche als Problem – Aschepartikel haben durch ihre hohe Dichte eine rasche Fallgeschwindigkeit und werden innerhalb von ein bis zwei Wochen durch Niederschläge ausgewaschen –, sondern das ausgestoßene Schwefeldioxid. In der Stratosphäre verbindet sich Schwefeldioxid mit Wasserdampf zu Schwefelsäure und bildet ein Gemisch aus festen und flüssigen Schwebeteilchen (Aerosole). Sie werden von Höhenwinden um den ganzen Globus verteilt und bilden einen Schleier, der das Sonnenlicht teilweise reflektiert und dadurch die natürliche Sonneneinstrahlung reduziert. Weil die Aerosole über den Wolken schweben und nur langsam absinken, können sie einige Jahre um den Globus kreisen und eine Abkühlung verursachen. Im Falle des Tambora dauerte diese rund zwei Jahre.

Aerosole tragen allerdings nicht nur in der Stratosphäre zur Abkühlung bei. Sie regen auch die Bildung von Wolken an, wenn sie zu sinken beginnen. Weil sie kleiner sind als normale Kondensationskerne, bestehen die Wolken nicht nur aus mehr und feineren Tröpfchen, sie werfen auch mehr Sonnenlicht zurück als üblich und verstärken die Abkühlungseffekte in Regionen, in welchen der Himmel häufig bedeckt ist. Eine optische Folge des Dunstschleiers waren nach dem Ausbruch des Tambora spektakuläre Sonnenuntergänge, wie sie auf den Gemälden von Caspar David Friedrich, William Turner (Abb. 1) oder John Constable zu sehen sind.

Der Ausbruch des Tambora fiel in Europa in eines der kältesten Jahrzehnte der letzten 500 Jahre. Zwischen 1810 und 1820 waren alle Jahreszeiten viel zu kalt und zu trocken. Verstärkt wurde die globale Abkühlung nach der Eruption des Tambora von mehreren klimatischen Phänomenen. Einerseits hatte sich die Sonnenaktivität bereits in den beiden Jahrzehnten zuvor abgeschwächt (Dalton Minimum), andererseits waren dem Ausbruch des Tambora bereits die Eruptionen des Soufrière in St. Vincent 1812 und des Mayon auf den Philippinen 1814 vorausgegangen. Umrahmt wurde der Ausbruch des Tambora zudem von starken Schwankungen des Luftdrucks über dem Atlantik und dem Pazifik. Nicht zuletzt deshalb wiesen die Jahre 1812 bis 1817 klimatisch einen beinahe eiszeitlichen Charakter auf.

2 Unbekannter Künstler, *Der Kornwucherer*, um 1820. Der Kornwucherer hortete das Getreide, um in Zeiten von Warenknappheit einen höheren Preis dafür zu erzielen. Dadurch provozierte er die Wut der Hungernden und wurde zur Strafe erhängt. Kupferstich, koloriert, Museum der Brotkultur Ulm

Das ›Jahr ohne Sommer‹ – mehr als eine Laune der Natur

Das ›Jahr ohne Sommer‹ war mehr als eine Laune der Natur – die Klimaanomalie zog in Mittel- und Westeuropa eine Krise des ›alten Typs‹ nach sich. Die schlechte Witterung verursachte im Sommer 1816 erhebliche Ernteausfälle, die die Getreidepreise in die Höhe schnellen ließen und »die letzte große Subsistenzkrise des Westens« auslösten.[4] Die anschließende Teuerungswelle öffnete die Schere zwischen Arm und Reich weiter und wirkte sich auf alle Zweige der Wirtschaft aus: Die Unter- und Mittelschichten konnten sich außer Lebensmitteln kaum noch etwas leisten, in der Landwirtschaft schwanden durch die Missernten die Verdienstmöglichkeiten für Tagelöhner, und Handel und Gewerbe litten durch die Teuerung

sowohl unter leeren Auftragsbüchern als auch unter sinkenden Erträgen. Lediglich Bauern, die ihre Überschüsse verkaufen konnten, vermochten von der Krise zu profitieren (Abb. 2).

Das ›Jahr ohne Sommer‹ setzte der Bevölkerung zu einem ungünstigen Zeitpunkt zu. Sie hatte nach dem Ende der Napoleonischen Kriege (1792–1815) auf eine Friedensdividende gehofft. Ihre Vorräte waren in großen Teilen Europas nach den ständigen Einquartierungen, Requisitionen und Plünderungen erschöpft. Die Wirtschaftsblockaden hatten die Handelswege während der Kriegsjahre verändert, die Mechanisierung der Webstühle hatte zu einem tiefgreifenden Strukturwandel in der Textilindustrie geführt, die Rückkehr von Zehntausenden demobilisierten Soldaten hatte die Arbeitsmärkte gesättigt und die Armutsgrenze angehoben, die Transportwege waren meist in einem schlechten Zustand und die Staatsschulden waren durch die Kriege enorm gestiegen. Verschärft

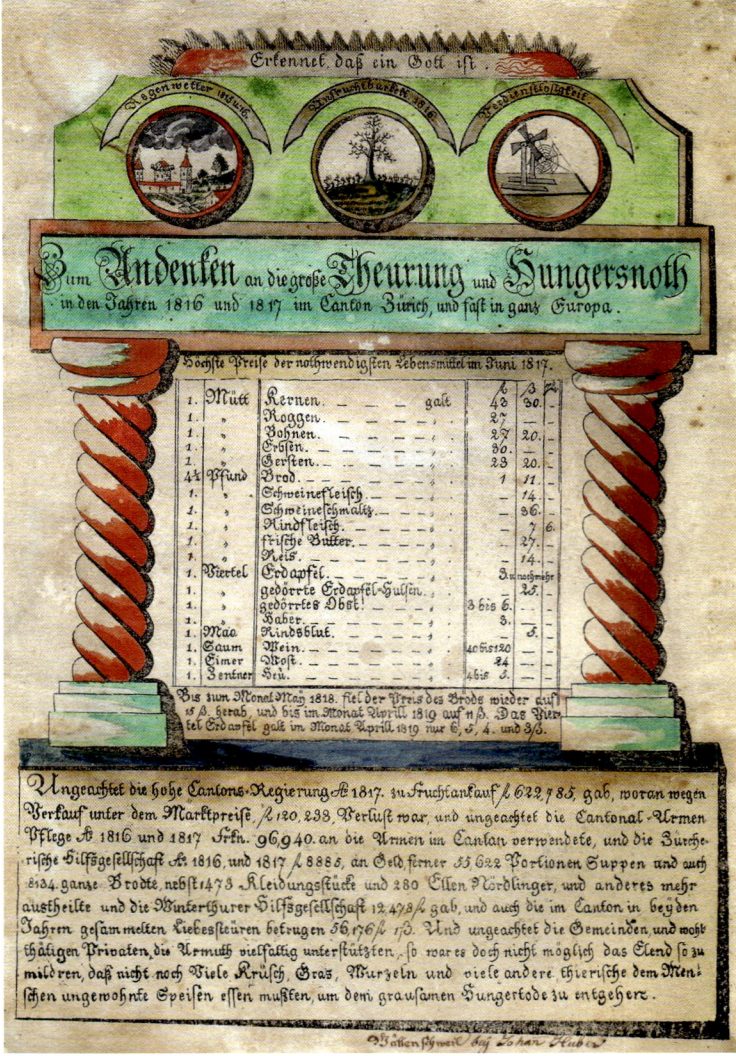

3 Unbekannter Künstler, *Teuerung und Hungersnot im Kanton Zürich 1816/17,*
1817 Museum der Brotkultur Ulm

wurde die Nachkriegsdepression durch die Ertragseinbußen in der
Landwirtschaft, der nicht nur zusätzliche Frondienste und Abgaben
auferlegt worden waren, sondern die seit 1812 auch unter den quasi
eiszeitlichen Klimaverhältnissen zu leiden hatte. Erschwert wurde die Bewältigung der Krise überdies durch die politischen Rah-
menbedingungen. Einerseits hatten die meisten Staaten nach den
Missernten rasch Exportverbote für Getreide verhängt, sodass der
grenzüberschreitende Getreidehandel zusammenbrach. Andererseits hatten die Siegermächte beim Wiener Kongress 1814/1815 und
bei der Friedenskonferenz in Paris 1815 die politische Landkarte neu
gezeichnet und den veränderten Staatswesen fehlten teilweise noch
Erfahrungen im Umgang mit Hungerkrisen.

Die Klimaanomalie hatte nicht in allen Regionen die gleichen
Auswirkungen. In den Vereinigten Staaten und auf den britischen
Inseln führten die Missernten zwar zu steigenden Preisen und

sozialen Spannungen, von Hunger im eigentlichen Sinne war aber
nichts zu spüren. In Frankreich, das nach dem Niedergang von Napoleon Bonaparte teilweise noch von alliierten Truppen besetzt
war, kam es immer wieder zu Plünderungen, Tumulten und Bett-
lerzügen. Noch dramatischer waren die Auswirkungen der Missernten in den süddeutschen Staaten und in der Eidgenossenschaft.
Während Baden allein in den ersten fünf Monaten des Jahres 1817
rund ein Fünftel seiner Bevölkerung durch Auswanderung verlor,
brach in der Ostschweiz eine Hungersnot aus (Abb. 3). Berichte von
grasenden Menschen wie auf der anonymen Federzeichnung waren keine Seltenheit (Abb. 0).

Die Erinnerung an die Hungerjahre wurde nicht nur in Bildern
wachgehalten. Sie floss in Erzählungen und Berichte ein, sie wurde
in Kupfer gestochen und auf Gedenkmünzen geprägt, sie wurde auf
Gedenkblättern und Preistafeln, auf bemalten Hungerkästen und
an Häusern mit Inschriften festgehalten. Zur Kultur der Erinnerung
an die Not dieser Jahre gehören auch die Cannstadter Wasen, die
1818 als ›Landwirthschaftliches Fest‹ zum ersten Mal durchgeführt
wurden und als landwirtschaftliche Leistungsschau neuerliche
Hungerkrisen verhindern sollten (Abb. 4).

Sonnenflecken oder Geister? Wissenschaftliche und mythische Erklärungen der Zeit

Raffles stellte nach seiner Rückkehr nach London im Frühjahr
1816 seine *History of Java* fertig – dem Tambora widmete er bei der
Vielzahl der aktiven ›Feuerherde‹ in der Region trotz allem nur
eine Fußnote[5] – und bereiste im Sommer 1817 den Kontinent. Einen Zusammenhang zwischen dem Elend nach den Missernten
des ›Jahres ohne Sommer‹ und der Eruption des Tambora stellte
er allerdings wie alle anderen Naturforscher der Zeit nicht her.
Zwar war ein lange anhaltender Dunstschleier im Sommer 1783 in
zahlreichen Schriften auf den »fürchterlichen Ausbruch eines feuerspeienden Berges in Island« (Laki)[6] zurückgeführt worden, was
Benjamin Franklin neben Meteoriten als eine mögliche Ursache für
den extrem kalten Winter jenes Jahres betrachtete. Resonanz fand
die These von Franklin aber nicht, auch wenn der schwedische Botaniker Göran Wahlenberg in seiner Theorie der Erdgeschichte 1818
Vulkanausbrüchen eine klimaverändernde Kraft zuschrieb. Er orientierte sich wohl eher an der Klimatologie, die in ihren Anfängen
mit der Temperaturverteilung auf der Erde beschäftigt war.

Die Naturforscher diskutierten eine ganze Reihe von möglichen
Ursachen für das ›Jahr ohne Sommer‹. Einige führten die Kälte auf
Sonnenflecken zurück, weil diese die Einstrahlung der Sonne re-
duzierten und eine Abkühlung verursachten. Die Erklärung wurde
allerdings zurückgewiesen, weil die Effekte nicht global waren und
Sonnenflecken früher nicht immer mit Abkühlungen einhergingen.
Andere glaubten, die Sonnenflecken beeinflussten die Umlaufbahn
des Mondes und die veränderte Gravitation habe Auswirkungen auf
die Windsysteme und das Klima. Dritte vertraten die Auffassung,

4 Johann Hans, *Feier des Erntefestes in Ulm am 5. August 1817* Radierung, koloriert, Museum der Brotkultur Ulm

das beobachtete Vordringen des arktischen Eises im Nordatlantik sei für die kühle Witterung verantwortlich. Vierte vermuteten, die großflächige Abholzung der Wälder habe Wärme in die Atmosphäre entweichen lassen. Fünfte mutmaßten schließlich, die zahlreichen Erdbeben in den Jahren zuvor hätten das elektrische Gleichgewicht zwischen Erde und Atmosphäre gestört. Andere Vertreter der Elektrizitätslehre argwöhnten, der 1752 von Benjamin Franklin erfundene Blitzableiter würde das Innere der Erde elektrisch aufheizen und den natürlichen Wärmefluss stören.

Außerhalb des naturwissenschaftlichen Zirkels erfreuten sich übernatürliche Erklärungen weiterhin großer Beliebtheit. Viele Zeitgenossen sahen keinen Widerspruch zwischen Wissenschaft und Glauben – für sie drehte sich das Rad der Vorsehung auch nach der Aufklärung weiter. Kosmische Erscheinungen wie Kometen galten weiterhin als himmlische Vorboten von (Natur-)Katastrophen und der strafende Gott des Alten Testaments lebte in

religiösen Kreisen weiter, obwohl sein Einfluss im Schwinden begriffen war. Gleichwohl spottete Heinrich Zschokke, ein einflussreicher Volksaufklärer, Endzeitpropheten würden den Zorn Gottes predigen »während doch die Türken und Heiden nicht halb so fromm sind, als wir Schweizer und dabei das schönste Wetter von der Welt genießen.«[7]

In Indonesien waren mythische Erklärungen ebenfalls präsent. Nach dem Ausbruch des Tambora wurden die Bewohner der Insel Java auf der Suche nach den Ursachen der Katastrophe in der Geisterwelt fündig: Ratu Kidul, die berüchtigte Meereskönigin, habe bei der Hochzeitsfeier eines ihrer Kinder zahlreiche Salven aus einem übernatürlichen Geschütz abgefeuert. Die Überreste der Munition seien anschließend in Form von Asche auf die Erde geregnet. Als sich Heinrich Zollinger 1847 aufmachte, den Tambora zum ersten Mal seit der Eruption zu besteigen, erwähnte er die javanische Meereskönigin nur noch am Rande. Sie war auf Sumbawa von der Sage eines himmlischen Strafgerichts verdrängt worden. Der Herrscher des Fürstentums Tambora habe sich den Zorn Gottes zugezogen, weil er einem Haddsch – ein Ehrentitel für einen Pilger nach seiner Reise nach Mekka – zuerst unreines Hundefleisch zu essen gegeben und ihn anschließend getötet habe. Noch hatte der Islam den Glauben an Geister aber nicht völlig zum Verschwinden gebracht, baten die Einheimischen Zollinger doch inständig, er möge »die Berggeister nicht wecken oder gar herausfordern.«[8]

Nach Zollingers Besteigung des Tambora sollte es noch gut 60 Jahre dauern, bis die Wissenschaft den Zusammenhang zwischen dem Ausbruch des Tambora und dem ›Jahr ohne Sommer‹ erkannte. Erst als große Vulkanausbrüche zu Beginn des 20. Jahrhunderts (wieder) als mögliche Ursache der Eiszeit betrachtet wurden, untersuchte William J. Humphreys die Auswirkungen von großen Eruptionen auf die globale Durchschnittstemperatur. Er war schließlich 1913 der erste, der den Ausbruch des Tambora mit den denkwürdigen Ereignissen von 1816 in Verbindung brachte. Obwohl die zeitgenössischen Naturforscher die Ursachen der Klimaanomalie nicht entschlüsselt hatten, profitierte Humphreys von den Auswirkungen des ›Jahres ohne Sommer‹ auf die Naturwissenschaft: Einerseits hatte die Schweizerische Naturforschende Gesellschaft 1817 mit der Preisfrage, ob sich die Gletscher durch das rauere Klima in den Alpen tatsächlich ausdehnten, die Entwicklung der Eiszeittheorie angestoßen. Andererseits hatten die Klagen über fehlende meteorologische Daten zur Errichtung neuer Beobachtungsstationen geführt.

Anmerkungen

1 Oppenheimer 2003, S. 231.
2 Raffles 1825, S. 27.
3 Raffles 1825, S. 33.
4 Post 1977, S. 68.
5 Raffles 1825, S. 25.
6 Pfister, Chr. 1975, S. 88.
7 Krämer 2013, S. 59.
8 Zollinger 1855, S. 8.

Tambora 1815

PETER ROTHE

Der Tambora ist ein Inselbogen-Vulkan, aus Schichten aufgebaut, die wechselweise aus Laven und Pyroklastika zusammengesetzt sind, also ein typischer Schicht-/Stratovulkan. Petrographisch handelt es sich vor allem um Trachyandesit, es gibt aber auch Basalt. Trachyandesit enthält mehr SiO_2, was das explosive, als ›subplinianisch‹ bezeichnete Ausbruchsverhalten erklärt. Die plattentektonische Situation der Insel Sumbawa ist sowohl im Süden als auch im Norden durch ozeanische Kruste geprägt, und im Untergrund besteht eine aktive Subduktionszone (Wadati-Benioff-Zone); dies bewirkte, dass der Vulkan, der vor der Eruption 1815 noch ein 4.300 m hoher Berg gewesen ist, heute nur noch 2.850 m misst. In der Position von Sumbawa zwischen der Indo-Australischen, Eurasischen und Pazifischen Platte bewegen sich die Platten heute mit etwa 7,8 cm/Jahr.

Im Vergleich mit dem Krakatau war der Ausbruch wesentlich heftiger, es wurden 60 bis 160 km³ Gesteine gefördert (die Zahlen in der Literatur differieren, bewegen sich aber alle in einer entsprechenden Größenordnung). Im Anschluss an die Förderung der extrem großen Magmamassen brach auch hier, wie schon bei Santorin und nachher beim Krakatau, eine Caldera mit etwa sechs bis sieben Kilometer Durchmesser ein. Nach Schätzungen hatte Tambora im Vulkan-Explosivitäts-Index eine Stärke von VEI 7 erreicht, was die Krakatau-Katastrophe um das vierfache übersteigt. Pyroklastisches Material wurde allseits um den Krater angehäuft und bis in eine Entfernung von 20 km vertragen. Am älteren Anteil der Förderprodukte sind noch 40 % Laven beteiligt, und es existieren im Umfeld etwa 20 überwiegend basaltische Parasitärkrater. Mit einem Alter von 57.000 Jahren ist der Tambora geologisch sehr jung.

Der Eruption von 1815 waren drei frühere vorausgegangen, etwa 3.700 und 3.000 v. Chr. und 740 n. Chr. Anzeichen für eine erneute Tätigkeit zeigten sich schon 1812 mit Grummeln und einer Rauchwolke. Am 5. April begannen die Eruptionen, die sich zwischen dem 10. und 15. April zur Katastrophe auswuchsen. Augenzeugen berichteten von drei Flammensäulen am 10. April und von bis zu 20 cm großen Bimsbrocken. Auch hier wurde überwiegend feinkörniges Material eruptiert, das sich teilweise mit Regen vermischte, sodass von ›tephradurchsetztem Regen‹ die Rede war. Die feinstkörnigen Auswürflinge bildeten dann zusammen mit schwefelhaltigen Aerosolen die Basis für die auch damals weltweit beobachteten farbigen Himmelsbilder mit extrem roten, blauen und grünen Sonnen und entsprechenden Dämmerungserscheinungen.

Die anhaltenden, als explosionsartig (»wie Kanonendonner«) beschriebenen Ausbrüche hatten Tsunamis zur Folge, die gewaltige Wellenhöhen erreichten und 10.000 Todesopfer forderten. Von den insgesamt berichteten, auf über 70.000 geschätzten Toten sollen allein 12.000 in der unmittelbaren Umgebung des Vulkans umgekommen sein.

Als bekannteste Folgeerscheinung dieses Vulkanausbruchs ist ›das Jahr ohne Sommer‹ 1816 in die Menschheitsgeschichte eingegangen, mit Kälte (eine um drei Grad Celsius verringerte Jahresdurchschnittstemperatur), Missernten und Hungersnöten.

Der Tamboraausbruch von 1815 hatte nur noch geringfügige Nachläufer im Jahr 1819 und in den Jahren von 1850 bis 1910 ein paar Lavaströme und Dombildungen innerhalb der Caldera, wobei aber VEI 2 nicht überschritten wurde. Die bisher letzte Regung zeigte der Tambora 1967. Dass der Krakatau-Ausbruch sich trotz seiner geringeren Intensität viel intensiver in das kollektive Gedächtnis der Menschheit einprägte als der des Tambora, liegt wahrscheinlich an der 1815 noch sehr wenig entwickelten Nachrichtenübermittlung.

Literatur:
Sigurdsson 1989

Das »größte erdumspannende Experiment«

Die Explosion von Krakatau im Jahr 1883

MATTHIAS DÖRRIES

Im August 1883 brach in der holländisch-ostindischen Kolonie der zwischen Java und Sumatra gelegene Vulkan Krakatau aus.[1] Das Geräusch der Explosionen erinnerte an Artilleriefeuer, in einigen Häfen wurden Boote ausgesandt, da man glaubte, es handele sich um die Signale von in Not geratenen Schiffen. Die Serie von spektakulären Explosionen kumulierte in einer gewaltigen, letzten Explosion am 27. August 1883 gegen zehn Uhr morgens Ortszeit, die die Umgegend für einen Tag in Dunkelheit tauchte. Man konnte sie noch in einer Entfernung von bis zu 4.750 km in Ceylon, Australien und Rodriguez, einer in der Nähe von Mauritius gelegenen Insel, hören; das enspricht in etwa Entfernungen zwischen New York und San Francisco oder zwischen Moskau und Casablanca. Von der Insel Krakatau, die vorher fünf Kilometer breit und neun Kilometer lang gewesen war, hatten sich zwei Drittel in Luft aufgelöst. An dieser Stelle gab es jetzt einen Krater von 360 m Tiefe, während andere übriggebliebene Teile des Vulkans 800 m hoch aus dem Wasser ragten. Insgesamt wurden bei dem Ausbruch von Krakatau rund 18 km³ Erde in die Luft geschleudert, wobei der größte Teil sich sehr schnell wieder in der Nähe des Vulkans ablagerte. Zwischen ein bis vier Kubikkilometer feinsten Staubs und Aerosole erreichten eine Höhe von bis zu 40 km, eine Schicht, die man heute als die Stratosphäre bezeichnen würde (Abb. 1).

Der Ausbruch und der folgende Zusammenbruch des Vulkans führten zu Druckwellen im Wasser, so genannten Tsunamis. Diese Wellen mit einer Wellenlänge von 100 km bewegten sich auf die nahegelegenen Küstengebiete Sumatras und Javas zu. Da die Geschwindigkeit dieser Wellen proportional zur Quadratwurzel der Wassertiefe ist, sind sie im offenen Meer kaum bemerkbar, verlangsamen sich in Küstennähe und bauen sich, wenn sie an Land rollen, zu gewaltigen, haushohen Wellen auf. Die bis zu 30 m hohen Flutwellen zerstörten alles, was sich in ihren Weg stellte. Sie waren für den Tod von etwa 36.000 Menschen verantwortlich, insgesamt 160 Dörfer wurden zerstört. Ein Dampfschiff wurde fast drei Kilometer

landeinwärts gespült. Wie oft bei Naturkatastrophen kam es zum Zusammenbruch der sozialen Ordnung. Die von den Küsten fliehende Bevölkerung sah eine Mitschuld der holländischen Kolonisatoren an dem Ausbruch.

Die Explosion am Morgen des 27. Augusts war der Höhepunkt und gleichzeitig auch das Ende des dramatischen Ausbruchs, danach beruhigte sich der Vulkan vollständig und lag wieder friedlich in der Sundastraße. Während sich in den Küstengebieten ein Bild vollständiger Zerstörung bot, waren die Gegenden landeinwärts kaum betroffen. In dem rund 150 km entfernt gelegenen Batavia (heute Jakarta) hatte der Ausbruch keine größere Zerstörung hinterlassen. In der Folgezeit verfaßte der holländische Bergwerksingenieur R.D.M. Verbeek eine umfangreiche wissenschaftliche Abhandlung, die eine größtmögliche Anzahl von Augenzeugenberichten

o Ronald Bonaparte (1858–1924), *Ausbruch des Krakatau*. Bevor der Krakatau im August 1883 ausbrach, kam es einige Monate zuvor bereits zu kleineren Ausbrüchen. Im Zuge der Expedition zur Untersuchung der vulkanischen Aktivität entstand sehr wahrscheinlich diese Fotografie im Mai 1883. Albuminabzug, Bibliothèque nationale de France – Société de Géographie Paris

1 Vulkanische Bombe, die während des Ausbruchs ausgeworfen wurde.
Senckenberg Forschungsinstitut und Naturmuseum Frankfurt a.M.

»Die bemerkenswerten atmosphärischen Phänomene [...] haben eine große Aufmerksamkeit nicht nur in der allgemeinen Öffentlichkeit gefunden, sondern auch unter Wissenschaftlern [...] Ähnliche Erscheinungen sind schon in früheren Jahren beobachtet worden; aber sie waren von begrenzter Ausdehnung und konnten auf lokale Gründe zurückgeführt werden. Die besonderen Eigenschaften der jetzigen Manifestation sind ihre enorme Ausdehnung, da sie über fast die ganze Erde beobachtet worden sind, ihre Dauer, und die Tatsache, daß die Zeit ihrer ersten Beobachtung von Land zu Land variiert hat, was auf eine fortlaufende Bewegung hindeutet.«[3]

Das Zitat zeugt von einer neuen Erfahrung, dem Bewusstsein, dass das Phänomen über »fast die ganze Erde« zu beobachten war. Es hatte auch schon in früheren Zeiten – wie man heute weiß und zeigen kann – solche spektakulären Sonnenuntergänge gegeben, nur wurden sie bis in die zweite Hälfte des 19. Jahrhunderts hinein als lokale Phänomene gedeutet und nicht in einen größeren universellen Zusammenhang gestellt, wie zum Beispiel beim Ausbruch des Tambora im Jahr 1815. Mit Krakatau wurden die Beobachtungen in der westlichen Welt mit Beobachtungen auf der anderen Seite der Welt in Einklang gebracht: Das Naturereignis Krakatau in Asien hatte einen direkten Einfluss auf Europa und die westliche Welt.

Die Explosion erzeugte ebenfalls eine Druckwelle, die die Erde mit einer Geschwindigkeit von etwa 1.100 km/h (also etwas unterhalb der Schallgeschwindigkeit) umrundete. Die Wellen trafen sich auf der gegenüberliegenden Seite der Erde in Kolumbien (in der Nähe von Bogotá) und kehrten dann wieder nach etwa 38 Stunden zu ihrem Ursprung zurück. Die aus der gewaltigen Explosion resultierende Druckwelle wurde in Messstationen weltweit mit Barographen, kontinuierlich messenden Barometern, zunächst als Störung registriert. Fortdauernde Messungen wurden insgesamt an 46 Stationen durchgeführt; die meisten davon in Europa (29), an der Ostküste von Nordamerika (fünf), zwei in Afrika (Louanda und Mauritius), fünf in Asien (Bombay, Kalkutta, Batavia, Zi-Ka-Wei [Shanghai], Tokio), zwei in Australien und zwei in Neuseeland. Das am meisten verbreitete Gerät war der britische Kew-Barograph, der in 14 Stationen verwendet wurde. Man kann hier nur von einem relativ löchrigen Messnetz sprechen. Weite Bereiche der Erde wurden überhaupt nicht erfasst, wie zum Beispiel der Pazifik und Südamerika. Nur durch einen glücklichen Zufall – 1883 war das internationale Polarjahr – gab es eine deutsche Expedition auf Süd-Georgien im Südatlantik. Diese Station füllte eine große Lücke. Dennoch war das Netz der Barographen gerade dicht genug, um das Phänomen global zu erfassen, um verlässliche Rückschlüsse auf die geographische Verbreitung der Wellen zu ziehen und um die nach und nach sich einstellenden Irregularitäten der Wellenfront zu bestimmen (Abb. 3).

Die hier erwähnten Phänomene wurden erst in mühsamer Arbeit über Jahre hinweg von über die ganze Welt verstreuten Wissenschaftlern und Amateuren erfasst. Die Royal Society in London hatte kurz nach dem Ausbruch eine Kommission beauftragt, Daten

zusammenstellte und kritisch analysierte, um den Ablauf des Ausbruchs genau rekonstruieren zu können.[2] Vulkanausbrüche waren nichts Ungewöhnliches in Holländisch-Ostindien, wo sich, wie man heute weiß, die Indo-Australische Platte unter die Asiatische Platte schiebt. Java und Sumatra sind durchsetzt mit wie an einer Schnur aufgereihten Vulkanen. Jahrhundertelang waren Vulkanausbrüche im lokalen Kontext ein gewöhnliches Phänomen und in die religiösen Praktiken und Mythen einbezogen. Auf globaler Ebene steht Krakatau jedoch für etwas Neues: Als erstes unvorhergesehenes, großes Naturereignis wurde der Ausbruch des Vulkans Krakatau im Jahr 1883 weltweit wahrgenommen und wissenschaftlich registriert. Über die ganze Erde hin waren die mit dem Ausbruch verbundenen Phänomene in ihrer allmählichen Entfaltung beobachtbar: Die Tsunamis zogen über die Ozeane und wurden in weit abgeschwächter Form in abweichenden Pegelständen weltweit in Häfen registriert, zum Beispiel in Südafrika und selbst noch am Ärmelkanal. Der durch die gewaltige Explosion in die Stratosphäre hochgeschleuderte Staub wurde von den dortigen Luftströmungen westwärts um die Erde bewegt, umrundete letztlich die Erde und verbreitete sich über weite Teile des Globus. Aus Indien und Ceylon gab es Beobachtungen einer blauen oder grünen Sonne. Aus Hawaii kamen Berichte von sich um die Sonne formenden Ringen, die diese wie eine Art Heiligenschein umgaben. Die vielleicht spektakulärsten Beobachtungen waren die durch den Staub hervorgerufenen farbenprächtigen Sonnenuntergänge, die ab November 1883 auch die westliche Welt erreichten und für weitgestreute Diskussionen in den USA und Europa sorgten (Abb. 2). Ein amerikanischer Beobachter stellte fest:

2 William Ascroft (1832–1914), *Nachglühen der Eruption des Krakatau*, 9. November 1883. Der Künstler William Ascroft wurde eigens von der Royal Society beauftragt, eine ganze Bilderserie von den farbigen Himmelserscheinungen für das Cover ihrer wissenschaftlichen Publikation anzufertigen. Ascroft erstellte über 500 Pastellzeichnungen, die er vor Ort skizzierte. Science Museum/Science & Society Picture Library London

weltweit zu sammeln und zu vergleichen. Die Erschließung des globalen Messraums war eine gewaltige Herausforderung, auch für eine so mächtige und reiche Institution wie die Royal Society. Als vorrangige Aufgabe des Komitees wurde das Sammeln von Fakten benannt. Hunderte von verschiedenen Berichten aus den verschiedensten Ländern und Kontinenten mussten ausgewertet und zum Teil auch aus fremden Sprachen übersetzt werden. Verständigungsschwierigkeiten, so zum Beispiel bezüglich der Farbbeschreibungen in verschiedenen Sprachen, mussten ausgeräumt, Berichte auf ihre Authentizität und Verlässlichkeit hin geprüft, Messdaten vergleichbar gemacht werden. Zum Beispiel stammten viele Beobachtungen der Phänomene aus Logbüchern von Schiffen in der Nähe von Krakatau, hier war es wichtig, sowohl die Position des jeweiligen Schiffes als auch den exakten Zeitpunkt der Beobachtung zu bestimmen. Da erst im Jahr 1884 die Standardzeit eingeführt wurde, waren oft nur die lokalen Zeiten gegeben, die dann in einem zweiten Schritt in Greenwichzeit umgerechnet werden mussten.

Nach ungefähr einem Jahr der Datensammlung zog sich deren Auswertung über weitere 28 Monate hin. Im britischen Bericht[4] spiegelte sich der imperiale und damit globale Anspruch: Das weltumspannende Empire wurde zu einem großen Messraum, in dem die verschiedenen britischen, kolonialen Zentren wichtige Beobachtungsstationen bildeten. Die Leistung der Royal Society bestand in einer maximalen Informationsbewältigung, die zur damaligen Zeit von keiner anderen wissenschaftlichen Institution erbracht werden konnte. Globale Wissenschaft erforderte nicht nur globale Messungen, sondern gleichzeitig die Fähigkeit, die daraus resultierende Dateninflation erfolgreich zu bewältigen. Es ist deshalb auch nicht erstaunlich, dass man Krakatau in London ganz anders als in Batavia wahrnahm und das Ereignis »als größtes, erdumspannendes Experiment« und als eines der »wohltuenden Geschenke der Natur an die Humanität« feierte.[5] Hierin lag die Herausforderung, die sich mit der rapiden Entwicklung einer erdumfassenden Infrastruktur für Transport und Kommunikation seit der wissenschaftlichen Revolution stellte. Das Globale war nicht global, solange es sich auf zwar weltweit durchgeführte, aber letztlich nur isolierte Messungen oder Beobachtungen beschränkte. Das Globale wurde erst dann global, wenn den einzelnen Messungen ein Sinn zugeschrieben werden konnte, wenn sie in einen Kontext von anderen vergleichbaren Messungen gestellt werden konnten. Dies leistete aber nur ein Zentrum wie London, in dem alle Informationen zusammenliefen.

Krakatau faszinierte und stimulierte nicht nur die Wissenschaftler. Die mit dem Ausbruch verbundenen Phänomene wie die spektakulären Sonnenuntergänge wurden von schätzungsweise drei Vierteln der damaligen Weltbevölkerung von 1,4 Milliarden

V. 2. a. 235. No. 987.

3 Weltkarte nach Mercators Entwurf, ca. 1884. Auf der Karte wird durch den Kreis jener Bereich markiert, in dem die Explosion gehört werden konnte. Außerdem zeigen die wellenförmigen Linien das Fortschreiten der Flutwellen in stündlicher Folge. Staats-und Universitätsbibliothek Bremen

Menschen beobachtet.[6] Das globale, wissenschaftliche Netzwerk war somit erweitert um ein globales, populäres Netzwerk, vorwiegend die Leser von Tageszeitungen und der populären Presse, die die Erscheinungen über die nächsten Jahre hinweg ausgiebig diskutierten. Auch hier bietet Krakatau ein Novum: Der Ausbruch war das erste große Medienereignis der Welt. Fast ebenso schnell wie die über den Globus laufende Druckwelle verbreitete sich die Nachrichtenwelle: Die Zeitungen der Welt berichteten schon am nächsten Tag über den Ausbruch.

Diese Verdichtung war in erster Linie die Leistung eines neuen Kommunikationsmittels, des Telegraphen (Abb. 4). Erste telegraphische Linien im ostindischen Raum waren in den 1870er Jahren

gelegt worden. Ab den späten 1870er Jahren waren diese Leitungen voll funktionsfähig, und die Dauer für die Nachrichtenübermittlung zwischen Australien und England, die zuvor 54 Tage betragen hatte (die von einem Dampfschiff benötigte Zeit), wurde auf 15 bis 20 Stunden und schließlich auf ein paar Stunden reduziert.

Allerdings war die Verbreitung der Telegraphenverbindungen ebenso wie die der Messstationen noch sehr beschränkt. Da sie vorwiegend für ökonomische Zwecke gebraucht wurden, fand man die Telegraphenstationen vorwiegend an den großen Weltschifffahrtswegen (Abb. 5). Durch einen glücklichen Zufall lag Krakatau in der den Indischen Ozean mit dem Chinesischen Meer verbindenden Sunda-Straße, die in den 1880er Jahren von hunderten von

4 Lochstreifensender eines Maschinentelegraphen nach Wheatstone aus dem Haupttelegraphenamt Berlin Museumsstiftung Post und Telekommunikation Frankfurt a. M.

Schiffen pro Jahr passiert wurde. Der Ausbruch war somit für die Handelswelt von größtem Interesse, da die Transportunternehmen und Versicherungen schnellstens über mögliche Störungen der Verkehrsverbindungen unterrichtet werden wollten, um eventuell Schiffe umzuleiten.

Der Telegraph verdichtete das Ereignis, indem er die Information innerhalb weniger Stunden weltweit bereitstellte. Die Wirkung dieses Kommunikationsmittels war außerordentlich: Es machte das Ereignis omnipräsent und lenkte die Aufmerksamkeit der Weltöffentlichkeit auf Krakatau. Diese Konzentration auf *ein* Ereignis war neu und zugleich eine einmalige Herausforderung und auch Chance für Wissenschaftler: Einerseits sahen sie sich gezwungen,

schnell mit Erklärungen für dieses Ereignis aufzuwarten, andererseits konnten sie von der Vielzahl der Beobachtungen profitieren. Darüber hinaus konnten sie damit rechnen, dass ihre Veröffentlichungen eine breitgestreute Leserschaft finden würden, was sich im Gegenzug auch vorteilhaft auf die Finanzierung gegenwärtiger und zukünftiger Projekte auswirken konnte. Westliche Öffentlichkeit und Wissenschaft standen somit in einem Verhältnis, in dem sich ihre Interessen wechselseitig zu beiderseitigem Nutzen hochschaukelten: Die Öffentlichkeit war gierig auf Berichte und Erklärungen von bizarren Himmelsphänomenen und exotischen Katastrophen auf der anderen Seite der Erde, während die Wissenschaftler sich intensiv dieser Thematik annahmen und mit den bereitgestellten

5 Karte der internationalen Telegraphenverbindungen aus dem Jahr 1885 Museumsstiftung Post und Telekommunikation Berlin

Mitteln bequem ihren Horizont wissenschaftlicher Untersuchung auf die ganze Erde erweitern konnten.

Die Art der mit Krakatau verbundenen Globalisierung lässt sich jetzt genauer bestimmen. In erster Linie handelte es sich um eine neue unmittelbare sinnliche Erfahrung, nämlich die physische Präsenz des Krakataustaubs. Die westliche Welt wurde durch den in der Atmosphäre leuchtenden Staub direkt mit der anderen Seite der Welt konfrontiert. Hier faszinierte eine breite Öffentlichkeit die von der Natur hergestellte Gleichzeitigkeit von zwei ansonsten durch Reise und Zeit räumlich getrennten Bereichen der Welt. Nicht nur der Mensch reiste um die Erde und betrieb einen Austausch von Objekten und Waren zwischen den verschiedenen Kontinenten und Regionen, sondern auf dem Erdglobus selbst existierten bislang unbeschriebene Kräfte, die Materie auf die Reise um die Erde schicken konnten. Diese globalen Kräfte wurden nun nicht nur wissenschaftlich abstrakt erfasst, wie etwa in den Messungen der Druckwelle, sondern auch zum ersten Mal in Europa und anderswo direkt erfahren. Die Tiefe und Neuigkeit dieser Erfahrung zeigte sich in der Vielzahl der Publikationen und Diskussionen zu Krakatau, wie sie zum Beispiel in der englischen Presse nach dem August 1883 zu finden sind. Diese Publikationen begannen nun ebenfalls weltweit zu

zirkulieren, und dieser wechselseitige Austausch an Information, zum Teil beschleunigt und somit verdichtet durch die Telegraphie, trug dazu bei, dass Krakatau zu einer kollektiven Erfahrung wurde, die man nicht nur mit anderen Menschen in England, sondern mit denen auf der ganzen Welt teilte.

Krakatau lieferte eine einmalige Gelegenheit, die die Wissenschaftler nicht ungenutzt ließen: Die Erde konnte als ein großer experimenteller Raum konzipiert werden, in dem die Natur ein Experiment vollzog, das Wissenschaftlern Rückschlüsse auf die die Erde regierenden Kräfte und Naturgesetze erlaubte. Voraussetzung und Konsequenz dieser Entwicklung war eine globale Organisation der Beobachtungen und ihrer Analyse. Das neue Objekt der Forschung, die Erde in ihren mechanischen Zusammenhängen, konnte nur in dem Moment hervortreten, in dem globale Naturphänomene letztlich auf globale Organisationsformen der Wissenschaft trafen. Denn nicht die Phänomene waren neu, sondern das Wissen um ihre Universalität. Dieser Erkenntnisgewinn beschränkte sich nicht nur auf die wissenschaftliche Sphäre, sondern betraf auch eine weltweite Öffentlichkeit, die durch Krakatau unmittelbar der faszinierenden Erfahrung der Erde als einem in sich geschlossenen Ganzen ausgesetzt wurde.

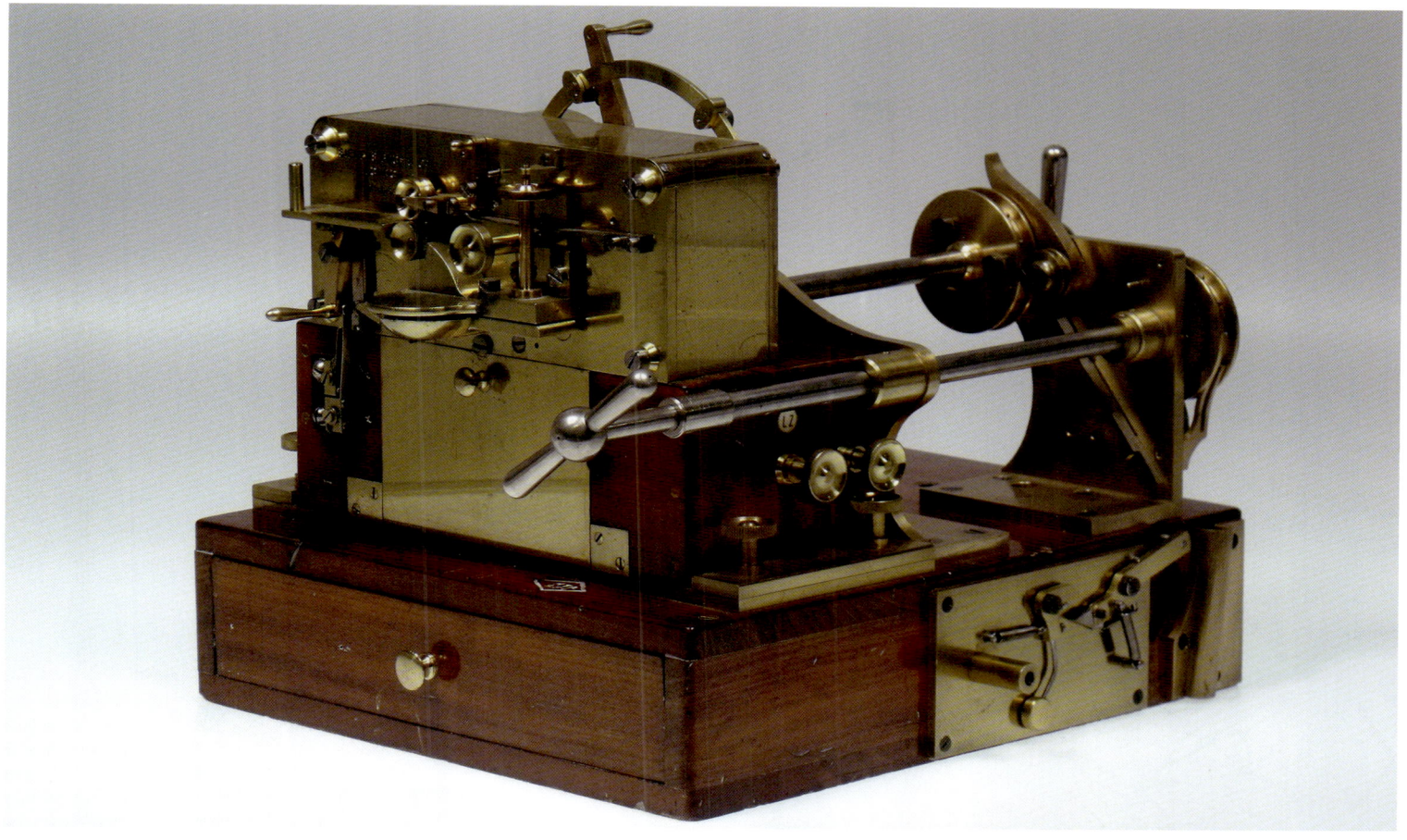

6 Polarisierter Schnellschreiber für Morseschrift nach Wheatstone Museumsstiftung Post und Telekommunikation Frankfurt a. M.

Anmerkungen

1 Dieser Beitrag stützt sich auf: Dörries 2005, S. 51–73. Siehe auch: Winchester 2003.
2 Verbeek 1885.
3 Upton 1884, S. 37–40, S. 37.

4 Symons 1888.
5 N. N. 1884, S. 142–152, S. 152.
6 Simkin – Fiske 1983, S. 395.

Krakatau 1883

PETER ROTHE

Krakatau ist eine Inselgruppe in der Sundastrasse zwischen Java und Sumatra, die heute aus drei (und einer weiteren, wenn man Anak Krakatau hinzurechnet) einzelnen Inseln besteht (Krakatau, Verlaten und Lang). Geologisch gehört sie zu den mehr als 130 aktiven Vulkanen Indonesiens, die einen Inselbogen bilden, der durch die plattentektonische Situation, nämlich die Subduktion der Indo-Australischen Platte nach Nordosten unter die Eurasische Platte, zustande kam. Im Bereich des Krakataus hat diese Plattengrenze einen Knick, was möglicherweise eine ungewöhnlich schwache Kruste dort bewirkt. Über die geologische Vorgeschichte ist wenig bekannt, weil der Ausbruch von 1883 praktisch das gesamte Vulkangebäude zerstört hat. Wie für Subduktionszonen üblich, ist die Zusammensetzung der Schmelzen eher sauer, damit ist explosiver Vulkanismus vorprogrammiert (das Magma war dazitisch, mit 65 bis 68 % SiO_2). Dementsprechend überwiegen bei den Förderprodukten Bimssteine und Aschen, die 1883 in Form großer Bimssteininseln selbst auf weiter entfernten Meeresbereichen getrieben sind, ehe sie, nachdem sich die Poren mit Wasser gefüllt hatten, versanken. Der Vulkanismus war aber nicht ausschließlich plinianisch, denn in die Bimslagen eingeschaltete kleinere Lavaströme sind auch auf eine gelegentliche strombolianische Tätigkeit zurückzuführen. Für den Krakatau-Archipel sind auch aus der Zeit vor 1883 mehrfach Ausbrüche erwähnt: 1680 waren dort im Gebiet der späteren Krakatau-Caldera die Vulkane Perboewatan und Danan tätig, die bei der eigentlichen Krakatau-Katastrophe mit zerstört wurden. Und der Vulkanismus setzte sich nach 1883 mit der Geburt einer neuen Insel am alten Ort bis in die Gegenwart hinein fort: Dieser jüngste Vulkan, der 1928 aus dem Meer auftauchte, erhielt den Namen Anak Krakatau, »Kind des Krakatau«. Seine ersten Anzeichen in Form von Gasblasen, die Fischer beobachteten, und eine bis über 1.000 m hohe Rauchwolke zeigten sich schon 1927. Seitdem baut sich der Anak Krakatau im Zentrum der Caldera auf, die nach 1883 durch den Einbruch der Magmakammer entstanden war. Die geologischen Verhältnisse ähneln in dieser Beziehung vielen anderen Vulkaninseln, und

Verbeek selbst hatte 1885 schon die Geburt von Anak Krakatau prognostiziert:

> »It can be expected that with a renewed activity of the volcano, in the center of the sea bordered by Rakata Peak, Verlaten, and Lang, islands will appear, just as the Kaimeni of the Sanatorini group, and just as in earlier days the craters Danan and Perboewatan were formed in the sea surrounded by the old crater wall.« (Übersetzung ins Englische aus Simkin – Fiske 1983)

Diese Caldera ist nicht durch die Förderung großer Mengen von Tephra entstanden, sondern ist eine Folgeerscheinung der geleerten, hochliegenden Magmakammer, also eine Einsturzform. Die Schilderungen der Katastrophe weisen darauf hin, dass der Ausbruch nach vorausgegangenen Erdbeben in der Region am 20. Mai zunächst plinianisch mit der Förderung von Bimssteinen und Aschen begann. Dies lässt sich daran erkennen, dass die Bimslagen der ersten Ausbruchsphase gut geschichtet sind. Beim folgenden Hauptausbruch sind sie dann weitgehend massig und werden als Produkte von Glutwolken bzw. einer peléeanischen Phase interpretiert. Das hatte man früher mit dem Eindringen von Meerwasser, also mit phreatomagmatischen Prozessen, zu erklären versucht, diese Erklärung gilt nach neueren Studien allerdings nicht mehr. Die nachfolgenden Tsunamis sollen bis zu 40 m Höhe erreicht und noch die Küstenbereiche des Indischen Ozeans betroffen haben. Der Ausbruch kulminierte zwischen dem 26. und 28. August. Der nachfolgende Einbruch der Caldera hat von den Vorläufervulkanen nur noch die drei Bruchstücke übrig gelassen, die die eingangs genannten Inseln bilden, vom 1883er Krakatau ist gar nichts mehr vorhanden.

Es ist ein Glücksfall, dass der holländische Geologe Verbeek, der seit 1867 eigentlich mit dem Bergbau in Insulinde befasst war, den Vulkan noch drei Jahre vor der Katastrophe kartiert hatte. Damit war er zweifellos der geeignetste Leiter für die Untersuchungen, die die Regierung von Niederländisch-Ostindien zum Krakatau angeordnet hatte. Verbeek widmete der Erforschung des Vulkanausbruchs zwei volle Jahre und publizierte schon 1885 seine 546 Seiten umfassende Monographie. Darin sind Augenzeugenberichte zum Geschehen selbst und minutiöse Beobachtungen aufgelistet und zueinander in Beziehung gesetzt, die ein plastisches Bild der Katastrophe lebendig werden lassen. In seinem Bericht fällt auf, dass es offenbar nur relativ schwache Erdbeben gegeben hat, denen man, da sie in dieser Region ohnehin häufiger vorkommen, auch kaum Beachtung schenkte. Wohl aber ist die Rede von den Tsunamis, die damals die Küstenstriche entlang der Sundastrasse verwüsteten. Während die verheerenden Tsunami-Ereignisse von 2004 in Indonesien ganz deutlich von Erd- bzw. Seebeben ausgelöst worden waren, scheint nach neueren Studien im Falle von Krakatau der Vulkanismus die Ursache gewesen zu sein: Self und Rampino haben nämlich 1981 wahrscheinlich gemacht, dass die enorme Masse pyroklastischen Materials, deren Ströme durch den Kollaps der aufsteigenden Eruptionssäulen zustande kamen, in nördlicher Richtung ins Meer geflossen ist und damit die Tsunamis ausgelöst hatte. Hier ist von insgesamt 18 bis 21 km³ (!) pyroklastischen Materials die Rede, die in Form von dazitischen (also SiO_2-reichen) Ignimbriten und co-ignimbritischen Aschen abgelagert wurden und auch zur Veränderung der Meeresbodentopographie in der unmittelbaren Umgebung geführt haben. Die Autoren machen auch wahrscheinlich, dass die Explosionen, bei denen pyroklastisches Material bis zu 50 km hoch in die Stratosphäre geschleudert wurde, nichts mit dem Eindringen von Meerwasser in den Krater zu tun hatten, also keine phreatomagmatischen Prozesse waren, wie das Verbeek behauptete, sondern rein magmatisch durch die Gase ausgelöst wurden. Sie stellen eine zeitliche Beziehung zwischen den Explosionen, die als kanonenschussähnlich beschrieben wurden, und den Tsunamis her, beide Ereignisse folgten in jeweils fünf Fällen unmittelbar aufeinander. Die Druckwellen der vulkanischen Explosionen waren in Batavia registriert worden.

Schon Verbeek hatte in seinem Vorwort betont, dass die Folgen einer vulkanischen Eruption meist nur in deren unmittelbarem Umfeld wahrgenommen und beachtet werden. Im Falle des Krakatau (und einigen andern, wie dem Tambora 1815 oder El Chichon 1982) war das jedoch anders, weil die oft extrem feinkörnigen, in höhere Luftschichten gelangten Partikel zu atmosphärischen Effekten führten, die während der drei Jahre nach dem Ausbruch weltweit sichtbar waren: eine grüne oder blaue Sonne vor einem weißen statt blauen Himmel, ein entsprechender Mond, die nach dem Erstbeobachter auf Honolulu benannten Bishop'schen Ringe und langanhaltende rote Sonnenuntergänge. Die optischen Erscheinungen werden mit äußerst feinkörnigen Festpartikeln und/oder aus Schwefelsäure bestehenden Aerosoltröpfchen erklärt, wobei die Farbe des Himmels von deren Korngröße abhängig war. Da die meisten nur >>0,5–2 Mikrometer messen, sinken sie entsprechend langsam: 0,5 Mikrometer große brauchen Monate, um einen Kilometer zu sinken. Da die anfänglichen Eruptionswolken 37 bis 50 km hoch geschleudert wurden, erklärt das die jahrelange Verweilzeit der Partikel, bis sie an der Basis der Stratosphäre ausgewaschen wurden, und die von ihnen verursachten Himmelsverfärbungen.

Krakatau ist auch ein gutes Beispiel dafür, dass extreme Vulkantätigkeit immer auch zu wenigstens kurzfristigen Klimaänderungen führt. Die Berichte über die akustischen und optischen Besonderheiten verdeutlichen, dass Krakatau zwar ein für die Menschheitsgeschichte ungewöhnliches Ereignis war, aber selbst mit Vulkan-Explosivitäts-Index (VEI) 6 kein einzigartiges, denn der Ausbruch des Tambora 1815 in einer vergleichbaren geologischen Situation war offenbar stärker. Krakatau hat aber den größeren Impakt auf die Gesellschaft gehabt, weil damals gerade das erste Tiefseekabel verlegt worden ist, was die weltweite Nachrichtenübermittlung enorm beschleunigte.

Eine ausführliche Dokumentation 100 Jahre nach der Katastrophe legten Simkin und Fiske vor.

Literatur:

Verbeek 1885; Simkin – Fiske 1983; Schmidt, A. 1966

Wunder – Zeichen – Glaube

Unsterne, Prognostiken und Wetterzauber in der Renaissance

GERRIT JASPER SCHENK

Die Voraussage war zum Fürchten. In einer anonym erschienenen Flugschrift, wahrscheinlich vom Münchner Theologen und Stadtarzt Alexander Seitz verfasst und 1520 erschienen, fand sie sich schon auf dem Titelblatt: »Ain Warnung des Sündtfluss oder erschrockenlichen wassers Des xxiiij. Jars ausz natürlicher art des hymels zuo besorgen/ mit sambt außlegung der grossen Wunder zaichen zuo Wien in Osterreych erschinen, des XX jars.«[1] Der Holzschnitt des Titelblatts zeigt in der oberen Hälfte die in Wien 1520 gesichteten ›Wunderzeichen‹ unter einem Wolkenband (Abb. 1): eine Kirche mit einer Fackel, umgeben von Sonnen- und Monderscheinungen, einen umgekehrten Regenbogen, ein Kreuz im Glücksrad. Hinzu kommt ein siebenköpfiger Drache, der nicht zu den im Text geschilderten Erscheinungen am Himmel über Wien gehört und wohl als Sternbild oder Anspielung auf die biblische Offenbarung des Johannes (Kapitel 12f.) zu verstehen ist. Die untere Hälfte zeigt eine Sintflutdarstellung: Unter bedrohlich geballten Wolken, aus denen Wasser, Feuer und Steine zur Erde stürzen, ist ein sich mit Wasser füllendes Tal zu sehen. Links bläst ein pausbackiges Gesicht Sturm auf die Szenerie, rechts zieht ein Komet über den Himmel. Im Wasser treibt ein Haus, kämpfen Männer und eine Frau gegen das Ertrinken. In der Bildmitte schwimmt ein als Arche zu verstehendes Schiff mit einem geöffneten Fenster, aus dem ein Mensch herausblickt und auf das gerade – in Anspielung an die biblische Sintfluterzählung (1. Buch Mose, Kapitel 7f.) von der Taube, die Noah den Ölzweig brachte – ein Vogel mit einem Zweig im Schnabel zufliegt. Auf der linken Seite schaut ein feuerspeiender Drachenkopf aus einem Schaum- oder Wolkenkranz und verbindet so die obere mit der unteren Bildhälfte: Im Auge des Betrachters werden die Wiener Zeichen mit dem Weltuntergang am Anfang der Geschichte, der Sintflut, und Zeichen des Weltuntergangs am Ende der Geschichte, in der Apokalypse des Johannes, in einer Vision zusammengeführt.

Diese Zeichen verstand jeder Zeitgenosse. Und wer lesen konnte, erfuhr im Text noch Genaueres über die bevorstehende Katastrophe, die sich nicht nur durch die Wunderzeichen am Himmel über Wien, sondern dem reformatorisch gesinnten Seitz zufolge vor allem durch bestimmte Sternenkonstellationen in einem ›wässerigen Zeichen‹ am Himmel des Februars 1524 ankündigte: Gott werde einen »grausame[n] sündfluß« senden, der die Welt träfe mit »plitz und doner hagl al zehauff wolckenprüchig regen das auff perg und taeler schloesser und stet« zerstörend wirken werde, was nur durch ein »pueßwertig leben« abzuwenden sei.[2] Von der Schrift haben sich bis heute allein fünf deutsche und eine französische Ausgabe erhalten. Im Kontext der Reformation und der Unruhe unter den Bauern vor allem im Südwesten des Reichs, die 1525 im großen Bauernkrieg münden sollten, fand die bedrohliche Prognose offenbar bereitwillige Aufnahme, blieb aber nicht unwidersprochen. Noch heute sind mehr als 150 Druckschriften von rund 60 Autoren in mehreren Sprachen bekannt, die in den Jahren 1519 bis 1525 erschienen und von einer hitzigen ›Sintflutdebatte‹ zeugen. Dass es überhaupt zu einer solchen Aufregung kommen konnte, lag aber nicht nur an der gesellschaftlichen und intellektuellen Unruhe der Zeit.

Die Sintflutdebatte des 16. Jahrhunderts hat eine lange Vorgeschichte, die unter anderem auf kosmologischen Vorstellungen, astrometeorologischen Theorien und einem Wunderzeichenglauben beruht, die von antiken griechisch-römischen Traditionen und der mittelalterlichen Rezeption persisch-arabischen Wissens mitgeformt wurden.[3] Teils aus der Antike, teils aus der biblischen Schöpfungsgeschichte stammte die Vorstellung, dass sich die aus den vier Elementen Erde, Wasser, Luft und Feuer zusammengesetzte Erdkugel im Zentrum des Kosmos befinde (Abb. 2). Sie sei von konzentrischen, durchsichtigen Sphären umgeben, in denen sich von der erdnächsten bis zur erdfernsten Bahn erst der Mond, dann die Planeten bewegten. In der äußersten Ferne stellte man sich die Zone des Lichts vor, die mit Gott, dem Ursprung aller Bewegung, gleichgesetzt werden konnte. Das Wissen um diesen Aufbau und die als göttlich verstandene Ordnung des Kosmos wurde an den Schulen und Universitäten im Rahmen der ›sieben freien Künste‹ als Astronomie vermittelt, die nicht so klar wie heute von

1 Alexander Seitz (um 1470 – um 1544), *Ain Warnung des Sündt-fluss oder erschrocklichen wassers Des xxiiij. Jars*, 1520. Wunderzeichen und die Konjunktionen von 1524 kündigen Katastrophen an. Bayerische Staatsbibliothek München

2 Aufbau des Kosmos im Traum Scipios nach dem Bericht Ciceros (*De re publica*), kommentiert von Macrobius (ca. 385/90–430), Handschrift Bologna 1383 The Bodleian Libraries, University of Oxford

der Astrologie unterschieden wurde. Ferner nahm man Wirkungen der Gestirne auf die Verhältnisse auf der Erde an, wie man sie ganz praktisch an den Mondphasen beobachten konnte (Ebbe und Flut). Auch die Zustände in der Sphäre unterhalb des Mondes, in der man Kometen, aber auch Wind und Wetter verortete, dachte man sich beeinflusst von der Kraft der Gestirne. Damit wurde es möglich, aus den Konstellationen und Bewegungen der Gestirne auf die Witterungs- und Wetterverhältnisse auf der Erde zu schließen – diese Theorie wird heute als Astrometeorologie bezeichnet. Damit nicht genug: Den Menschen selbst dachte man sich als aus den vier Elementen zusammengesetzt und folglich ebenfalls dem Einfluss der Gestirne unterworfen.

Seit dem Hochmittelalter wirkte ein durch arabischsprachige Gelehrte weiter entwickelter Aristotelismus auf diese Sternenkunde ein. Ihr zufolge war das Beziehungsgefüge zwischen dem Makrokosmos der Gestirne und dem Mikrokosmos des Menschen auf Erden äußerst komplex, weil die Geburtsstunde, der Ort und das Alter des Menschen, die Jahreszeit und weitere Faktoren eine Rolle spielen konnten. Werke des Persers Albumasar (787–886) und des in Córdoba geborenen Arabers Averroës (1126–1192) vermittelten dem Westen eine Theorie von besonders wirksamen ›Konjunktionen‹, also dem Zusammentreffen von zwei oder mehreren Planeten. Diskutiert wurde die Bedeutung von ›Häusern‹, die durch Unterteilung des Himmels in zwölf Häuser und den Tierkreiszeichen als Haus eines Planeten ermittelt wurden. Hinzu traten die ›Aspekte‹, die Berechnung der Einflüsse von Planeten je nach dem Winkel, in dem die Planeten im Verhältnis zur Erde zueinander stehen. Seit etwa 1200 ist ein ins Lateinische übersetzter arabischer Kommentar zu einer Platonstelle bekannt, in der erörtert wurde, ob es aus natürlichen Gründen, ausgelöst durch eine bestimmte Konjunktion, eine universale Sintflut eines Elements auf Erden geben könne.[4] Vor diesem Hintergrund verbreitete ein aus der christlich-arabisch-jüdischen Kontaktzone stammender und wohl 1179 in Toledo ins Lateinische übersetzter Brief in Europa Entsetzen: Er prognostizierte in einer Art Prophezeiung oder Horoskop wegen einer ungünstigen Planetenkonjunktion für den September 1186 verheerende Stürme und katastrophale Ereignisse.[5] Bis ins 15. Jahrhundert hinein wurde diese Voraussage, bezogen auf andere Konjunktionen, aber auch unabhängig davon, immer wieder ›aktualisiert‹ und verbreitet, bis sie im 16. Jahrhundert mit der eingangs erwähnten Prognose von einer Sintflut im Jahr 1524 gleichsam verschmolz.

Alle diese Theorien standen unter dem Verdacht, direkt oder indirekt dem Glauben an die Allmacht Gottes bzw. der Willensfreiheit des Menschen zu widersprechen. In der Bibel (1. Buch Mose, Kapitel 9, 8–17) stand zudem, dass Gott versprochen habe, nie wieder eine Sintflut zu schicken. Insofern grenzte die Voraussage einer universalen Flut an Häresie. Die Annahme einer partikularen Überschwemmung blieb aber im Bereich des Erlaubten. Der Streit um die Astronomie-Astrologie als legitimer Wissenschaft und den Wert von Horoskopen und Prognostiken zog sich durch die Jahrhunderte: Wirkte nicht Gott als ›erste Ursache‹ aller Sternenbewegungen im Getriebe der Welt? Bewirkten oder begünstigten die Sterne bestimmte Neigungen oder Entwicklungen? War der Versuch, Gottes Pläne in seiner Schöpfung als ›Buch der Natur‹[6] zu lesen, legitim? War der Glaube an die Macht der Sterne Unsinn oder Gotteslästerung?

Der jahrhundertelange Streit hat dem kulturübergreifenden Glauben nicht geschadet, dass außergewöhnliche Zeichen (Wunder) in der Natur (zu denen zum Beispiel auch siamesische Zwillinge, Blutregen usw. zählen konnten) eine Bedeutung haben, die über das Zeichen selbst hinaus auf etwas Anderes, auch auf ein Geschehen in der Zukunft verweisen. Im christlichen Europa spielte dafür der Text der Offenbarung des Johannes (Kapitel 6,12f.) eine große Rolle, in dem Zeichen wie zum Beispiel ein Erdbeben, eine sich verdunkelnde Sonne, ein blutroter Mond und fallende Sterne den Jüngsten Tag ankündigen. Erweitert und verdichtet zur Lehre von den 15 Zeichen, die das Kommen des Antichristen und das Weltende ankündigten, fand dieses Thema vor allem dank der vielgelesenen *Goldenen Legende* des Jakobus von Voragine (1228/29–1298), volkssprachlichen Blockbüchern und Wandmalereien in Mittelalter und früher Neuzeit weite Verbreitung.[7]

Doch auch wenn Gott als ›erster Grund‹ des Geschehens angenommen wurde, war nachgelagert ein begrenztes Gefüge aus natürlichen Ursache-Wirkung-Ketten denkbar. Der Regensburger Dompfarrer Konrad von Megenberg (1309–1374) erklärte lokal begrenzte Erdbeben in seinem volkssprachlichen *Buch von den natürlichen Dingen* im Sinne der gelehrten naturkundlichen Theorien ›physikalisch‹:[8] Dämpfe im Erdinneren würden sich durch den Einfluss des ›heißen‹ Gestirns Mars mit Jupiter und Saturn verdichten, zu Erdbeben führen und bei hohem Druck aus dem Erdreich hervorbrechen. So habe nach einer Konjunktion von Planeten im Jahre 1345 in Kärnten 1348 die Erde gebebt, anschließend sei die

3 Astrolabium des Abû Bakr ibn Yûsuf mit eingeritztem Breitengrad 45 (entspricht Venedig) und 48 (entspricht Paris und Straßburg) in lateinischen Ziffern, Marrakesch 1208 *Université de Strasbourg – Jardin des Sciences*

Pest ausgebrochen, die Megenberg dem Wissen seiner Zeit entsprechend vergifteter Luft zuschreibt, die bei dem Erdbeben entwichen sei.

Ein Holzschnitt in einer 1513 in Venedig gedruckten Ausgabe eines Kommentars des spätantiken römischen Philosophen Macrobius zu einem verlorenen Werk Ciceros (*Somnium Scipionis*) zeigt diese Desastertheorie im Bild: Astronomen, durch ihre Turbane als arabische Gelehrte gekennzeichnet, bestimmen mit einem Astrolabium (Abb. 3) die Sternenkonstellation. Pausbäckige Kinderköpfe stehen für Winde, die sich im Erdinneren unter dem Einfluss des ›Unsterns‹ (ital. *disastro*) verdichten und die Erde erschüttern, wie die von Erdbewegungen zerrissenen Gebäude auf der linken Seite zeigen. Noch 1636 erstellte der Nürnberger Astrologe und Kalenderschreiber Andreas Goldmayer (1602–1164/5) der Stadt Straßburg ein Horoskop, in dem er ein Erdbeben am 15. Mai 1357 mit der Konstellation von Jupiter und Saturn in erklärenden Zusammenhang brachte.[9]

4 Die Sintflutprognostik zu 1524 von Georg Tannstetter, gen. Collimitius (1482–1535), *Zu eren und gefallen dem durchleuchtigisten … Fürsten … Ferdinando … Auch zu trost seiner underthanen … Der leut hart furgenome Verwänung … von ainem kunfftigen Synfluß … auffs XXIIII. Jar gefast abzuwenden*, 1523 Bayerische Staatsbibliothek München

5 Traktat über Wetterzauber von dem Juristen Ulrich Molitor (1442–1507/8), *De laniis et pithonicis mulieribus*, Straßburg, nach 1489 Bayerische Staats-bibliothek München

In der Renaissance war das Interesse an astronomisch-astrologischen Voraussagen also weit verbreitet, diente vielfältigen Zwecken und wurde von unterschiedlichsten gesellschaftlichen Kreisen genutzt. Davon legen mit kostbaren Miniaturen versehene Handschriften wie das so genannte *Heidelberger Schicksalsbuch* von 1491 Zeugnis ab, wohl für den Pfälzer Kurfürsten Philipp den Aufrichtigen (1448–1508) und seine Frau angefertigt und mit Kalendern und Drehbildern für die Ermittlung günstiger Mondstände zum Beispiel für Aderlässe.[10] Doch die Sternengläubigen wurden auch als unchristlich kritisiert und verspottet: Sebastian Brant, der berühmte Humanist und Leiter der Stadtkanzlei von Straßburg, der selbst über ein Wunderzeichen wie den Meteoriten, der 1492 im Elsass bei Ensisheim einschlug, ein Flugblatt verfasst hatte, schrieb in seinem *Narrenschiff* (1494) spöttisch: »Von achtung des gestirns: Der ist ein Narr der me verheißt/ Dann er in seym vermoegen weisszt.«[11]

Ebenfalls auf ein großes Publikum zielte das von 1505 bis 1538 in mindestens 17 volkssprachlichen Ausgaben gedruckte *Wetterbüchlein* des Nürnberger Astrologen und Kalendermachers Leonhard Reynmann.[12] Es bot neben Astrometeorologie auch Regeln zur Beurteilung natürlicher Wetterzeichen wie Wolken, die vermutlich auf Erfahrungswissen zurückgehen. Ein gelehrtes Publikum hatte dagegen der Tübinger Professor für Mathematik und Astronomie Johannes Stöffler (1452–1531) für seinen *Almanach* im Blick, den er 1499 herausgab. Diesen Ephemeriden, einem Tabellenwerk mit den täglichen Positionen der Planeten von 1499 bis 1531, fügte er knappe Notizen über die Bedeutung der Konstellationen in den unterschiedlichen Tierkreiszeichen in Latein bei, darunter zum Jahr 1524: »Im Monat Februar nämlich werden 20 Konjunktionen [...] eintreten, von denen 16 in einem wässrigen Zeichen stattfinden. Sie werden für fast die ganze Erde [...] eine Umstellung, Veränderung und Verwandlung bedeuten [...].«[13]

Vermutlich stand diese gelehrte Prognostik am Beginn der Sint-flutdebatte des 16. Jahrhunderts. Seit wohl 1517 wandten sich der Holländer Albert Pigg(h)e und der Hofastronom Papst Leos X., Agostino Nifo (ca. 1473–1542), in Schriften gegen diese Voraussage einer neuen Sintflut (die Stöffler selbst nicht explizit prognostiziert hatte).[14] Eine Beschwichtigungsschrift gegen Panik verbreitende Vo-raussagen war auch die 1523 erschienene Schrift des Wiener Profes-sors, Astronomen und kaiserlichen Leibarztes Georg Tannstetter.[15] Der Holzschnitt des Titelblatts verbildlicht seine Position (Abb. 4): Unter Gottes Hand mit einer Art Zepter, die am oberen Bildrand aus einer Wolke ragend alles regiert, trennt ein Wolkenband zwei Zonen, die das Geschehen im Himmel und auf Erden zeigen. In der oberen Zone wird die Konjunktion von 1524 verbildlicht, näm-lich unter einem Fisch (Tierkreiszeichen) die Verkörperungen von sieben Planeten. Unter dem Wolkenband wird die prognostizierte Wirkung der Konjunktion gezeigt: Heftige Regengüsse peitschen die Erde. Drei Bauern gehen ruhig ihrer Arbeit nach, sie tragen Äste, hacken Erde und binden Korngarben. Tannstetter erkennt die astronomische Konstellation und ihre Wirkung aufs Wetter an, aber er interpretiert ihre soziopolitischen Auswirkungen obrigkeits-freundlich gegen Seitz und andere: Keine Sintflut und Not, keine ge-sellschaftlichen Unruhen und Aufstände, solange nur unverdrossen im Vertrauen auf Gottes ruhige Hand die (standesgemäße) Arbeit verrichtet wird! Da sich mit Jahresprognostiken Geld verdienen ließ und die Sintflutdebatte vor dem Hintergrund der Auseinanderset-zung um die Reformation hohe Auflagen versprach, vervielfachten sich die Schriften um 1524. So dramatisierte der Titelholzschnitt der erfolgreichen Schrift des altkirchlichen kurpfälzischen Hofastrolo-gen Johann Virdung von Haßfurt, der eigentlich eine eher gemäßig-te Position vertrat und den Nutzen gefahrenabwehrender Buße und des Gebets betonte, drastisch die möglichen Folgen der Konjunk-tion, nämlich in Fluten Ertrinkende, gemeines Volk im Aufstand gegen Ritter, Geistliche im Gebet.[16]

Tatsächlich scheinen die kursierenden Voraussagen bei einigen Zeitgenossen zu heftigen Reaktionen geführt zu haben. Graf Johann

Werner von Zimmern der Jüngere (1480–1549) soll seine Residenz eigens von Seedorf und Schenkenzell in das höher gelegene Hoch-mössingen verlegt haben, und nicht allein er, wie der spätere Chro-nist schreibt: »Es flohen dozumal vil namhafte leut ußer den delern und auser der nidere in die höchinen, iederman besorgte das künf-tig gewesser.«[17] Doch die Sintflut im Februar 1524 blieb aus. Der Spott der Zeitgenossen dürfte groß gewesen sein.

Dem Wunderzeichenglauben tat dies kaum Abbruch, denn zum einen wurde der ausbrechende Bauernkrieg von 1525 auf die Voraus-sage bezogen. Zum anderen sorgten häufiger werdende Witterungs-extreme wegen ihrer Folgen wie Missernten und Hungersnöten im Zusammenwirken mit gesellschaftlicher Unruhe, Glaubensspal-tung und Kriegen für weitere Ängste. Die Gesellschaft reagierte mit Krisen- und Abwehrritualen wie zum Beispiel Wetterläuten und Bußprozessionen, mit denen Gott um Verschonung vor Unwetter und um Abwehr künftiger Not gebeten wurde.[18] Es scheint, als habe vor dem speziellen Hintergrund der Zeit mit der Konkurrenz der Konfessionen und Vorstellungen, man könne durch Zauberei das Wetter beeinflussen, auch die Hexenfurcht zugenommen. Ob und wie Wetterzauber überhaupt möglich, nachweisbar und zu bestra-fen sei, wurde Gegenstand von eher skeptischen Abhandlungen wie der des Konstanzer Juristen Ulrich Molitor (ca. 1442–1507) (Abb. 5), aber auch von hetzerischen Schriften wie dem berüchtigten *Hexenhammer* (1486) von Heinrich Kramer (Institoris).[19] Wolfgang Behringer hat dafür argumentiert, die Hexenverfolgungen in den Jahrzehnten um 1600 als eine Art ›Sündenbock‹-Reaktion auf die zunehmende klimatische Ungunst (Kleine Eiszeit) zu verstehen.[20]

Weit über das 16. Jahrhundert hinaus blieben Flugblätter mit Nachrichten von Wunderzeichen als deutbaren Zeichen populär und wurden gesammelt, vom *Augsburger Wunderzeichenbuch* bis zur vielbändigen Sammlung des Züricher Spitalpfarrers Johann Jakob Wick (1522–1588).[21] Im weltweiten Vergleich blieb die Sintflutdeba-te von 1524 aber ein europäisches Phänomen – in China zum Bei-spiel deutete man 1524 zwar auch die Häufung von Konjunktionen, bezog sie aber allenfalls auf die politischen Verhältnisse.[22]

Anmerkungen

1 Seitz 1520, Titelblatt (hier und im Folgenden werden Sonderzeichen und Kürzun-gen aufgelöst); dazu Talkenberger 1990, S. 184–192.
2 Seitz 1520, S. 2, 4. Zur Sintflutdebatte von 1524: Hellmann 1914; Talkenberger 1990, S. 154–325; Fricke-Hilgers 1999; Mentgen 2005, S. 113–127, 135–158; Wimböck 2007; Rohr 2007, S. 542–544; Gehrke 2008.
3 Daston – Park 2002; Edson – Savage-Smith – von den Brincken 2005, S. 7–43; Mauelshagen 2011, S. 35–45; Hübner 2005.
4 Zum Text von (Pseudo-)Avicenna Schenk 2013, S. 189–190.
5 Weltecke 2003; Mentgen 2005, S. 17–135.
6 Blumenberg 1983, S. 22–35, 47–85; Hoffmann 2014, S. 97–101.
7 Andergassen 2004; Musper 1970.
8 Gottschall 2006.
9 Goldmeyer 1636, S. 63. Zum Autor: http://naa.net/ain/personen/show.asp?ID=182 [2013-12-04]. Tatsächlich erfolgte das Erdbeben jedoch am 9. Mai 1357, siehe Schenk 201b, S. 515 Anm. 20.
10 Mentgen 2005, S. 216–259, Effinger – Wambsganß 2009, S. 16–17.

11 Brant 1494, fol. 64v; dazu Pfister, S. 1990, S. 431–434.
12 Reynmann 1893, S. 7–41.
13 Stöffler – Pflaum 1499, fol. 387r: »In mense enim Februario 20 coniunctiones [...] accident, quarum 16 signum aqueum possidebunt, que vniuerso fere orbis [...] mutationem variationem ac alterationem significabunt [...]«; Gehrke 2008, S. 82.
14 Mit Mentgen 2005, S. 116–135 gegen die ältere italienische Forschung.
15 Tannstetter 1523; dazu Talkenberger 1990, S. 240–250, 459, 533 (Abb. S. 28).
16 Virdung 1523; dazu Green 2012.
17 Barack 1881, S. 353 (zum Jahr 1522, daher vielleicht auf eine Toledobriefvariante beziehbar); Mentgen 2005, S. 149–155.
18 Vgl. den Beitrag von Schenk und Birken, Gemeinsam statt einsam? in diesem Band.
19 Molitor 1489; Zika 2007, S. 19. Hexenhammer: Behringer - Jerouschek 2000. Wet-terzauber: Lecouteux 1998.
20 Behringer 2005, S. 452–453.
21 Borchert – Watermann 2013; Mauelshagen 2011.
22 Pankenier 2009.

ERDE

Erdbeben gehören zu den furchterregendsten Naturkatastrophen, denen die Menschheit ausgeliefert ist. Wenn tektonische Platten – für das Auge unsichtbar, für den Verstand in ihren Dimensionen kaum vorstellbar – aneinandergeraten, gerät nichts anderes als der Grund unter unseren Füßen ins Schwanken: Erdbeben erschüttern nicht nur Straßenzüge und ganze Städte, sondern ebenso unser Urvertrauen, aller anderen Unbill der Welt zum Trotz zumindest auf ›festem Boden‹ zu stehen. Auch wenn nicht die Erde erschüttert wird, sondern ein Berg ins Rutschen kommt und Dörfer oder kleine Städte unter sich begräbt, widerspricht dies unseren Vorstellungen einer bewohnbaren Natur, des ›Oben und Unten‹ der Erdoberfläche – eine Verkehrung der Welt, zugleich schockierend und todbringend. Gegen diese ›elementare‹ Erfahrung kann selbst unser neuzeitliches Wissen nichts ausrichten – es kann allerdings helfen, die Ursachen verständlich zu machen und Schäden vorzubeugen.

In früheren Zeiten waren es noch Vorstellungen von Götterstrafen und Wundern, die den kulturellen (und politischen) Umgang mit solchen Katastrophen bestimmten; bis in die frühe Neuzeit hinein hätte so manches Erdbeben zumindest in der Vorstellung der Menschen niemals ein Ende genommen, wenn nicht ein gemeinschaftliches Gebet oder ein Zeichen ›von oben‹ ihm Einhalt geboten hätte. Solche Formen kulturellen Umgangs leben heute mitunter in religiösen Prozessionen an bedrohten Orten weiter oder sind auf profanere Weise in den Alltag übergegangen, so wurde beispielsweise der japanische ›Erdbebenwels‹ *Namazu*, der früher für die Erderschütterungen der Insel verantwortlich gemacht wurde, ab dem 19. Jahrhundert zum beliebten Motiv gesellschaftskritischer Illustrationen. Selbst frühe Erklärungen für Naturkatastrophen können sich wider besseres Wissen halten: Der Bergsturz von Plurs 1618 wird noch heute oftmals auf den Raubbau von Speckstein zurückgeführt, obwohl dies längst widerlegt wurde – zu gut passt die Interpretation der Katastrophe als Folge menschlicher Gier in unser Weltbild, als dass naturwissenschaftliche Erklärungen dagegen ankämen.

Wenn Naturkatastrophen ganze Städte dem Boden gleich machen, kann dies nicht nur planerisch, sondern auch ideologisch zum Anlass für einen Neubeginn werden. Das Erdbeben von Lissabon 1755 setzte die europäische Geisteswelt in Bewegung und ermöglichte dem späteren Marquês de Pombal drastische Eingriffe in Gesellschaftsstruktur und Stadtbild. Das Erdbeben 1906 in San Francisco hatte weitreichende Folgen für das internationale Versicherungswesen, aber die hochgesteckten stadtplanerischen Ziele der Stadtoberen verliefen im Sande – zu träge war hier die Verwaltung, um mit dem Willen zum Wiederaufbau in der eigenen Bevölkerung mithalten zu können. Ob die bebende Erde das Weltbild ins Wanken bringt, ob ihr mit Resignation oder Aufbruchsstimmung begegnet wird – eine solche »Verkehrung der Welt« stellt in jedem Fall das Selbstverständnis einer Gesellschaft auf die Probe.

Erdbeben

PETER ROTHE

Erschütterungen, ausgelöst von den Vorgängen im Erdinneren, nennen wir Erdbeben. Dabei werden durch plattentektonische Prozesse in langen Zeiträumen sehr langsam aufgebaute Spannungen plötzlich freigesetzt, teilweise als Wärme, vor allem aber durch Erdbeben. Sie sind in Subduktionszonen besonders häufig, wo ozeanische Platten an den so genannten Wadati-Benioff-Zonen unter kontinentale Platten mit unterschiedlichen Winkeln abtauchen (Pazifikrand), außerdem entlang von großen Blattverschiebungen (San-Andreas-Störungsbereich) oder den ozeanischen Transformstörungen. An der Oberfläche äußern sich Erdbeben als elastische Wellen von unterschiedlicher Charakteristik. So lassen sich zunächst Raumwellen von Oberflächenwellen unterscheiden, außerdem Primär- von Sekundärwellen, die durch ihre Laufzeiten definiert sind: Primär-(P-)wellen kommen beim registrierenden Seismographen früher an als Sekundär-(S-)wellen. S-Wellen sind Scherwellen, die sich in flüssigem Material nicht fortpflanzen können.

Geographisch sind mit 70 % aller Erdbeben vor allem die Kontinentalränder im Umkreis des Pazifiks betroffen, an Plattenrändern allgemein ereignen sich etwa 95 %, 25 % liegen im Bereich von Alpen, Mittelmeer und Himalaya, der Rest verteilt sich auf mittelozeanische Rücken und kontinentale Riftzonen, außerdem kennt man Beben auch von kontinentalen Intraplattenbereichen. Nach der Herdtiefe unterscheidet man Flachbeben (0–70 km), mitteltiefe Beben (70–300 km) und Tiefherdbeben (ab 300 km). Unterhalb von etwa 700 km entstehen keine Erdbeben mehr, weil die Gesteine hier plastisch reagieren, Fließvorgänge schaffen Ausgleich, sodass sich keine Spannungen aufbauen.

Neben diesen tektonischen als Folge plattentektonischer Vorgänge kennt man auch Beben im Zusammenhang mit Vulkanismus und solche, die beim Einsturz von Höhlen oder den von Bergbau verursachten Hohlräumen entstehen (Einsturzbeben).

Die Auswirkungen auf Natur und menschliche Siedlungen wurden früher meist anhand der Mercalli-(Cancani-Sieberg-)Skala beschrieben, die zwölf Stufen umfasst, von ›nur von Seismographen registrierbar‹ bis zu ›starke Veränderungen an der Erdoberfläche‹.

Heute wird die Stärke eines Erdbebens meist als Magnitude auf der Richter-Skala angegeben; diese ist logarithmisch, sodass mit jeder höheren Stufe die Energiefreisetzung im Hypozentrum um das zehnfache höher ist als bei der vorherigen. Das Hypozentrum bzw. der Herd ist der Bereich, in dem sich innerhalb der Erdkruste die aufgestauten Spannungen ruckartig entladen und in Form von Wellen abgestrahlt werden, dort wo sie die Oberfläche erreichen, spricht man vom Epizentrum. Im Falle der tektonischen Beben ereignen sich diese Prozesse an Gesteinsgrenzen, an denen vorher eine meist sehr langsame Verschiebung von Blöcken in horizontaler, vertikaler oder dazwischenliegender Richtung stattgefunden hat. Beim Überschreiten des Reibungswiderstandes zwischen den Gesteinsblöcken kommt es dann zum scherenden Bruch. Die Vorgänge werden bis heute einigermaßen befriedigend mit der *elastic rebound theory* erklärt, die sich mit einem einfachen Küchenexperiment verdeutlichen lässt, das der US-amerikanische Seismologe Bruce A. Bolt beschrieben hat: Man zieht die Oberfläche eines Wackelpuddings mit den Fingern in zwei entgegengesetzte Richtungen auseinander und schneidet dann einen Ritz in die Puddingoberfläche. Dieser wird sich schnell erweitern und den Pudding entlang einer Linie in zwei Hälften trennen. Sobald man loslässt, springen diese wieder in ihre Ausgangsposition zurück, wobei man beobachten kann, wie die damit verbundenen Erschütterungen den ganzen Pudding durchlaufen. Genau das passiert auch bei einem Erdbeben. Wegen der Krustenblöcke, die an einer Störungsfläche langsam aneinander vorbeigleiten, bauen sich über längere Zeiträume hinweg Spannungen auf, die sich beim Überschreiten der Scherfestigkeit ruckartig entladen (die Scherfestigkeit ist der Widerstand, den ein Festkörper tangentialen Scherkräften entgegensetzt). Dabei werden unterschiedliche Wellentypen abgestrahlt. Man muss auch berücksichtigen, dass die Raumwellen auf ihrem kilometerlangen Weg oft unterschiedliche Gesteine durchlaufen, ehe sie am Epizentrum auf der Erdoberfläche ankommen. Deren Geschwindigkeit ist abhängig von den Gesteinen: bei Lockersedimenten ungefähr vier Kilometer pro Sekunde, bei Gneisen um sechs und bei Basalt etwa

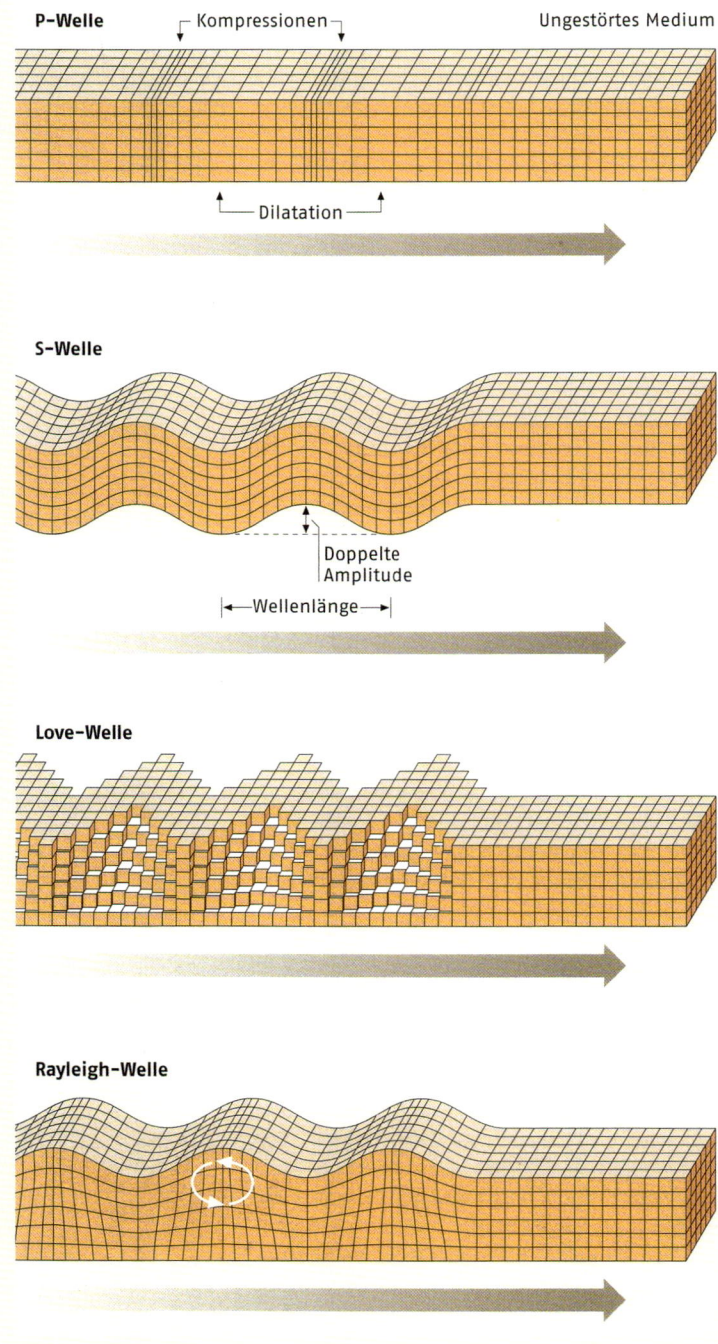

P-Welle ⌜— Kompressionen —⌝   Ungestörtes Medium

⌞— Dilatation —⌟

S-Welle

Doppelte
Amplitude

⌞— Wellenlänge —⌟

Love-Welle

Rayleigh-Welle

1 Typen von Erdbebenwellen. Die Pfeile zeigen die Stoßrichtung.

acht Kilometer pro Sekunde. Für die Lokalisierung von Erdbeben braucht man möglichst drei Seismographenstationen (mit nur einer ließe sich lediglich die Entfernung bestimmen), aus den Ankunftszeiten der P-Wellen lässt sich dann mittels Triangulation die Herdposition ermitteln. Heute stehen dafür zahlreiche Stationen zur Verfügung, die eine genauere Lokalisierung des Herdes gestatten. Seismographen sind im Prinzip Pendel, die die einwirkenden Wellen in drei Dimensionen erfassen. Die Geometrie des Herdes wird meist vereinfachend punktförmig dargestellt, man muss aber davon ausgehen, dass sie entsprechend den geologischen Gegebenheiten eher eine Fläche bildet, an der noch zusätzlich unterschiedliche Reibungsverhältnisse herrschen.

Das Ausmaß der Zerstörungen an der Erdoberfläche hängt eng mit dem geologischen Untergrund zusammen, vor allem Lockersedimente in Erdbebengebieten sind eigentlich immer ein ungeeigneter Baugrund. In den Subduktionszonen kommt noch ein weiterer Faktor hinzu: Infolge der langsam abtauchenden ozeanischen Platten erhöht sich der Porenwasserdruck in den Gesteinen, was deren Scherfestigkeit herabsetzt, Wasser wirkt hier offenbar als Schmiermittel.

Mit einem solchen Mechanismus lassen sich auch die offensichtlich durch menschliche Aktivitäten eingeleiteten Beben im Gefolge der Flutung großer Stauseen und dem Einpressen von Wasser in tiefere Bohrungen erklären, auch die neuerdings im Zusammenhang mit Geothermiebohrungen beobachteten Erschütterungen scheinen damit in Zusammenhang zu stehen.

Erdbebenwellen laufen im oberen Bereich der Erdkruste bis in den Bereich unterhalb der Moho mit Geschwindigkeiten in der Größenordnung von einigen Kilometern pro Sekunde (<6 bis >8 km/sec, aber nicht alle laufen gleich schnell. Die Grenze zwischen Erdkruste und Mantel, die Moho, lässt sich etwa an einer Zunahme der P-Wellengeschwindigkeiten von 7 auf 8 km/sec definieren). Man unterscheidet Raumwellen und Oberflächenwellen und bei den Raumwellen noch P-Wellen und S-Wellen. P-Wellen führen zu einem abwechselnden Verdichten und Auseinanderziehen der Materie (englisch deshalb *push & pull*,) während bei den S-Wellen die Teilchen auf und ab oder hin und her schwingen wie bei einem Springseil. Das sind Scherwellen, die sich in flüssiger Materie nicht fortpflanzen können. Auch die den Wasserwellen im Ozean vergleichbar sich bewegenden Oberflächenwellen werden nach ihrer Schwingungsart weiter unterteilt in Love- und Rayleighwellen, sie sind für die schlimmsten Zerstörungen verantwortlich. Ganz entscheidend für das Ausmaß der Zerstörungen ist aber die Dauer des Bebens. Am Karfreitag 1964 hat ein Radiosprecher in seiner einsam gelegenen Sendestation in Alaska ein landschaftsveränderndes

Beben erlebt, das über 2,5 Minuten lang anhielt, dabei wurde der Strand entlang einer etwa 1.000 km langen Subduktionszone, die dem Inselbogen der Aleuten parallel verläuft, um zehn Meter angehoben.

Eine Vorhersage von Erdbeben ist trotz intensiver Forschungen bisher praktisch nicht möglich, weil zu viele Faktoren beteiligt sind. Die 2012 erfolgte Verurteilung der sieben italienischen Katastrophenexperten im Zusammenhang mit dem Beben in L'Aquila in den Abruzzen 2009 zu hohen Haftstrafen ist deshalb absurd und hatte entsprechende weltweite Reaktionen nicht nur seitens der Wissenschaftler zur Folge.

Seismische Wellen lassen sich auch durch Sprengungen, Schallquellen (*air gun*) oder Vibrationen erzeugen und zur Erkundung von Strukturen im Untergrund verwenden. Das hat große praktische Bedeutung für die Exploration von Kohlenwasserstofflagerstätten, aber auch in der Meeresgeologie, wo man anhand solcher seismischer Profile Strukturen in bisher unerreichbarer Auflösung kartieren kann; solche Arbeiten gehen heute jeder wichtigen Bohrung voraus. Die Technik ist inzwischen so weit, dass man mit 3D-Seismik, die entsprechende Rechnerkapazitäten erfordert, auch bereits bekannte Lagerstätten auf dem Festland mit großem Erfolg neu untersucht. Prinzipiell wird dabei zwischen Reflexions- und Refraktionsseismik unterschieden: Bei ersterer werden die Wellen an Gesteins- bzw. Zustandsgrenzen reflektiert, bei letzterer werden Geschwindigkeitsänderungen registriert.

Literatur:

Bolt 1988; Frisch – Meschede 2013; Reid 1910; Schneider, G. 1975

PLVRIVM DVM SVA AMOENITATE, DIVITIIS. AERIISQ TEMPERIE FLOREBAT.
VICINO POSTEA MONTE FVNDITVS EVERSVM ANNO 1618. DIE 25 AVGVSTI

Die Glocken von Plurs

Der Bergsturz von 1618 im multimedialen Deutungsstreit

GERRIT JASPER SCHENK

Vorzeichen?

Hinterher wollten einige es schon vorher gewusst haben. Unmittelbar danach bis Jahrzehnte später wurde kolportiert, dass die Einwohner von Plurs (heute: Piuro) am Fluss Mera im Bergell wenige Kilometer nordöstlich der Stadt Cleven (heute: Chiavenna in Italien) in den Tagen vor dem Bergsturz vom 4. September 1618 mehrfach gewarnt worden seien:[1] Ein armer Tagelöhner habe am Tag vor der Katastrophe den Podestà (Gemeindevorstand) vor dem Unglück gewarnt und zur Flucht geraten, sei aber nur als falscher Prophet und Trunkenbold verspottet worden. Auch habe man einen Gestank wie von Schwefel und Feuer wahrgenommen. Das berichtete am Tag danach der Zeitzeuge Joachim Curtabate aus Chiavenna. Wahlweise seien die Mahner und Warner in der Zeit vor der Katastrophe auch ein alter Mann, ein Töpfer, Bauern oder ein Holzfäller gewesen, die aber alle nur das Unverständnis oder sogar den Spott der Einwohner von Plurs geerntet hätten. Das Städtchen gehörte als Untertanenland zu den Drei Bünden (heutiger Schweizer Kanton Graubünden), dessen Regierung in Chur saß und die Landvogtei über einen Commissari (Amtsmann) mit Sitz in Chiavenna verwaltete.[2] 1618 war dies Fortunat(us) Sprecher von Bernegg, der in einem Brief vom 5. September an seine Regierung die Situation im Bündner Untertanengebiet schildert. Er berichtet sogar von Vorzeichen in der Tierwelt. Zwei Zeugen hätten ihm unter Eid versichert, dass am Mittag vor der Katastrophe

> »die Binen oder Jmmen, wie man sy nent, uss den hüsseren sich lassen, und herab in die Contrata Scatton genant in Plurser gebieth sich glassen, daselbst auch alle Binen herfür khommen und angfangen ein anderen mit einer sömlichen ungstüme in der lufft stechen, dass das mehrtheil todt uff das erdtrich gfallen [...]«[3]

Tatsächlich kam der Bergsturz in der Nacht vom 4. auf den 5. September 1618 so überraschend, dass kein Einwohner von Plurs mehr fliehen und entkommen konnte. Nur wer sich gerade zufällig

außerhalb der Zerstörungszone befand, überlebte laut Fortunat Sprecher: Der Wirt des Gasthauses ›Zur Krone‹ Francesco Forno und der Maurer Simon Ramada, die sich gerade in einer Grotte am Hang gegenüber bei Pe' de Rovano (zum Weinholen?) aufhielten, ein altes Weib mit zwei Kindern, die dort bei einer Terrasse am Hang Schutz fanden, Battista Planta, ein stummer Junge, der gerade Früchte aus einem Obstgarten bei Rovano stahl, der Bruder des Podestà von Plurs, Giacomo Andrea Nassan, der sich zum Nachtessen bei Sant'Abbondio auf der anderen Talseite aufhielt (wo sechs weitere Personen überlebten) und der Seidenhändler Giovan Pietro Vertemate Franchi mit seiner Familie. Die Zahl der Toten lässt sich mit etwa 1.000 Personen recht genau bestimmen.[4]

Doch was genau war geschehen? Wie es sich mit den später erzählten, moralisch akzentuierten Geschichten von geretteten Alten, verschonten Säufern, verspotteten Warnern oder im letzten Moment, ähnlich wie Lots Frau in der biblischen Geschichte vom Untergang von Sodom und Gomorra, zurückbleibenden und deswegen verschütteten Frauen auch immer verhalten mag: Anzeichen für einen bevorstehenden Bergsturz hat es wohl doch gegeben.

o Unbekannter Künstler, Panoramabild von Plurs und Umgebung vor dem Bergsturz von 1618, nach 1618 Öl auf Leinwand, Palazzo Vertemate Franchi, Plurs/Piuro

1 Glocke »La Piura« von San Cassiano, Plurs, gegossen 1597, aufgefunden 1859 Heute im Campanile von Plurs/Piuro

Schon zehn Jahre zuvor waren oberhalb von Plurs bei dem Dörfchen Scilano Risse im Erdreich festgestellt worden. Vom 25. August bis zum 3. September 1618 hatten ergiebige Regenfälle dazu geführt, dass sich das durch einen vorzeitlichen Gletscher verformte Erdreich am Monte Conto oberhalb von Plurs mit Wasser vollgesogen hatte und instabil geworden war (siehe den Beitrag Rothe, Bergstürze, in diesem Band).[5] Gut möglich also, dass in den Tagen vor dem Bergsturz einzelne am Berge Arbeitende Beobachtungen gemacht hatten, die auf einen Erdrutsch deuteten. Aber offensichtlich fühlte sich dadurch niemand zu einer Reaktion veranlasst. Nicht einmal ein erster Erdrutsch in der Dämmerung des 4. September bei Scilano, der einige Rebhänge verschüttete, führte zur Evakuierung von Plurs. Man kann nur vermuten, dass kleinere Bergstürze in dieser Region so weit zur Normalität gehörten, dass die abgeklärten Bewohner der rauen Bergwelt nicht gleich bei jeder Erdbewegung mit einer so drastischen Maßnahme wie der Evakuierung eines immerhin mindestens seit dem 11. Jahrhundert dauernd bewohnten Städtchens reagierten.[6]

So kam es, dass die Plurser in der Nacht des 4. September 1618 unter einem Gemisch aus Schlamm und Steinen begraben wurden. Der Berg rutschte »in einem Moment« ab, wie eine Augenzeugin berichtete, während die weiter entfernt Wohnenden, wie Fortunat Sprecher in Chiavenna, ein langanhaltendes Rauschen und Donnern wie aus schweren Kanonen hörten und eine Staubwolke wahrnahmen, die sich durchs Tal bis nach Chiavenna wälzte.[7] Der Bergsturz war von zermalmender Gewalt. Allein schon der Luftdruck, den die hinunterstürzenden Massen vor sich her ins Tal stießen, muss enorm gewesen sein. Die Schuttmasse füllte den Talboden, verschüttete den Lauf der Mera und brandete am gegenüberliegenden Hang einige Meter hinauf. Die Wucht der Masse trug die Trümmer des Kampanile der protestantischen Kirche Santa Maria vom linken auf das rechte Ufer der Mera, zermalmte und zerquetschte aber ansonsten alles bis auf einige Mauerzüge in Sturzrichtung, wie die Ausgräber im Jahre 1963 feststellen sollten. Die blockierte Mera schwoll zu einem See an und fand erst nach fast zwei Stunden einen neuen Lauf durch die Schuttmassen. Fortunat Sprecher, der am folgenden Tag die ersten Rettungsmaßnahmen organisierte, fand mit seinen Helfern daher auch nur wenige Leichen. Seiner Schätzung nach bedeckte die Schuttmasse eine Fläche von etwa 900 m Breite und 2.700 m Länge und türmte sich »mehr alss fünf spiess hoch« (ca. 15 m, 1963 wurden noch 7–8 m gemessen).[8] Die Rettungsgrabungen, die unter Aufsicht und zunehmend systematisch und organisiert erfolgten, sollten sich bis weit ins nächste Jahr erstrecken.

Schatzgräberei und Deutungsstreit

Dass man überhaupt die Mühe und Kosten monatelanger Grabungen auf sich nahm, hatte gute Gründe: Plurs und seine Bewohner galten als wohlhabend, einige Familien sogar als ausgesprochen reich.[9] Die Plurser kontrollierten und betrieben auf ihrem Abschnitt der wichtigen transalpinen Handelsroute über den Septimerpass den Transport von Waren und Menschen als Monopol. Die Kommune war außerdem ein Zentrum des Specksteinabbaus (Lavez) und seiner Verarbeitung zu feuerfesten Gefäßen und Öfen, die überregional exportiert wurden. Man handelte auch mit Seide, und einige vermögende Familien wie die Kaufmannsfamilie Vertemate Franchi hatten sich im Wirtschaftsboom der Jahre seit 1580 stark im lukrativen Bergbaugeschäft engagiert. Münzfunde im Schutt des Bergsturzes aus dem Jahr 1988 lassen das weit gespannte Netz der Handelsbeziehungen erahnen: Neben Münzen aus Graubünden, den Niederlanden, dem römisch-deutschen Reich, Mailand, Venedig und Florenz bezeugen Goldmünzen aus Polen, Frankreich (Tournai), Ungarn (Kremnitz) und sogar dem osmanischen Reich den Reichtum und die Verbindungen der Plurser.[10] Noch heute legt der Sommerpalast der Familie Vertemate Franchi aus der zweiten Hälfte des 16. Jahrhunderts, außerhalb der Bergsturzzone gelegen, mit seinem Renaissanceluxus beredtes Zeugnis

2 Vorher-Nachher-Bild von Plurs,
in: Matthaeus Merian der Ältere
(1593–1650), *Theatrvm Evropaevm …
vom Jahr Christi 1617 biß auff das
Jahr 1629 …*, 1635 Universitätsbibliothek Heidelberg

vom aristokratischen Lebensstil der Plurser Kaufleute ab.[11] Schon drei Tage nach dem Bergsturz versammelten sich die Überlebenden aus Plurs und wählten gemeinsam mit den Einwohnern der im Tal verstreuten, unbeschädigten Siedlungen der Gemeinde einen neuen Rat.[12] Am 9. September beschloss dieser mit Blick auf die Wiedergewinnung und Zuordnung verschütteter Besitztümer, die Eigentumsverhältnisse in Form eines Katasters zu rekonstruieren,

und bat dafür die Familienangehörigen der Katastrophenopfer in den oberitalienischen Metropolen und in Wien, Prag, Augsburg, Nürnberg, Leipzig, Innsbruck und Graz brieflich um Hilfe.

Die Kommune konstituierte sich rasch neu, das Leben musste weitergehen. Bereits im Jahre 1628 zählte Plurs wieder 823 Einwohner. Man siedelte aber nicht in der verschütteten Zone, die nur noch für Weinbau und Landwirtschaft genutzt wurde. Dem Bemühen,

3 Bühnenbild der Uraufführung der Oper *Die Glocken von Plurs* von Ernst Hermann Seyffardt (1859–1942) in Krefeld am 8. Dezember 1912 Stadtarchiv Krefeld

den verschütteten Besitz der Kommune und der betroffenen Privatpersonen wenigstens zum Teil wieder zu finden, war entweder kein großer Erfolg beschieden oder Schatzfunde wurden trotz der Überwachung heimlich beiseite geschafft. Für letzteres spricht, dass schließlich doch einige Kultgegenstände, die in den Augen der Schatzsucher wohl kein geeignetes Diebesgut darstellten, wie zum Beispiel Silberkelche, Kreuze und ein Messgewand, weitgehend unversehrt geborgen wurden.[13] Ähnliches galt auch für die wegen ihres Gewichtes nicht unbemerkt fortzuschaffenden Glocken von Plurs, von denen im Lauf der Jahrhunderte insgesamt fünf unzerstört aus der Schuttmasse geborgen werden konnten: Zwei Glocken aus dem oben erwähnten Kampanile von Santa Maria, von denen die 1598 gegossene bis 1980 im Kampanile der Kollegiatskirche von Sant'Abbondio hing. Eine Glocke, 1639 gefunden und verkauft. Zwei Glocken von San Cassiano, 1767 und 1859 geborgen, seitdem im Kampanile der benachbarten Teilgemeinde Prosto. Während die 1767 geborgene Glocke mehrfach umgegossen wurde, läutet die 1859 geborgene, angeblich unverändert in ihrer Form seit 1597, noch heute (Abb. 1).[14]

Die Kunde von der Katastrophe verbreitete sich rasch in halb Europa. Das lag nur zum Teil am erwähnten Netzwerk der Plurser. Viel wichtiger noch war der Resonanzraum, den die Sensation fand. Dieser wurde von Konflikten zwischen Protestanten und Katholiken

lokal geformt, von Spannungen zwischen Bündner Herrschaftsträgern und Veltliner Untertanen regional überlagert und von aufziehenden europäischen Großkonflikten kontinental geprägt.[15] Die sich verstärkenden Probleme ergaben eine explosive Mischung, die in den Dreißigjährigen Krieg münden sollte. Die Bündner hatten sich im 16. Jahrhundert weitgehend der Reformation angeschlossen und über ihre Amtsträger von Chur aus in den überwiegend katholischen Untertanenlanden eine Tolerierung reformierter Gemeindemitglieder mit Anspruch auf eine Kirche je Gemeinde durchgesetzt. Gegenreformatorische Aktivitäten, seit Ende des 16. Jahrhunderts von den spanisch-habsburgisch dominierten Bistümern Oberitaliens aus mit Predigern betrieben, hatten die Spannungen in den Veltliner Gemeinden anschwellen lassen. Die Bündner Elite und die von ihr zunehmend dominierten Untertanengebiete gerieten Anfang des 17. Jahrhunderts in das nun auch konfessionell verstärkte Konfliktfeld widerstreitender Interessen der Großmächte Frankreich, Venedig und Habsburg in Oberitalien (Mailand) und Österreich. 1597 fand in Plurs, wo die kleine reformierte Gemeinde eine eigene Kirche hatte, unter Aufsicht des Magistrats ein öffentliches Streitgespräch zwischen evangelischen und katholischen Theologen über Glaubensfragen statt, das sich an der Konversion einer Reformierten unter dem Einfluss eines Kapuziners entzündet hatte.[16] In Sondrio, dem größten Ort des Veltlin, wurden katholische

4 Ausgrabung von Belfort im untergegangenen Plurs/Piuro, 2013

Kirchen geschändet und der Erzpriester Nicolò Rusca gefoltert; er starb ausgerechnet am 4. September 1618 an seinen Verletzungen. Der Bergsturz von Plurs wirkte vor diesem Hintergrund offenbar wie ein Zeichen. Bereits das kuriose ›Vorzeichen‹ des Bienenkampfs bei Fortunat Sprecher muss daher eher als Zeitdiagnostik denn als Beobachtung eines natürlichen Geschehens verstanden werden. In antiker wie mittelalterlicher Tradition galten Bienen und die von ihnen gebildeten ›Staaten‹ als Symbole einträchtig geordneter Gemeinwesen, von Vernunft und Zusammenhalt. Wer erzählte, dass Bienenvölker sich gegenseitig vernichten, thematisierte eine widernatürliche Verkehrung der göttlichen Ordnung, sprach über seine Ahnung von (Bürger-)Krieg, Glaubenskonflikt und Katastrophe.[17] Da die Katastrophe Protestanten und Katholiken, Arme und Reiche, Bündner und Veltliner gleichermaßen getroffen hatte, war nur die Frage: An wen richtete sich diese Botschaft und wie war sie genau zu verstehen?

Nahezu sofort setzte ein mit den Medien der Zeit ausgetragener Deutungsstreit ein. Aus dem Zeitraum von 1618 bis 1708 haben sich 89 Dokumente zum Ereignis erhalten: Briefe, ein Gedicht und ein Choral, viele Flugschriften und -blätter (teils mit Holzschnitten und Kupferstichen), eine Predigt, Relationen, ›Newe Zeytungen‹, Berichte in Chroniken und Kompendien.[18] Ausgehend vom Text der ersten Briefe erschienen noch im Jahr 1618 in halb Europa von Viterbo bis Prag, Paris bis London, Basel bis Frankfurt mindestens 24 Drucke über den Bergsturz. In allen ideologischen Lagern verbreitet war die Deutung der Katastrophe als Gottesstrafe. Als Grund der Strafe wurde vor allem der Reichtum der Einwohner bemüht, in Analogie zur Sintflut und dem Untergang von Sodom und Gomorra, aber auch ihr angeblich sündig-wollüstiges Leben. Der evangelische Pfarrer Johann Georg Gross aus Basel versuchte mit einer langen Predigt, dieses Argument unter Berufung auf die Prüfungen Hiobs durch Gott zu entkräften. Er sprach von göttlicher Vorsehung, von einem Zeichen, das zu Mitleid mit den Opfern, zu Demut und Gottvertrauen, zum Gedenken an die eigene Sterblichkeit aufrufe. Wieder andere vermuteten, dass der exzessive Abbau von Speckstein den Berg ausgehöhlt habe, und machten damit die Habgier der Plurser verantwortlich.[19] Noch 1932 und erneut 2009 wurde dieses Argument bemüht, obwohl der Specksteinabbau einen anderen Teil des Berges betraf und der Geologe Friedrich Rolle schon 1878 aus geologischen Gründen den Bergbau als Ursache ausgeschlossen hatte.[20] Doch es gab auch Berichte, die den Grund für das Ereignis allein in natürlichen Ursachen suchten: Schuld seien die heftigen Regenfälle, die unkanalisiert zu Tale stürzten, oder unterirdische Winde hätten ein Erbeben und dieses den Bergsturz ausgelöst (diese Begründung konnte sich auf antike Theorien seit Aristoteles stützen).[21]

5 Grabungsfoto der italienisch-schweizerischen Ausgrabungen von Plurs/Piuro im Jahr 1963

Eine hohe Zahl von Nachdrucken und Übersetzungen spricht dafür, dass die Drucker mit der grausigen Sensation durch das Bedienen einer Nachfrage Geld zu verdienen hofften. Der Bergsturz von Plurs gerann auf diese Weise zum Signum der Zeit, mit dem anderes und mehr als nur die Katastrophe selbst thematisiert wurde. Dazu trug auch die Illustration der Flugblätter bei. Doch obwohl zum Beispiel ein 1618 bei Johann Hardmeyer in Zürich erschienenes Flugblatt wie viele andere auch beteuert, dass es sich um eine »Warhaffte abbildung deß fläckens PLUES/ in den Grawen Pündten gelägen« handele, war dies eben nicht der Fall.[22] Der Text beschränkt sich auf einen nüchternen Bericht des Ereignisses. Die beigefügte Druckgraphik zeigt Plurs vor der Zerstörung mit allen Gebäuden, die mittels Nummern im Bild und einem Verzeichnis identifiziert werden. Dieses orientiert sich am erwähnten Kataster, der nach dem Bergsturz erstellt wurde, Topographie und Architektur der Szenerie entspringen dagegen der Phantasie des Zeichners. Ein oben angeklebtes, herabklappbares Deckblatt zeigt in Form und Bild die herabgestürzte Bergflanke mit ihrem Schuttberg samt aufgestauter Mera im Tal. Auf diese Weise wird nicht nur der

Zustand vor und nach dem Bergsturz gezeigt, sondern der Moment der Katastrophe (griechisch für ›Umkehr‹) visualisiert, in seiner Dynamik sogar sinnlich nachvollziehbar gemacht: Wer mit der Hand das Deckblatt herunterklappt, vollzieht den Bergsturz kinematisch nach. Es ist ein ›Denkbild‹[23], mit dem die Vergänglichkeit alles Irdischen zum Anstoß für Selbsterkenntnis wird. Diese Bildidee wurde von vielen Nachdrucken aufgegriffen und diente, ohne Klappmechanismus, als ›Vorher-Nachher‹-Bildkombination noch als Vorlage für die 1635 bei Matthäus Merian gezeigten Bilder vom Plurser Bergsturz (Abb. 2).[24] Vermutlich beruht der Erfolg der Klappbilder, der ›Vorher-Nachher‹-Bilder und schließlich der Emblemata von Katastrophen seit dem beginnenden 17. Jahrhundert aber nicht nur auf einem Interesse an (Selbst-)Erkenntnis, sondern auch auf einer Verbindung von Neugier, Schaulust, Grusel und dem performativ wirkungsvollen Gestus des Aufdeckens von Verborgenem. Womöglich ist hier die Entstehung eines ganz eigenen Genres von Katastrophenbildern zu beobachten, die den Moment einer in Raum und Zeit klar verorteten Katastrophe mit den visuellen Mitteln der Epoche festzuhalten suchten.

Schaurigschöner Glockenklang

Auch wenn das verschüttete Plurs schon wegen seiner sagenhaften Schätze nie völlig in Vergessenheit geriet, hat die Katastrophe selbst erst wieder in der Zeit der Romantik und des anbrechenden Alpentourismus' größere Aufmerksamkeit gefunden.[25] Im Jahre 1887 erschien als preisgünstiger ›moderner Roman‹ für ein großes Publikum *Die Glocken von Plurs* von Ernst Pasqué (1821–1892) im Stuttgarter Verlag von Johann Christoph Engelhorn aus der Mannheimer Familie der Mitbegründer der BASF und Stifter der Reiss-Engelhorn-Museen.[26] Pasqué war nach einem langjährigen Engagement als Bariton am Großherzoglichen Hoftheater in Darmstadt seit 1874 als vielschreibender Autor tätig. Angeregt von Wanderungen 1882 und 1885 im Bergell, bei denen er die Meriansstiche gesehen, die geretteten Glocken von Plurs im Geläut von Prosto und Sant'Abbondio und Legenden um den Bergsturz gehört hatte, verfasste er eine geschickt gerahmte Erzählung um heimliche Schatzgrabungen auf der Grundlage des ›Lageplans‹ der Bilder bei Matthäus Merian.[27] Darin mischte er elegische Schilderungen der vom Klang der Glocken durchzitterten Waldeinsamkeit des Bergell mit solchen von grausigen Entdeckungen bei der Schatzgräberei und Intrigen um eine sich entspinnende Liebesgeschichte. Pasqué traf mit seiner romantischen Schmonzette, die zwischen ›Schaurigschön‹ und ›Schwulst‹ changiert und 1901 ins Französische übersetzt wurde, sicher einen Nerv seiner Zeit. So fanden die *Glocken von Plurs* auch bald das Interesse von Komponisten. Der Krefelder Ernst Hermann Seyffardt (1859–1942), seit 1892 als Dirigent des Neuen Singvereins in Stuttgart tätig,

vertonte ca. 1900–1912 eine vereinfachte Version auf der Grundlage eines Librettos von Maidy Koch.[28] Seine volkstümliche Oper im Geist der späten Romantik, mit eklektizistischen Anklängen an Johannes Brahms und dem Versuch, Glockenklang und Leitmotivik zu verbinden, wurde am 8. Dezember 1912 in Krefeld uraufgeführt (Abb. 3), fiel aber bis zu ihrer Wiederaufführung am 4. September 2010 unter der musikalischen Leitung von Antonello Puglia in Piuro im erst jüngst ausgegrabenen Palast Belfort (Abb. 4) weitgehend der Vergessenheit anheim. Das ebenfalls von Pasqué inspirierte Musikdrama des St. Moritzer Komponisten Carl Robert Gruner (1895–1955) von ca. 1920 gelangte bisher gar nicht zur Aufführung.[29]

Die Zeit nach dem Zweiten Weltkrieg war nüchterner und gab sich wissenschaftlicher, ließ sich aber ebenfalls in den Bann der Katastrophenerzählung ziehen.[30] Angeregt von dem Berner Fotografen Hans Steiner und im Zeichen eines zusammenwachsenden Europas, begannen in den 1960er Jahren Ausgrabungen unter Leitung der 1961 gegründeten *Italienisch-schweizerischen Vereinigung für die Ausgrabungen in Plurs*. Lehrlinge des Metallgewerbes (Schweizerischer Metall-und Uhrenarbeiterverband) opferten ihre Ferienzeit für Grabungskampagnen (Abb. 5). Die Funde der fortgeführten Grabungen befinden sich heute im *Museo degli scavi di Piuro*. Am Beginn des 21. Jahrhunderts ist zur archäologischen Aufarbeitung unter der Ägide des derzeitigen Präsidenten der *Vereinigung* Gianni Lisignoli auch eine kulturgeschichtliche Erforschung der Deutungsgeschichte des Bergsturzes getreten. Sie erschließt den Bergsturz als Erinnerungsort für Einheimische wie Touristen und fügt so seiner langen Geschichte eine weitere Etappe hinzu.

Anmerkungen

1 Scaramellini 1995, S. 22–25. Die Datierung folgt dem gregorianischen Kalender. Zeitgenössische Berichte nach Falappi 1995, besonders S. 109–110, 307–309 (Sprecher), 111–113 (Curtabate), 118–131 (Johann Georg Gross), 131–134 (Giovanni Francesco Menati), 134–137 (Francesco Ripa), 318–319 (Johannes Philippus Abelinus).

2 Verwaltung: Simonett – Sablonier 2000, Bd. 4, S. 85, 304–305.

3 Falappi 1995, S. 109.

4 Scaramellini 1995, S. 26–28. Die Angaben variieren, hier nach Sprecher und einer von Francesco Forno veranlassten Totenliste, Falappi 1995, S. 109, 137–145, 308.

5 Scaramellini 1995, S. 29; De Poli – Ghilardi 1988, S. 78–82.

6 Scaramellini 1995, S. 11–22.

7 So nach Sprecher, Falappi 1995, S. 109, 307–309: »[...] mons ille Contus, summo impetu & fragore, vnoque momento [...] decidit«.

8 Scaramellini 1995, S. 26, 35, 39; Falappi 1995, S. 109 (Zitat Sprecher), 308 f.; Schneider, H. 1964, S. 8.

9 Simonett – Sablonier 2000, Bd. 1 S. 144, 171, 239–240, Bd. 2 S. 61–74, Bd. 4 S. 54–55.

10 Vismara 2000, besonders S. 17–28, 35–38.

11 Mulazzini [et al.] 1989; Kahl 1995, S. 74–79.

12 Scaramellini 1995, S. 32–33.

13 Scaramellini 1995, S. 31.

14 Scaramellini 1995, S. 35.

15 Wendland 1995, S. 19–26; Simonett – Sablonier 2000, Bd. 2 S. 127–131, 150–155, 205–210, 218–226; Schmidt, H. 2005, S. 91–96; Scaramellini 2013, S. 22–26.

16 Valenti 2010, S. 62–67.

17 Peil 1983, S. 180–181, 205, 276.

18 Berichte nach Falappi 1995, Nr. 2–5, 9–11, 13–23, 25–29, 31–32; Zitat: S. 115 (Johann Georg Schlehen von Rottweil); Iacomella 2011.

19 Falappi 1995, Nr. XXX.

20 Falappi 2010a; Hauer 2009, S. 273, 277; De Poli – Ghilardi 1988, S. 78–82.

21 Falappi 1995, Nr. 9–10, S. 147–150; Gruet 2004.

22 Harms – Schilling 1985, Nr. I.212 S. 436–437; Falappi 1995, Nr. 25 S. 208; Kahl 1995; Münkner 2008, S. 98–103; Zeller 2014, S. 64–68.

23 Weber 2003, S. 241–243.

24 Theatrvm Evropaevm 1635, S. 114–115.

25 Kahl 1995, S. 73 mit fig. 38.

26 Pasqué 1887 (Zitat: Innenumschlag vorne); Esselborn 1979, S. 342; Frank-Planitz 1986, S. 274–275, 277–281; Bartnik 1992.

27 Pasqué 1887, S. 17, 52, 124; Falappi 2012.

28 Zu Komponist und Oper vgl. die Beiträge in Plurium Sondernummer 4 (2010), besonders Paul-Günter Schulte; Schulte 2011.

29 Mehrfach aufgeführt wurde hingegen das wohl 1938 entstandene Singspiel von Jakob Muff 1950 mit Musik von Emanuel Bucher, Falappi 2010b, S. 13.

30 Presser 1957; Schneider, H. 1964; Langini 1967; Scaramellini 2009; Hubacher 2012.

Bergstürze

PETER ROTHE

Die Bezeichnung könnte darauf hinweisen, dass da ganze Berge stürzen, sie meint aber immer nur den Absturz von Felsmassen, die Teile eines Berges sind und der Schwerkraft folgend zu Tal stürzen. Das sind gravitative Massenbewegungen, zu denen mit kleineren Dimensionen auch Felsstürze und Steinschläge gehören: Bergsturz $> 10^6$ m³ – Felssturz – Steinschlag $< 0,1$ m³. Die episodisch auftretenden Ereignisse dauern meist nur Sekunden, höchstens Minuten. Solche Felsmassen müssen für den Transport zunächst einmal bereitgestellt werden, dabei spielen etwa Verwitterungsprozesse und vor allem die durch Frostwechsel bedingte Erweiterung von Klüften und Spalten in den Gesteinen eine Rolle. Gefrierendes Wasser vermehrt sein Volumen um etwa neun Prozent. Das erklärt unter anderem, warum sich Bergstürze vor allem in den Hochgebirgsregionen ereignen, die durch häufige Frostwechsel gekennzeichnet sind (der von 1806 in Goldau in der Schweiz ist dafür ein eindrucksvolles Beispiel). Vielfach beobachtet man auch die Gleitflächen (bei Ablösung des Materials von der Unterlage spricht man von Sturzbahn), auf denen die Gesteinsmassen abgerutscht oder im freien Fall herunter gekommen sind, und das Abrissgebiet, aus dem das Material stammt.

Oft ist die Lagerung der Gesteinskomplexe von Bedeutung: so können besonders schräg zum Tal einfallende Schichtpakete – zum Beispiel Kalksteine im Verband mit unterlagernden Tonen oder Mergeln (die bei Wasserzufuhr quellen) – nach länger anhaltenden Regenfällen ins Rutschen geraten: Der Kalk fährt dann Schlitten auf der tonigen Unterlage. Für den Gleitprozess sind bestimmte Schmiermittel besonders geeignet, zu denen Tone, Gips und Salz gehören.

Bei den Tonen spielt deren spezielle Mineralogie eine ganz wesentliche Rolle. Zu den Tonmineralen zählen neben Kaolinit und Illit vor allem Smektit/Montmorillonit. Letztere sind so genannte quellfähige Phasen, die die Eigenschaft haben, Wasser und andere Flüssigkeiten an die Oberflächen der blättchenförmigen Kristalle und sogar in den Kristallen selbst zu binden und auch wieder abzugeben; das wird als Austauschkapazität bezeichnet, die natürlich auch die im Wasser gelösten Kationen/Elemente betrifft. Solche quellfähigen Tonminerale können also viel Wasser aufnehmen, das sie bei Trockenheit wieder verlieren. Unter dem Druck auflastender Gesteine gleiten solche Mineralblättchen schon bei sehr geringer Hangneigung aneinander vorbei (man sagt, der Ton hat eine geringe Scherfestigkeit) und leiten damit die Rutschung ein.

Manchmal werden Berghänge auch durch Erosion unterschnitten, sodass sie ihre Unterlage verlieren. Im Prinzip können sich also Bergstürze auch im Mittelgebirge ereignen. Ein schönes Beispiel für einen bevorstehenden Felssturz sind die Hessigheimer Felsengärten, wo bereits große Spalten die Felsen des Oberen Muschelkalks durchziehen, und wo die leicht löslichen Gipsgesteine des Mittleren Muschelkalks und die Erosion durch den Neckar den Felsen allmählich die Unterlage entziehen.

Bergstürze sind letztlich vorhersehbar, keiner kommt plötzlich, und in vielen Gebirgen werden entsprechend gefährdete Hänge heute überwacht. Im Falle von Goldau 1806 war man seit 30 Jahren aufgrund von Vorzeichen (Risse, die sich mit Wasser füllten, über die Risse gespannte Wurzeln, die mit einem Knall zerrissen) davon überzeugt, dass es passieren würde (»der Berg stürzt dann einmal zu Thale«). Es gibt fast immer Vorzeichen, dass sich ein Hang bewegt, zunächst sehr langsam. Man kann das zum Beispiel am ›Säbelwuchs‹ von Bäumen sehen: Der Baum will ja immer nach oben wachsen, deshalb kompensiert er die Bewegung seines Untergrunds entsprechend; in besonderen Fällen kann auch ein Doppelknick im Baum anzeigen, dass der Rutschvorgang unterbrochen wurde (siehe Abb. 1). Hundertjährige Bäume mit solchem Säbelwuchs zeigen also an, dass sich der Hang bewegt hat, aber es entwickelt sich daraus nicht zwangsläufig ein Bergsturz. In unseren Mittelgebirgen hatten während des Quartärs mit seinem mehrfachen Wechsel von kalten und wärmeren Klimaphasen zu einem solchen Hangkriechen auch die Wechsel zwischen Gefrieren und Auftauen des Untergrunds beigetragen. Das betrifft überwiegend die obersten Bodenschichten und wird als Bodenfließen/Solifluktion bezeichnet. Diese langsamen Bewegungen sind allerdings so weit verbreitet, dass sie

1 Veränderung in der Wuchsrichtung von Bäumen,
   verursacht durch abrutschendes Erdreich

a. Anhaltende Bodenbewegung von vor 10 bis 5 Jahren

b. Zweimalige Bodenbewegung, zuerst vor 12, dann vor 16 Jahren

c. Birnbaum im Winter, einmal verstellt vor ca. 3 Jahren

kaum mit Bergstürzen in Verbindung gebracht werden können. In Festgesteinen verfolgt man Risse und Spalten, um herauszufinden, ob sie sich messbar erweitern. Das war nicht immer so, und man wundert sich, dass Menschen manchmal ihre Häuser unterhalb solcher Hänge errichtet haben. Die Wucht stürzender Gesteinsmassen kann so groß sein, dass sie sich sogar entgegen der Schwerkraft am Gegenhang bergauf bewegen (Goldau, Flims). Manche Bergstürze haben auch großräumig die Landschaft verändert, indem sie Flüsse gestaut und Seen geschaffen und/oder verkleinert oder voneinander getrennt haben. Unterhalb der Steilkanten des Weißjuras der Schwäbischen Alb hat man viele Blöcke kartieren können, die von

oben stammen und durch Bergstürze bei der Rückverlegung des Albtraufs dorthin gelangt sein müssen.

Zu den Ursachen von Bergstürzen gehören also immer spezifische geologische Verhältnisse, zu den Auslösern starke und anhaltende Niederschläge, wahrscheinlich aber auch Erdbeben. Dem Ereignis von Goldau 1806 zum Beispiel waren 1799, 1804 und 1805 besonders nasse Jahre vorausgegangen.

Literatur:
Heim 1932

Das Erdbeben von Lissabon 1755

Wie eine Naturkatastrophe Eingang ins kollektive Gedächtnis fand

LISELOTTE HOMERING

Nach 250 Jahren sollte man meinen, dass sich die Diskussionen um das Erdbeben von Lissabon, das im Jahr 1755 nicht nur die Hauptstadt Portugals, sondern auch viele andere Regionen Europas und darüber hinaus im wahren Sinn des Wortes ›bewegte‹, gelegt haben sollten. Doch weit gefehlt – bei einer Tagung, mit der man 2005 des Ereignisses gedachte, wurde die mediale Fortwirkung der dramatischen Geschehnisse von einst einmal mehr deutlich.

In ihrem einleitenden Aufsatz zum Tagungsband[1] betonen Gerhard Lauer und Thorsten Unger, dass weniger das Ereignis selbst, als vielmehr »die breite mediale Aufbereitung« der Katastrophe des Erdbebens von Lissabon dazu geführt hat, dem Geschehen die Dimension eines ›ikonographischen Moments‹ zu verleihen, das »Mitte des 18. Jahrhunderts in einer Reihe von Diskursen funktionalisiert« wurde: »Von Zeitungsberichten, wissenschaftlichen und essayistischen Textsorten über die Literatur, die bildenden Künste und die Musik bis hin zu philosophischen Abhandlungen ließ sich kein zeitgenössisches Medium die Ausgestaltung des Erdbeben-Sujets entgehen.«[2]

Eine europäisch-globale Katastrophe

Von erheblicher Bedeutung war, dass das schwere Beben von 1755,[3] das gleichsam aus heiterem Himmel die Menschen am 1. November (Allerheiligen) traf und von einem Tsunami desaströsen Ausmaßes, zerstörerischen Bränden und tagelangen Nachbeben begleitet wurde, nicht nur auf Lissabon konzentriert war (Abb. 1). Vielmehr wirkte es sich über Europa hinaus bis nach Finnland im Norden und Nordafrika im Süden aus und ging mit lokal und regional mehr oder weniger erheblichen Zerstörungen einher. Der Tsunami, der in Lissabon möglicherweise eine Höhe von bis zu 12 m erreicht hatte, überflutete auch Teile der Nordküste Afrikas, überquerte sogar den Atlantik, wo es in Martinique und Barbados zu Verwüstungen kam, und erreichte noch mit einer Höhe von ca. drei Metern die englische Südküste. Binnengewässer in Schottland, Deutschland und der Schweiz wurden von Standwellen (*Seiches*) in erhebliche Bewegung versetzt, Wasserstände stiegen plötzlich an und kehrten ebenso plötzlich wieder auf den Normalstand zurück, heiße Quellen in Badeorten versiegten, und wenn sie wieder zu Tage traten, sollen sie blutrot gefärbt gewesen sein. Erst als nach etlichen Tagen die Nachrichten aus Lissabon allgemein durchdrangen, boten sich Erklärungsmuster für die unheimlichen Geschehnisse. Zugleich war man aber auch in das außerordentliche Naturgeschehen mit hinein gezogen und selbst betroffen, was das gesteigerte und bleibende Interesse an dieser gewaltigen Naturkatastrophe zusätzlich erklärt.

o Unbekannter Künstler, Porträt des Sebastião José de Carvalho e Mello, Marquês de Pombal, 1767 Öl auf Leinwand, Museu da Cidade de Lisboa, Lissabon

1 Unbekannter Künstler, Das Erdbeben von 1755, o. J. Der Kupferstich zeigt das Erdbeben von 1755 nach britischen Augenzeugenberichten.
Museu da Cidade de Lisboa, Lissabon

Instrumentalisierung der Ereignisse

Je nach philosophischer, religiöser, gesellschafts- und wirtschafts-
politischer Ausrichtung wurden die Ereignisse unterschiedlich
gedeutet[4] und bald auch entsprechend instrumentalisiert.[5] Die katholische Kirche rief zu besonderen Gebetsstunden auf und führte
allgemeine Buß- und Gedenktage ein. Von protestantischer Seite
wurde behauptet, das Erdbeben sei als Strafe Gottes zu verstehen,
die sich besonders gegen die Katholiken gerichtet habe, deren Vergehen vor allem mit der Einführung der Inquisition und einer allzu
ausgeprägten Heiligenverehrung identifiziert wurde. Dies sei auch
der Grund dafür, dass sich das Erdbeben am Allerheiligentag zugetragen habe und sehr viele katholische Kirchen zerstört worden sei-
en. Dies musste in einer Stadt, in der der Katholizismus ausgeprägt
war, freilich nicht eben verwundern (Abb. 2)!

Lissabon nach dem Erdbeben

Relativ unberührt von diesem allgemeinen Diskurs blieb man in Lissabon selbst. Dort ging es vielmehr darum, aus dem Geschehenen
zu lernen und gegen die Folgen des Schicksalsschlages anzugehen.
Es schlug die Stunde der Technokraten. Die Toten mussten möglichst rasch beigesetzt werden, um Epidemien zu vermeiden. Gegen
die üblicherweise aufkommenden Plünderer musste vorgegangen
werden, immense Mengen von Trümmern waren zu beseitigen
(Abb. 3). Der Wiederaufbau sollte möglichst rasch einsetzen. Da der
portugiesische König Joseph I. (1714–1777) eher traumatisiert und als
wenig handlungsfähig einzuschätzen war, tat sich als Protagonist
in all diesen Angelegenheiten Sebastião José de Carvalho e Mello
(1699–1782) machtbewusst und tatkräftig hervor. Als Erster Minister Portugals (seit 1756) sorgte er für das Wiedererstehen Lissabons.
Er ließ Holzmodelle erdbebensicherer Häuser entwickeln und die
Neuanlage Lissabons wesentlich großzügiger als zuvor planen. Er
holte von den Gemeindepfarrern der Stadt und der Umgebung mittels standardisierter Fragebögen Informationen über die Ereignisse
und den jeweiligen gefühlten Verlauf des Erdbebens ein.[6] Hiermit
gilt er als Vorläufer einer modernen Seismologie (Lehre von Erdbeben). Weitestgehend gelang es ihm, die ehemals von mittelalterlichen Strukturen geprägte Handelsstadt, die zum Zeitpunkt des
Erbebens eher im Niedergang begriffen war und sich insbesondere
noch als Umschlagspunkt von Gold und Diamanten aus Brasilien

2 Die 1755 zerstörte, gotische Kirche des Convento do Carmo (ehemaliges Karmeliter-Kloster) wurde in Erinnerung an das Erdbeben als Ruine erhalten.

über Wasser gehalten hatte,[7] zu modernisieren (Abb. 4). Damit brachte er sie auf den Weg zu einer Handelsmetropole von mehr bürgerlicher als feudaler Prägung. 1759 ernannte ihn der König für seine – freilich keineswegs immer unumstrittenen – Verdienste zum Conde de Oeiras und zehn Jahre später zum Marquês de Pombal. Als dieser und als aufgeklärter Absolutist ging er in die Geschichte Portugals ein.

Die zeitgenössische Berichterstattung über das Naturereignis von Lissabon und deren vielfältige Rezeption wurde schlussendlich rasch eingeholt von den zahllosen Berichten vom Ausbruch und Verlauf des sich zur globalen Katastrophe entwickelnden Siebenjährigen Krieges (1756–1763)[8] – schon damals waren die Anfänge dessen zu beobachten, was man heute als eine ständige Verdrängung des einen ›Medienhypes‹ durch den nächsten bezeichnen kann.

Dass die Erinnerung an die Naturkatastrophe des Jahres 1755 effektiv weitergetragen wurde, hängt vornehmlich damit zusammen, dass viele Autoren immer wieder auf das Geschehen von Lissabon in ihren Werken Bezug genommen und damit zur nachhaltigen Wirkmächtigkeit des Erdbebens von Lissabon bis in unsere Gegenwart hinein beigetragen haben. Nur wenige ausgewählte Beispiele sollen dies illustrieren.[9]

Philosophenkrieg

Weithin bekannt ist die Auseinandersetzung zwischen Voltaire (1694–1778) und Jean Jacques Rousseau (1712–1778).[10] In seinem *Gedicht über die Katastrophe von Lissabon oder Prüfung jenes Grundsatzes »Alles ist gut«* aus dem Jahr 1756 polemisierte Voltaire gegen den

3 João Nunes Tinoco (ca. 1610-1689), *Stadtplan von Lissabon von 1650*, Kopie von 1850 Museu da Cidade de Lisboa, Lissabon

aufklärerischen Optimismus à la Alexander Pope (1688 –1744), der sich der Leibniz'schen These, trotz allen Übels lebe man doch in der besten aller möglichen Welten, angeschlossen und mit seinem 1734 publizierten Gedicht *An Essay on Man* die optimistische Weltsicht der Frühaufklärung in England eingeführt hatte. Voltaire wandte sich explizit gegen einen der Kernsätze in Popes *Essay*: »One truth is clear, whatever is, is right.«[11] Er eiferte, die Katastrophe von Lissabon beweise ja geradezu, dass Gott ein Gott des Strafens und der Rache sei. Damit forderte der Dichter seinen erklärten Gegner, den Philosophen Jean Jacques Rousseau heraus. Dieser äußerte sich in seinem *Brief über die Vorsehung* (1756) aber eher zivilisationskritisch: Die Menschen seien selbst an ihrem Unglück schuld, wenn sie in

Lissabon sechs- und siebengeschossige Bauten errichtet hätten. Außerdem hätten sie lediglich ihre materiellen Werte retten wollen und seien deshalb Opfer der Katastrophe geworden. Voltaire behielt mit seiner satirischen Novelle *Candide oder der Optimismus* (1759) in der Auseinandersetzung schließlich die Oberhand. In ihr goss er seinen Hohn über die einfachen Leute aus, die selbst angesichts des Erdbebens von Lissabon nichts als sorgenfrei leben wollten. Und er verteufelte sowohl den Adel als auch die kirchliche Inquisition und die Sklaverei. *Candide* ist bei allen ironischen Übertreibungen von erheblichem Skeptizismus, wenn nicht Pessimismus geprägt. Dennoch markierte der Philosophenkrieg keineswegs das Ende der Aufklärung und auch nicht das ihrer positiven Ausprägung.[12]

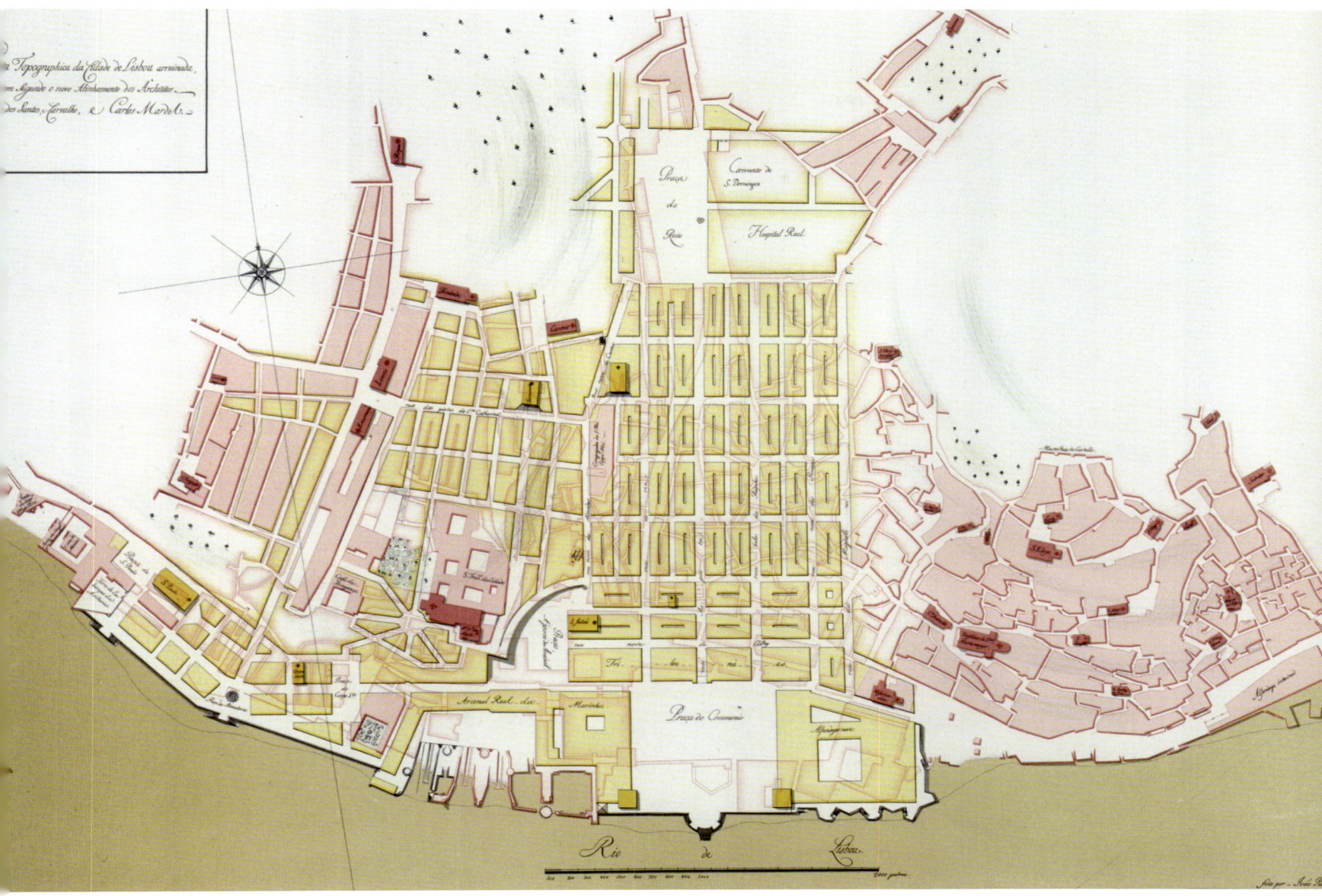

4 Das neue Lissabon nach den Plänen der Architekten Eugénio dos Santos Carvalho und Carlos Mardel, 1747
Kolorierte Lithographie, Museu da Cidade de Lisboa, Lissabon

Von der mentalen Erschütterung zur allgemeinen Chiffre

Doch die Erderschütterung bedeutete auch eine mentale Erschütterung, wie ein rascher Blick auf einige lebensgeschichtliche Verortungen des Ereignisses durch Intellektuelle Europas zeigt. 1789 begann der italienische Schriftsteller und Abenteurer Giacomo Casanova (1725–1798) mit der Niederschrift seiner *Memoiren* (*Histoire de ma vie*).

In diesen Lebenserinnerungen spielt das Erdbeben des Jahres 1755 eine wichtige Rolle und wurde dem Autor zum Gleichnis seiner Situation. Casanova war in die Fänge der venezianischen Staatsinquisition geraten, man hielt ihn monatelang in den berüchtigten Bleikammern des Inquisitorenpalastes gefangen:

> »Zu Anfang November [1755] faßte ich ernstlich den Plan, mich gewaltsam aus einem Orte zu entfernen, wo ich widerrechtlich festgehalten wurde. [...] Ich dachte mir hundert Pläne aus,| von denen einer immer kühner war als der andere [...]. Während dieser mühevollen Arbeit meiner Einbildungskraft trat ein eigentümliches Ereignis ein, das mir den traurigen Zustand meines Geistes zum Bewußtsein brachte.
> Ich stand in der Dachkammer und blickte nach der Dachluke und dem darunter befindlichen dicken Balken. Plötzlich schwankte

5 Die auf mehreren Plätzen in Lissabon wellenförmig gestaltete Bodenpflasterung, *calçada portuguesa* (etwa seit Mitte des 19. Jahrhunderts gebräuchlich), könnte als bewusste künstlerische Reminiszenz an das Erdbeben von 1755 interpretiert werden.

dieser Balken oder vielmehr er drehte nach rechts, und dann langsam und gleichmäßig wieder in die alte Stellung zurück. Da ich zugleich mein Gleichgewicht verlor, erkannte ich, daß es ein Erdbeben war. [...]

[Ich dachte] über mich selbst nach und fand, daß ich es zu den Möglichkeiten rechnete, meine Freiheit erst wiederzuerlangen, wenn der große Palast einstürzte. [...] In einer Lage wie die, in der ich mich befand, zählt man die Freiheit für alles und das Leben für nichts [...]. Im Grunde war ich bereits auf dem Wege, wahnsinnig zu werden.

Dieses Erdbeben hing mit dem großen Erdbeben zusammen, das zu gleicher Zeit Lissabon zerstörte.«[13]

Erheblich bekannter wurde Johann Wolfgang von Goethes (1749–1832) Darstellung der Ereignisse von 1755. In seiner Autobiographie *Aus meinem Leben. Dichtung und Wahrheit* nimmt auch er auf das Erdbeben Bezug:

»Durch ein außerordentliches Weltereignis wurde [...] die Gemütsruhe des Knaben zum ersten Mal im Tiefsten erschüttert. Am ersten November 1755 ereignete sich das Erdbeben von Lissabon [...].

Der Knabe [...] war nicht wenig betroffen. Gott, der Schöpfer und Erhalter Himmels und der Erden, den ihm die Erklärung des ersten Glaubens-Artikels so weise und gnädig vorstellte, hatte sich, indem er die Gerechten mit den Ungerechten gleichem Verderben preis gab, keineswegs väterlich bewiesen.«[14]

Der Bericht offenbart, dass Goethes Glaube an einen gütigen Gott seinerzeit gehörig ins Wanken geriet. Erst durch einen Trick, indem er in der weiteren Erzählung die Schrecken des Erdbebens mit den grotesken ›Schrecken‹ eines Hagelschlags, von dem Frankfurt 1756 betroffen war, gleichsetzt, gewinnt er die ironische Distanz, seine damalige religiöse Irritation zu bewältigen.[15]

1811 publizierte Johann Peter Hebel (1760–1826) eine seiner berühmtesten Kalendergeschichten. In *Unverhofftes Wiedersehen* muss der Autor aus gegebenem Anlass eine Zeitspanne von 50 Jahren in wenigen Worten umreißen. Er beginnt mit der Zerstörung der »Stadt Lissabon in Portugal« und endet damit, dass Napoleon Preußen erobert hat und die Engländer Kopenhagen bombardieren.[16] In dieser berühmt gewordenen Auflistung der einschneidenden Ereignisse steht das Erdbeben von Lissabon als chronikale Wegmarke allen anderen voran. Ein halbes Jahrhundert nach Hebel bietet Theodor Fontane (1819–1898), ähnlich wie zuvor Casanova, das Beispiel für die Tradierung der weiteren Auswirkungen des Bebens von 1755 in ganz Europa. In seinen *Wanderungen durch die Mark Brandenburg* aus dem Jahr 1861 erwähnt er auch den See, dem er in seinem letzten Roman 1897 endgültig zur Unsterblichkeit verholfen hat: den *Stechlin*. Seine kapriziöse Besonderheit verdankt dieser den Ereignissen von 1755:

> »»Wie still er da liegt, der Stechlin‹, hob unser Führer und Gastfreund an, ›aber die Leute hier herum wissen von ihm zu erzählen. Er ist einer von den Vornehmen, die große Beziehungen unterhalten. Als das Lissaboner Erdbeben war, waren hier Strudel und Trichter und stäubende Wasserhosen tanzten zwischen den Ufern hin.‹«[17]

In gewisser Hinsicht gerann das Ereignis von Lissabon auf den verschlungenen Wegen der Rezeption über die Jahrhunderte zu einer Chiffre, die über sich hinaus und auf Anderes verwies. Hatte Thomas Mann (1875–1955) 1924 in seinem Roman *Der Zauberberg* noch seinen jungen Protagonisten Hans Castorp als ignorant bloßgestellt, der nicht wusste, dass es sich beim Erdbeben von Lissabon keinesfalls um ein Tagesereignis handelte,[18] so musste Theodor W. Adorno (1903–1969) bei seinen Lesern absolut voraussetzen können, dass sie wussten, wovon er 1966 schrieb, wenn er die Naturkatastrophe von 1755 in Bezug setzte zur Menschheitskatastrophe des Holocaust:

> »Das Erdbeben von Lissabon reichte hin, Voltaire von der Leibniz'schen Theodizee zu kurieren, und die überschaubare Katastrophe der ersten Natur war unbeträchtlich, verglichen mit der zweiten, die der menschlichen Imagination sich entzieht, indem sie die reale Hölle aus dem menschlich Bösen bereitete.«[19]

Das letzte Beispiel zeigt einmal mehr, wie lebendig, und sei es nur als Metapher für andere Sachverhalte, das Andenken an das Erdbeben von Lissabon bis heute geblieben ist (Abb. 5). Jochen Hörisch (geb. 1951), Mannheimer Literatur- und Medienwissenschaftler, nahm 2009 in seinem Beitrag zur Finanzkrise gerade das Erdbeben von Lissabon ironisch zum Referenzmodell:

> »Viele Wirtschaftswissenschaftler stehen vor dem Beben der Finanz- und Bankenkrise, nicht anders als die Theologen im Jahr 1755 vor dem Erdbeben von Lissabon. Wie kann ein gütiger und allmächtiger Gott dies Unheil zulassen?, lautete damals die berühmte Theodizee-Frage. Wie kann der alles so herrlich regelnde Markt [...] dieses Beben, diesen Tsunami, diesen Abgrund zulassen [...] so lautet heute die Frage der Neoliberalen [...].«[20]

Anmerkungen

1 Lauer – Unger 2008.

2 Lauer – Unger 2008, S. 43.

3 »Die geologischen Ursachen des Bebens [das nach heutigen Berechnungen etwa eine Stärke von 8,5 bis 9 auf der Richterskala gehabt haben dürfte] sind bis heute umstritten. Als wahrscheinlichste Ursache gilt die Plattentektonik der *Azoren-Gibraltar-Bruchzone*, an der die Afrikanische und die Eurasische Platte zusammenstoßen. Aufgrund der speziellen Situation an dieser Stelle, kann es zu massiven vertikalen Bewegungen kommen, die besonders starke Tsunamis auslösen können. [...] Jüngste Untersuchungen des Meeresbodens vor Portugal deuten auf die Entstehung einer neuen Subduktionszone, die zu den Beobachtungen passt.« S. Erdbeben 2014, S. 4. Grundlegend zu allen Aspekten jetzt die Beiträge in Mendes-Victor 2009.

4 Hierzu u. a. auch Günther, H. 1994.

5 Vgl. auch Lauer 2008, S. 227.

6 Viele dieser Fragebögen sind heute noch im Nationalarchiv Torre do Tombo vorhanden. Vgl. Eifert 2002, S. 645.

7 S. Eifert 2002, S. 641–642: »Der damalige legendäre Reichtum Lissabons [...] war fast ausschließlich der Reichtum der Übersee-Händler, die mit ihren Schiffen am Tejo-Ufer anlegten und mit ihren Waren das Zollamt sowie die am Flußufer gelegenen Stapelhäuser füllten«.

8 Vgl. Eifert 2002, S. 661, vgl. auch Lauer 2008, S. 234.

9 Eine Sammlung zentraler Texte bei Breidert 1994.

10 Vgl. dazu auch Lauer 2008, S. 232.

11 Pope, 1st Epistle, v. 292.

12 Vgl. auch Lauer 2008, S. 222.

13 Casanova 1989, S. 259–260.

14 Goethe 1998a, Erster Teil, Erstes Buch, S. 29–30.

15 Vgl. Koch 1992, S. 41.

16 Hebel 2014, S. 1.

17 Fontane 1974, S. 341.

18 Mann 2008, vgl. S. 346.

19 Adorno 1966, S. 352.

20 Hörisch 2009, S. 1.

Lissabon 1. November 1755

PETER ROTHE

Die Ereignisse und die Folgen dieses wahrhaft weltstürzenden Erdbebens sind ausführlich dokumentiert und bis in den künstlerischen Bereich hinein kommentiert worden. Über die geologischen Gegebenheiten aber ist vergleichsweise wenig bekannt, und daran beginnt auch die Plattentektonik erst allmählich Anteil zu nehmen. Zu den jüngsten Erkenntnissen haben meeresgeologische Arbeiten beigetragen, die eine neu im Entstehen begriffene Subduktionszone im Atlantik entdeckt haben, 400 km südwestlich von Gibraltar. Das Hypozentrum des Lissabon-Bebens war aufgrund des Geschehens in einem Gebiet etwa 200 km südwestlich bei Cabo de São Vicente angenommen worden, auch die Schätzungen seiner Magnitude, 8,5 bis 9 auf der Richterskala, sind aus Schadensbeobachtungen im Sinne der Mercalli-Skala abgeleitete Werte. Es gibt Hinweise auf eine Dauer von drei bis sechs Minuten, mit zwei Nachbeben von jeweils zwei Minuten. Man kann sagen, dass dieses Beben den Anstoß zur neueren Erdbebenforschung gegeben hat. Großgeologisch existiert eine Bruchzone, die am Mittelatlantischen Rücken bei den Azoren beginnt und sich bis zur Meerenge von Gibraltar erstreckt, die Azoren-Gibraltar-Bruchzone. Die Azoren liegen zum größten Teil auf der Eurasischen Platte, die sich aktuell mit 1,8 cm/Jahr in östliche Richtung bewegt. Südlich der Bruchzone schließt sich die Afrikanische Platte an, die mit 3 cm/Jahr wesentlich schneller unterwegs ist; daraus ergeben sich sowohl Vertikal- als auch Horizontalverschiebungen (Blattverschiebungen) entlang der Bruchzone im Sinne ozeanischer Transformstörungen, die immer mit Erdbeben einhergehen. Hier haben wir es mit einer linkssinnigen Seitenverschiebung zu tun. Erdbebenherde entlang von Blattverschiebungen liegen meist nur wenige Kilometer tief (Flachbeben), was das Zerstörungspotential an der Oberfläche besonders erhöht. Damit ist sehr wahrscheinlich, dass das Lissabon-Beben hier seine geologische Begründung finden kann. Weiterhin verläuft eine Störungszone im Wesentlichen von West nach Ost durch das gesamte Mittelmeer, die sich ungefähr in einem System mit entsprechender Richtung in der Nordanatolischen Verwerfung(szone) fortsetzt; diese ist ebenfalls eine Transformstörung mit entsprechend flachen Erdbebenherden.

Die im Stadtgebiet von Lissabon beobachteten Schäden – die Zerstörung war selektiv erfolgt – bestätigen auch die Bedeutung des Untergrunds: Auf festem Gestein sind sie meist wesentlich geringer als auf lockeren Sedimenten. So war die auf felsigem Grund gebaute Altstadt viel weniger betroffen als die Neustadt mit den vielen Kirchen und Palästen, die auf dem Schwemmland der Tejo-Mündung errichtet worden waren; in solchen, durch die Erschütterungen hochbeweglich gewordenen, wassergesättigten Sedimenten konnten selbst ganze Häuser und Bauwerke von ähnlichen Ausmaßen versinken. Dabei kann es auch zur Thixotropie kommen, an der besonders quellfähige Tonminerale beteiligt sind: Scheinbar feste Bereiche werden schlagartig flüssig. Besonders zerstörerisch dürfte der aus den Schäden heraus ableitbare, von den Oberflächenwellen ausgehende Horizontalschub gewirkt haben, seitlicher Versatz ist noch heute an einer der verschobenen Säulen der Kathedrale nachvollziehbar.

Auch Lissabon war 1755 von Tsunamis betroffen, in diesem Falle waren das ausschließlich Folgeerscheinungen des Erdbebens. Es wird von bis zu zwölf Meter hohen Wellen berichtet. Die klassischen Phänomene wie das vorausgehende Zurückweichen des Meeres, das die Menschen zum Sammeln von angeschwemmtem Material (Fische auf dem Trockenen) auf dem trockengefallenen Strand zu nutzen versuchten, sind ausdrücklich in den Berichten erwähnt. Auch hier haben Brände, wie im Falle von San Francisco, die Katastrophe verstärkt.

1 Die wellenförmige *calçada portuguesa* in der etwa 25 km von Lissabon entfernten Küstenstadt Cascais

Musik und Katastrophe – Katastrophenmusik

DOROTHEA REDEPENNING

In welcher Beziehung steht Musik zu Katastrophen? Drei Zugänge lassen sich systematisch unterscheiden:

- ein direkter, unmittelbarer, spontaner Zugang, der auf die Katastrophe als solche reagiert – etwa spontane musikalische Äußerungen;
- ein vermittelter Zugang, der die Katastrophe mit symbolischer Bedeutung versieht – Kunstwerke verleihen konkreten oder fiktiven Katastrophen stets eine Interpretation;
- ein metaphorischer Katastrophenbegriff ohne Bezug zum Objekt, der einen kunstinternen Prozess bezeichnet.

Dieser dritte Zugang kann hier nicht weiter verfolgt werden; er sei nur kurz angesprochen. »Katastrophe« war bis ins 17. Jahrhundert gemäß der griechischen Etymologie ein dramentheoretischer Begriff. In diesem Sinne, als Wende- und Umschlagpunkt, nutzt ihn die Katastrophentheorie in der Mathematik;[1] in diesem Sinne können Kompositionen (auch ohne Text und ohne Bühne) über ihre Strukturen eine werkimmanente Katastrophe herbeiführen und überwinden.[2] Ein Musterbeispiel aus der europäischen Musikgeschichte bietet Beethovens dritte Symphonie, *Eroica*, im ersten Satz, wenn dort im Zentrum (in der Durchführung) aus immer schauerlicheren, härteren Dissonanzen ein klares, edles Oboenthema hervortritt. Die beiden anderen Zugänge sollen anhand weniger ausgewählter Beispiele veranschaulicht werden.

Sintflut und Vesuv: Musik und historische Katastrophen (am Beispiel europäischer Kunstmusik)

Die biblische Sintflut ist ein Thema, das Komponisten durch die Jahrhunderte immer wieder aufgesucht haben. Auch Atlantis und Rungholt sind Gegenstand von Vertonungen. Das Kirchspiel Rungholt, das 1632 bei der so genannten zweiten Marcellusflut vernichtet wurde, ist allen norddeutschen Schulkindern durch Detlev von Lilincrons Ballade *Trutz, blanke Hans* (1882) geläufig und wird bei Folklore-Musikern wie der plattdeutsch singenden Band Godewind lebendig gehalten. Die in der Ostsee versunkene sagenhafte Stadt Vineta ist Thema zahlreicher Lieder, u.a. in einem sechsstimmigen Chorsatz von Johannes Brahms (1860, auf ein Gedicht von Wilhelm Müller) und in zahlreichen folkloristischen Adaptionen. Reinhold Ludwig Herman (1849–1919) und Rudolf Mors (1929–1988) sind Verfasser von Vineta-Opern. Gleichfalls fruchtbar rezipiert in der ernsten wie in der populären Musik wird Atlantis; die Einspielung von Donovan (1969) ist zu einem Evergreen geworden. Grundmuster aller Deutungen der untergegangenen Städte und Inseln ist Bestrafung für menschliche Hybris. Auch wenn keine christliche Lesart im Vordergrund steht, scheint doch stets die Idee durch, dass die Menschen in Reichtum, in Saus und Braus, leichtfertig dahinlebten, unaufmerksam für die Botschaften ihrer Umwelt, eine Lesart, die sich zu allen Zeiten auf jeweils aktuelle Gelegenheiten anpassen lässt.

Die biblische *Sintflut*, auch unter dem Titel *Noah*, ist seit dem frühen 18. Jahrhundert Gegenstand von Oratorien, die ihre Hörer an die Richtigkeit des christlichen Glaubens gemahnten. Italienische, englische, deutsche, französische Komponisten haben zu der Thematik beigetragen. Sintflut-Opern verstehen sich als geistliche Bühnenwerke. Das bestätigen Gaetano Donizetti (1797–1848) mit seiner als »azione tragico-sacra« bezeichneten Oper *Il diluvio universale* (1830), die auf Gordon Byrons biblischem Drama *Heaven and Earth* basiert, ebenso wie Benjamin Brittens (1913–1976) einaktige Oper *Noye's Fludde* (1958), die er hauptsächlich für Laiensänger konzipierte und ausdrücklich in einer Kirche, nicht in einem Theater aufgeführt wissen wollte, ebenso wie Igor Strawinskys (1882–1971) »musical play« *The Flood* (1962). Beiden Werken liegen die mittelalterlichen Chester-Mysterienspiele über die Sintflut zugrunde.

Tendieren musikalische Flut-Darstellungen eher zu einer epischen Grundhaltung, die in Oratorien und Opern mit biblischem Sujet Ausdruck findet, so entwickelte sich für die Darstellung von Vulkanausbrüchen schon früh ein spezifisches Vokabular für musikalische Dramatik. Michelangelo Rossi (1601/2–1656) etwa schildert in dem hochexpressiven Madrigal *Mentre d'ampia voragine tonante*

o Bühnenbild für den fünften Akt der Oper *La Muette de Portici* des Komponisten Daniel-François-Esprit Auber. Illustration: Godefroy-Durand, Paris 1863

(Während des breiten Abgrunds des Donners) den Vesuvausbruch 1631. Zugrunde liegt eines der beiden Gedichte, die Giovanni Battista Basile dem Ereignis widmete. In Jean-Philippe Rameaus (1683–1764) Opéra-Ballet *Les Indes galantes* (1735) zelebriert der Hohepriester der Sonne ein Ritual, um eine Prinzessin für sich zu gewinnen, die aber einem spanischen Offizier in Liebe zugetan ist. Ein gewaltiger Vulkanausbruch macht das Ritual zunichte. Libretto und Szenerie lassen keinen Zweifel daran, dass die Katastrophe als Strafe für Heidentum und Unmoral zu verstehen ist. Die musikalischen Ausdrucksmittel dafür, dunkle Klangfarben, tiefe Instrumente, Moll, Tremoli, schnelles Grundtempo und erregter Ausdruckscharakter (*stile concitato*), auch integrierte Geräusche – Wind- und Donnermaschinen – werden zu einem Standard, auf den Christoph Willibald Gluck (1714–1787) zurückgreift, wenn Orpheus (*Orfeo ed Euridice*, Wien 1762; Paris 1774) auf die Furien und Larven der Unterwelt trifft. In Johann Sebastian Bachs (1685–1750) *Matthäus-Passion* (1729) kommen eben diese Stilmittel zum Einsatz, wenn der Evangelist von dem Erdbeben berichtet, das unmittelbar auf Christi Tod folgt. Das Evangelium deutet das Erdbeben als Fingerzeig Gottes, und die Musik folgt ihm darin. Georg Phillip Telemann (1681–1767) greift in seiner *Donner-Ode* (1756), einer geistlichen Kantate zum Gedenken an das Erdbeben in Lissabon vom 1. November 1755, gleichfalls zu diesen Stilmitteln.

Opern, Lieder, programmsymphonische Werke beziehen ihre Sujets aus literarischen Vorlagen, die großen chorsymphonischen Gattungen, Oratorium und Kantate, auch aus der Bibel. Ein Lieblingsthema europäischer Opernkomponisten war seit dem frühen 19. Jahrhundert Pompeji bzw. Herculaneum. Diese Vorliebe setzte Ende des 18. Jahrhunderts mit Berichten über die ersten systematischen Ausgrabungen ein, die berühmte Persönlichkeiten wie Wolfgang Amadeus Mozart und Johann Wolfgang von Goethe anlockten. Unter der französischen Herrschaft über Neapel intensivierte man die Grabungen, und mit dem internationalen Interesse an den Ergebnissen setzte über die literarische auch die musikalische Rezeption ein. Ein erster großer Erfolg wurde Giovanni Pacinis (1796–1867) Oper *L'ultimo giorno di Pompei* (Neapel 1825), eine Intrigengeschichte, in der Ottavia, die Gattin des ersten Magistrats Sallustio zu Unrecht der Untreue bezichtigt und zum Tode verurteilt wird. Das Urteil wird durch Donnerrollen des Vulkans unterbrochen, das Pubblio, der Wächter der Bäder und Initiator der Intrige, als Strafe für seine Lüge deutet. Während er und seine Verschwörer verurteilt werden, bricht der Vesuv aus; die Oper endet mit Feuer, Blitzen und Zerstörung. Bühnentechnik und Maschinerie müssen ein erstaunlich realistisches Bild kreiert haben, wie man aus Presseberichten weiß (Abb. 1).

Die Sensation auf der Bühne machte Schule. Karl Brüllows berühmtes Ölgemälde *Der letzte Tag Pompejis* (Poslednyj den' Pompei, 1833) soll von diesem Schlussbild inspiriert sein (Abb. 2).

Edward Bulwer-Lyttons Roman *The Last Days of Pompeii* (1834, deutsch als *Die letzten Tage von Pompeji*, 1835), der mit Pacinis Oper außer dem Vulkanausbruch nichts gemeinsam hat und den Konflikt zwischen dem jungen Christentum und heidnischem Glauben hineinbringt, wurde zur Basis für mindestens 15 Opern, die bis ins frühe 20. Jahrhundert auf die Bühne kamen und die die im Roman angedeutete Lesart präzisieren, dass der Vulkanausbruch als Strafe Gottes für unmoralischen Lebenswandel zu lesen sei. Die christliche Lesart bietet auch Félicien David (1810–1876) mit seiner Oper *Herculanum* (Paris 1859), in der im letzten Akt sogar Satan persönlich auftritt und in der die beiden Christen Helios und Lilia sowie der Prophet Magnus die sich nähernde Lava als Weg in die Erlösung begrüßen. Peter Schleuning[3] deutet Davids Oper als Untergang einer korrupten Gesellschaft und als Zivilisationskritik, von der ein direkter Weg zu Richard Wagners *Ring des Nibelungen* (1876) weise, der ja auch mit einem ›Weltenbrand‹ endet.

Markenzeichen der französischen Grand Opéra, die sich im Umfeld der Juli-Revolution 1830 herausbildete und in deren Tradition auch Wagners *Ring des Nibelungen* steht, ist ein spektakulärer Weltuntergang.[4] Er ist von Menschen verursacht wie die Bartholomäusnacht, dargestellt in *Les Huguenots* (1836), oder wie ein explodierendes Munitionsdepot, die Schlussszene in *Le prophète* (1849), beide von Giacomo Meyerbeer (1791–1864). Der ausbrechende Vesuv ist Thema in *La Muette de Portici*, vertont von Daniel-François-Esprit Auber (1782–1871). Hier sind es die aufständischen neapolitanischen Fischer, die sich der spanischen Fremdherrschaft entledigen wollen.

Allerdings ist Fenella, die stumme Titelheldin und Schwester des Anführers Masaniello, Alphonse, dem Sohn des Vizekönigs, in Liebe zugetan, was er erwidert, obwohl er weiß, dass er standesgemäß heiraten muss. Die Struktur des bürgerlichen Trauerspiels wird überlagert von den Revolutionsvorbereitungen, aus denen sich Masaniello, in Wahn versinkend, zurückzieht. Fenella, die begreift, dass ihre Liebe Selbsttäuschung war, stürzt sich in den lavaspeienden Vesuv. Unter den Feuersäulen des Vulkans flehen Volk und Fischer Gott um Vergebung für ihren Ungehorsam an:

> *»Grâce pour notre crime! / Grand Dieu! protège-nous! / Et que cette victime / Suffise à ton courroux! // Vater, habe Erbarmen! / Mein Gott, wolle uns verzeihn! / Lass den Tod dieser Armen / Das Sühnungsopfer sein!«*

Der historische Masaniello starb 1647, in der Oper stirbt er kurz vor der Katastrophe. Der Vesuvausbruch in der Oper ist fiktiv bzw. meint den von 1631. Der Vulkan, zunächst eine Metapher für das revoltierende Volk, für den sprachlosen Volkszorn, wandelt sich – auf Druck der Zensur – in eine moralische Instanz,[5] indem das Libretto den Figuren im Schlusschor christliche Reue in den Mund legt und den Ausbruch als einen warnenden Fingerzeig Gottes zum Wohle der herrschenden Macht deutet.

Große Gefühle vor dem Hintergrund gewaltiger Katastrophen sind das Markenzeichen des Hollywoodfilms. Etwa Bulwer-Lyttons *The Last Days of Pompeii* hat etlichen Filmen als Vorlage gedient. Die Sujets der Grand Opéra, ihre Vorliebe für große Spektakel, atemberaubende Effekte und möglichst realistische Inszenierungen

ERUZIONE DEL VESUVIO

Nell'Opera L'ultimo giorno di Pompei, Atto II.

Milano presso l'incisore Stucchi.

1 Alessandro Sanquirico (1777-1849) entwarf 1827/29 das Bühnenbild für den zweiten Akt der Oper *L'ultimo giorno di Pompei* von Giovanni Pacini (1825). Der Entwurf zeigt den feuerspeienden Vulkan, der die Stadt Pompeji im Vordergrund in Schutt und Asche legt: eine Bildersprache, die aus der romantischen Landschaftsmalerei entlehnt wurde Reiss-Engelhorn-Museen Mannheim, Theater- und Musikgeschichtliche Sammlungen

von Katastrophen, auch eine Dramaturgie, in der aufgewühlte Leidenschaften und die sich zuspitzende Katastrophe gleichsam gegeneinander geschnitten sind, eine Dramaturgie zudem, in der die Katastrophe die klassische dramentheoretische Funktion eines Wendepunkts erfüllt, gepaart mit einer Musik, die diesen Katastrophen auch symphonisch, ohne Gesang, Wahrhaftigkeit verleiht – dieses Erbe der Grand Opéra hat das große Gefühlskino Hollywoods angetreten.

Hurrikane und Tsunami: Musik und Katastrophen der Gegenwart (am Beispiel internationaler Popmusik)

Von der unmittelbaren künstlerischen Reaktion auf historische Katastrophen wissen wir aus Berichten, Inschriften, Bildern. Die Musik dazu ist für immer verklungen. Unmittelbare musikalische Antworten kommen vor allem aus der Pop-Kultur, ein Song ist, anders als eine Oper, schnell geschrieben und sofort verfügbar, aber

2 Karl Brüllow (1799–1852), *Der letzte Tag von Pompeji*, um 1833 Öl auf Leinwand, Staatliches Russisches Museum, Sankt Petersburg

auch kurzlebig. Wie vielfältig solche populär-musikalischen Antworten ausfallen, kann man an Katastrophen unserer Zeit studieren. Das Spektrum reicht von musiktherapeutischen Maßnahmen, die traumatisierten Menschen helfen sollen,[6] über karitative Maßnahmen in Gestalt von Wohltätigkeitskonzerten bis hin zu künstlerischen Kommentaren und Deutungen, auch zum Protest, wenn hinter einer Naturkatastrophe menschliche Verantwortung sichtbar wird. Für das Canterbury-Erdbeben, das das neuseeländische Christchurch 2010 heimsuchte, sind umfassende musiktherapeutische Maßnahmen belegt.[7] In den vielen Songs, die unmittelbar auf Hurrikan Katrina (New Orleans 2005) folgten, überwiegt die Anklage der Behörden und der Bush-Administration; denn Opfer der Katastrophe war vor allem die arme Bevölkerung. Exemplarisch ist *The Battle of New Orleans*, auch unter dem Incipit »Move along« und unter »Hurricane Katrina Song« bekannt, eine Ballade im Country und Western-Stil, die in schlichten Worten und einfacher Musik politischen Protest artikuliert. Der Hip-Hop-Sänger

Mos Def antwortete mit dem *Katrina Clap* (2005, später als *Dollar Day*), der Betroffenheit, politische Anklage und Gebet in eins fasst. Zugleich zeitigte Katrina eine Welle von Hilfsbereitschaft, auch in der Pop-Kultur. Die amerikanische Punk-Rock-Band Green Day und die irische Rockband U2 spendeten den Opfern den Song *The Saints are Coming*, eine musikalische und textliche Weiterdichtung des Klassikers *There is a House in New Orleans*. Die kalifornische Rock-Band Linkin Park unterstützte die Opfer der Hurrikane Charley und Katrina mit Geld zum Wiederaufbau; für die Opfer des Tsunami im Indischen Ozean Weihnachten 2004 gab die Band eine Reihe von Wohltätigkeitskonzerten und gründete 2005 die Organisation *Music for Relief*, die Opfer von Naturkatastrophen unterstützt und sich gegen die globale Erwärmung einsetzt. Die Aktivitäten reichen von Konzerten und Alben über karitative Kooperationen mit anderen Künstlern bis hin zu Geldsammlungen im großen Stil. Die Homepage der Band lädt alle Fans und Besucher zum Spenden ein.

Der Weihnachtstsunami 2004 traf die Bevölkerung um den Indischen Ozean genauso wie die westlichen Touristen; entsprechend transkulturell sind die musikalischen Antworten. *Music for Relief* engagierte sich; Rundfunk und Fernsehen von Sri Lanka sendeten tags darauf einen *Tsunami Song*,[8] der in sanft-wiegender einfacher und stilistisch neutraler Unterhaltungsmusik die Folgen der Katastrophe beschreibt und auf diese Weise kollektiv Trost spenden soll. Aufwendiger gestaltet ist das *Laya Projekt*, ein abendfüllender Film, den Musiker aus den betroffenen Regionen – Sri Lanka, Thailand, Indonesien, Malediven, Myanmar und Indien – auf der Basis regionaler Volksmusik zusammengestellt und mit Bildern verknüpft haben. Der Film ist als spirituelle Reise gedacht; weil er die unterschiedlichen Musikkulturen miteinander verschmilzt, keinen Text und keine handelnden Personen hat, ist er global rezipierbar.[9] Die Homepage des Projekts klärt auf: »The Laya Project is a personal and collective tribute to the resilience of the human spirit, and is dedicated to the survivors of the 26th December 2004 Asian tsunami.«[10]

Aus dem japanischen Tsunami vom 11. März 2011 machten die explodierenden Reaktoren eine Mega-Katastrophe, deren Folgen bis heute nicht absehbar sind. Nachrichtensender rund um die Welt brachten Bilder des Schreckens, Worte der Betroffenheit, riefen zu Spenden auf. Das *Heute-Journal* des ZDF entschied sich am 12. März 2011, eine reine Bildsequenz über den Tsunami zusammenzuschneiden und mit Musik der Trip-Hop-Band Massive Attack zu unterlegen. Diese Geste der Sprachlosigkeit wirkt auch wie ein Trailer zu einem Katastrophenfilm und damit wie eine Ästhetisierung des Schreckens. Entsprechend heftige Kritik folgte in den Internetforen.

In Japan ist die Koppelung von Musik, Demonstrationen und Protestaktionen seit den 1990er Jahren gebräuchlich. Man spricht von »sound demos«.[11] Noriko Manabe betont, dass dieses Format mit Sängern, Bands, Rappern und DJs 2012 zu einer nationalen Protestform anwuchs, in der Rapper und Demonstranten bzw. normale Leute auf der Straße einen Wechselgesang nach dem Modell Vorsänger – Chorantwort bilden. So ein Wechselgesang organisierte sich 2012 vor dem Regierungssitz in Sendai, wo man sich ein halbes Jahr lang allabendlich zum Protest versammelte. Den Höhepunkt so einer Aktion bildete *Freude schöner Götterfunken*, zunächst von einem Ghettoblaster scheppernd intoniert, dann von allen mitgesungen in der eigenen Sprache und auf mitgebrachten Instrumenten gespielt, bis der gemeinsame Gesang in antiphonische Protestrufe übergeht. Die erste Strophe aus dem Schlusschor aus dem Finale aus Beethovens neunter Symphonie – ein kleines Stück aus einer großen Komposition, das längst Allgemeingut, Popsong und klingende Metapher für Humanismus und Frieden geworden ist (es ist auch die Hymne der Europäischen Union) – wird hier von protestierenden japanischen Bürgern beschworen als musikalisches Argument für die Respektierung ihrer Menschenwürde.

Kunst und Katastrophen sind unvereinbar; dennoch gehören sie zusammen: Unser heutiges Wissen über vergangene Katastrophen verdanken wir naturwissenschaftlicher Forschung und historischen Dokumenten; wie die Menschen sie erlebten, davon künden Kunstwerke.

Anmerkungen

1 Wegweisend war Thom 1975; original 1972.
2 Vgl. die Sammelbände Groh [et al.] 2003 und Schläder-Wohlfahrt 2007.
3 Scheuning 2005, S. 213–217.
4 Vgl. dazu speziell Wild 2006, S. 102–109.
5 Vgl. Schneider – Wind 1993.
6 Vgl. Alexander, B. 2012, S. 131–142.
7 http://www.musictherapy.org.nz/wp-content/uploads/downloads/2011/10/MusT-October-2011_1.pdf (29.3.2014).

8 https://www.youtube.com/watch?v=ecZ42H2kjP0 (gepostet zum 5. Jahrestag, am 22.12.2009; 30.3.2014) Dieses ist einer von vielen Tsunami-Songs. Am 20.12.2009 gepostet wurde ein Videoclip »Tsunami 2004 – Gewidmet an alle Angehörigen, Opfer und Verletzten«, der die Schreckensbilder mit symphonischer Soft-Klassik unterlegt.
9 Vorbild ist Phil Glass' zivilisationskritischer Film *Koyaanisqatsi* (1982).
10 http://www.layaproject.com/layaproject/index.html (30.3.2014).
11 Noriko Manabe 2013 hat dem Phänomen eine ausführliche, soziologisch akzentuierte Studie gewidmet.

○ David Alois Schmid (1791–1861), *Der Bergsturz von Goldau 1806*, o.J. Stiftung für Kunst, Kultur und Geschichte, Winterthur

Ein Idyll wird begraben

Der Goldauer Bergsturz 1806

JACOB BIRKEN

Der Zeitgeist blickt in die Berge

Wenn Katastrophen nur anhand der Statistik verhandelt werden würden, wäre der Goldauer Bergsturz vielleicht nur eine Fußnote in der Geschichte von Mensch und Natur geblieben: Am 2. September 1806 begruben in nur wenigen Minuten vom Rossberg losgelöste Steinmassen mehrere Gemeinden im Kanton Schwyz; zumindest 457 Menschen kamen ums Leben und nur 220 konnten aus dem Schutt und den Trümmern ihrer Häuser gerettet werden. Selbst wenn die Katastrophe das Tal vorerst entvölkert zurückließ, waren die Menschen dieser Zeit andere Zahlen gewohnt: In Europa wüteten die napoleonischen Kriege, die an manchem Tag Opfer zu Tausenden forderten, und die großen Erdbeben des 18. Jahrhunderts hatten zwischen Südamerika und Asien ganze Großstädte und Landstriche verwüstet. Dennoch – die Tragödie von Goldau machte Schlagzeilen und blieb bis weit ins 19. Jahrhundert hinein ein Thema für Kunst und Kultur. Das Pariser *Journal de L'Empire*, das ansonsten nur knapp aus den Hauptstädten der Welt berichtete, widmete dem Bergsturz am 15. September gleich mehrere Spalten; die Redaktion berief sich auf den Bericht einer Berner Kommission, die vom Nachbarkanton noch in der Woche des Unglücks entsandt worden war, um – in den Worten der Berner Staatsräte – »der Regierung von Schwyz einen ersten Beweis unserer bundesbrüderlichen Theilnahme vorläufig zu entbieten.«[1] Obschon der Berner Bericht bald darauf in ganzer Länge gedruckt vorlag, brauchte die Nachricht den Umweg über Paris und eine Rückübersetzung, um ins nicht allzu ferne Sachsen zu gelangen: Hier eröffnete die Leipziger *Zeitung für die elegante Welt* am 30. September mit einem Artikel zur »Naturbegebenheit im Kanton Schwyz« und verwies auf den im *Journal* zitierten Bericht, der – so die Redaktion – »alle Zeichen der Glaubwürdigkeit trägt.«[2]

In den darauffolgenden Jahrzehnten geschah es aber kaum mehr mit einem Anspruch auf ›objektive Berichterstattung‹, wenn von diesem »beispiellose[n] Unglück« gesprochen wurde: Goldau war zu einem literarischen, künstlerischen Thema geworden, das europäische Größen wie Goethe, Byron, Daguerre und Turner beschäftigte; selbst jenseits des Atlantiks veröffentlichte 1818 der junge Poet John Neal aus dem heutigen Portland ein Langgedicht unter

dem Titel *Goldau, or the Manic Harper*, das in romantischsten Tönen von einem zwischen Trauer und Wahn gefangenen Überlebenden des Bergsturzes erzählt. In der Einleitung berichtet Neal, wie er selbst den ›manischen Harfner‹ dabei beobachtet hatte, wie er »bei Sonnenuntergang – auf der Spitze einer hohen Klippe – seine wilde Musik verströmte«; aus welcher Quelle er nun wirklich über das ferne Unglück erfahren hatte, lässt sich vermutlich nicht mehr nachverfolgen.[3] In der Tat mag es gerade diese ›Ferne‹ gewesen sein, die den Bergsturz zu einem kulturellen Phänomen machte: Im frühen 19. Jahrhundert war das ›Schweizer Bergdorf‹ ein nicht unwichtiger Schauplatz gesellschaftlicher und philosophischer Diskurse – wenngleich vor allem in der *Vorstellung*. So unerwartet Goldau und seine Nachbargemeinden von der Katastrophe heimgesucht wurden, so genau traf das Ereignis den Nerv der Zeit. Was vor Ort ein verheerendes Unglück war, zeugt in seiner kulturellen Rezeption – ob in Zeitungsartikeln, Gedichten oder Malerei – von dem sich wandelnden Verhältnis der Menschen zu ihrer Umwelt.

Noch wenige Jahrzehnte zuvor waren die Berge nichts weiter als ein Ort des Schreckens. Die frühe Neuzeit kannte sie vor allem als schwer zu bewältigende Hindernisse, und die Denker des 17. Jahrhunderts stritten noch über den moralischen Sinn und Unsinn dieser ›Warzen‹ der Erdoberfläche; für den Theologen Thomas Burnet (1635–1715), einen der frühen Advokaten der Alpen, waren sie »Ruinen einer zerbrochenen Welt«[4], die eingesunkenen Überreste einer vormaligen Erdkruste, die in biblischen Zeiten durch die Sintflut zertrümmert worden war. Auch 1806 wussten die Menschen noch nichts von Plattentektonik, es sollte noch über ein Jahrhundert vergehen, bis die Entstehung der Berge wissenschaftlich korrekt ergründet werden sollte. Als Bedrohung wurden sie jedoch kaum mehr wahrgenommen: Sie wurden kartographiert, bereist und nicht zuletzt in der Dichtung neu gedeutet. Ein neues Bild der Alpen war gegen Ende des 18. Jahrhunderts entstanden. Es bot zum einen den Blick von oben, wie im gewaltigen Relief der Urschweiz, das der Topograph und Offizier Franz Ludwig Pfyffer (1716–1802) zwischen 1762 und 1786 anfertigte. Hier wurden die Alpen zum Objekt menschlicher Anschauung, der – zumindest aus dieser Perspektive – nichts unbekannt und gefährlich sein konnte. Es bot, zum anderen, einen Blick in die Ferne. 1804 präsentierte Friedrich Schiller in seinem letzten Drama *Wilhelm Tell* die Schweizer Alpen als Heimat naturverbundener Freiheitskämpfer, die inmitten einer prächtigen Szenerie gegen die Fremdherrschaft aufbegehren. Das vormals Wilde an der Natur ist hier zum Gegenpol einer autoritären Gesellschaft geworden: »es wird mir eng im weiten Land,« spricht so der junge Tell zu seinem Vater, nachdem er von ihm etwas über die bedrückenden politischen Verhältnisse im Flachland erfahren hat; »da wohn ich lieber unter den Lawinen.« »Ja wohl ist's besser, Kind, die Gletscherberge / Im Rücken zu haben, als die bösen Menschen«, darauf der Vater.[5] Schiller selbst waren die Alpen so fern wie das Mittelalter der Schweizer Befreiungskämpfe; er kannte sie nur aus Literatur und Reiseberichten. Für ihn – und sein Publikum – waren sie ein ästhetischer und nicht zuletzt politischer Ort der Sehnsucht, ein aus der chaotischen Gegenwart entrücktes Idyll.

Vor diesem ideengeschichtlichen Hintergrund stürzte nun der Rossberg zu Tale und begrub unter sich sowohl die neuzeitliche Vorstellung einer ›beherrschbaren‹ Natur als auch die von den Wirren ebendieser Neuzeit verschonte Zuflucht der Romantiker. Es wundert nicht, dass dieser Schock gleichsam symbolisch auf das Zeitgeschehen zurückgespiegelt wurde:

> *»Es ist jetzt die Zeit des Einsturzes. Völker verschwinden, Verfassungen gehen unter, tausendjährige Reiche fallen, und selbst die alten Berge, auf den Grundvesten der Erde für die Ewigkeit aufgebaut, stürzen zusammen.«*[6]

Mit diesen Worten begann die *Zeitung für die elegante Welt* ihren oben erwähnten Leitartikel zum Goldauer Bergsturz. So betrachtet, drückt sich im Bergsturz gewissermaßen der revolutionäre Zeitgeist aus, und das moderne Verständnis einer Katastrophe lässt deren begriffsgeschichtliche Ursprünge als eine dramatische – und nicht zwingend ›natürliche‹ – Wendung durchscheinen.[7] Allegorisch noch offener war Goethes Reaktion auf den Bergsturz, das 1807 veröffentlichte Sonett *Mächtiges Überraschen*. Hier hemmt ein Bergsturz – verbildlicht in der Bergnymphe Oreas, der »Berg und Wald in Wirbelwinden« folgen – den Lauf eines Stroms; vorerst zu

einem See gestaut, ist der Weg des Wassers zum Ozean nun abgeschnitten. Doch ist dies kein Ende mit Schrecken: »Gestirne, spiegelnd sich, beschauen das Blinken / Des Wellenschlags am Fels, ein neues Leben.«[8] Es liegt nahe, Goethes Sonett nicht ausschließlich als Naturbeschreibung zu lesen. Im Herbst 1806 erlebte der Dichter die Kriegswirren aus nächster Nähe, als französische Soldaten in seinem eigenen Haus randalierten, und auch sein Privatleben kam nicht ohne dramatische Wendungen aus.[9] In diesem Sinne – und sehr dem keimenden romantischen Zeitgeist entsprechend – lässt sich an dieser Stelle nicht länger differenzieren, welche der ›Katastrophen‹ und ›Revolutionen‹ nun metaphorisch für welche der anderen einstehen musste. Im Gegensatz zu Schiller hatte Goethe selbst den Kanton Schwyz bereist und war in jüngeren Jahren noch auf den Lauerzer See hinausgerudert, der 1806 dann zum Teil durch den Bergrutsch verschüttet werden sollte. »[U]m 2 Uhr auf dem Lauerzer See herrlicher Sonnenschein. Vor lauter Wonne sah man gar nichts; zwei tüchtige Mädchen führten das Schiff; das war anmutig, wir ließen es geschehen«, schrieb Goethe in seiner späteren Autobiographie über den Aufenthalt im Jahre 1775.[10] 1806 tosten dann meterhohe Wellen über den See. »Die aus ihrer Ruhe aufgeschreckte und wild gemachte Wasserfluth des Lowerzer-Sees bäumt sich wie Felswände auf, und fängt im Sturmlauf auch ihre Verheerung an.«[11] So beschrieb es Karl Zay (1754–1816), Autor des als ›Schuttbuch‹ bekannt gewordenen Bandes *Goldau und seine Gegend, wie sie war und was sie geworden* und der wichtigste Chronist der Tragödie. Goethe wählte dafür Worte, die das katastrophale Ereignis weniger aus der Perspektive der Opfer als aus derjenigen der Naturgewalten selbst schildern: »Die Welle sprüht und staunt zurück und weichet / Und schwillt bergan, sich immer selbst zu trinken.«[12] Unter den Zeichnungen, die der Dichter explizit vom Bergsturz angefertigt hat oder die sich auf ihn beziehen könnten, findet sich eine bemerkenswerte Seite des zwischen Herbst 1806 und Sommer 1807 für Prinzessin Caroline von Weimar angefertigten *Reise-, Zerstreuung- und Trostbüchleins*, auf der ein Bergsee hinter einer beinahe schon abstrakten Staubwolke verschwindet (Abb. 1). Das für die Gesamtheit einer revolutionären Zeit allegorisch einstehende Ereignis in einem kleinen Schweizer Bergdorf verlangte schließlich nach einer Auflösung jeglicher realistischer Bildsprache.

Bergsturz und Bilderflut

Die Bilder und Texte, die im Zuge der Katastrophe hergestellt und vertrieben wurden, waren vorgeprägt durch die modellhaften Alpenvorstellungen des Reliefbauers Pfyffer oder die Panoramen Hans Konrad Eschers (1767–1823), eines kreativen Universalgelehrten des späten 18. Jahrhunderts, in denen eine formvollendete Abbildung der Landschaft im Gleichklang stand mit deren logistischer und infrastruktureller Erschließung (Abb. 2). Der Bergsturz mochte das Ideal der Naturbeherrschung erschüttert haben, doch dem Alpenbild als künstlerischer Gattung hatte dies nur ein neues,

1 Johann Wolfgang von Goethe (1749–1832), o. T. (Blatt 53); In: Johann Wolfgang von Goethe, *Reise-, Zerstreuungs-und Trostbüchlein*, 1806 Klassik Stiftung Weimar

spektakuläres Element hinzugefügt; es waren mitunter die gleichen Künstler, die nun ihr Portfolio friedlicher alpiner Landschaften um einige Aquarelle oder Drucke von Goldau nach und, komplementär und nachträglich, *vor* dem Bergrutsch ergänzten. In einem zweiten Leitartikel am 11. Oktober 1806 sah die *Zeitung für die elegante Welt* mit einigem Befremden der Bilderflut entgegen:

> »*Da die Schweiz von Landschaftsmalern und besonders von Prospektzeichnern voll ist, so kann man sich leicht vorstellen, mit welchem Eifer nun von allen Seiten an Abbildungen der schrecklichen Szene gearbeitet wird. Schon sind acht verschiedene Blätter wirklich herausgekommen, und noch viel mehrere, als künftig erscheinend, angekündigt; nur sehen leider die meisten noch schrecklicher aus, als die Unglückszene selbst!*«[13]

Dennoch ließ es sich die *Zeitung* nicht nehmen, für die nächste Ausgabe ein ›Kupfer‹ als Beilage anzukündigen, »welches die Ansicht der Gegend vor und nach dem Bergsturze darstellt«. Die Schwyzer Regierung sah sich schließlich veranlasst, dieser unkontrollierten Bildproduktion Einhalt zu gebieten; wohl nicht nur aus Gründen der Pietät, sondern auch, um mit autorisierten Bildern gezielt Gelder für die Katastrophenhilfe einzutreiben, plante sie ein Verbot aller ›inoffiziellen‹ Bergsturzbilder. Mit der Anfertigung eines ›offiziellen‹ Bildpaars wurde der Künstler Franz Xaver Triner (1767–1824) beauftragt, doch die lange Herstellungsdauer und Schwierigkeiten beim Vertrieb standen dem kommerziellen Erfolg im Wege, und die Nachbarkantone ließen sich gar nicht erst auf die Forderung nach einem Bildmonopol von Seiten der Schwyz ein. Dies war allerdings eher dem Unverständnis einer solchen Zensurmaßnahme gegenüber geschuldet als mangelnder Hilfsbereitschaft; gerade in der krisenhaften Zeit der napoleonischen Kriege, die auch an der Schwyz nicht vorbeigingen, wurde die Katastrophe im Bergdorf zu einem Moment durchaus politisch motivierter und identitätsstiftender Solidaritätsbekundungen. Andreas Merian, als Landammann oberster Regierungsvertreter des Landes, sprach in einem Spendenaufruf von der »Empfänglichkeit für fremde Leiden« als einem »Hauptzug unseres Schweizerischen National-Characters«, und von der »ächte[n] Bruderliebe«, die durch die Nothilfe Ausdruck finden würde.[14] Bei der nationalen Spendensammlung waren in diesem Sinne schnell über 120.000 Franken zusammengekommen. Dies war zwar nur ein kleiner Teil der auf zwei Millionen geschätzten Schadenssumme, aber dennoch das Zehnfache der Einnahmen, mit denen der Kanton jährlich rechnen konnte.[15]

2 Wilhelm Oppermann, gestochen von H. Winkles, Rigi-Panorama. Um 1840 Bergsturzmuseum Goldau, Weggis

3 Karl Zay (1754–1816), *Goldau und seine Gegend, wie sie war und was sie geworden*, in: *Zeichnungen und Beschreibungen zur Unterstützung der übriggebliebenen Leidenden in den Druck gegeben* [so genanntes »Schuttbuch«], 1807 Bergsturzmuseum Goldau, Weggis

Triners Bilder sind handwerklich zweifellos vielen der schnell und oftmals ohne Ortskenntnis hergestellten Konkurrenzprodukte überlegen, reihen sich aber dennoch in die lange Folge der Ansichten eines nur bedingt gebrochenen Alpenidylls ein. Außergewöhnlich hingegen ist das Aquarell des damals 16-jährigen David Alois Schmid (1791–1861), der die Katastrophe im Gegensatz zu solchen pittoresken Bergbildern als furchterregendes, zerstörerisches Ereignis darstellte (Abb. 0). Seine Bild- und Formensprache mag auf den ersten Blick naiv wirken, erfasst aber dennoch die wesentlichen Merkmale des Naturereignisses – die Schutt- und Steinlawinen, die bis auf den gegenüberliegenden Berghang schwappen, die rötlichen Staubwolken, die Verwerfungen in Ufernähe und schließlich den durch Schallwellen und die Schuttmassen zum Tosen gebrachten Lauerzer See. Aber auch tragische Schicksale, wie sie nach dem Bergsturz überliefert wurden, finden Platz in Schmids Bild. Auf der linken Seite des Aquarells reißen die Fluten ganze Gebäude fort, nur mit einigen Strichen angedeutet sehen wir hier eine Figur aus einem Fenster stürzen. Es ist die »stumme Katharina«, über die wir in Karl Zays *Goldau und seine Gegend* (Abb. 3) lesen können, wie sie nach der Katastrophe »mit Schlamm überkleistert, aber ohne merkliche Verletzung [...] durch Zeichen und Deuten den Fragenden begreiflich machen konnte, daß sie sich aus dem Hause herausschwingen, über Steine und Holztrümmer hinüber springen, und also aufs sichere Land sich hätte retten können«; ein glückliches Schicksal, das die anderen Menschen in der Mühle nicht teilen konnten.[16] Nicht weit von dieser Szene schwimmt eine Kinderwiege in den Fluten. Möglicherweise wollte Schmid hier auf die ums Leben gekommenen (allerdings älteren) Kinder der Müllersfamilie hinweisen, oder auf die tragische Geschichte der jungen Elisabeth Felder, die kurz vor dem Bergsturz ihr »Bruderskind von der H[eiligen] Taufe in Arth heimgetragen« hatte und »samt dem K[ind] im Lowerzer-See todt gefunden« wurde.[17] Aber selbst ohne eine Rückbindung an eines der überlieferten Schicksale bleibt die Wiege in den Fluten als Symbol hilfloser Unschuld ein charakteristisches Motiv für ein ›Katastrophenbild‹, das – in religiöser Tradition – auf die Rettung Moses aus dem Binsenkörbchen anspielen kann.

Auch die Geschichte der Agatha Mettler, die Karl Zay im »Schuttbuch« festhielt und die schließlich zum populärsten ›Mythos‹ dieser Naturkatastrophe wurde, kreist um den Gegensatz von Kindlichem und Naturgewalt (Abb. 4). Die junge Mutter war zum Zeitpunkt der Katastrophe alleine mit dem vier Wochen alten Kind in ihrer Berghütte – ihr Mann, geprägt von den Naturvorstellungen und dem Glauben der Gegend, war bei den ersten Anzeichen des Bergsturzes ins benachbarte Arth geeilt, um den dortigen Pfarrer um Beistand

4 Franz Xaver Triner (1767–1824) zugeschrieben, Illustration der Geschichte der Agatha Mettler Bergsturzmuseum Goldau, Weggis

gegen die »übelwollenden Geister der Finsterniß« zu ersuchen, die er hier am Werke sah.[18] Während Pfarrer Enzler ihn noch über die keineswegs übernatürlichen Vorgänge am Berg aufzuklären suchte, wartete Agatha Mettler mit einiger Bange auf die Rückkehr ihres Mannes, bis das Grollen von oben allzu bedrohlich wurde. So fasste die junge Frau den Entschluss, zuerst nach dem Kind zu sehen und mit ihm nur dann das Haus zu verlassen, wenn sie es wach vorfinden würde. Und in der Tat:

> »[D]as gute Kind war ohne Schreyen oder Weinen wachend, sah' seine Mutter mit offenen Augen an, und schien mit seinem unschuldsvollen Blick gleichsam zu sagen: Mutter eile – Mutter rette dich und mich! [...] und kaum war sie im stärksten Lauf einige Schritte vom Hause, [...] als die Hütte schon zertrümmert und fortgerissen, der Stall in etwas umgestürzt auf die Seite geschoben war, und die Lawinen-Masse im Blitzeslauf mit ihrer ärmlichen Beute in die tiefere Gegend sich hinschleuderte.«[19]

Diese schicksalhafte Rettung muss nicht länger mit religiösen Vorstellungen begründet werden, wie es in früheren Zeiten für ein solches ›Wunder‹ erforderlich gewesen wäre – das Sensationelle daran ist das überraschende Bestehen der Familie gegen die Naturgewalten, wie es auch heute als typisches Motiv beispielsweise in Katastrophenfilmen weitererzählt wird. Karl Zay versammelte zahlreiche

solcher Geschichten in seinem ›Schuttbuch‹, doch sein Werk ist nicht nur ein literarisches Zeitzeugnis, sondern auch als regionalpolitische und durchaus praktische Aufarbeitung des Bergsturzes zu verstehen: In den letzten Abschnitten findet sich eine vollständige Auflistung der Opfer und Überlebenden, deren Wohnorte durchnummeriert auf einer ausfaltbaren Karte verzeichnet sind. Nicht viel später fertigte der Schneider Joseph Martin Baumann (1767–1837), der seine Kindheit in Goldau verbracht hatte, im Stile Pfyffers ein zweiteiliges Relief des Tals vor und nach dem Bergsturz an, in das er auch die Nummern aus Zays Karte übertrug; später sollte er – wenig erfolgreich – mit weiteren Kopien des Reliefs als Schaustücke durch die Lande ziehen.[20] Aus dem Bergrelief, Werkzeug und Symbol technischer Machbarkeit und der Bewältigung der vormals bedrohlichen Alpenlandschaft, wurde so der Versuch der Bewältigung einer Katastrophe, vor der weder die Vorstellung einer Herrschaft des Menschen über die Natur noch der Traum des alpinen Idylls Schutz bieten konnte. Pfyffer selbst hatte bereits vor Jahrzehnten vor einem drohenden Bergrutsch am Rossberg gewarnt, doch damit kein Gehör gefunden – seine amtlichen und wissenschaftlichen Gegenüber hielten es wohl wie der Goldauer Greis, den der Anblick des donnernden Bergs am 2. September 1806 nicht weiter beunruhigte: »Es hat schon oft an diesem Berg gelärmt und gepoltert; wir wollen einmal noch eine Pfeife anstecken.«[21]

5 Valentin Sonnenschein (1749–1828), Denkmal für Ludwig Rudolf von Jenner, 1806/07. Das Zimmerdenkmal erinnert an eines der Opfer aus der so genannten »Berner Reisegesellschaft«. Sie bestand aus 13 Reisenden, von denen nur sechs den Bergsturz durch einen glücklichen Zufall überlebten, darunter Franz Ludwig von May, der die Plastik zum Gedenken an seinen verschütteten Freund anfertigen ließ. Terrakotta, Historisches Museum Basel

Anmerkungen

1 Freudenreich und Bay 1806, S. 4.
2 Zeitung für die elegante Welt 1806b, S. 937.
3 Neal 1818, S. 97.
4 Burnet 1719, S. 203.
5 Schiller 2004, S. 976–977.
6 Zeitung für die elegante Welt 1806a, S. 937.
7 Vgl. S. 10f. in diesem Band.
8 Goethe 1998b.
9 Wyder 2006.
10 Goethe 2002, S. 144.
11 Zay 1807, S. 170.

12 Goethe 1998b.
13 Zeitung für die elegante Welt 1806b, S. 982.
14 Fässler 2002, S. 64.
15 Horat 2006, S. 120–121.
16 Zay 1807, S. 249.
17 Ebd., S. 361.
18 Ebd., S. 180.
19 Ebd., S. 217–218.
20 Schmid 2006, S. 51.
21 Zay 1807, S. 225.

o George R. Lawrence (1868–1938), von einer Drachenkonstruktion über der Bucht aus geschossene Luftaufnahme von San Francisco in Ruinen, 1906
Library of Congress Prints and Photographs Division Washington

Eine Stadt verweigert sich der Katastrophe

Erdbeben und Brände in San Francisco 1906

JACOB BIRKEN

Es waren anderthalb Jahrhunderte seit der Katastrophe von Lissabon vergangen, als ein Erdbeben Kalifornien erschütterte und die Zerstörung eines guten Teils der Küstenstadt San Francisco einleitete. San Francisco selbst war zu diesem Zeitpunkt noch nicht so alt. Der Stamm der Ohlone hatte hier zwar bereits seit längerem gesiedelt, und spanische Kolonisten hatten im ausgehenden 18. Jahrhundert eine Mission gegründet, die dem Ort später seinen Namen verleihen sollte. Doch erst Mitte des 19. Jahrhunderts entstand hier im Zuge des Goldrauschs eine Großstadt. In wenigen Jahrzehnten wuchs die Bevölkerung auf 342.782 Menschen an – so der Stand einer Volkszählung von 1900.[1] Auch wenn sie nicht mit den Millionenstädten wie New York, London oder Tokyo mithalten konnte, ist San Francisco um die Jahrhundertwende eine Weltstadt im wahrsten Sinne geworden: Nicht nur die Vorfahren der Siedler aus dem amerikanischen Osten waren seit bestenfalls einigen wenigen Generationen auf dem Kontinent, über den Pazifik waren auch zahlreiche Menschen aus Asien – vor allem China – an die Westküste gezogen. Der Pioniergeist der Goldgräber bestimmte vorerst nicht nur die Bevölkerungsstruktur (es waren zumeist junge Männer, die hier Glück oder zumindest Arbeit suchten), sondern auch die Struktur der Stadt selbst. Statt ›Pioniergeist‹ ließe sich hier auch ›unkontrollierte Expansion‹ schreiben, denn San Francisco wurde schnell gebaut. Straße um Straße aus günstigen Holzhäusern wurde errichtet, und wo es an Platz mangelte, wurde Sumpfland oder die Küste aufgeschüttet. Ganze Stadtviertel entstanden so auf ›made land‹ – künstlich ›gemachtem‹, instabilem Land. Eine Stadt von Pionieren ist aber auch eine Stadt des technologischen Fortschritts. Auf einem frühen Stadtpanorama von George Fardon sehen wir nicht nur die charakteristischen Holzhäuser, sondern ebenso die Werbetafeln seiner Konkurrenten – der zahlreichen Studios, die bereits im 19. Jahrhundert alle Bevölkerungsschichten mit Porträtfotografien versorgten.[2]

Als ein außergewöhnlich starkes Erdbeben am frühen Morgen des 18. April 1906 die Stadt erschütterte, traf es also eine ganz andere Gesellschaft als diejenige Lissabons um 1755. Die großen Fragen nach der Katastrophe betrafen nicht Philosophie und Religion, sondern vielmehr behördliche Zuständigkeiten – aber auch diese wurden vor allem *diskutiert*, denn drastische Maßnahmen wie der

Umbau des Stadtraums und der Wechsel der Machteliten, wie sie in Lissabon erfolgten, fanden entweder nicht oder ohne wesentliche Auswirkungen statt. Auch bei den durchaus heftig geführten Streitigkeiten um die Deutungshoheit ging es nicht um die ›Beste aller Welten‹, sondern darum, ob die eigentliche Katastrophe nun das Erdbeben oder die daraufhin ausgebrochenen Brände waren. Die Naturkatastrophe hatte eine moderne Stadt getroffen, deren Menschen viele der Fragen der frühen Neuzeit lange hinter sich gelassen hatten. Am eindrücklichsten zeigt sich dies in einem Text des Philosophen William James, den er nach seinen eigenen Erdbebenerfahrungen im nahegelegenen Stanford schrieb:

> »[Das Erdbeben] stahl sich hinter meinem Rücken hinein, und hatte mich – als es schließlich in den Raum eingedrungen war – ganz für sich allein, und konnte sich nun überzeugend offenbaren. Niemals wäre eine menschliche Handlung belebter und absichtlicher gewesen, noch hätte menschliches Handeln je deutlicher auf einen lebendigen Handelnden als seine Quelle und seinen Ursprung verwiesen.«[3]

1 Arnold Genthe (1869–1942), *Looking Down Sacramento Street*, San Francisco, 18. April 1906 Privatsammlung

Selbstverständlich liegt James nichts daran, das Erdbeben als solches zu ›vermenschlichen‹. Im Gegensatz zu früheren Denkern und Moralisten will er das Naturereignis nicht erklären und ihm einen Sinn verleihen, sondern betrachtet sich selbst als einen Menschen, der mit diesem Ereignis konfrontiert wird. Nach Gesprächen mit Anderen kommt er zum Schluss:

> *»Besser als jemals zuvor verstehe ich nun, wie unausweichlich die frühen mythologischen Versionen solcher Katastrophen waren, und wie künstlich und unserer spontanen Wahrnehmung zuwider die späteren Sitten sind, zu denen uns die Wissenschaft erzieht. Für ungebildete Menschen war es schlichtweg unmöglich, Erdbeben auf eine andere Weise aufzunehmen als als übernatürliche Warnungen und Vergeltung.«*[4]

Hatten Naturgewalten zuvor noch Menschen in ihrem Glauben an Vorsehung oder göttliche Gnade erschüttert, wurde zu Beginn des 20. Jahrhunderts aus dem Schock ein Staunen – und dabei vor allem ein Staunen über die Menschen selbst und ihren Umgang mit einem unerwarteten, überwältigenden Ereignis.

Wetten gegen das Feuer

So wie die Westküste sich anfällig für Erdbeben zeigt – der San-Andreas-Graben unter Kalifornien ist ein Teil des so genannten Pazifischen Feuerrings, der weltweit einen Großteil der Erdbeben und Vulkanausbrüche verursacht –, so allgegenwärtig schienen für das frühe San Francisco Großbrände: Alleine zwischen 1849 und 1851 brannte die Stadt sechs Mal und wurde jedes Mal sofort wieder aufgebaut, für die Siedler war dies oft eher ein Anlass für Neubeginn und Expansion als für Verzweiflung.[5] Eine konsequente Auseinandersetzung mit der Feuergefahr blieb jedoch aus, obwohl diese der Feuerwehr und den Versicherern gleichermaßen bewusst war – zu lange schien Bevölkerung und Stadtverwaltung die Periode, in der die Stadt vor 1906 verschont geblieben war, als dass kostspielige Maßnahmen zur allfälligen Erweiterung der Wasserversorgung ergriffen worden wären oder dass Neubauten aus Stahl und Stein anstatt aus günstigem Holz errichtet worden wären. Die hochdetaillierten Karten von Sanborn und Perris, auf denen die Straßen und Häuser US-amerikanischer Städte verzeichnet und je nach Bautyp farblich markiert sind, um daraus die Brandgefahr – und entsprechend die Versicherungsprämien – ableiten zu können, zeigen, dass das Wissen um die Bedrohung durchaus vorhanden und verbreitet war. Allerdings stand das Versicherungswesen um die

Jahrhundertwende erst am Anfang einer Professionalisierung. Im 19. Jahrhundert war eine Versicherungspolice nicht mehr als eine Wette gegen das Feuer, die nur vorübergehend Gewinner kannte. Als 1835 New York brannte, trieb dies über die Hälfte aller dortigen Feuerversicherer in den Ruin; das Feuer von Chicago 1871 konnte keine einzige der Versicherungen in ganz Illinois verkraften.[6] Mit den beschränkten Mitteln solcher zumeist sehr kleinen Firmen konnten Großbrände, bei denen nicht nur einzelne Gebäude, sondern ganze Stadtteile vernichtet wurden, schlichtweg nicht bemessen werden. Erst eine bessere Organisation der Versicherungen untereinander und technische Entwicklungen wie Lochkartensysteme machten es beispielsweise möglich, Feuerschäden in größerem Rahmen statistisch auszuwerten und als rechnerische Grundlage für Beiträge und Auszahlungen heranzuziehen.[7]

Auch Sicherheitsvorkehrungen blieben vorwiegend Zahlenspiele: Feuerfeste Gebäude wurden zwar zu geringeren Raten versichert, die höheren Kosten für die teuren Steinbauten relativierten diesen Vorteil jedoch sofort, sodass kaum ein Anreiz für sicheres Bauen bestand. Um 1906 waren diese Probleme lange bekannt, führten aber nicht zu tiefgreifenden Auswirkungen in Stadtplanung, Versicherungswesen und Privathaushalten. So bleibt die Sanborn-Perris-Karte von San Francisco in zweifacher Hinsicht ein Zeugnis für die Feuergefahr – die Bände von 1905 tragen an Einband und Seitenrändern noch die Spuren der Flammen von 1906, aus denen sie gerettet werden konnten.

Das Erdbeben am Morgen des 18. April 1906 verursachte – ob durch ein Gasleck oder ein Herdfeuer, das aufgrund der eingebrochenen Schornsteine außer Kontrolle geriet – mehrere Brände, die sich bald über die Stadt ausbreiteten und für den Großteil der schätzungsweise 3.000 Toten der Katastrophe verantwortlich waren (Abb. 1). Die marode Wasserversorgung wurde durch geborstene Rohre zusätzlich erschwert, und die unterbesetzte Feuerwehr konnte kaum einen Block, geschweige denn die gesamte Stadt vor den Flammen schützen. In einer tragischen Symbolik gehörte zu den vorerst noch wenigen Opfern dieses Morgens der Feuerwehrhauptmann Dennis Sullivan, der sich in den 26 Jahren seiner Laufbahn vergeblich für eine Sanierung der unterirdischen Wasserreservoirs eingesetzt hatte (Abb. 2).[8] Ein herabfallender Schornstein zerschmetterte seine Wohnung über der Feuerwehrstation. Sullivan starb vier Tage später in einem Krankenhaus.[9] Die ohne übergeordneten Plan handelnde Feuerwehr und die zu Hilfe gekommenen See- und Landstreitkräfte versuchten, das Feuer an allen Fronten einzudämmen. Von der Seeseite aus war die Navy dabei weitgehend erfolgreich, Feuerwehr, Armee und Nationalgarde hingegen richteten mit ihren Maßnahmen vielleicht mehr Schaden an als sie verhindern konnten. Gezielte Sprengungen, die den Flammen den Weg durch die Häuserblöcke abschneiden sollten, setzten bisher unbehelligte Nachbarhäuser in Brand. Alleine durch die dilettantischen Aktionen eines betrunkenen Sprengstoffherstellers namens John Bermingham wurden in Chinatown und Barbary Coast schätzungsweise 60 Brände entfacht, und laut Aussage eines Offiziers

2 Der »Little Giant«, historischer Feuerhydrant. Mit dem Wasser aus diesem auch nach dem Erdbeben noch funktionierenden Hydranten an der Ecke 20th und Church Street konnte der Mission District gerettet werden. Seit den 1960er Jahren wird der Hydrant am 18. April jeden Jahres zum Gedenken an die Katastrophe und die Rettung des Viertels golden lackiert.

starben bereits durch die Explosionen »zumindest 20 Chinesen, Opiumsüchtige und Betrunkene«.[10] Andernorts wurden Anwohner durch Streitkräfte aus ›Sicherheitsgründen‹ aus ihren Häusern vertrieben, die – so zeigen es einige Beispiele – durchaus mit etwas Initiative vor den Flammen hätten gerettet werden können. So lautet das Fazit der Brandbekämpfung in den Apriltagen 1906, dass manches in der Stadt nicht dank, sondern *trotz* des Einsatzes der staatlichen Kräfte gerettet wurde.

Diese Kritik lässt sich in mancherlei Hinsicht verallgemeinern, von der Brandbekämpfung, nach der nur mehr in Flammen steht, bis hin zur Brandrede, die – vielleicht nur als Beweis eigener Stärke – eine ominöse Gefahr heraufbeschwört. Der Wortlaut des rechtlich keineswegs gedeckten Schießbefehls, den Bürgermeister Eugene Schmitz (1864–1928) am Tag des Erdbebens aushängen ließ, ist berühmt geworden (Abb. 3):

> *»Die Bundestruppen, die Mitglieder der regulären Polizeikräfte und alle Beamten der polizeilichen Sondereinheiten wurden durch mich bevollmächtigt, alle Personen zu TÖTEN, die beim Plündern oder dem Vollzug eines jeglichen anderen Verbrechens aufgefunden werden.«*[11]

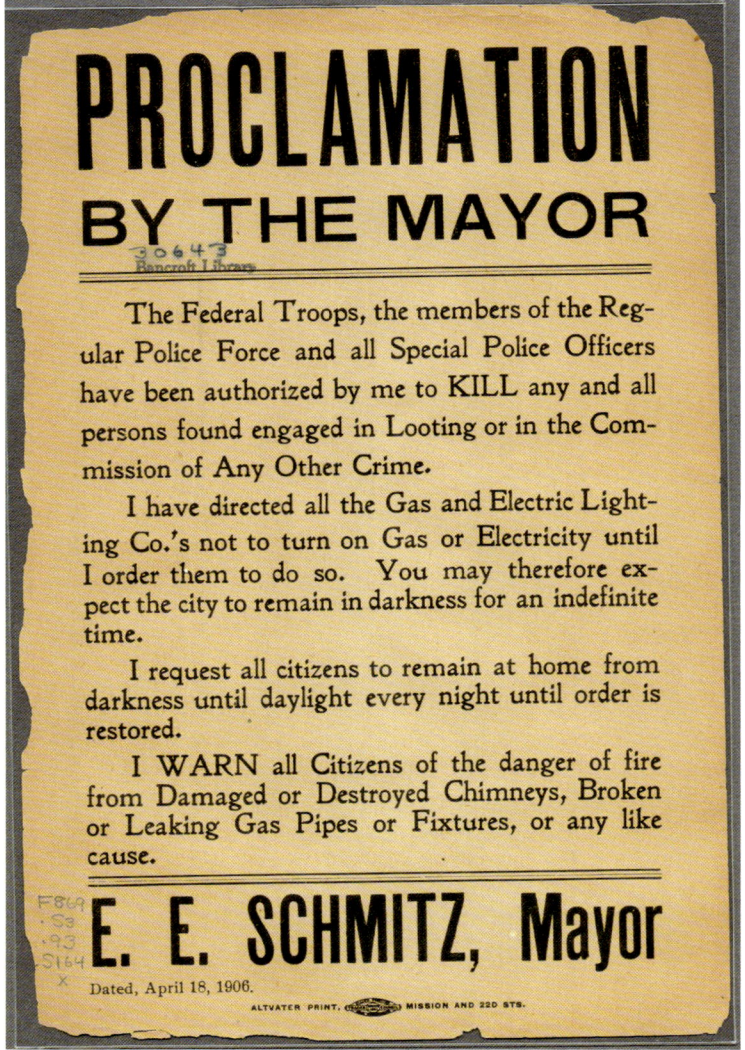

3 Öffentliche Bekanntmachung des Bürgermeisters von San Francisco, 18. April 1906 The Bancroft Library, University of California, Berkeley

Ob die Bedrohung durch die Plünderer, vor der Schmitz und Militärangehörige wie General Frederick Funston (1865–1917) warnten, tatsächlich in diesem Maße real war, bleibt dahingestellt. Zahlreiche Augenzeugenberichte sprechen von Übergriffen und Plünderungen durch die Truppen selbst. Nach der Evakuierung von Chinatown bedienten sich Nationalgardisten großzügig an den Gütern, die sie hätten beschützen sollen. Buddhastatuen aus Chinatown fanden sich später in der Sammlung der Gattin des kalifornischen Gouverneurs George Pardee (1857–1941), der sich ansonsten lautstark gegen Plünderungen durch das Militär geäußert hatte.[12]

Letzten Endes war es aber die Trägheit der Stadtverwaltung, die den Menschen in Chinatown zugutekam. Zwar waren sich die ›Mächtigen‹ in der Stadt weitgehend einig, Chinatown möglichst außerhalb des Stadtkerns wieder aufzubauen, aber uneins, was den zukünftigen Ort anging. Mal waren es rassistische Bürgerinitiativen, die sich einer solchen neuen ›Nachbarschaft‹ verweigerten; eine Verlagerung an den Stadtrand hätte hingegen zu empfindlichen Steuereinbußen geführt. Die Chinesen selbst wurden zwar kaum in die Diskussion eingebunden, wussten sich aber zu helfen. Während noch über einen neuen Ort diskutiert wurde, bauten sie Chinatown einfach wieder auf – am alten Ort und, ganz dem Pioniergeist der Stadt entsprechend, nunmehr noch prächtiger.

So bleiben die Pläne zum Wiederaufbau der Stadt ebenso wie die Hilfeleistungen seitens Stadt und Staat zwiespältig. Der Publizist Henry Anderson Lafler (Abb. 4) fand für das Verhalten der Armee angesichts des Feuers scharfe Worte:

> »Diese Geschichten haben genau einen Anfang und ein Ende. Sie beginnen mit der kriminellen Idiotie des Militärs; sie enden mit dem überragenden Heldentum des Bürgers.«[13]

Aber auch diese Kritik verdeutlicht den Unterschied zu dem Umgang mit der Katastrophe, wie er unter anderen gesellschaftlichen und politischen Vorzeichen hätte sein können. Nicht länger war die Obrigkeit – wie in Lissabon – in der Lage, die Stadt nach ihrem Willen neu zu gestalten; sie stand vielmehr unter Generalverdacht. Bemerkenswert ist der Artikel von Constance Dean in *The Call* vom 16. Juli 1906.[14] In ›Flüchtlingskleidung‹ hatte sich die Journalistin eine Woche lang in eines der Notlager eingeschleust und berichtete nun über endlose Warteschlangen, bürokratische Irrwege, aber auch über die Solidarität der Betroffenen untereinander. Die Naturkatastrophe wird so nicht nur zur Prüfung, sondern auch Anlass zur kritischen Selbstprüfung der Gesellschaft.

Feuer (und Feuerwasser) im Deutungsstreit

Es ziemt sich für eine ehemalige Goldgräberstadt, dass auch in einer großen Katastrophe die wesentlichen Anekdoten vom Alkohol handeln. Während der betrunkene Sprengstoffexperte John Bermingham eine Spur der Verwüstung durch die Stadt zog, sah sich Colonel Charles Morris zu einem gegensätzlichen Akt der Zerstörung gezwungen. Aus Sorge, in Kürze könnten trunkene Banden durch die Stadt marodieren, befahl er seinen Soldaten, die Alkoholreserven aller Kneipen und Saloons der Gegend zu vernichten. Hier spielte durchaus Klassenbewusstsein hinein: In seiner Erklärung verwies Morris darauf, von einem Plan der ›Armen‹ gehört zu haben, sich mit Gewaltakten an den ›Reichen‹ dafür rächen zu wollen, dass diese bislang durch das Erdbeben weniger geschädigt worden seien. So waren an diesem Tag, an dem Brände zu löschen und Menschen samt Hab und Gut aus den Trümmern zu retten gewesen wären, Soldaten eine ganze Weile damit beschäftigt, notfalls gewaltsam in Lokale einzudringen und Spirituosen auf die Straße zu schütten.[15]

Eine andere Geschichte nahm ein gutes Ende. Konfrontiert sowohl mit den Flammen wie mit dem sprengfreudigen Militär, übernahm der Manager des Whiskeyhändlers A. P. Hotaling & Company

3 Henry Anderson Lafler an seiner Schreibmaschine inmitten eines provisorischen Gräberfeldes im zerstörten San Francisco, 1906 The Bancroft Library, University of California, Berkeley

4 Vorderseite der Werbepostkarte von A.P. Hotaling & Co. California Historical Society, San Francisco

OLD KIRK WHISKY

A.P. HOTALING & Co.

OLD KIRK WHISKY

Looking down Montgomery St. from Broadway, Saturday morning, April 21, 1906.　　Arrow points to our Stores and Warehouses

Edward M. Lind selbst die Rettungsaktion. Sein Argument, dass die hochprozentigen Vorräte durch eine Sprengung zweifellos noch weiteren Schaden anrichten würden, überzeugte das Militär. Anschließend rekrutierte er 80 Mann, die für einen Dollar die Stunde und Bier als ›Unterhalt‹ die Fässer in Sicherheit rollten. Als das Feuer das Gebäude zu erreichen drohte, begannen Lind und seine Helfer, mit Weinpumpen und einer Kübelkette Abwässer aus einem Kanal zu fördern, um die Flammen zu bekämpfen. Das Gebäude steht noch heute. An seiner Fassade ist eine Tafel angebracht, auf der ein vom lokalen Dichter Charles K. Field verfasster Spottreim zu lesen ist:

> *If, as they say, God spanked the town / Because it was so frisky, / Why did he burn the churches down, / And saved Hotaling's whiskey?*[16]

Fields Gedicht stand auch auf der Rückseite einer Postkarte der Firma Hotalings, die sie bald nach dem Erdbeben vertrieb: Auf der Vorderseite war ein Foto des zerstörten Viertels zu sehen, aus dem allein das Gebäude des Whiskeyhändlers unbeschadet herausragt (Abb. 4). Weniger Glück hatte ein Kollege Linds. Wie alle übrigen Whiskeyläden waren die Warenhäuser der Firma Braunschweiger den Flammen zum Opfer gefallen. Noch bis in die 1950er Jahre hinein klagte Edward F. Braunschweiger III., einer der Nachfahren der damaligen Firmeninhaber, gegen den Staat und vor allem gegen die Rhein & Mosel Versicherung, die, wie viele deutsche Feuerversicherer, nach dem Brand nur unzureichend oder gar nicht gezahlt hatte.[17] Braunschweiger mochte aus seinem Anliegen einen Lebensinhalt gemacht haben, der vielen Zeitgenossen schrullig vorkam, doch war er damit nur das Extrem unter vielen anderen Menschen, die sich durch die Versicherungen übervorteilt fühlten. Die tatsächlichen Umstände werden vermutlich niemals vollends geklärt

werden, denn die Versicherer beriefen sich auf eine Klausel, die Feuerschäden ausschloss, falls sie durch höhere Gewalt, also beispielsweise ein Erdbeben, verursacht würden. Aufgrund der enormen Schäden nach dem Großbrand war ein Nachweis zugunsten einer der Ursachen in den seltensten Fällen möglich. Die Versicherungsgesellschaften setzten hohe Preissummen für Fotografien aus, die Erdbebenschäden an später verbrannten Gebäuden zeigen sollten, während die Bürger und möglicherweise die Stadtverwaltung selbst ihrerseits mitunter zu Mitteln der Bildmanipulation griffen, um Spuren von Erdbebenschäden zu tilgen. Hierfür gab es noch einen anderen Grund, denn sollte Kalifornien vor allem als ›Erdbebenregion‹ bekannt werden, hätte dies für Tourismus und Wirtschaft Folgen. Vor allem die große Eisenbahngesellschaft Southern Pacific bemühte sich im doppelten Sinne um ›Schadenbegrenzung‹: Zum einen durch den schnellen Wiederaufbau ihrer Infrastruktur, zum anderen durch das Herunterspielen der Erdbebengefahr, was sogar durch bestimmte Sprachregelungen forciert werden sollte.[18] So war aus der nachträglichen ›Deutung‹ des Ereignisses wieder eine Glaubensfrage geworden, in der die Rolle der Natur und der Einfluss des Menschen auf eine neue, sehr pragmatische Weise diskutiert wurden. Wie in früheren Zeiten erschien es dabei einfacher, einer willkürlich wirkenden Natur menschliche Verantwortung entgegenzusetzen, selbst wenn statt des Sündenfalls nun ›menschliches Versagen‹ als Grund für die Katastrophe herhalten musste. Schließlich bedeutete auch dieses Eingeständnis, dass die Zerstörung kein unausweichlicher Schicksalsschlag war. In diesem Sinne konnten alle – die Stadtoberen und Militärs ebenso wie die Bürgerinnen und Bürger, die sich den Fehlentscheidungen von oben auf kreative und solidarische Weise widersetzten – aus der Katastrophe mit der Einsicht hervorgehen, dass diese nur als eine weitere Hürde verstanden werden sollte, die es für den Pioniergeist der Westküste zu bewältigen galt.

Anmerkungen

1 Naruta – Teer 2006.
2 Lee 2001, S. 20.
3 James 1987, S. 1216.
4 Ebd., S. 1217.
5 Fradkin 2005, S. 10–11.
6 Wermiel 2012, S. 241.
7 Ebd., S. 249.
8 Bronson 1959, S. 21.
9 Fradkin 2005, S. 70.

10 Hansen – Condon 1989, S. 73–74.
11 »Proclamation of the Mayor« vom 18. April 1906.
12 Leung 2006, S. 11.
13 Lafler 1906.
14 Dean 1906.
15 Hansen – Condon 1989, S. 75–76.
16 »Wenn, wie manche sagen, Gott die Stadt versohlte / Ihres Übermuts wegen / Warum brannte er die Kirchen nieder / und rettete Hotalings Whiskey?«
17 Bronson 1959, S. 186–187.
18 Hansen – Condon 1989, S. 107–109.

San Francisco 18. April 1906

PETER ROTHE

Über dieses Ereignis gab es bald nach der Katastrophe eine Fülle von Meldungen, aber nur sehr wenige davon lassen gut brauchbare Rückschlüsse auf die geologischen Ursachen zu, die wir erst heute in einen plattentektonischen Zusammenhang stellen und dadurch besser verstehen können. Es gibt auch sichtbare Anzeichen, denn die San Andreas Fault ist über hunderte von Kilometern hinweg direkt in der Landschaft zu verfolgen. Wir wissen heute, dass sich dort zwei Großplatten, die Nordamerikanische und die Pazifische, an einer Horizontalverschiebung mit etwa sechs Zentimeter pro Jahr aneinander vorbeibewegen. Die Pazifische wandert nach Nordwesten, sodass eines Tages das dann allerdings nicht mehr trocken-heiße Kalifornien an die kühlen Regenwälder der nordwestamerikanischen Küstenregion angrenzen wird.

In den vergangenen 25 bis 30 Millionen Jahren sind diese Platten etwa 1.500 km weit aneinander vorbei geglitten. Im April 1906 hatten sie sich innerhalb von bezeugten 42 Sekunden Dauer um sechs Meter sprunghaft gegeneinander verschoben, so jedenfalls das vorläufige Endergebnis; vorausgegangen waren etwa 25 Sekunden anhaltende Vorbeben. Die mit San Andreas Fault oder Störung (gelegentlich auch San-Andreas-Graben oder -Spalte) bezeichnete ›Linie‹ besteht aus einer Vielzahl von Verwerfungen. Sie bilden ein ganzes System, in dem keineswegs alle Störungen parallel zueinander verlaufen, sondern manche auch spitzwinklig zur Hauptrichtung, sodass sich keilförmige Blöcke ergeben, die büschelartig wie ein Blumenstrauß aufgepresst werden (*flower structure*) oder absinken können. Die Störungen sind heute überwiegend mit eigenen Namen bezeichnet, auch die Erdbeben, die sich seit 1906 dort ereignet haben. Entlang der Plattengrenze ist das Störungssystem über fast 1.100 km zu verfolgen, damals waren fast 500 km davon auf einer Breite von etwa 80 km betroffen. Wie entlang solcher Blattverschiebungen üblich, liegen die Hypozentren innerhalb der Erdkruste und mit fünf bis etwa 30 km in relativ geringer Tiefe. Was meist nur den Fachleuten bekannt ist: Kalifornien erfährt etwa 10.000 Beben pro Jahr, bei den meisten wird allerdings nur geringe Energie freigesetzt und sie werden auch meist nur von Seismographen registriert. Das Epizentrum von 1906 hatte man in einem etwa drei Kilometer vor der Küste gelegenen Gebiet lokalisiert (Abb. 1).

Abgesehen von den an der Erdoberfläche sichtbaren Erscheinungen, die durch die Horizontalverschiebungen zustande kommen, ist die Westküste der USA auch durch die Subduktion der ozeanischen Pazifischen unter die kontinentale Nordamerikanische

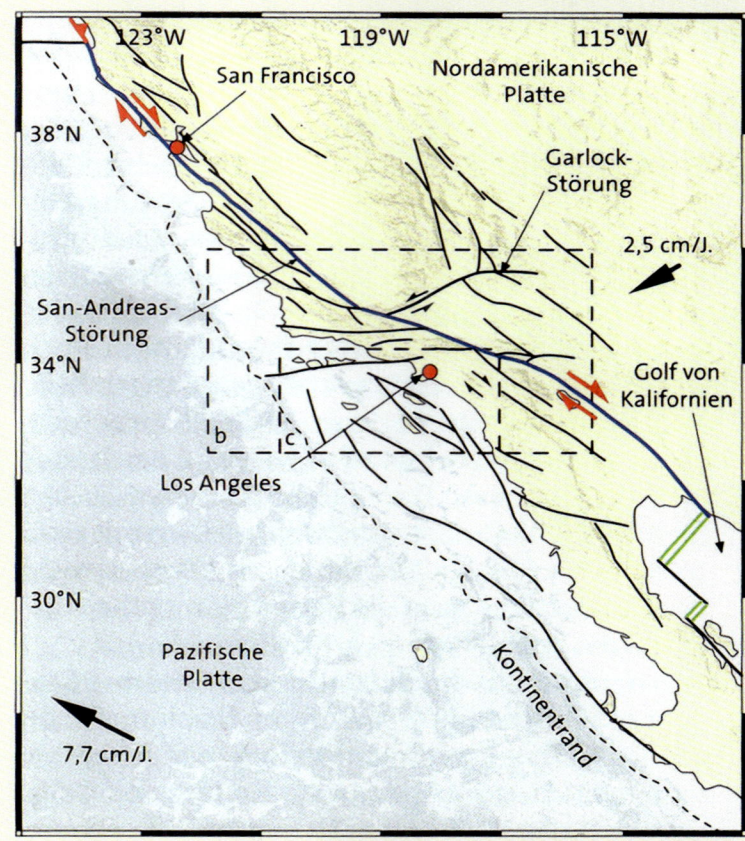

1 Das Störungssystem, das auch für das Erdbeben von San Francisco am 18. April 1906 bestimmend war

Platte bestimmt und infolgedessen von vornherein keine besonders stabile Gegend.

Die allein auf die Erdbewegungen zurückzuführenden Schäden lassen sich auch im Falle von San Francisco mit dem unterschiedlichen Baugrund erklären: Wie 1755 in Lissabon waren auch hier die Areale auf Schwemmland stärker betroffen als die auf Festgesteinen. Um neues Bauland zu gewinnen, war nämlich um 1900 das vormalige Sumpfland mit Dünensand, Steinbruchresten und Abfällen aufgefüllt worden, damit waren ›gute‹ Voraussetzungen für die dann folgenden Schadensereignisse geschaffen.

Die Berichte sprechen deutlich von den verheerenden Bränden als Hauptursache für die immensen Schäden, enthalten aber auch Hinweise, dass da natürliches Erdgas beteiligt gewesen ist: Kalifornien ist Erdölland, und die über Millionen Jahre anhaltende tektonische Aktivität hatte dort auch Erdölfallen geschaffen.

Der 1910 publizierte Bericht von Reid gibt erstmals auch Hinweise zu den Prozessen, die an der Entstehung von Erdbeben beteiligt sind. Dieser Erklärungsansatz ist als »elastic rebound theory« in die Literatur über Erdbeben eingegangen und bis heute gültig: Er meint ein elastisches Rückfedern der beim Beben selbst auseinanderbrechenden Schollen (s. Einführung). Nach der damals gebräuchlichen Mercalli-Skala, die die Zerstörungen nur anhand der Erscheinungen erfasst, hatte das San-Francisco-Beben eine Stärke von VIII bis IX. Der USGS (US Geological Survey) spricht heute von 7,9 auf der Momenten-Magnituden-Skala, und auf der Richter-Skala wird die Magnitude mit 8,3 angegeben; die beiden letzteren Skalen wurden aber erst später entwickelt, die Richterskala 1935 und die Momenten-Magnituden-Skala 1977 durch Hiroo Kanamori.

Die ständig präsente Frage gilt natürlich dem Zeitpunkt des nächsten großen Bebens, damit ist das Problem der Vorhersagbarkeit von Erdbeben angesprochen. Anders als bei der Vorhersagemöglichkeit von Vulkanausbrüchen sind die Chancen dafür noch sehr gering. Die Gesteinsschollen verhaken sich ineinander, der Bruch erfolgt erst, wenn eine bestimmte Spannung überschritten ist. Es gibt Hinweise darauf, dass Wasser eine Rolle beim Herabsetzen der Scherspannung spielen könnte. Und man versucht es mit der Idee der ›seismischen Lücke‹: In einer Gegend, in der es zwar geologische Gründe für Erdbeben gibt (u. U. weil sich zuvor dort welche ereignet haben), die Erde aber für längere Zeit ruhig blieb, könnte das nächste bald bevorstehen. Gegenwärtig könnte das beispielsweise für die Region um Riverside östlich von Los Angeles zutreffen, wo es vor 300 Jahren zuletzt gebebt hat. Und 1906 ist auch schon über 100 Jahre her!

Literatur:
Reid 1910

Was kostet die Katastrophe?

MARTIN KÜBLER

Vom 3. bis zum 29. September 2012 suchte eine verheerende Flutkatastrophe Pakistan heim. Sie forderte 455 Tote und vernichtete 600.000 Häuser und Gebäude, was 300.000 Menschen zu Obdachlosen machte. Die Schäden an Infrastruktur und Wirtschaftsgütern (Land- und Viehwirtschaft, Bewässerungssysteme) beliefen sich nach Berechnungen der Volkswirtschaftler auf 2,5 Milliarden US-Dollar, von den Versicherungen zu regulierende Schäden gab es allerdings keine.

Volkswirtschaftliche und versicherte Schäden sind nämlich nicht deckungsgleich. Die Kosten einer Katastrophe für die Versicherungen sind abhängig von wirtschaftlichen, sozialen und kulturellen Strukturen der betroffenen Region. Pakistan ist ein armes, wenig entwickeltes Land, sodass dort niemand eine Versicherung abgeschlossen hatte.

Die Schadensregulierungen durch Versicherungen differieren auch regional, trifft die Katastrophe ärmere Gebiete in einem wirtschaftlich reichen, entwickelten Land, liegen die Versicherungsleistungen ebenfalls unter dem volkswirtschaftlichen Schaden: Zwei Erdstöße der Stärke 6,4 auf der Richterskala zerstörten am 11. August 2012 in Iran 12.000 Häuser und andere Gebäude, forderten 306 Tote und hinterließen 3.000 Verletzte. Dem volkswirtschaftlichen Schaden von 500 Millionen US-Dollar standen Versicherungsschäden von Null gegenüber, da sich in dem armen Landstrich niemand eine Versicherung leisten konnte. Außer dem Ort der Katastrophe bestimmt so auch die wirtschaftliche Struktur einer Region die von einer Versicherung im Falle einer Katastrophe zu zahlenden Summen.

Ausschlaggebend sind außerdem das Risikobewusstsein in einem Gemeinwesen und die Bereitschaft zur Prävention. Ist letztere nicht sehr ausgeprägt, klafft ebenfalls eine Schere zwischen dem materiellen Schaden und der versicherungsgestützten Schadensregulierung. Bei der Überschwemmung auf den Philippinen im August 2012 mit 109 Toten und Schäden in der Land- und Viehwirtschaft von 700 Millionen US-Dollar entstand ein Versicherungsschaden von lediglich drei Millionen. Zu wenige Eigentümer hatten sich abgesichert oder absichern können.

Entwickelte Volkswirtschaften mit hohem Risikobewusstsein und der Einsicht in die Notwendigkeit der Prävention beim Einzelnen haben hingegen eine höhere Versicherungsdurchdringung. Denn Besitzer von Gütern aller Art (Gebäude, Fabriken, landwirtschaftliche Flächen und Betriebe, Viehbestand etc.) wissen um Gefahren, sind auch bereit und haben die finanziellen Mittel, zu investieren, um sich vor Verlust und (Folge-)Schäden zu schützen.

Die von einer zerstörerischen Dürre begleitete Hitzewelle, die den US-amerikanischen Mittelwesten von Juni bis September 2012 plagte, brachte einen Schaden von 20 Milliarden US-Dollar mit sich, der versicherte Schaden betrug 17 Milliarden US-Dollar, kam also dem volkswirtschaftlichen sehr nahe.

Versicherungen sind Bestandschutz für Volkswirtschaften. Eine hohe Versicherungsdurchdringung trägt zum Werterhalt und zur fortgesetzten Wertschöpfung in einem Gemeinwesen bei. Die Präventionsbereitschaft ist ein zentraler Teil der volkswirtschaftlichen Leistung, weil sie Werte bewahrt und nicht zuletzt die Zukunft sichert. Eine Infrastruktur ist leichter wieder aufzubauen, wenn dank ausreichender Versicherung genügend finanzielle Mittel zur Verfügung stehen. Andernfalls droht Rückschritt, manchmal bis in fast vormoderne Verhältnisse, mit allen Folgen. Denn Schäden entstehen ja nicht nur am Ort des Katastrophengeschehens selbst, sondern wirken angesichts globaler wirtschaftlicher Vernetzung multilateral. Wird eine Fabrik, etwa eines Autoteilezulieferers, zerstört, zieht dies Produktionsabläufe auch an weit entfernten Orten bis hin zum Stillstand in Mitleidenschaft. Ein wirksamer Versicherungsschutz berücksichtigt solche Länder und sogar Kontinente übergreifende Eventualitäten. Arme Länder werden durch Katastrophen noch ärmer.

Die Einbindung eines Wirtschaftsgutes in umfassende Produktionsabläufe erhöht natürlich den Preis für die Absicherung des Risikos. Nicht immer wollen oder können Betroffene diese Kosten aufbringen. So führen finanzielle Schwäche, Leichtsinn, das Vertrauen auf die Katastrophenlücke (was gerade geschah, wiederholt sich so bald nicht wieder) trotz der Kenntnis eines Risikos zu ungenügender Prävention. Das Hochwasser der Elbe im Jahr 2013 traf auf eine relativ geringe Versicherungsdurchdringung bei den Bewohnern der gefährdeten Gebiete, nur jeder dritte bis vierte war ausreichend versichert. Die geringe Schadensabdeckung bringt weitere Verluste mit sich, weil Standards in der Infrastruktur und der Produktion für lange Zeit niedrig bleiben werden. Menschliches (Fehl-)Verhalten kann die Aus- und Nachwirkungen einer Naturkatastrophe also vergrößern oder eben in Grenzen halten.

Die Höhe der Versicherungsprämien richtet sich nach dem Wert des zu versichernden Gutes, wobei dieser mehr umfasst als zum Beispiel Gebäude und Sachwerte eines Betriebes. Es werden auch die Schäden kalkuliert, die durch das Unterbrechen von Lieferungsketten entstehen. Die Werte von Gebäuden oder Sachen werden von den Besitzern festgelegt und durch Gutachter abgesichert. Unterschieden wird dabei noch nach Zeitwert und Neuwert, letzterer ist höher, er ermöglicht die Neuanschaffung eines Wirtschaftsgutes.

Außerdem werden auf Statistiken beruhende Katastrophenmodelle einbezogen, zum Beispiel die Hurrikanhäufigkeit im Falle von Florida; Hurrikan Sandy hat dort 6,5 Milliarden US-Dollar volkswirtschaftliche Schäden hinterlassen, man hat also Werte, an denen man sich bei der Berechnung eines wirksamen Versicherungsschutzes orientieren kann. Die Kosten eines zerstörerischen Naturereignisses sind für Versicherungen kalkulierbar, weil es Daten über die in einem gefährdeten Gebiet abgeschlossenen Versicherungen gibt. Ein hoch entwickeltes Gebiet mit hohem Risikobewusstsein in der Bevölkerung und daraus erwachsender Bereitschaft zur entsprechenden Prävention ist anders gepreist als ein wenig entwickeltes Gebiet, unabhängig von der Dichte der Besiedelung. Die katastrophale Wirkung von Naturereignissen hängt also von einem komplexen menschlichen Verhalten ab, es kann die Folgen einer Katastrophe abfedern (siehe auch den Beitrag zu Prävention von Felgentreff, S. 261).

1 Aufwendige und kostenträchtige Aufräum- und Sucharbeiten nach dem Erdbeben vom Oktober 2011 in Van, Türkei

Die Verbildlichung der Katastrophe in Japan

GENNIFER WEISENFELD

(ÜBERSETZUNG VON CHRISTIAN NUMRICH)

Der japanische Archipel, erschaffen durch die hochaktive tektonische Zone, in der die Pazifische, Philippinische und Eurasische Platte aufeinanderprallen, wird regelmäßig von Vulkanausbrüchen, Erdbeben und Tsunamis erschüttert. Dies hat eine besonders reichhaltige japanische Tradition visueller Reaktionen auf diese katastrophalen Ereignisse seit dem Anbeginn der Geschichtsschreibung angeregt. Man könnte sogar soweit gehen zu behaupten, dass Naturkatastrophen zu einer kulturgenerierenden Kraft in Japan wurden. Mit Sicherheit waren sie Katalysatoren des Wandels. Ungeachtet der materiellen Zerstörung und der psychischen Traumata, die die katastrophalen Ereignisse mit sich brachten, schufen diese paradoxerweise Momente der Reflexion und der Erneuerung – selbst Momente des Lachens. Radikale gesellschaftliche Umbrüche, seien sie mensch- oder naturbedingt, haben häufig zu enormen künstlerischen Schüben geführt. Die physischen Narben der Katastrophe ätzten sich dabei in das Land, die städtische Landschaft und den menschlichen Körper ein und brachten eine verstörend ästhetische wie auch poetische Resonanz hervor.

In der japanischen Geschichte wurden Erdbeben als Ereignisse transformativer, mitunter sogar numinoser Natur angesehen. Etwa in der Zeit des Ansei-Erdbebens von 1855 war der Amur-Wels (*namazu*) dessen geläufigste allegorische Darstellung. Hunderte unterschiedlicher Welsholzschnitte (*namazu-e*) wurden nach dem Ansei-Erdbeben angefertigt. Es hieß, dass ein monströser Wels unterhalb Japans lebe, der in regelmäßigen Abständen Erdstöße verursache (indem er das Land auf seinem Rücken durchschüttle), wenn in Momenten moralischer oder sozialer Krisen das Bedürfnis nach einer ›moralisch-geistigen Erneuerung‹ (*seishin fukkô*) aufkam. Der Wels galt als Überbringer moralischer Vergeltung wie auch als Welterneuerer (*yonaoshi* oder *yonaori*). Erdbeben wurden folglich befreiende Auswirkungen sowie zerstörerische Rückwirkungen zugesprochen.

Das Bild des Welses bildete sich aus glücksverheißenden, magischen Landkarten, den *Dai Nihonkoku jishin no zu* (Große Erdbebenkarten Japans), heraus, die entworfen wurden, um Erdbeben zu

verhindern und deren zukünftige Auswirkungen voraussagen zu können. Diese Landkarten hatten zwar ihren Ursprung im 14. Jahrhundert, populär wurden sie aber erst in der Mitte des 17. Jahrhunderts als Einband jährlicher Almanache. Mitunter wurden sie auch in den *tsuina*-Ritualen zur Austreibung von Dämonen eingesetzt. Einige dieser Karten, als *Gyôki-Typus* nach dem gleichnamigen buddhistischen Mönch der Nara-Zeit benannt, der sie erfunden haben soll, zeigen ein drachenartiges Schlangenwesen, welches das japanische Archipel umfängt und in seinem Inneren die Herrschaftsbereiche des Landes aufzeigt.

o Unbekannter Künstler, *Der schlummernde Gott Ebisu*, ca. 1855 Collection Rabitz

Nach zwei Jahrhunderten der Vervielfältigung verschmolz der Drache mit einem großen kosmischen Fisch – später konkret einem Wels. Welse zeigen häufig auffällige Verhaltensweisen vor Erdbeben, da sie möglicherweise die ersten schwachen Erdstöße im bodennahen Schlamm spüren können. Die Bezeichnungen der Landkarten als *Jisoko namazu no zu* oder *Chitei namazu no zu* (Darstellung des Welses aus der Tiefe der Erde) in kalendarischen Prophezeiungsbüchern (*ôzassho sanzeshô*) machen die Verschmelzung des Drachens und des Fisches deutlich, und die Abbildungen zeigen die visuelle Wandlung des Drachens in die zunehmend rundere Figur eines Welses (*namazu*).[1] Diese Kartenabbildungen weisen ebenso erstmals den Einsatz des Motivs eines schützenden Schlusssteines (Lochsteines), genannt *kaname ishi*, neben dem Kopf des Drachenfischs auf. Dieser Schlussstein, der den Ort der irdischen Ankunft der Kashima-Gottheit (*Kashima daimôjin*) anzeigt, wurde in Verbindung mit dem Kashima-Schrein in der heutigen Präfektur Ibaraki gebracht, wo der Stein aus dem Erdboden hervorragt. Bereits seit Beginn des 14. Jahrhunderts bestand der Glaube, dass der Stein tief im Boden vergraben sei und auf dem Kopf des Drachenfischmonstrums im Zentrum der Erde ruhen würde. Durch die Macht der Kashima-Gottheit bezwinge der Stein (beziehungsweise in einigen Fällen das Schwert der Gottheit) das Monstrum und unterbinde dessen Bewegungen und somit die Erdbeben.

Es war das Zeitalter der Großproduktion gedruckter Flugblätter (*kawaraban*), die in Edo als Zeitungen dienten. Das neue Medium der *kawaraban* verschmolz nach dem verheerenden Ansei-Erdbeben vom 11. November 1855 mit den älteren Traditionen der magischen Drachenfischkarten und brachte eine der bemerkenswertesten und außergewöhnlichsten Gattungen der japanischen Katastrophendarstellungen hervor – den Welsholzschnitt (*namazu-e*), der als allegorisches Omen göttlichen Willens zur Erneuerung einer krankenden Gesellschaft bis ins 20. Jahrhundert hineinwirken sollte. Das Ansei-Beben nahm innerhalb der japanischen Geschichte eine besonders wichtige Stellung ein, da es große Teile von Edo beschädigte, dem Regierungssitz der Tokugawa. Edo war in der Mitte des 19. Jahrhunderts ein bedeutendes wirtschaftliches und kulturelles Zentrum und vor allen Dingen der Sitz der staatlichen Herrschaft.

Japanische Drucke weisen in der Regel raffinierte, mehrschichtige Wortspiele auf. Gerade im Fall der *Ukiyo-e* (die ›Bilder der vergänglichen Welt‹ der Freudenviertel) war die dem Erdbebenbild zugrunde gelegte moralische Ebene oft von einer Nuance an Persiflage und einem Hauch Humor durchdrungen. Mit dem wachsenden Abstand der Menschen zum traumatischen Ereignis und der Rückkehr zur Normalität des Alltags hoben diese Holzschnitte die Absurditäten des Geschehenen humoristisch hervor und halfen, den psychischen Druck im Zuge der Katastrophe abzubauen. Aber an erster Stelle stand in Japan der Einsatz von Persiflage als machtvolle Variante der versteckten Gesellschaftskritik zu einer Zeit, in der öffentliche Kritik strengstens verboten war.[2]

Ein berühmter satirischer Welsholzschnitt zeigt Ebisu, einen der Glücksgötter, der für die Kashima-Gottheit in ihrer Abwesenheit auf einem Treffen der Götter im Schrein von Izumo Wache hält (Abb. 0). Ebisu schläft auf dem schützenden Schlussstein ein und setzt damit den Wels frei. In dem Moment, in dem der unglückselige Kashima auf seinem Pferd zurückeilt, verwüstet der Wels Edo, das heutige Tokyo. Gold- und Silbermünzen werden durch das Beben aus der Stadt herausgeschüttelt. Sie verweisen anklagend auf den Reichtum der Eliten und kündigen eine Neuverteilung des Wohlstandes an. Die hockende, sich entblößende Figur auf der linken Seite stellt den Donnergott bei dem in Edo beliebten Spiel des Wettfurzens dar, das auch als ›Donnerfurzen‹ bezeichnet wurde. Die Trommeln, die der Gott hier ausscheidet, beschwören den allseits gefürchteten, donnernden Lärm des Erdbebens herauf.[3] Quasikomisch und dezidiert fäkal im Tonfall erinnert diese Darstellung daran, dass auch Götter an ihrer Aufgabe scheitern können; daher müssen sie umso wachsamer sein.

Viele *namazu-e* bringen durch die Darstellung des Erdbebens als positives Ereignis, das eine dringend benötigte Neuverteilung des Wohlstandes herbeiführen wird, Mitgefühl für das Elend der arbeitenden Massen zum Ausdruck. Das Sujet der Ungleichheit der Gesellschaftsstände bildet das Fundament vieler Holzschnitte dieser Art. In einem Druckblatt starren euphorische Gestalten verzückt auf einen Wels, der wie ein Walfisch Münzen ausspeit – möglicherweise eine Referenz an eine bekannte Walfangszene vor den Gotô-Inseln aus Katsushikas Hokusais *Meer der Weisheit/Tausend Bilder des Meeres* (1833). In diesem *namazu-e* blicken die Menschen glücklich nach vorne, in Erwartung einer neuen, gerechteren Gesellschaft. Dieser Druck kann auch als Kritik an der exorbitanten Geschäftemacherei des Bausektors während des Wiederaufbaus gelesen werden – ein regelmäßig wiederkehrendes Sujet. Themen der sozialen Gerechtigkeit und sozialer Missstände werden ebenso in einigen Drucken angesprochen, in denen der Wels als Überbringer göttlicher Strafe (*tenken* oder *tenbatsu*) an den Reichen oder der herrschenden Schicht für deren moralische Verfehlungen, materielle Exzesse und unfähige Regierung dargestellt wird.

Laut Cornells Ouwehand könnten die *namazu-e* durch die Mittel der Vermenschlichung des Welses und der Personifizierung des Erdbebens menschliche Akteure innerhalb von Katastrophen aus allen Blickwinkeln zeigen: als Zerstörer, Erneuerer, Feinde und Helden. Die Welse spiegeln die menschliche Gesellschaft in all ihrer Mehrdeutigkeit wider.[4] Somit setzen sie erkenntnistheoretisch Erdbeben in etwas Verständliches um. *Namazu-e* weisen eine aktivere Auffassung des menschlichen Willens im Kontext des Erdbebens auf. Dies zeigt sich in den nicht humoristischen Darstellungen von Bürgerscharen, die vor dem deutlich hervorgehobenen schützenden Schlussstein des Kashima-Schreins (*Anshin kaname ishi*) im Gebet knien. Diese Darstellungen zeigen die Bestrebungen der Bürger, Naturereignisse durch fromme Taten in Schach halten zu können. Gleichzeitig persiflierten die Bilder aufs schärfste die Verknüpfung zwischen menschlichem Handeln und Naturkatastrophe. Ein amüsantes Pendant zur Darstellung der Bürger zeigt eine Gruppe bekleideter Welsmänner, die mit entblößten Zahnreihen von Ohr zu

1 Anonym, *Geschicktes Mittel zum Schutz vor Erdbeben / vor sich selbst*, ca. 1855 Collection Rabitz

Ohr grinsen und sich in gleicher Manier vor der Kashima-Gottheit verbeugen, um Reue für ihre Sünden zu zeigen, die das Ansei-Erdbeben und seine Begleitbeben im ganzen Land hervorgerufen hatten. Sie einigen sich darauf, eine formale Erklärung ihres guten Willens zu unterzeichnen. Der Titel *Geschicktes Mittel zum Schutz vor Erdbeben* (*Jishin yoke no myôhô*) setzt das Synonym *jishin* (sich selbst) anstelle der Schriftzeichen für *jishin* (Erdbeben) ein, womit der Titel auch als *Geschicktes Mittel zum Schutz vor sich selbst* gelesen werden kann und damit ironisch auf das problematische ›Selbst‹ des abgebildeten Welses, der die Erdbeben auslöste, verweist, beziehungsweise auf einer eher philosophischen Ebene die kausale Beziehung zwischen menschlichem Handeln und Naturkatastrophen hervorhebt (Abb. 1).[5] Die Titelkartusche des Bildes ist in Form einer kegelförmigen Kalebasse (*hyôtan*) gezeichnet, einem gängigen, Unheil abwehrenden Symbol, das mit der Bezwingung lästiger Welse assoziiert und manchmal auf den Kopf des Fisches anstelle eines Steines oder eines Schwertes gesetzt wurde.

Das Medium des Holzschnittes dominierte in der Darstellung von Naturkatastrophen in Japan bis ins späte 19. Jahrhundert. Und Japans vormodernes bildliches Konzept von Naturkatastrophen übte bis in die Moderne einen Einfluss aus, in seiner Betonung der moralischen Verbindung zwischen dem Natürlichen, dem Menschlichen und dem Göttlichen; in seiner humoristischen und verspielten Art und Weise, Horror und Parodie in visueller Satire zu verschmelzen und indem es den spektakulären Unterhaltungswert des Makabren ausnutzte.

Als ein gewaltiges Erdbeben der Stärke 7,9 die Region Kantô am 1. September 1923 traf, vernichtete und verbrannte es über 100.000 Menschen. Die weltweite Presse reagierte darauf schnell. Schon bald als das Große Kantô-Erdbeben (*Kantô Daishinsai*) bezeichnet, richtete es beispiellosen Schaden an und machte fast 40 Prozent der Metropolregion Tokyo – der Hauptstadt des Kaiserreichs Japan – dem Erdboden gleich. Das Beben verwüstete ebenso die große Industriehafenstadt Yokohama in der anliegenden Präfektur

2 Kondô Shiun (tätig 1910–1930), *Ein entgleister Zug in der Nähe von Ôiso*, aus: Taishô shinsai gashû (Drucksammlung der Erdbebenkatastrophe in der Ära Taishô) 1926 Collection Rabitz

Kanagawa sowie große Teile der weiteren fünf Anrainerpräfekturen.

Niemand im Land blieb vom Unglück des Jahres 1923 unberührt. Eine Welle von Trauer, Mitgefühl, Wehmut, Zorn und Hilfsbereitschaft ging von der künstlerischen Gemeinschaft aus und brachte ein Oeuvre hervor, das die Macht bezeugte, die dieses katastrophale Ereignis auf die kollektive Vorstellungskraft der Japaner ausübte. Das Erdbeben löste kulturelle Reaktionen aus, die das gesamte Spektrum umfassten: von schockiertem und feierlichem Gedenken bis zu emanzipatorischer Euphorie, von kommerzialisiertem Medienspektakel bis zum sakralem Raum, von voyeuristischem und makabrem Nervenkitzel bis zur künstlerischen Erhabenheit sowie von Ausdrucksformen nationaler Solidarität bis zu sozialpolitischer Kritik und rassistischer Bürgerwehr und Selbstjustiz. Das Erdbeben schrieb Geschichte und

löschte dieselbe gleichzeitig aus. Auf jeden Fall arbeiteten Künstler, Fotografen, Architekten und Designer auf den Gebieten der öffentlichen und privaten, individuellen und kommerziellen Massenkunst zusammen, um das Beben zu einem Wendepunkt der japanischen Geschichte zu machen.

Neben den Fotografen zählten die Druckgraphiker zu den produktivsten Erschaffern von Erdbebenbildern. Eine Reihe von Drucksammlungen (Holzschnitte und Lithographien) wurde nach dem Beben von 1923 auf den Markt gebracht, darunter die *Taishô Shinsai gashû (Drucksammlung der Erdbebenkatastrophe in der Ära Taishô)* (Tokyo: Emaki Kenkyûkai, 1926). Dieses Portfolio bestand aus 25 Drucken von neun unterschiedlichen Künstlern. Einige Versionen des Portfolios wurden im Albumformat angelegt. Andere wiederum wurden als Einzelposten mit wenigen Druckblättern pro Umschlag verkauft, wahrscheinlich im Abonnement.

3 Igawa Sengai (1876–1961), *Zuflucht auf den Bahngleisen*, 1926, aus: Taishô shinsai gashû (Drucksammlung der Erdbebenkatastrophe in der Ära Taishô), 1926 Collection Rabitz

Durch das Aufzeigen der spektakulären Realität epochaler Ereignisse und der Motivik des Todes und der Zerstörung haben diese Bilder der Naturkatastrophe eine starke Faszination auf die Betrachter ausgeübt, indem sie die stetig zunehmenden Anforderungen der Moderne an die Nation aufzeigten. Die tödlichen Zugentgleisungen allerorten und enormen Verkrümmungen der Zuggleise durch das Beben von 1923 beispielsweise waren ein Fest der Inspiration für Künstler. Kondô Shiuns (aktiv 1910–1930) Druck *Ein entgleister Zug in der Nähe von Ôiso* innerhalb der oben genannten Serie zeigt einen geknickten, aus den Gleisen geworfenen Zug in der Nähe von Ôiso an der Küste der Präfektur Kanagawa südwestlich von Tokyo (Abb. 2). Die Lokomotive, ein kolossales, von Menschen gemachtes Monstrum, das von den Kräften der Natur niedergestreckt wurde, ist seitlich umgekippt und speit dunklen Rauch aus. Weitere tödliche Zugentgleisungen wurden umfassend dokumentiert, insbesondere

das dramatische Ereignis im Dorf Nebukawa, westlich von Odawara, wo das Beben und der darauffolgende Tsunami einen Berghang zum Absturz ins Meer brachten und dabei den Dorfbahnhof wie auch den vorbeifahrenden Pendlerzug mit über 100 Passagieren mitrissen.

Die Lust der Betrachter am Schauspiel der Katastrophe gründet häufig auf deren Blickwinkel – dem Gefühl der Sicherheit und des Abstandes zu physischem Schaden. Dennoch erfreuen sich manche selbst inmitten der Katastrophe am Zuschauen, wie im eigenartig idyllischen Holzschnitt des bekannten Illustrators Igawa Sengai (1876–1961) zu sehen ist, der für die Zeitung *Miyako shinbun* tätig war. *Zuflucht auf den Bahngleisen* (*Densha senrojô no hinan*) zeigt eine japanische Familie beim Picknick auf leeren Straßenbahnschienen, wie sie inmitten all der Zerstörung in aller Gemütsruhe auf die Stadt blickt (Abb. 3). Die Dächer eingestürzter Gebäude und schwelende

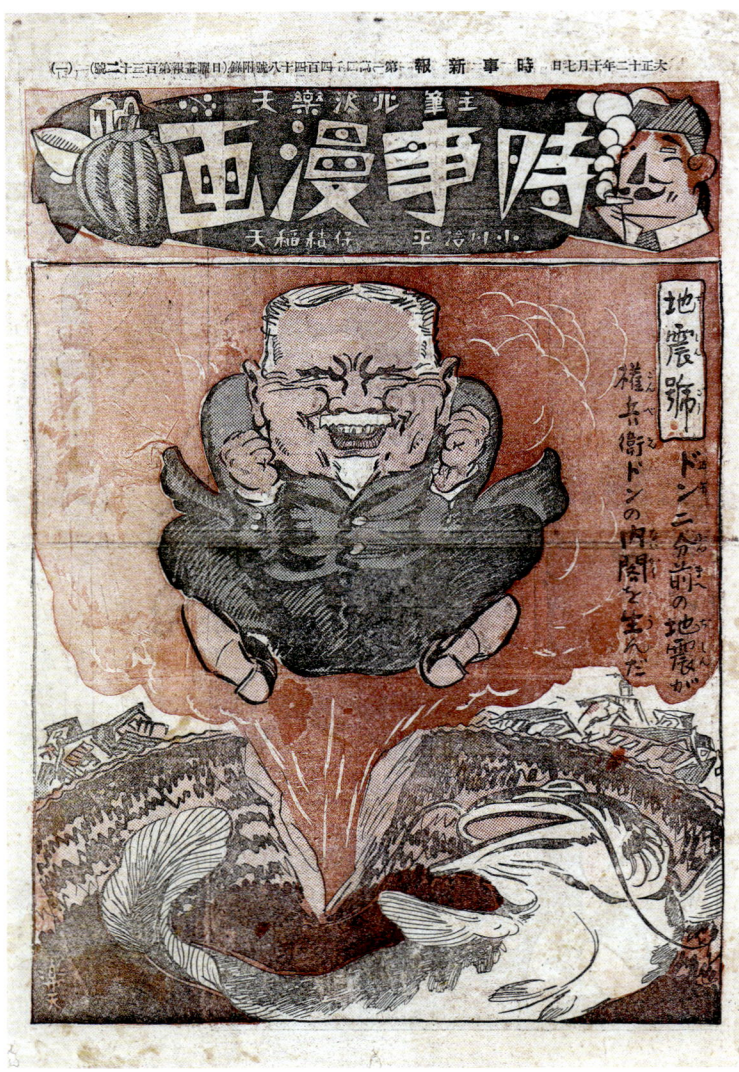

4 Kitazawa Rakuten (1876–1955), Titelblatt der Karikaturenausgabe *Manga zum Zeitgeschehen* der Zeitung *Neuigkeiten zum Tagesgeschehen*, Ausgabe 132, 1923 Billy Ireland Cartoon Library & Museum, The Ohio State University

5 Kitazawa Rakuten (1876–1955), Titelblatt der Karikaturenausgabe *Manga zum Zeitgeschehen* der Zeitung *Neuigkeiten zum Tagesgeschehen*, Ausgabe 228, 1925 Billy Ireland Cartoon Library & Museum, The Ohio State University

Feuer sind in der Ferne hinter dem Rauch zu sehen, während die dreiköpfige Familie im Sonntagsstaat – der Vater lehnt sich dabei zwanglos zurück – Tee aufkocht, umgeben von herunterhängenden Stromleitungen.

Sogar das bekannte allegorische Symbol des Welses (*namazu*) wurde nach dem Kantô-Beben als Personifizierung des Missfallens von Natur oder Himmel sowie der nochmaligen Notwendigkeit einer ›Welterneuerung‹ wiederbelebt. Wie bereits erwähnt, waren visuelle Satire und Humor schon lange ein gewichtiges Element in den japanischen Reaktionen auf Katastrophen. Das Lachen im Angesicht der Misere war nicht nur ein Mittel der Wiedergewinnung von Normalität durch Stressabbau und psychologische Katharsis, es war ebenso ein Übertragungsmedium für machtvolle Kritik an Gesellschaft und Moral. Kitazawa Rakuten (1876–1955), ein politisch

kritischer Pionier unter den Cartoonisten, der als Vater des modernen *manga* gilt, fügte wiederholt Welsbilder der beliebten Karikaturenbeilage *Jiji manga* (*Manga zum Zeitgeschehen*) der Sonntagsausgabe der Zeitung *Jiji shinpô* (*Neuigkeiten zum Tagesgeschehen*) bei. Rakutens Titelblatt des 7. Oktobers zeigte den unterirdischen Wels, der eine riesige Erdspalte aufreißt und dabei das kurzlebige Krisenkabinett des Premierministers Yamamoto Gonbei (Gonnohyôe, 1852–1933) gebiert (Abb. 4). Yamamoto ist dabei in der embryonal anmutenden Stellung eines Neugeborenen zu sehen, das umgeben von einer Rauchwolke aus der Fissur hervorspringt. »Sonderausgabe zum Erdbeben: Bumm! (*don*) Das Erdbeben um 2 vor 12 Uhr (Mittag) gebar das Kabinett des Chefs (*don*) [Yamamoto] Gonbei.« Der Text und die Abbildung spielen mit den zahlreichen Homophonen »*don*«, die das laute Dröhnen des Erdbebens um 12 Uhr mittags, den Dialektbegriff aus Satsuma für »Feudalherr« beziehungsweise »Herr« wie auch umgangssprachlich »mächtiger politischer Boss« wiedergeben. Ursprünglich aus dem Lehen Satsuma stammend, war Yamamoto von 1913 bis 1914 Premierminister und wurde explizit nach dem plötzlichen Tod von Katô Tomosaburô wenige Tage vor dem Erdbeben erneut ernannt. Er hatte gerade begonnen, sein Kabinett zusammenzustellen, als sich das Erdbeben ereignete. Er erfüllte sein Amt bis zum 7. Januar 1924, und seine politische Karriere verband sich untrennbar mit dem Beben. Rakutens Wels ist so zu lesen, dass die Katastrophe nicht nur massive Zerrüttung mit sich brachte, sondern auch neue politische Kräfte inmitten der konfliktgeschüttelten japanischen Parteienlandschaft erweckte.

Der Wels als Symbol göttlicher Strafe spielte oft in den rhetorischen Strategien für die Kritik der Verschwendungssucht und des Materialismus des modernen Lebens wie auch der neu hervortretenden liberalen und linken politischen Bewegungen eine Rolle. Unabhängig davon, ob das Erdbeben als Ergebnis derart ›unmoralischen‹ Verhaltens galt oder auch nicht, musste der Wiederaufbau frei von Frivolität und Unbesonnenheit auf einem Fundament moralischer Aufrichtigkeit erfolgen. Zwei Jahre nach dem Beben beschwor der gleiche Cartoonist Kitazawa Rakuten den Geist des vergeltenden Welses auf dem Titelblatt des *Jiji manga,* um skrupellose Geschäftemacher, müßige Amtsträger und unmoralische Eliten vor den Konsequenzen ihres verschwendungssüchtigen Verhaltens

zu warnen (Abb. 5). Auf dem Titelbild ruft der drohende Wels: »Soll ich sie noch einmal kräftig durchschütteln, um ihnen die Augen zu öffnen?« Darunter ist zu lesen: »Schaut euch die Wirklichkeit des zweiten Jahrestages des Erdbebens an. Die Landreform ist noch immer nicht vollzogen. Es gibt keine Baumaterialien mehr und es wird nicht weiter gebaut. Die Regierung weiß nicht, wie sie die 7.200.000 Yen aus den Katastrophen[hilfe]fonds einsetzen soll. Frauen tanzen auf dem ausgebrochenen Vulkan mit westlicher Kleidung und kurzen Haaren (*yôsai danpatsu*).« In einer Rauchwolke unterhalb des Welses tanzt ein modernes Paar auf den Ruinen; auf dem Sonnenschirm der Frau ist »frivol« (*keichô fuka*) zu lesen. Hinter ihnen steht ein korrupter Politiker, der seine Taschen mit Geld stopft; auf der Naht seines Jacketts stehen die Worte: »Es bleiben noch 7.000.000 an Spendengeldern«. In der Mitte ruht sich ein Holzhändler auf Holzscheiten aus und unten links sieht man einen Regierungsbeamten des Büros für Raumplanung (*kukaku seiri*), der auf seinem Schreibtisch eingeschlafen ist.

Aus den Trümmern der Naturkatastrophen Japans entstanden ausdrucksstarke künstlerische Reaktionen auf diese traumatischen Erlebnisse, die in ihrer Wirkung sowohl kritisch als auch wiederbelebend waren. Die Verbildlichung der Katastrophe enthüllt eindrücklich die lebendige Wechselwirkung zwischen Sitte und Verwerflichkeit, zwischen Ernst und Satire und zwischen Sensation und Anmut.

Anmerkungen

Dieser Text basiert auf Material veröffentlicht in Weisenfeld 2012.

1 Kazutaka 1994.
2 Markus 1997, S. 55.
3 Smits 2006, S. 1052, 1054–55; Noboru – Mamoru 1995, S. 106, 266.
4 Ouwehand 1964.
5 Mitunter wird in diesen Drucken das Wort »Erdbeben« (*jishin*) in der phonetischen Silbenschrift neben der Abbildung beschönigend als »Wels« (*namazu*) bezeichnet. Noboru – Mamoru 1995, S. 106, 110, 264–65, 82–84.

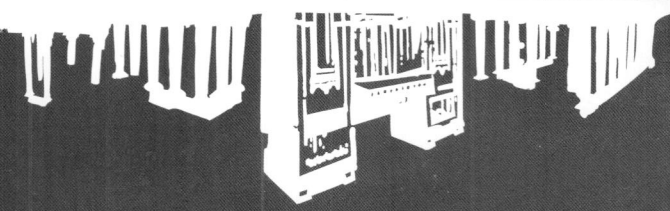

WASSER UND LUFT

Wasser gilt als Voraussetzung allen Lebens auf der Erde, die größtenteils von Ozeanen bedeckt ist; nicht umsonst wird sie auch als blauer Planet bezeichnet. Die Weltmeere beeinflussen das globale Klima und damit das Wetter. Wir nutzen Flüsse und Meere als Transportwege und Wasserkraft dient in vielen Ländern als Energielieferant. Wasser ist unabdingbar für die Landwirtschaft und somit Lebensgrundlage des Menschen. Süßwasser erhalten wir unter anderem in Form von Regen. Regnet es allerdings übermäßig viel oder kommt es zur Entwicklung starker Stürme, kann dies für Siedlungen in Flussnähe oder in Küstengebieten schnell katastrophale Folgen haben. Überschwemmungen werden dann zur Gefahr für Leib und Leben.

Zerstörungen durch Wasser spielen in zahlreichen Mythen aus unterschiedlichen Kulturen eine wichtige Rolle. Oft wird von einer Sintflut berichtet, die als Strafe eines Gottes für sündhaftes menschliches Verhalten ganze Kulturen oder sogar alles Leben auf der Erde vernichtet haben soll. Diese Mythen erzählte man sich meist in Gesellschaften, die in wasserreichen Regionen siedelten und somit regelmäßig von extremen Naturereignissen wie Tsunamis, Überschwemmungen oder Sturmfluten heimgesucht wurden. So wie die Bewohner von Rungholt, einem Dorf vor der nordfriesischen Festlandküste, das 1362 von einer Sturmflut völlig zerstört wurde und daher manchmal als ›Atlantis des Nordens‹ bezeichnet wird. Sturmfluten blieben eine stete Gefahr für die Bewohner der Nordseeküste, wie auch am Beispiel Hamburg im Jahr 1962 deutlich wird. Aber nicht nur die Städte in Küstenregionen sind unmittelbar betroffen. Als der Arno im Jahr 1966 aufgrund von starkem Niederschlag über seine Ufer trat, verursachten die Wasser- und Schlammmassen in Florenz einen immensen Schaden. Nachdem sich die ersten Nachrichten über das Unglück verbreitet hatten, lösten sie eine Welle internationaler Solidarität aus: Menschen eilten von überall her zur Hilfe in die Renaissancestadt und gingen als die ›Schlammengel‹ in die Geschichte ein. Die Verwüstungen durch den Hurrikan ›Katrina‹ stehen hingegen für das Versagen der Behörden. Weil man das Gefahrenpotenzial des Sturmes unterschätzte, kam es zu einer fatalen Verzögerung bei den Rettungsmaßnahmen. Zusätzlich hatte der Bau von Kanälen die die Stadt schützenden Mangrovenwälder teilweise zerstört und die strukturelle Verwundbarkeit von New Orleans erhöht. Mangelnde Prävention und die Missachtung lokaler Gegebenheiten führten zum völligen Zusammenbruch der sozialen Ordnung in der Katastrophensituation und lenkten den Blick auf soziale Ungleichheiten. Nur wenn die jeweiligen geologischen, hydrologischen und wetterspezifischen Besonderheiten einer Gegend bekannt sind, kann das Risiko zukünftiger Überschwemmungen durch geeignete Maßnahmen verringert werden.

Tsunami

PETER ROTHE

Gemeinhin gilt, dass Tsunamis durch untermeerische Erdbeben ausgelöst werden; das trifft zwar in den meisten Fällen zu, die Ursachen können aber auch große Rutschungen oder vulkanische Ereignisse sein. In jedem Fall ›peitscht‹ ein Gesteinsversatz das Wasser wie ein großes Paddel. Die dabei verursachten Wellen sind auf dem offenen Ozean kaum spürbar, weil ihre Amplituden um einen Meter und ihre Wellenlängen oft 100 km betragen. Sie bewegen sich mit Geschwindigkeiten um 700 km/h, was für die Tsunami-Warnsysteme wichtig ist, denn die Wellen können innerhalb von Stunden bis zu einigen Zehnerstunden den gesamten Pazifik durchqueren. Erst wenn solche Wellen die Küste erreichen, vergrößern sich in flachem Wasser die Amplituden bis hin zu Größenordnungen von Zehnermetern (bis etwa 30 m Höhe sind bekannt). Das hat ihnen den Namen eingetragen, er stammt aus dem Japanischen und bedeutet ›Hafenwelle‹, folgerichtig müsste man eigentlich ›die Tsunami‹ sagen. Ihre verheerenden Auswirkungen sind uns allen spätestens seit den Weihnachtstagen von 2004 deutlich geworden. Aber es hat schon immer Tsunamis gegeben, man beginnt nun verstärkt mit Untersuchungen, sie auch aus den geologischen Dokumenten herauszulesen. Aus dem Vergleich mit den rezenten Beobachtungen sind als Folge von Tsunamis große Sedimentmengen von sehr schlechter Sortierung zu erwarten, die eine Event-stratigraphische Zeitmarke zwischen inter- bzw. supratidalen Ablagerungen bilden. Dazu kommen Erosionserscheinungen, die mit durch den Rückstrom des ablaufenden Wassers verursacht werden. In der mehrtägigen Nachphase kommt es durch die anhaltend hohe Turbulenz auch zur Bildung tempestitähnlicher (durch Stürme verursachter, chaotischer) Sedimente. Für die Ablagerungen eines Tsunami hat sich inzwischen sogar schon der Begriff ›Tsunamit‹ eingebürgert.

Sintflutdarstellungen

Ein transkultureller Mythos durch Zeiten und Räume

CHRISTIAN ROHR

Der Mythos von einer großen Flut, die sich in Urzeiten zugetragen und dabei einen Großteil des Lebens ausgelöscht habe, findet sich in vielen Kulturen aus der ganzen Welt. Die ältesten überlieferten Beispiele stammen aus dem vorderasiatischen Raum – aus Mesopotamien, Ägypten und dem antiken Israel, doch auch in den europäischen Kulturen von Griechenland bis Irland und Skandinavien bildet diese Erzählung ein immer wiederkehrendes Motiv in der Mythologie. Auch aus ganz Amerika, aus Afrika südlich der Sahara, aus praktisch allen Regionen Asiens und insbesondere aus Australien und Ozeanien sind Mythen von einer großen Flut überliefert.[1]

Der älteste der Sintflutmythen ist im so genannten Gilgameschepos enthalten. Dieses geht auf den sumerischen König Gilgamesch von Uruk im südlichen Babylonien zurück, der um 2750/2600 v. Chr. regierte. Bald kam es zu einer reichen Sagenbildung um Gilgamesch. Mythen rund um seine Person sind auf Keilschrifttafeln aus dem 3. bis 1. Jahrtausend v. Chr. überliefert. Das wichtigste Epos davon wurde um 1000 v. Chr. in jungbabylonischer Literatursprache vom Priester Sinleke-Unnini verfasst, einem der ersten namentlich bekannten Schriftsteller der Weltliteratur. Die elf erhaltenen Tafeln mit etwa 3.600 Versen befanden sich bei ihrer Auffindung in der Bibliothek von König Assurbanipal in Ninive. Im Zuge seiner zahllosen Heldentaten begibt sich Gilgamesch auf eine (Jenseits-)Reise zu dem von den Göttern an das Ende der Welt entrückten Sintfluthelden Utnapischtim (Ziusudra). Bei diesem unsterblichen Weisen hört Gilgamesch über den Mythos von einer großen Flut. Diese sei von den Göttern über die sündhaften Menschen als Strafe gesandt worden. Allein Ea, Wasser- und Weisheitsgott sowie Stadtgott von Eridu, habe Mitleid mit den Menschen gehabt. Er wählte den rechtschaffenen Ziusudra aus und befahl ihm, eine Arche zu bauen, die so groß wie ein Palast mit sechs Stockwerken und hundert Zimmern war. Ziusudra nahm von allen Tieren je ein Paar mit und überlebte auf diese Weise die Flut, die nach sechs Tagen und sechs Nächten mit Sturm und Regen die ganze Erde bedeckte. Schließlich landete er auf dem Gipfel eines hohen Berges (Abb. 1).

Der biblische Bericht von der Sintflut (Gen 6–8) ist ganz eindeutig vom Sintflutmythos des Gilgameschepos beeinflusst. Dies verwundert nicht, da der Bibel nach der Stammvater der Israeliten, Abraham, aus dem Zwischenstromland nach Palästina eingewandert war.[2] Viel stärker als im Gilgameschepos wird im Buch Genesis betont, dass die Sintflut eine Strafe Gottes für das schlechte Verhalten der Menschen darstelle. Im Detail werden zahlreiche Parallelen offensichtlich: So nimmt auch Noah je zwei Tiere pro Gattung mit auf seine Arche; als er am Berg Ararat strandet, testet er mit Hilfe von Vögeln, ob die Flut schon vorüber sei. Bemerkenswert ist der eigentlich sehr positive Schluss des Berichts: Gott sagt Noah zu, dass in Zukunft die Erde von einer zerstörerischen Sintflut verschont bleiben werde.

Auch in der griechisch-römischen Mythologie gibt es eine eigene Version von der großen, urzeitlichen Flut. Die erstmals beim frühgriechischen Dichter Hesiod überlieferte Sage von Deukalion, dem Sohn des Prometheus, und seiner Gattin Pyrrha wurde schließlich auch vom römischen Dichter Ovid (43 v. Chr. – 17 n. Chr.) in seinen *Metamorphosen* (Verwandlungen) in ausgeschmückter Form nacherzählt. Der Mythos steht bei Ovid im Kontext der Abfolge der verschiedenen Zeitalter, d.h. in einer Erzählung von der schrittweisen Verschlechterung der Welt. Die beiden Urahnen der Hellenen (Griechen) fliehen vor der Flut in eine hölzerne Kiste und überleben auf diese Weise als einzige Menschen. Als sie nach der Flut mit ihrer Kiste am Parnassos (oder nach anderer Überlieferung am Berg Othrys) in einer öden Landschaft stranden, bekommen sie von den Göttern den Auftrag Steine zu werfen. Diese Steine verwandeln sich dabei in neues Leben – aus den von Deukalion geworfenen Steinen entstehen Männer, aus denen von Pyrrha Frauen (Abb. 2).

Während der griechisch-römische Mythos von Deukalion und Pyrrha erst wieder in der Renaissancezeit zum Motiv einiger Tafelbilder, Fresken und Buchillustrationen wurde, war die Sintflut eine der am häufigsten bildlich dargestellten Szenen aus dem Alten Testament, in illustrierten mittelalterlichen Handschriften ebenso

o Hans Baldung Grien (1484/85–1545), *Die Sintflut*, 1516 Öl auf Holz, Historisches Museum Bamberg

1 Akkadzeitliches Rollsiegel, 2340-2200 v. Chr. (und moderne Abrollung). Der assyrische Sturmgott Zu erscheint vor seinem Richter, dem Wasser- und Weisheitsgott Ea, der auf einem Hocker sitzt und durch einen Wasserstrahl charakterisiert ist. Staatliche Museen zu Berlin, Vorderasiatisches Museum

wie in Holzschnitten auf frühneuzeitlichen Flugblättern oder in der Fresken- und Tafelmalerei seit der Renaissance.[3] Allerdings änderten sich im Verlauf der Jahrhunderte die Schwerpunkte in der Darstellung der Sintflut: In Einzelfällen werden mehrere Szenen der Sintflutgeschichte aneinandergereiht, etwa als Mosaik im Markusdom von Venedig (12. Jahrhundert) oder als Fresko von Giusto de′ Menabuoi im Baptisterium der Kathedrale von Padua (1375/78).

Im ausgehenden Mittelalter, aber auch zum Teil noch zu Beginn des 16. Jahrhunderts dominierte die Arche Noah, das rettende Schiff für Menschheit und Tiere, die Szenerie, manchmal verbunden mit einem Regenbogen. Häufig handelt es bei der Arche um ein Phantasiegebilde mit einem haus- oder turmartigen Aufbau, das in der Realität kaum seetauglich wäre. Daneben existieren aber auch Miniaturen in Handschriften sowie Holzschnitte in frühen Drucken, in denen die Arche einer Kogge, dem typischen Handelsschiff im Hanseraum, ähnlich ist.[4] In vielen Beispielen aus dem späten Mittelalter sind mehrere Phasen des Sintflutberichts synchron wiedergegeben: der Bau und die Besteigung der Arche, der hohe Wasserstand, der die gesamte Welt überflutet, bis hin zur Taube, die mit einem Olivenzweig im Schnabel den Rückgang des Wassers dokumentiert. Nicht immer ist es der Ararat, an dem die Arche strandet, auch der Olymp wird mitunter in Bildunterschriften als der erste Berg angegeben, der aus den Wassermassen auftauchte.

Im Laufe der Renaissance tritt hingegen die Menschheit in ihrem Überlebenskampf immer mehr in den Mittelpunkt der Sintflutdarstellungen. Die Arche ist zwar nach wie vor im Bild, doch gleichsam als eine rettende Insel oder Boje. Vielmehr vermitteln die ertrinkenden Menschen die Dramatik des Ereignisses. Erstmals ist dieses Bildprogramm auf einem Fresko von Paolo Uccello im Kreuzgang von Santa Maria Novella in Florenz (1440er Jahre) vertreten, zahlreiche weitere Beispiele folgen, darunter auch Michelangelo Buonarrotis Fresko in der Sixtinischen Kapelle im Vatikan (1508/12) oder Raffaello Santis Sintflutbild in den Stanzen des Vatikanischen Palastes (1518/20). Unter den Tafelgemälden ragt das Sintflutbild von Hans Baldung Grien (1516) hervor, der den Überlebenskampf der sündhaften Menschen ganz besonders eindrücklich wiedergibt.[5]

Ein europaweites mediales Großereignis stellten die Sintflutprophezeiungen zum Jahr 1524 dar. Diese bauen auf den Weissagungen des so genannten Toledobriefs aus dem späten 12. Jahrhundert auf, dessen apokalyptische Vorhersagen in immer wieder abgewandelter Form neu belebt wurden. So entstand in astrologischen Kreisen eine intensive Diskussion darüber, ob es zu einem Extremereignis kommen werde. So vermutete der brandenburgische Hofastrologe Johann Carion 1521, dass eine große Sintflut herannahen werde, die das Ende der Welt einleite. Mehr als 150 Druckschriften von insgesamt 59 Autoren, verfasst in zahlreichen Sprachen und viele davon mit Holzschnitten illustriert, entstanden in den Jahren zwischen 1517 und 1525 zur Kontroverse über die Vorhersage über das Jahr 1524.[6] Als die Vorhersage nicht eintraf, sahen sich zahlreiche

2 Baldassare Peruzzi (1481–1536), *Deukalion und Pyrrha*, um 1516.
Nach der großen Flut werfen Deukalion und Pyrrha Steine über ihre
Schultern, aus denen daraufhin neue Menschen entstehen. Fresko in
der Villa Farnesina, Rom

3 Jean-Baptiste Regnault (1754–1829), *Le Déluge (Die Sintflut)*, 1789/91
Öl auf Leinwand, Musée de Louvre Paris

Gegner astrologischer Deutungen in ihrer Skepsis bestätigt und
sparten nicht mit Polemiken.[7]

Im Laufe des 17. Jahrhunderts wurde der Sintflutbericht verstärkt in eine detailreich ausgeschmückte Landschaft eingebettet,
etwa in einem Gemälde von Nicolas Poussin aus dem Jahr 1660/64,
das gleichzeitig auch Teil eines Jahreszyklus ist. Noch mehr verlagert sich aber im 17. und 18. Jahrhundert der Fokus auf die um
ihr Leben kämpfenden Menschen. Szenen der Solidarität stehen
im Vordergrund, wohingegen die Arche auf vielen Darstellungen
schließlich völlig verschwindet. Jean-Baptiste Regnaults Ölgemälde aus dem Jahr 1789 zeigt einen jungen Mann, der seinen greisen
Vater auf dem Rücken trägt (Abb. 3). Es könnte ebenso ein Bild von
Aeneas und seinem Vater Anchises auf der Flucht aus dem brennenden Troja sein, würde nicht das Wasser auf die einsetzende
Sintflut hindeuten. Die Dramatik der Szene wird durch eine im
Wasser liegende Mutter verstärkt, die ihr Kind mit letzter Kraft über
Wasser hält. Links unten sind die Füße eines Ertrunkenen auszu-
machen.

Auch der Koran enthält die Erzählung von Nuh, der auf einer
Arche mit seiner Familie und je einem Tierpaar die große Flut

4 *Noahs Arche*, Miniatur aus Hafiz-i Abrus Werk *Majma al-tawarikh*, Herat (Afghanistan) , 1425 The David Collection, Kopenhagen

darzustellen, finden sich im islamischen Bereich nur wenige Darstellungen einer großen Flut. Eine Ausnahme bildet die Miniatur in einer Handschrift zu Hafiz-i Abrus Werk *Majma al-tawarikh* (Noahs Arche) aus dem 9. Jahrhundert, das in einer Handschrift aus Herat (Afghanistan) aus dem Jahr 1425 überliefert ist[8] (Abb. 4).

Dass die Mythen von einer großen Flut nicht nur in einem negativen Kontext von Schuld und Sünde stehen müssen, zeigt ein Beispiel aus dem buddhistischen Kulturkreis Südostasiens: Nach frühbuddhistischen Texten wie *Buddhacarita* (2. Jahrhundert n. Chr.), *Nidanakathi*, *Lalitavistara* und *Mahavastu* (2.–4. Jahrhundert n. Chr.) wurde die Erleuchtung Buddhas von mehreren Ereignissen begleitet, darunter auch einem Angriff des Totengottes Mara und seiner Truppen sowie dem Sieg über Mara in Form einer großen Überschwemmung. Diese sei durch die Erdgöttin Vasundara (Sthavara) ausgelöst worden, indem sie ihr langes Haar auswrang. Somit wurde die Flut zu einem Symbol der Verjüngung und des Wohlstandes, weil sie das Land und ihre Bewohner vor Mara und seinen Truppen beschützte. Bemerkenswert ist allerdings, dass das Motiv der Erdgottheit, die mit ihren langen Haaren die Truppen Maras gleichsam einfängt und hinwegwischt, vermehrt erst im 20. Jahrhundert in Abbildungen auftaucht (Abb. 5), heute aber insbesondere in Thailand zu einem beliebten Talisman geworden ist.[9]

Der Mythos von einer großen Flut, die sich in Urzeiten zugetragen haben soll, findet sich somit in fast allen Teilen der Erde. In vielen, aber durchaus nicht allen Fällen wird diese Flut als Strafgericht Gottes bzw. einzelner Gottheiten für die Sündhaftigkeit der Menschen gedeutet. Zudem wird damit auch die Herkunft einzelner Stämme bzw. Völker erklärt. Über die Gründe, warum das Motiv der großen Flut weltweit in mythischen Erzählungen verbreitet ist, kann nur spekuliert werden. Denkbar ist aber allemal, dass sich darin der allgemeine Anstieg des Meeresspiegels durch das Abschmelzen der Gletscher und der Polkappen nach der letzten Eiszeit widerspiegelt, der zahlreiche Küstengebiete dauerhaft unter Wasser setzte und damit unbewohnbar machte. Zudem waren die Kulturen, in denen der Mythos zunächst entstand und sich verbreitete, überwiegend Flusskulturen und erlebten somit regelmäßig den Zyklus der Überschwemmung, gefolgt durch die Nutzung des ›fruchtbaren Schlamms‹ für die Landwirtschaft, die eine Grundlage für die Hochkulturen am Nil, am Indus und im Zweistromland bildete.

überlebt. Sie weist nur geringfügige Unterschiede zum jüdisch-christlichen Vorbild auf. Auch der gottesfürchtige Nuh wird von Allah gewarnt und aufgefordert, eine Arche zu bauen. Dabei wird er von den gottlosen Mitmenschen verspottet, weil er sein Schiff auf trockenem Land baut. Einer seiner Söhne will nicht auf die Arche, sondern sucht sein Heil auf einem hohen Berg, wo er ebenfalls von den Fluten erfasst wird und stirbt. Schließlich strandet Nuhs Arche auf dem Berg Ararat. Durch das Verbot, Gott und Menschen bildlich

Anmerkungen

1 Für einen umfassenden, aber unkritischen Überblick Isaak 2002. Für einen Vergleich von »flood stories« Tworuschka 2005, S. 150–163; Juneja – Schenk 2014, S. 13–14 und 18.
2 Zur Verbreitung der mesopotamischen Sintflutmythen Caduff 1986; Cohn 1996; Haarmann 2003.
3 Zur Entwicklung Hohl 1967; Lüthy 1973; Ausst.-Kat Bamberg 1988; Barasch 2006; Ausst.-Kat. Dijon 2006; Kipfer 2014 (im Druck).

4 Als Beispiel dafür vgl. etwa die Schedel'sche Weltchronik, Nürnberg 1493, fol. 11r.
5 Zu diesem Gemälde u. a. Ausst.-Kat. Bamberg 1988; Wimböck 2007, S. 232–233.
6 Dazu der Beitrag »Wunder – Zeichen – Glaube« von Gerrit Jasper Schenk in diesem Band.
7 Ausführlich Talkenberger 1990, S. 154–325; Mentgen 2005, S. 123–127 und 135–155; Wimböck 2007; Rohr 2007, S. 542–544.
8 Kipfer 2014 (im Druck).
9 Pattaratorn Chirapravati 2014.

5 Durch das Auswringen ihrer Haare verursachte die buddhistische Erdgöttin eine Überschwemmung und besiegte so die Truppen des Totengottes Mara. (Ausschnitt), um 1800–1850 Wasserfarbe und Blattgold auf Holz, Asian Art Museum of San Francisco

»Es ist auß mit Euch vnd verloren mit dem Nordstrand«

DIRK MEIER

Kaum eine Sturmflutkatastrophe an der Nordseeküste fasziniert seit je her die Menschen so wie der Untergang von Rungholt in oder nach der so genannten Zweiten Marcellusflut (›Grote Mandränke‹) vom 16. Januar 1362. Diese Stadt mit ihren sündhaften Bewohnern sei, wie der Alt-Nordstrander Pastor Matthias Boetius (1580/8–1625) schrieb, als Strafe

> »augenblicklich [...] in die Erde gesunken, Abergläubige [sic!] glaubten, diese versunkene Stadt werde vor dem Weltenuntergange auf einem alten Platz neu erstehen. Mit unbeschädigten Gebäuden stehe jene Stadt tief in der Erde und manchmal, wenn auch nicht immer, tauche der Kirchturm aus dem Wasser auf und man könne ihm vom Ufer aus bei klarer Luft deutlich sehen. Vorüberfahrende hören wohl Glockenklang und ähnliches.«

Allerdings bestritt er diesen Aberglauben, denn

> »näher liegt wohl die Meinung derer, die da glauben, daß dieser Flecken mit seinen sieben Nachbardörfern in einer großen Sturmflut, wie es bei niedrigem Lande – wie schon häufig – überflutet worden sei und sein Ende erlitten habe [...].«[1]

Nach Boetius berichtete auch Anton Heimreich in seiner *Nordfriesischen Chronick*[2] über den Untergang Rungholts und seiner verderbten Bewohner, die durch eine von Gott gesandte Sturmflut umkamen. Mit seinem Gedicht *Heut bin ich über Rungholt gefahren, die Stadt ging unter vor sechshundert Jahren* machte der Pellwormer Hardesvogt Detlev von Lilienchron (1844–1909) den Ort endgültig zum Mythos. So verwundert es nicht, dass auch der Mathematiker Johannes Mejer (1606–1674) mit seiner Karte *Von dem alten Nortfrieslande anno 1240* eine Rekonstruktion der Uthlande vor der Marcellusflut von 1362 versuchte, die jedoch weit mehr der Phantasie als der Realität entsprungen ist (Abb. 1).

Nicht weniger dramatisch als die Sage ist das tatsächliche Geschehen. Wie noch heute sichtbare Kulturspuren im nordfriesischen

Wattenmeer in Form von Warftresten, Sodenbrunnen, Deichen oder mit Torf und Klei verfüllten Gräben belegen, unterlag dieser Raum in der Vergangenheit einem dramatischen Wandel, in der besiedeltes und vom Menschen kultiviertes Land ein Opfer der Naturgewalten wurde (Abb. 2).

Bis zu den spätmittelalterlichen Sturmfluten befand sich im Süden des heutigen nordfriesischen Wattenmeeres mit dem ›Strand‹ ein größeres, seit dem 12. Jahrhundert bedeichtes Marsch- und Moorgebiet. Dieses reichte im Westen etwa bis zu ehemaligen Nehrungen mit Dünen westlich der heutigen Halligen Süder- und Norderoog, im Süden bis fast nach Hooge im Norden.

Im Süden verlief der breite Prielstrom der Hever, der den ›Strand‹ von der Halbinsel Eiderstedt trennte. Im Osten grenzte dieser an eine von Wasserläufen durchzogene sumpfige Niederung, die bis zum Geestrand reichte. Mit dem schon wohl vor 1362 erfolgten Vorstoß der Hever nach Osten und der damit verbundenen teilweisen Zerstörung der Lundenbergharde, die den Strand

o *Straff und Unglücks Chronick: in welcher nachrichtlich und bey ihren Jahrs-Zeiten angeführet werden die gröste Land-Straffen so man in der Welt erlebet hat [...],* hg. von Eberhard Werner Happel, Hamburg/Wierig 1682 Herzog August Bibliothek Wolfenbüttel

2 Inseln, Landverluste, Halligen und Kulturspuren im südlichen nordfriesischen Wattenmeer: Rungholt lag vermutlich südwestlich der Hallig Südfall und war ein Hafenort an der Hever.

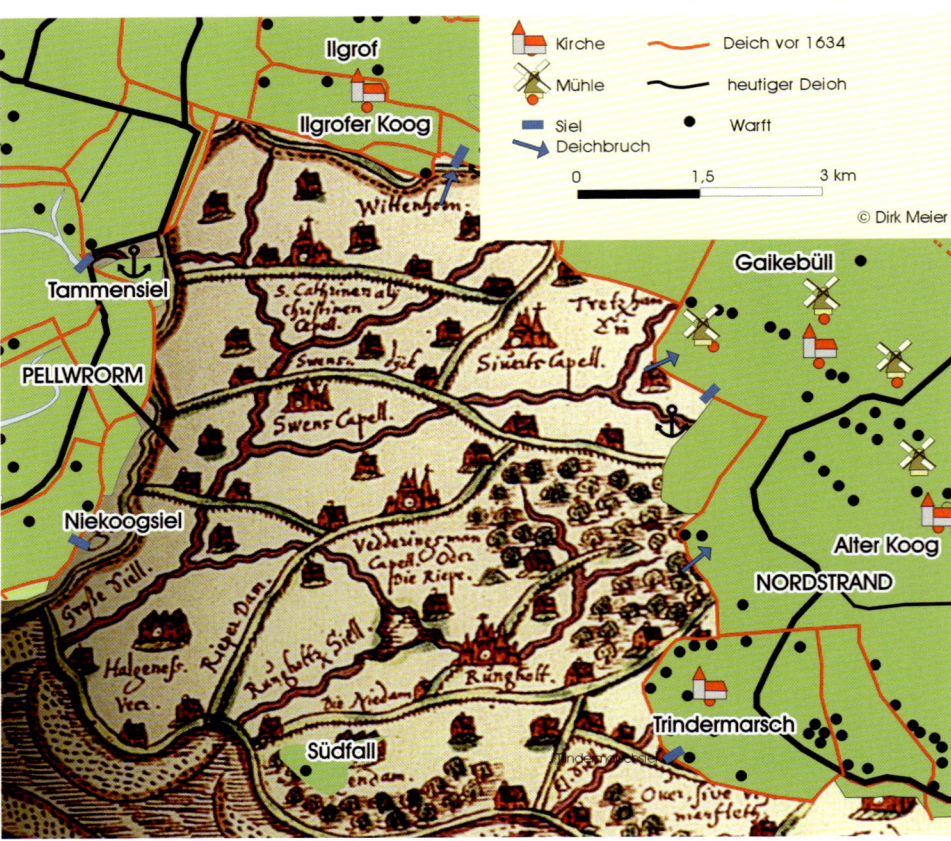

3 Johannes Mejer, *Abriß von Rungeholte und seinen Kirchspielen 1240*, 1652, mit Einfügungen von D. Meier

mit Eiderstedt verbunden hatte, nahm hier der Mereseinfluss zu, sodass sich oberhalb der Schilfsümpfe Wattsedimente ablagerten. Ferner wuchsen vor dem nordfriesischen Geestrand Marschen auf.

Der ›Strand‹ bildete eine eigene Propstei mit mehreren Kirchen und Harden als weltlicher Verwaltungseinteilung, wie sie das Erdbuch des dänischen Königs Waldemar II. von 1231 aufführt.[3] Zur Pellwormharde gehörten dabei die westlichen Bereiche des Strandes, während der nördliche Teil die Beltringharde und der südöstliche die Edomsharde umfasste. Nördlich des Strandes erstreckten sich die inselartigen Marschgebiete der Wiedrichsharde, westlich lagen vielleicht die 1362 untergegangenen Gebiete von ›Aland‹, ›Gaestaenacka‹, ›Hwaelae major‹ und ›Hwaelae minor‹, die nicht mehr zu lokalisieren sind (siehe Abb. 2).

Die ältesten Kirchen in den Uthlanden verzeichnet das wohl unter Bischof Nikolaus III. Brun (1354–1369) niedergelegte Schleswiger Domkapitelregister.[4] Der Name ›Rungeholte‹ erscheint dabei erstmals auf der Rückseite eines Hamburger Testaments von 1345 und leitet sich vermutlich von der friesischen Vorsilbe ›Rung-‹ (falsch, gering) und dem Stammwort ›Holt‹ (Gehölz) ab. Ein kleines Waldgebiet (*Silva Rungholtina*) vermerken auch die 1636 gezeichnete Karte *Clades Rungholtina* von Peter Sax und der Entwurf *Abriß von Rungholte und seinen Kirchspielen 1240* von Johannes Mejer von 1652 (Abb. 3).[5] Beide Karten, die angeblich auf mündlichen Überlieferungen von Vorfahren beruhen sollen, sind recht freie Darstellungen mehrerer angeblicher Köge und Orte in der Edomsharde.

Ein historischer Beleg für den später sagenhaft verklärten Reichtum ist der Hinweis im Erdbuch Waldemars II. von 1231, nach dem die Edomsharde, in der Rungholt lag, höhere Steuern zahlte als die umliegenden Bezirke. Mehrere Verträge der Zeit um 1350, somit vor der Zweiten Marcellusflut von 1362, belegen einen Handelsverkehr zwischen Flandern, Bremen, Hamburg und der Edomsharde. Eine weitere Urkunde von 1358 unterstreicht die Bedeutung der Edomsharde bei den Auseinandersetzungen der friesischen Harden mit dem auswärtigen schleswig-holsteinischen Adel. Noch am 19. Juni 1361 gibt ein Schutzbrief den Hamburger Kaufleuten freies Geleit in der Edomsharde.[6] Der namentlich nicht genannte Hafen (*portus*) der Edomsharde war zweifellos Rungholt, wobei der Name auch für das größere Kirchspielsgebiet galt.

Nachdem die Edomsharde noch mächtig genug war, um mit den Grafen 1358 einen Neutralitätsvertrag abzuschließen, müssen deren Ratsleute zusammen mit denen der Beltringharde am 30. März 1398 den Herzog Gerhard von Schleswig bitten, ihnen gegen ihre Widersacher zu helfen, »damit die Deiche und Dämme« gehalten werden.[7] Schon am 15. Juli 1400 kam es dann zu einer Abmachung der Edomsharde über den freien Handel mit den Bremer Kaufleuten. Interessant ist der Hinweis auf einen Hafen »in dat Hever dep«, wo Salz gehandelt wurde. Es dürfte sich um einen Nachfolgehafen

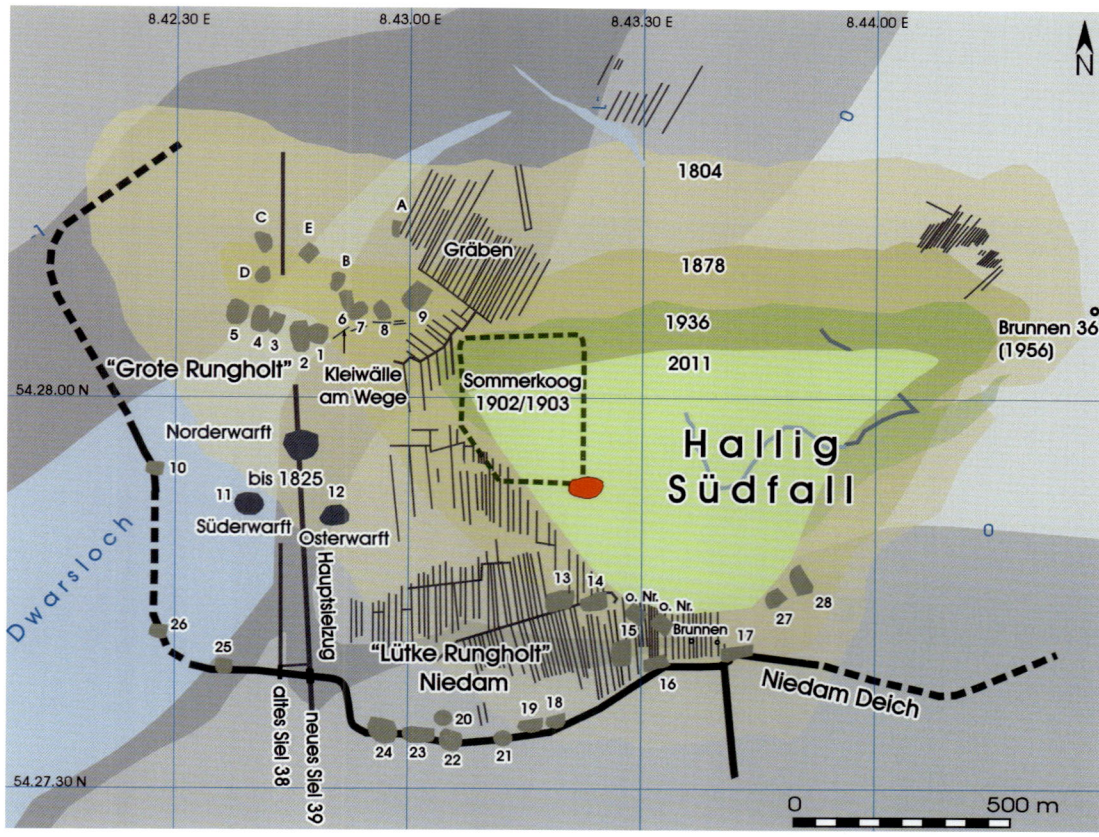

4 Kulturspuren im Gebiet von Hallig Südfall. Die von Andreas Busch als die Überreste von Rungholt gedeuteten Kulturspuren sind heute kaum noch sichtbar.

Rungholts handeln, dessen Lage den Kaufleuten noch nicht so bekannt war. Demnach erfolgten zwischen 1361 und 1400 mit dem Vordringen der Hever größere landschaftliche Veränderungen in der Edomsharde.

Dass Rungholt im Wattgebiet im Süden der ehemaligen Insel Alt-Nordstrand lag, bestätigen schon 1597 Johannes Petreus und Matz Paysen. Matthias Boetius berichtete von Wegen, Gräben und metallenen Kesseln im Watt bei Hallig Südfall, die oberhalb des 1362 untergegangenen mittelalterlichen Kulturlandes aufgewachsen war.

Reste von Hofwarften, einer vermuteten Kirchwarft, Deichen, Wegen, Feldern, Sielen, Sodenbrunnen und archäologische Funde bei Hallig Südfall deutete dann der Nordstrander Bauer Andreas Busch in den 1920er Jahren als Reste von Rungholt (Abb. 4). Den auf den Karten von Sax und Mejer eingezeichneten Sielzug (*Agger Ripanus*), das Siel (*Emißarius Rungholtinus*) und den Niedamdeich (*Niedanum*) glaubte Busch südlich von Südfall lokalisiert zu haben. So befanden sich hier an einem mittelalterlichen Deichrest mehrere Hofwarften mit anschließenden streifenförmigen Äckern und geradlinigen Sielzügen. Weitere neun unregelmäßig verteilte Warften sowie eine angebliche, mit einem Graben umgebene Kirchwarft (nach Busch Warft Nr. 1, siehe Abb. 4) mit zwei länglichen Gruben, evtl. Gräbern, entdeckte er nordwestlich der Hallig (nach Busch ›Grote Rungholt‹, ›Acht-Warften-Gebiet‹, siehe Abb. 4). Vom Niedamdeich zweigte ein Deichrest nach Süden ab, der auf die

mögliche Existenz eines weiteren, vielleicht vorgelagerten Kooges hindeutet. Nördlich der von Busch beobachteten Kulturspuren kamen 2011 Reste weiterer Entwässerungsgräben zutage.

Nach den vielen Warften und bis zu 90 gefundenen Brunnenringen lässt sich auf eine recht dichte Besiedlung des Rungholt-Gebietes schließen. Neben runden sind hier rechteckige Warften (Nr. 28, siehe Abb. 4) mit mehreren Sodenbrunnen belegt, einer typischen hochmittelalterlichen Form. Eine der Warften (Nr. 9, siehe Abb. 4) wies allein sieben bis neun Brunnen auf. Schätzungsweise siedelten hier um die 1.000 Menschen. Die archäologischen Funde wie Fibeln, ein maurischer Krug, Import aus dem Rheinland und Steine im Klosterformat deuten auf eine reiche Marschlandschaft hin, die spätestens seit dem 13. Jahrhundert besiedelt und bedeicht worden war.

Im Niedamdeich, dessen Kronenhöhe nach Vergleichsbefunden archäologisch untersuchter Deiche aus Eiderstedt und Nordfriesland mindestens NN (Normalnull) + 2 m betrug, befanden sich zwei aus Holz errichtete Kammersiele (von Busch Schleusen genannt).[8] Das ältere, um 1200 erbaute Siel wies eine Länge von 20,50 m und eine Breite von 3,30 m auf. Nachdem es undicht wurde oder verschlammte, errichtete man um 1280 ein größeres, 25,50 m langes und 4,40 m breites Siel. Die bei NN –1,30 m eingemessenen Kammerböden lagen nur etwa 45 cm tiefer als das entwässerte Kulturland, dessen Höhe sich zwischen NN –0,79 bis –0,89 m befunden haben könnte. Aufgrund des geringen Niveauunterschiedes zwischen

Siel und Kulturland funktionierte die Entwässerung im Mittelalter nur mangelhaft. Eine Zerstörung der zu schwachen Deiche musste zwangsläufig zur schnellen Überflutung und zur Zerstörung der niedrigen Kulturlandflächen führen.

Die Zweite Marcellusflut von 1362 fällt dabei in einen Zeitraum, in der das Klima vom mittelalterlichen Klimaoptimum zwischen 900 und 1300 zur Kleinen Eiszeit hin kühler und regenreicher wurde und Naturkatastrophen sich häuften, die Hungersnöte und Pest nach sich zogen. So verzeichnen die Jahre 1313/14 bis 1317 feuchte Sommer sowie nasse Frühjahrs- und Herbstzeiten. Danach folgten Jahre bitterkalter und extrem nasser Sommer, wie 1338, 1342 und 1347. Für die Sommerkälte des Jahres 1347 gibt es in den letzten 700 Jahren keine Parallele.[9]

15 Jahre nach dem kalten Sommer von 1347 brach die Zweite Marcellusflut, benannt nach dem kalendarischen Tagesheiligen des Katastrophenzeitpunkts, über die Nordseeküste herein. Der Schreiber des ältesten Schleswiger Stadtbuches notierte bald nach 1362 dazu: »Anno MCCCLXII, am XVI. dage Januarii, do was ene grote watersvlot ime Freslande, darinne up dese Strande XXX kerken unde kerspele vordrunkene.«[10] Nach dem schon erwähnten Schleswiger Domkapitelregister sollen in der Probstei Strand 25 Kirchen untergegangen sein, darunter auch Rungholt.

Auch einige Chronisten des 16. und 17. Jahrhunderts beschäftigten sich mit dieser Sturmflut. Da sie über keine authentischen Berichte verfügten, erklärten sie – wie Johannes Petreus in seinen Schriften über Nordstrand – die Marcellusflut zur Sintflut, die als Strafe über die sündigen Bewohner der Uthlande gekommen sei. Aber auch die mangelhaften Deiche seien an dem Unglück schuld gewesen. Nach Anton Heimreich soll die stürmische Westsee vier Ellen (etwa 2,4 m) über die höchsten Deiche gegangen sein und die Flut 21 Deichbrüche auf der Insel Strand verursacht haben. Wenn diese Angabe auch erfunden ist, so kann man doch annehmen, dass die Sturmflut 1362 nicht nur die in dieser Zeit etwa NN + 2 m hohen Deiche überspülte, sondern auch die etwa NN + 3 m hohen Warften erreichte.[11] Waren die Deiche erst einmal durchbrochen, wurde das niedrige Kulturland rasch überschwemmt.

Wie aber sind die großen Landverluste zu erklären? Nach historischen Quellen ist für den 14. und 15. Januar 1362 ein aus Südwesten heranziehender schwerer Sturm in England rekonstruierbar. Von hier aus überquerte er in nordwestlicher Richtung die Nordsee, streifte das nordwestdeutsche Küstengebiet, drehte dann im Bereich des Skagerraks und traf die nordfriesischen Uthlande am 15. Januar nachmittags zu dem um 17 Uhr einsetzenden Hochwassertermin. Am 16. Januar entwickelte sich der Sturm abends zu einem Orkan, der über mehrere Hochwassertermine anhielt und die Deiche zerstörte.[12] Trotz Ebbe lief das eingebrochene Wasser nicht ab. Geht man von der durchschnittlichen Höhe der archäologisch untersuchten Warften und Deiche in Eiderstedt und Nordfriesland aus, so hat die Sturmflut von 1362 sowohl die Deiche überschwemmt als auch die Höhe der Warften erreicht, wenn nicht überschritten. Als Seitenarm der Hever drang dabei die nach Nordosten vorstoßende

Norderhever in die Edomsharde ein und vernichtete das niedrige Kulturland (siehe Abb. 2).

Die verheerende Wirkung der Sturmflut ist das Resultat mehrerer Ursachen. Zunächst einmal hatten die menschlichen Eingriffe in die Landschaft durch die Entwässerung des vermoorten Sietlandes und den Salztorfabbau zu einer Tieferlegung des Kulturlandes geführt. Umfangreicher Salztorfabbau wurde in den Uthlanden vor allem im Gebiet der heutigen nördlichen Halligen betrieben.[13] Entsprechende Abbauspuren sind im Rungholter Gebiet nicht belegt, wenn man hier im 16. Jahrhundert auch Salz auf Halligen verarbeitet hat, die nach dem Untergang Rungholts aufgewachsen waren.[14] Die Landverluste in diesem Gebiet gehen vor allem auf geomorphologische Ursachen zurück. So verlaufen im Untergrund Nordfrieslands vom Rand der weichseleiszeitlichen Gletscher von Osten nach Westen tiefe Schmelzwassertäler, die im Verlauf des nacheiszeitlichen Meeresspiegelanstieges mit setzungsfähigen, tonigen Sedimenten verfüllt wurden, in welche dann später die großen Prielströme vordrangen.[15]

Nach der Marcellusflut von 1362 reichte anstelle der ehemaligen Edomsharde eine breite Meeresbucht tief in das Gebiet des alten Strandes hinein. Auch die Landverbindung des Strandes mit der Lundenbergharde dürfte spätestens 1362 durch den Vorstoß der Hever nach Osten zur Husumer Aue zerrissen worden sein, wodurch sich Husum als Hafenort entwickeln konnte.

Nur mühsam gelang die Wiedereindeichung der Insel Alt-Nordstrand, die im 15. Jahrhundert abgeschlossen gewesen sein dürfte.[16] Teilweise fanden so die im späten Mittelalter untergegangenen Kirchspiele ihre Nachfolger in den wieder bedeichten Gebieten; erhielten aber auch neue Namen. Vereinzelt gelangen auch kleinere Neueindeichungen in Bereichen ehemaligen mittelalterlichen Kulturlandes wie mit dem Süder Neu Koog (1494) und dem Hunnenkoog (1465/67).[17] Als Rest der Edomsharde deichte man die Insel Trindermarsch nach 1456 an Alt-Nordstrand an.

Im Nordwesten hatte der Vorstoß des Prielstroms der Buphever zum Fallstief (Norderhever), der wohl 1362 oder kurz vor 1436 erfolgte[18], zu einer vorübergehenden Trennung Pellworms vom Rest Alt-Nordstrands geführt. Ob dieser Einbruch schon 1445 mit dem Bupheveringkoog bedeicht wurde, ist zweifelhaft[19], denn in den Strander Annalen heißt es, dass erst 1550 zwischen Pellworm und Buphever »dat Deep geschlagen wurde« (»das Tief überschlagen wurde«). Bei der am 6. Juli 1551 fertigen Bedeichung des Norder Nie Kooges soll sich die gesamte Insel beteiligt haben.[20] Dessen Deich wurde als Stackdeich[21] errichtet, wie die Reste im Watt vor Pellworm zeigen.

Infolge weiterer Neu- und Wiedereindeichungen bildete sich seit etwa 1551 die Form der hufeisenförmigen Insel Alt-Nordstrand heraus wie sie bis 1634 bestehen blieb. Trotz der neuen Deiche gefährdeten weiterhin Sturmfluten die Insel. Unter diesen waren die Allerheiligenflut von 1436, die Gallenflut von 1483 und die Allerheiligenflut von 1532 die schlimmsten.[22] Besonders gefährdet war der innere Winkel der Rungholtbucht bei Ilgrof, Brunock und Stintebüll, wo sich das Wasser staute.[23]

Die Schadensereignisse der Sturmfluten zu Beginn des 17. Jahrhunderts führten zur Erkenntnis, dass die Bemessungen der Deiche nicht mehr ausreichend waren.[24] Zwar war 1609 Herzog Johann Adolf von Schleswig-Holstein-Gottorf darüber unterrichtet worden und ließ den Küstenschutz verbessern, doch eine Abdämmung der Balum und Rungholt Bucht unterblieb.[25] Nur im Osten der Insel und im Nordwesten der Rungholt Bucht gelangen noch kleinere Eindeichungen bis 1612 bzw. 1624.[26]

Dann brach mit der Burchardiflut in der Nacht zwischen dem 11. und 12. Oktober 1634 das endgültige Verhängnis über die Insel herein.[27] In dieser Flut ertranken an der schleswig-holsteinischen Nordseeküste zwischen 8.000 und 15.000 Menschen. Diese Katastrophe traf das Land während des Dreißigjährigen Krieges in einer Zeit ökonomischer Schwäche, nachdem schon 1603 eine Pest zahlreiche Einwohner das Leben gekostet hatte.

Nachdem in den Tagen vor der Flut ruhiges Wetter geherrscht hatte, zog – wie Augenzeugenberichte bestätigen – am 11. Oktober ein kräftiger Sturm von Osten herauf, der sich im Laufe des Abends nach Südwest drehte und sich zu einem Orkan aus Nordwest entwickelte.[28] Wahrscheinlich war es ein Sturmtief des Jütland-Typs, das auf kleinem Raum und für relativ kurze Zeit sehr hohe Windgeschwindigkeiten erreicht. So ein Sturmtief bildet sich über Neufundland, zieht von hier aus über England sowie die Nordsee nach Osten oder Südosten und überquert dann die Nordsee. Zwar sind diese Tiefs eher regional begrenzt, entwickeln aber hohe Windstärken. Selbst bei niedriger Tide erzeugen sie Sturmfluten, wie dies sowohl 1634 als auch 1976 der Fall war. Die Flut erreichte am Geestrand bei Klixbüll nach alten Flutmarken eine Höhe von etwa NN +4,3 m. Da die Deiche oft nicht mehr als zehn Fuß (etwa drei Meter) höher als das MThw waren, überschlugen die Wellen die Deichkrone, sodass infolge von Kappenstürzen die Deiche brachen.

Die Burchardiflut riss die etwa 22.000 ha große hufeisenförmige Marschinsel Alt-Nordstrand mit ihren 28 Kögen und 22 Kirchspielen auseinander, wobei etwa 6.035 Menschen – etwa zwei Drittel der Inselbevölkerung – ihr Leben verloren.[29] Über 50.000 Tiere

dürften umgekommen sein. Nach Einbrechen des Sturms hatten die Menschen nur etwa vier Stunden Zeit für ihre Rettung, gerieten sie ins kalte stürmische Wasser, ertranken oder erfroren sie schnell. In Evensbüll spülte die Flut den ›Krug‹ (Gaststätte) weg, wo sich die Deichrichter versammelt hatten. Nachdem die Häuser auf den Warften zerschlagen waren, trieben die Hausreste und Dächer davon, auf die sich die Menschen in ihrer Not geflüchtet hatten. Einige Einwohner ertranken auch in ihren Betten. Hausrat, Tierkadaver und Ertrunkene trieben auf den Wellen umher. Manche Menschen, die sich in ihrer Not zusammengebunden hatten, um gemeinsam zu überleben oder zu sterben, fand man Tage später an den Küsten. Etwa 1.336 Häuser und 30 Windmühlen waren ebenso zerstört worden wie auch mehrere Kirchen und sechs Glockentürme. Vielerorts brachen Brände aus, weil das offene Feuer in den Kaminen infolge des Sturmes die Häuser in Brand steckte. Nahezu alle Deiche waren beschädigt oder ganz weggespült. Die übrig gebliebenen landwirtschaftlichen Nutzflächen waren versalzt.

Kurz nach der unfassbaren Katastrophe hielt der Gaikebüller Priester Lobedantz eine Predigt, in der er mahnte: »Ihr lieben Leute / die Ihr in diesen Marschländlein wohnet / müsset Euch entweder zur hertzlichen Buße vnd bußfertigem Gebet euch schicken / oder es ist auß mit Euch / vnd verloren mit dem Nordstrand.«[30] Auch wenn er die Menschen zur Buße anhielt, äußert sich in der gesamten Predigt ein selbstbewusster Mann und Augenzeuge der Flut, die er entsprechend der Zeit als ›Sündenflut‹ deutete.

Nach 1634 konnten teilweise nur mühsam die restlichen Gebiete der Pellwormharde und Ländereien der Kirchspiele Odenbüll und Gaikebüll gesichert werden, die den Kern der Insel Nordstrand bilden. Auch das Hochmoor (›Wüstes Moor‹), auf das sich die Menschen geflüchtet hatten, war ebenso erhalten geblieben wie zunächst ein Kranz von Halligen als ehemalige Begrenzung der alten Insel. Über dem Hochmoor wuchs die Hallig Nordstrandischmoor auf (siehe Abb. 2). Bis heute zeugen die Kulturspuren im nordfriesischen Wattenmeer von diesen Naturgewalten, die stärker waren als die Kräfte der Menschen.

Anmerkungen

1 Boetius 1623, S. 24 [Übersetzung von Schmidt-Petersen].
2 Heimreich 1819, S. 250. Siehe auch: Hagemeister 1991, S. 14–16.
3 Aakjaer 1943.
4 Meier, D. 2013a, S. 45.
5 Meier, D. 2013a, S. 44.
6 Zu den Urkunden siehe: Meier, D. 2013c, S. 83ff.
7 Meier, D. 2013c, S. 83ff.
8 Meier, D. – Kühn – Borger 2013, S. 128; Meier, D. 2007, S. 102ff.
9 Meier, D. 2013c, S. 85ff. Zum Klima vgl. auch: Pfister – Burri – Dietrich 2008.
10 Meier, D. 2013c, S. 86.
11 Meier, D. 2007, 102ff.; Meier, D. – Kühn – Borger 2013, S. 125.
12 Meier, D. 2013c, S. 85ff., S. 89ff. Rekonstruktion des Sturmes von Dr. S. M. Navarra u. Dipl.-Meteorologe W. Seifert vom Bundesamt für Seeschifffahrt, Hydrographie und Sturmfluten in Hamburg.
13 Meier, D. – Kühn – Borger 2013, S. 157ff.
14 Meier, D. 2013c, S. 91.
15 Meier, D. 2013b, S. 35ff.

16 Müller 1936, S. 40–41; S. 108ff.
17 Heimreich 1819, S. 228.
18 Müller 1936, S. 43.
19 Müller 1936, S. 43.
20 Müller 1936, S. 48–50.
21 Stackdeiche sind seit der Frühneuzeit errichtete Deiche mit senkrechtem Holzabschluss als Seeseite.
22 Müller 1936, S. 43ff.; S. 45.
23 Müller 1936, S. 45.
24 Müller 1936, S. 75, 76, 194–198.
25 Müller 1936, S. 74–75.
26 Müller 1936, S. 84, 85, 143–157.
27 Allemeyer 2009.
28 Siehe u. a. Heimreich 1819, S. 247ff.
29 Heimreich 1819, S. 247ff.; Müller 1936, S. 101–107. Meier, D. 2013c, S. 109ff.
30 Meier, D. – Kühn – Borger 2013, S. 109ff.

Die Nacht, in der die Deiche brachen

Die Hamburgflut 1962 an der Unterelbe

DIRK MEIER

»Die Flut war salzig, eklig, braun.« Sie ertränkte einige hundert Quadratkilometer Deutschland und über 300 Deutsche. Es war wie Moses im Alten Testament beschrieb: ›Da ging alles Fleisch unter, was auf Erden kriecht…‹ titelte das Nachrichtenmagazin *DER SPIEGEL* in seiner Nummer 9 vom Februar 1962.[1] Die Nacht vom 16./17. Februar 1962, in welcher der Orkan Vincinette das Elbmündungsgebiet und Hamburg traf, ist bis heute bei vielen Menschen unvergessen. Zugleich ertrank – und da hatte das Magazin Recht – »der Glaube an die Sekurität, die sich als wasserlöslich erwies.«

Hoher Wasserstand, starke Brandung, hoher Wellenauflauf und Wellenüberschlag gefährdeten alle Deiche. Diese wurden entlang der deutschen Nordseeküste auf einer Länge von etwa 400 km beschädigt. Ferner ertrank zahlreiches Vieh. Sehr viele Häuser, Straßen und Wege waren beschädigt oder zerstört, sodass die Ökonomie ebenso wie die Landwirtschaft betroffen war. In Hamburg weitete sich diese Sturmflut zur Katastrophe aus. Hier war nach den Erhöhungen der Elbdeiche und des Uferschutzbaus im 19. Jahrhundert als Folge der beiden Weltkriege und der Wirtschaftskrise Ende der 1920er Jahre nur relativ wenig für den Küstenschutz getan worden. Der Bemessungszustand der Deiche richtete sich teilweise noch nach der Höhe der Sturmflut von 1825, welche Hamburg schwer getroffen hatte.[2]

Der Orkan, der die schwere Sturmflut von 1962 auslöste, folgte einer seit Dezember 1961 andauernden stürmischen Westwind-Wetterlage. Seine Entwicklung hatte bereits am 12. Februar mit einem kräftigen Sturmtief begonnen, dessen Kern dann nach Skandinavien und über die deutsche Nordseeküste zog.[3] Die daraus resultierende Sturmflut erreichte mit Wasserständen von etwa zwei Metern über dem Mittleren Tidehochwasser jedoch noch nicht die Rekordwerte, wie sie fünf Tage später an allen Nordsee-Pegeln sowie in den Stromgebieten von Ems, Weser und Elbe sowie ihrer Nebenflüsse eintraten.

Das dem Orkan vorausgehende Tief hatte in der Irmingersee bei Grönland ein Teiltief hinterlassen, sodass hinter dem nach Osten abziehenden Orkantief vom 12. Februar die Kaltluft über Grönland und Labrador nur begrenzt nach Süden vorstoßen konnte. Trotzdem kam es in der Zeit zwischen dem 12. und 15. Februar im nördlichen Nordseeraum zu Kaltlufteinbrüchen mit stürmischen Nordwestwinden, die schon sehr viel Wasser aus dem europäischen Nordmeer in die Nordsee drückten.

Am 13. Februar begann bei Neufundland die Entwicklung von Zyklonen, die über den Nordatlantik entlang eines Azorenhochs, das am 16. Februar einen Keil über den Britischen Inseln bildete, in die Nordsee zogen.

Am 15. Februar wurde um 21 Uhr eine Sturmwarnung für die Nordsee mit Stärke 9 Beaufort (Bft.) über Norddeich-Radio gesendet. In den späten Abendstunden verzeichnete man eine starke Windzunahme an der gesamten deutschen Küste sowie eine Drehung von südwestlicher auf westliche Richtung.

Am 16. Februar erreichte dann das Sturmfeld des von Island aus über das europäische Nordmeer nach Südschweden ziehenden Orkantiefs die Nordsee. In den Seegebieten der nördlichen Nordsee sowie im Skagerrak traten Windgeschwindigkeiten jenseits des Messbereichs der damaligen Windmessgeräte auf. Um 20 Uhr meldeten die Nordsee-Feuerschiffe ›Borkumriff‹ und ›P 8‹ Südweststurm in einer Stärke von 8 Bft. In der Nacht vom 16. auf den 17. Februar rollte dann aus nordwestlicher Richtung eine sehr hohe Flutwelle auf die deutsche Nordseeküste zu. Um 22 Uhr waren 9 bis 10 Bft., in Böen sogar bis 12 Bft. erreicht. In der mittleren und nördlichen Nordsee tobte der Sturm am heftigsten.

Ab etwa 10 Uhr am Vormittag des 16. Februars herrschte im Seegebiet der Deutschen Bucht Weststurm mit 9 Bft. im stündlichen Mittel. In den Mittagsstunden drehte der Sturm auf nordwestliche Richtung und nahm weiter zu, weshalb bei der dem Mittagshochwasser nachfolgenden Ebbe das Wasser nur unwesentlich fiel. In Hamburg entsprach das gegen 20 Uhr eintretende Niedrigwasser etwa dem normalen Tidehochwasser. In den Abendstunden verschärfte sich nach dem Durchzug der Kaltfront des Tiefs die Wetterlage dramatisch, wobei sich der Wind aus nordwestlicher Richtung noch verstärkte. Dieser brachte Gewitter-, Graupel- und

o Augenzeugenfotografie der Sturmflut von Hamburg 1962

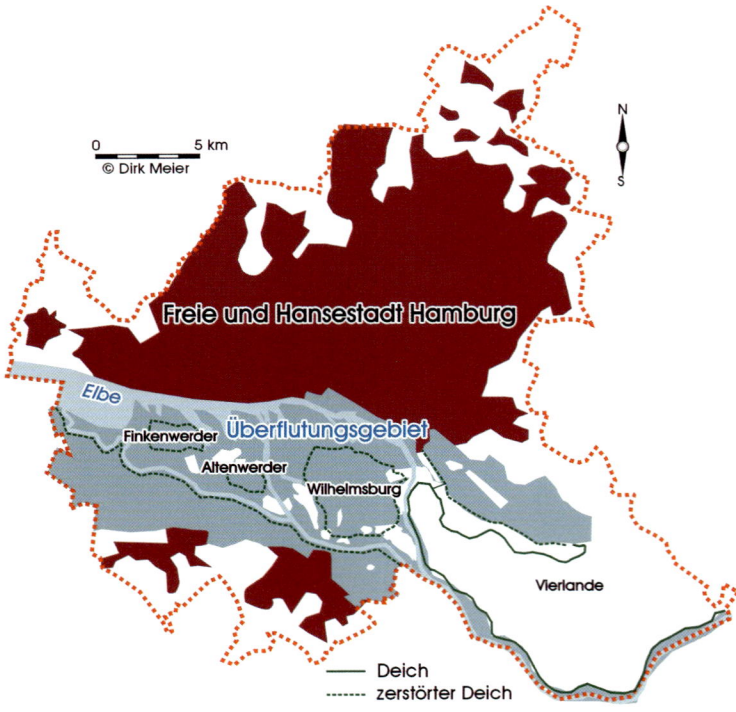

1 Überflutungen an der Unterelbe in der Sturmflut 1962

Schneeregenschauer mit sich und dauerte auch noch am 17. Februar an.

Die Sturmtide mit ihren nie gesehenen Scheitelwasserständen drückte das Wasser in die Elbe. Hier traten die höchsten Sturmflutwasserstände am Pegel Schulau mit etwa NN (Normalnull) +5 m und in Hamburg-St. Pauli mit NN +5,70 m und in Hamburg-Neuenfelde mit NN +5,98 m ein.[4] Der hohe Wasserstand reichte bis in das Gebiet von Finkenwerder. Die Ebbdauer vor der Sturmfluttide verkürzte sich in Hamburg um rund 2¼ und in Cuxhaven um 2½ Stunden. Der Wellenauflauf hatte vielerorts die bekannten Höchstwerte vielfach überschritten. Stellenweise waren die Deiche auch nicht im besten Zustand, so wurzelten etwa auf den Deichen des Alten Landes Bäume.[5] Ebenso wirkten sich Treppen, Masten, Zäune und Häuser nachteilig auf die Deichsicherheit aus. Neben den ungenügenden Ausmaßen der Deiche waren die Binnenböschungen mit einem Neigungswinkel von 1:1 zu steil. Ferner fehlte es an Deichverteidigungswegen, sodass sich nur unter Schwierigkeiten Baumaterialien an den beschädigten Deichabschnitt bringen ließen.

In Niedersachsen wurden insgesamt 37.000 ha bewohnte Gebiete überflutet, hinzu kamen 1.000 ha Vorlandflächen. In Cuxhaven trat im Ortsteil Duhnen ein Durchbruch ein. Über die Elbe stieß das Wasser in die Nebenflüsse auf der niedersächsischen Seite der Unterelbe vor und zerstörte auch hier Deiche (Abb. 1).[6] An der Oste kam es zu über 20 schweren Deichbrüchen, weiteren Schäden und Überschwemmungen. Die Ziegelsteinmauer zwischen den Häusern in Oberndorf, welche hier den Hochwasserschutz an der Oste

gewährleisten sollte, war ebenfalls in Mitleidenschaft gezogen worden. Der auf einer Wurt liegende Ort Freiburg im Landkreis Stade an der Elbe wurde vom Wasser überspült, da deren Höhe niedriger war als die der anschließenden Hauptdeiche. An der Schwinge wurden die Deiche an fünf Stellen durchbrochen.[7] Zwischen Schwinge und Lühe überströmte die Elbe den Deich der Zweiten Meile des Alten Landes auf langen Strecken. An drei Stellen entstanden Durchbrüche mit tiefen Kolken, die an der Lühemündung besonders schwerwiegend waren. In den Obstbaugebieten waren die Baumkronen mit Treibsel verfilzt. Der Flussdeich im Kreis Harburg und der Deich der Vogtei Neuland wurden ebenfalls beschädigt.

Etwas geringfügiger waren die Schäden in den holsteinischen Elbmarschen. Aber auch hier drang das Hochwasser in die noch nicht durch Sperrwerke abgeriegelten Nebenflüsse vor, die nur schwache Deiche schützten. Das in Richtung Elbe fließende Wasser aus den Flüssen sorgte zudem für einen Rückstau, der sich weit bis ins Hinterland auswirkte. Im Einzugsgebiet der Stör brachen infolge der hohen Wasserstände die Deiche kurz nach Mitternacht u. a. bei Heiligenstedten und Münsterdorf in einer Länge von 60 m, wo weite Teile des niedrigen Hinterlandes überflutet wurden. So gerieten niedrige Teile von Itzehoe, die Bundesstraße 5 und ein Zementwerk unter Wasser. Auch im Einzugsgebiet der Krückau, deren Deiche infolge des Wasserstaus überflutet wurden, kam es zu großflächigen Überflutungen, die auch das Stadtgebiet von Elmshorn betrafen. Die zum reißenden Strom gewordene Pinnau überflutete vom Stichhafen aus die Innenstadt von Uetersen. Das Hochwasser setzte auch die Elmshorner und Uetersener Klärwerke außer Betrieb. Ferner brach der linke Pinnaudeich. Das Vorland und die Bauernhöfe von Idenburg, Giesensand und der Hetlinger Schanze standen mehrere Meter hoch unter Wasser. Kleinere Teile der Haseldorfer- und Seestermüher Marsch von Wedel bis an die Krückau waren ebenfalls überflutet. In Wedel zerstörten die Wassermassen das Strandbad. Boote und Schiffe wurden losgerissen. Die Einfassungsmauer des Schulauer Fährhauses stürzte ein, und Teile der Stadt standen unter Wasser. Aufgrund der rechtzeitigen Warnung der Bevölkerung und der Alarmierung der Einsatzkräfte war in den holsteinischen Elbmarschen nur ein Menschenleben zu beklagen. Die Schäden an Gebäuden, öffentlichen Straßen und Bahngleisen waren jedoch immens. Infolge des Hochwasserstaus, der Windrichtung und der Orkanstärke konnte das Hochwasser zudem nicht ablaufen.[8]

In Hamburg trat die Katastrophe ein (Abb. 2).[9] Hier war die höchste Sturmflut die von 1825 gewesen, die etwa einen Wasserstand von NN +5,24 m erreichte. Dieses Maß bildete seitdem die Bemessungsgrenze der Kronenhöhe der Deiche, die auf NN +5,70 m festgelegt worden war. Die schwere Hollandflut von 1953, die sich in Hamburg nicht bemerkbar gemacht hatte, veranlasste aber eine Überprüfung der Deichsicherheit. Bis 1962 waren daher alle schwächeren Deichabschnitte auf einer Länge von etwa 30 km verstärkt und erhöht worden. Bis 1963 war für alle Deiche eine Kronenhöhe von bis NN +6,50 m vorgesehen.

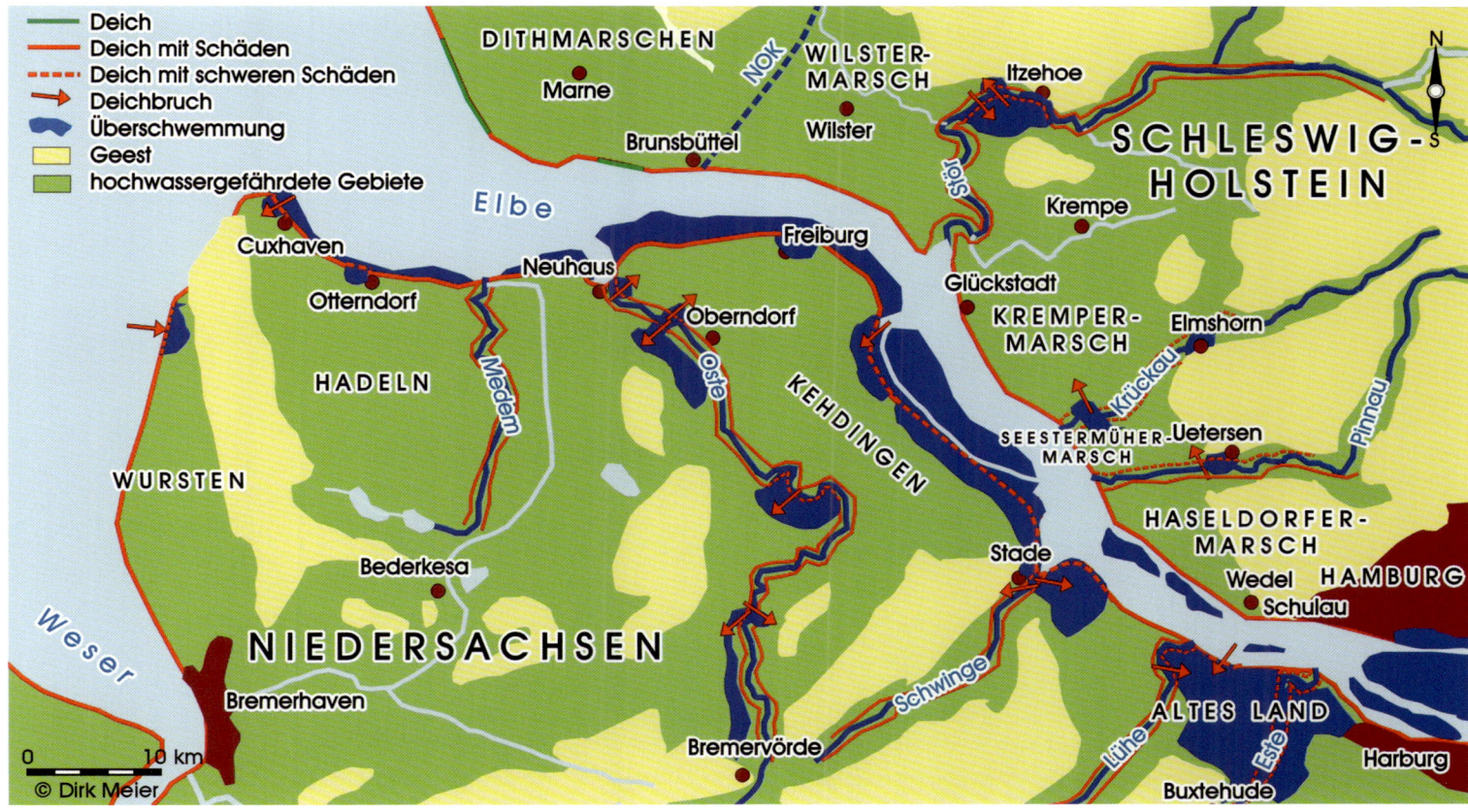

2 Überflutungsgebiet in Hamburg während der Sturmflut 1962

Die Hochwasserschutzmaßnahmen waren jedoch nicht zum Abschluss gekommen, sodass in der Nacht vom 16. auf den 17. Februar die Deiche an 60 Stellen brachen und 12.500 ha des Stadtgebiets – rund ein Sechstel – überflutet wurden (Abb. 3).[10] Es blieb kaum eine Vorwarnzeit, da die Flutwelle in Hamburg mit 3:05 Uhr etwa 40 Minuten vor der berechneten Zeit eintraf.[11] Vom Höchststand der Elbe bei Neuenfelde mit NN +5,98 m fiel das Wasser bis nach Harburg ab.

Bereits kurz nach Mitternacht wurden an der Süderelbe die Deiche überflutet. Infolge der Deichbebauung und zu steiler Innenböschungen kam es zu zahlreichen Deich- und drei Grundbrüchen. Diese traten erst ein, nachdem der Wasserstand den für die Deichsicherheit maßgebliche Höhe von NN +5,20 m überschritten hatte.[12] Die Bombenschäden an den Wilhelmsburger Deichen hatte man nur mit Trümmerschutt ausgebessert. Allein der Deich zwischen Francop und Moorburg wies insgesamt 48 Brüche auf.

Besonders schwer betroffen war die Insel Wilhelmsburg zwischen Norder- und Süderelbe. Teilweise wurden die vom Wasser überraschten Menschen von den in Form einer mehrere Meter hohen Schwallwelle einbrechenden Wassermassen in die Keller ihrer Häuser gespült, wo sie ertranken oder von ihren einstürzenden Häusern erschlagen wurden. Bei der Überflutung kamen hier 222 Menschen ums Leben, da Rettungsmaßnahmen nur mit Booten

möglich waren. Im 1962 noch als Wohngebiet genutzten Stadtteil Waltershof starben 37 Menschen, weitere in Billbrook (13 Tote), Neuenfelde (zehn Tote) und Moorburg (fünf Tote).

Überflutet wurden neben dem gesamten Hamburger Hafen sowie der genannten Gebiete auch Teile der Innenstadt im Bereich der Alster sowie des Rödingsmarktes. Infolge der Deichbrüche an der Süderelbe erreichte das Wasser auch das zu Niedersachsen gehörende Hinterland. Der Deich der Vier- und Marschlande hielt hingegen den Höchstwasserständen stand.

Knapp ein Sechstel des hamburgischen Staatsgebietes (120 km²) stand unter Wasser, die Verkehrswege in Richtung Süden waren unterbrochen und die Versorgung eingeschränkt. Infolge massiver Störungen der Kommunikationsverbindungen erhielten die Behörden keine exakten Hinweise über das Ausmaß der Katastrophe, was eine Koordination der Rettungs- und Evakuierungsmaßnahmen erschwerte. Deshalb konnte man sich auch zunächst keine Vorstellung von den Schäden an der Unterelbe machen. Vorausgegangene Warnungen der Cuxhavener Behörden waren von den Verantwortlichen der Hamburger Behörden zunächst unterschätzt worden.[13] In Hamburg verloren so die zuständigen Behörden aus Polizei und Feuerwehr nach dem Zusammenbruch der Telefon- und Verkehrsverbindungen ab Mitternacht vollständig den Überblick über die tatsächliche Lage. Die bestehenden Notfallpläne erwiesen sich als

3 Augenzeugenfotografie der Sturmflut von Hamburg 1962

unbrauchbar und berücksichtigten auch nicht ausreichend eine mögliche Evakuierung der Bevölkerung. Auch die Warnung der Bevölkerung durch das Deutsche Hydrographische Institut über das Fernsehen erfolgte erst nach Ende der beliebten Sendung *Familie Hesselbach*, als die in den gefährdeten Gebieten wohnenden Menschen meistens schon schliefen.[14] Schon nach den ersten Überflutungen waren die besonders schwer betroffenen Katastrophengebiete in Wilhelmsburg, Moorburg, Francop und Neuenfelde nur noch über den Umweg über Lauenburg zu erreichen.

Am Morgen des 17. Februar übernahm dann der Hamburger Innensenator Helmut Schmidt energisch die Koordinierung des Katastropheneinsatzes. Er versah sich nach Feststellung eines katastrophalen allgemeinen Notstands selbst mit weitreichenden Vollmachten und forderte eine Unterstützung der Bundeswehr und der NATO an.

»Ich habe die alle einfach selbst angerufen oder mit Funksprüchen oder Fernschreiben in Bewegung gesetzt. Ich habe gesagt: ›Sie müssen Hubschrauber schicken, Sie müssen Pioniere schicken, die mit Sturmbooten die Menschen von den Dächern runterholen.‹ Die haben zunächst geglaubt, ich sei verrückt geworden. Weil sie mich aber gut kannten, haben sie auf mein Insistieren hin schließlich sehr schnell funktioniert«,

erinnert sich Schmidt 1982 in einem Interview des NDR. Dieser Einsatz begründete seinen Ruf als fähiger Krisenmanager, beförderte seine politische Karriere und macht insofern auf politische Folgen des Handelns oder Nichthandelns in Katastrophensituationen aufmerksam (Abb. 4).

Die eingeleiteten Rettungsmaßnahmen erschwerte eine dem Nachthochwasser am Mittag des 17. Februars folgende hohe Nachttide, die in Hamburg weitere Wassermassen durch die Deichbrüche in die Überflutungsgebiete drückte.

Nach Abklingen des Sturms geriet die eingeflossene Polarluft in den Folgetagen unter Hochdruckeinfluss, sodass sich eine längere Frostperiode einstellte, die in den überfluteten Gebieten zur Ausbildung geschlossener Eisdecken führte. Zu beklagen waren insgesamt 315 Tote (davon fünf Soldaten und andere Helfer), 20.000

Menschen waren obdachlos und 6.000 Gebäude zerstört sowie 27.000 Wohnungen beschädigt. Ferner verendeten 1.500 Rinder, 2.500 Schweine, 125 Pferde, 90 Schafe und 20.000 Stück Federvieh. Hinzu kamen die Verluste an in den Häfen lagernden Gütern. Es entstand ein Sachschaden von etwa einer Dreiviertelmilliarde D-Mark. Der Stadtteil Waltershof wurde nach der Flut aufgegeben.

Um zukünftig solche Katastrophen zu verhindern sind seit 1962 die Deiche an der deutschen Nordseeküste und der Elbe erheblich verstärkt und erhöht worden. Teilweise erfolgten auch Begradigungen der Deichlinien und Neueindeichungen von Vorlandflächen sowie die Schaffung von Wasserrückhalteräumen entlang der Elbe. Sperrwerke sichern seitdem die in die Elbe mündenden Nebenflüsse.

Die Sturmflut von 1962 brach unverhofft in eine Zeit des Wirtschaftswunders und der Technik hinein, welche die Menschen in Sicherheit wiegte. Wegen mangelnden Hochwasserschutzes wurden zudem besonders die Bewohner der Schrebergärten, ehemalige Kriegsflüchtlinge und Vertriebene, von der Katastrophe getroffen. So beleuchtete die Katastrophe zugleich auch soziale Unterschiede in der entstehenden Wohlstandsgesellschaft.[15]

Die Menschen zukünftig vor den Naturgefahren zu schützen, die neuen Herausforderungen in Zeiten eines steigenden Meeresspiegels zu meistern, ohne die Ökologie im Weltnaturerbe Wattenmeer nachhaltig zu gefährden, bestimmt heute das politische Handeln im Nordseeküstenraum und an der Unterelbe, die mit der geplanten neunten Fahrwasservertiefung zudem im Fokus zwischen Natur und ökonomischen Interessen der Hafenwirtschaft steht.[16] Eine absolute Sekurität vor den Naturgewalten wird es aber niemals geben.

4 Dankesmedaille mit Inschrift »Das dankbare Hamburg seinen Freunden in der Not + XVII • Februar 1962« für Helfer der Hamburger Sturmflut

Anmerkungen

1 Der Spiegel 1962, S. 17.
2 Meier, D. 2012; 2014.
3 Roediger 1962, S. 1ff.; Schulz 1962, S. 5ff.
4 Schulz 1962, S. 11; Landesamt für Wasserwirtschaft Schleswig-Holstein 1962, S. 82.
5 Niedersächsische Ingenieur-Kommission 1962, S. 29 Abb. 15.
6 Niedersächsische Ingenieur-Kommission 1962, S. 42ff.
7 Niedersächsische Ingenieur-Kommission 1962, S. 42–43.
8 Landesamt für Wasserwirtschaft Schleswig-Holstein 1962, S. 55–80.

9 Freistadt 1962, S. 81ff.
10 Landesamt für Wasserwirtschaft Schleswig-Holstein 1962; Schuller 2012.
11 Aschenberg 1992, S. 294.
12 Freistadt 1962, S. 83.
13 Husler 1962, S. 19ff.
14 Der Spiegel, J. 1962, S. 23.
15 Engels, J. 2009, S. 178.
16 Meier, D. 2014.

Die ›Schlammengel‹ von Florenz 1966

Überschwemmungen des Arno von 1333 bis heute

GERRIT JASPER SCHENK

Eine hochmoderne Katastrophe: Ölschlamm, Kunst und Solidarität

In den ersten beiden Novembertagen des Jahres 1966 braut sich über dem zentralen Mittelmeerraum eine gefährliche Wetterlage zusammen: Eine in Nord-Südrichtung verlaufende Kaltfront zieht langsam vor einem atlantischen Tiefdruckgebiet über die Apenninhalbinsel nach Osten. Starke südöstliche Winde transportieren längs dieser Front wie auf einem Förderband warme und feuchte Luft aus Nordafrika nach Norden – eine ideale Voraussetzung für heftige Regenfälle.[1] Am 3. November, einem Donnerstag, nähert sich diese Regenzone auf breiter Front Mittelitalien, gegen 9 Uhr setzen in der Toskana äußerst ergiebige Niederschläge ein, die sich erst vierundzwanzig Stunden später abschwächen und noch den ganzen folgenden Tag anhalten. In kürzester Zeit gehen ungeheure Wassermassen im Einzugsgebiet des Flusses Arno nieder, im Durchschnitt 170, punktuell sogar über 400 Liter pro Quadratmeter.[2] In der Toskana hatte es schon vom 25. bis 30. Oktober stark und anhaltend geregnet. Der im Oberlauf des Flusses Arno ohnehin wenig aufnahmefähige Boden ist mittlerweile feuchtigkeitsgesättigt. Nun schießt das Wasser die Hänge der umliegenden Berge ins Casentino- und Mugellotal hinunter, lässt die kleineren Zuflüsse anschwellen und füllt binnen kurzem das enge Bett des Arno. Das Wasser reißt Erdreich, Sedimente, Sträucher und ganze Bäume mit. Die Wasserläufe treten über die Ufer, zerstören Dämme und Brücken, reißen Öltanks mit sich und wälzen sich binnen weniger Stunden als gewaltige Flutwelle talwärts in Richtung Florenz, den berühmten Hort von Kunst und Kultur am Ufer des Arno. Als am 4. November bereits gegen 4 Uhr morgens am Oberlauf des Arno ein Durchsatz von 2.000 m³ Wasser je Sekunde gemessen wird, ist die Katastrophe absehbar, denn am Ponte Vecchio (Alte Brücke) im Zentrum von Florenz beträgt die maximal mögliche Durchflussmenge 2.100 m³. Auf dem Höhepunkt der Flut sollten etwa 4.200 m³ Wasser je Sekunde die Stadt passieren.

Noch in derselben Nacht bricht die Flutwelle schließlich über Florenz und seine schlafenden Bürger herein. Zwar hatte es am 3. November schon ab 22:35 Uhr vereinzelte Meldungen über das bedrohliche Ansteigen des Arno z. B. von der Elektrizitätsgesellschaft ENEL an das staatliche Bauamt gegeben. Eine Alarmierung von Rettungskräften erfolgt jedoch nicht. Im Jahre 1966 gibt es noch keinen koordinierten Katastrophenschutz bei Hochwassergefahr.[3] Nur einzelne Amtsträger werden vom Steigen des Arno benachrichtigt. Der Bürgermeister Piero Bargellini wird noch in der Nacht in den Palazzo Vecchio (Rathaus) gerufen.[4] Vielleicht auch wegen unzureichender Faktenkenntnis beschließt man jedoch, eine allgemeine Alarmierung der Bevölkerung könne zu gefährlicher Panik führen und unterbleibe daher besser. So vollzieht sich der Untergang der Stadt in der Nacht auf Freitag, den 4. November, rasch und zunächst ohne Rettungsaktionen. Der bekannte Florentiner Verleger Alessandro Olschki gehört zu den wenigen Bürgern, die noch nicht schlafen, als die Katastrophe naht. Gemeinsam mit Freunden kehrt er am frühen 4. November in der Dunkelheit der Nacht von einer Treibjagd in den Bergen südlich von Florenz mit dem Auto in die Stadt zurück. Vierzig Jahre später berichtete er von seinen Eindrücken als Augenzeuge und Betroffener:

o Ivo Bazzechi (1920–1975), Blick vom Nordquerhaus auf das südliche Langhausportal von Santa Croce in Florenz, 1966 Kunsthistorisches Institut Florenz

1 Ivo Bazzechi (1920–1975), Das Kruzifix von Cimabue in Santa Croce, entstanden Ende des 13. Jahrhunderts, wird von Freiwilligen aus den Schlammfluten gerettet, 1966 Kunsthistorisches Institut Florenz

»Als wir über den Lungarno [Straße am Nordufer des Arno] vor der Nationalbibliothek vorbeikommen, sehe ich im vagen Licht der Scheinwerfer – die dichten Nebelschwaden ließen nur einen schwachen Lichtschimmer durch – die Spritzer des Flusses über der begrenzenden Längsmauer und sage zu meinem Freund: ›Schau nur, wieviel Wasser der Arno heute führt!‹ [...] Nachdem ich meinen Freund nach Hause begleitet hatte, es allmählich Tag geworden war und ich gesehen hatte, wie sich ›die Spritzer‹ in kurzer Zeit entwickelt hatten, kehrte ich zur Straße Giovine Italia zurück, weil wir in der Via Ghibellina [Parallelstraße zum Arno] auf der Höhe der Nationalbibliothek einen Lagerraum hatten und es mich drängte, die Situation einzuschätzen. Vor dem Tor steht das Wasser etwa einen halben Meter hoch. Das einzige, was ich denken kann, ist die Hoffnung, dass es nicht weiter steigt. Es stieg jedoch, erreichte die Höhe von fünf Meter und siebzig Zentimeter und setzte den gesamten Lagerraum unter Wasser. [...] In der Via Ghibellina werden etwa zweihundert Tonnen Bücher in hölzernen Regalen gelagert.«[5]

Der Arno drückt seine Fluten über die Kanalisation in die Stadt, sprudelt aus den Gullis, drängt gleichzeitig als rasender Strom über die Ufer, bricht alle Begrenzungen und Dämme, schießt die Straßen und Gassen entlang und flutet einen Stadtteil nach dem anderen. Schon um Mitternacht haben die Goldschmiede ihre Waren aus den Läden auf dem Ponte Vecchio evakuiert, zwischen 1:30

und 6:30 Uhr füllen sich die Stadtviertel links und rechts des Arno mit schlammigen Wassermassen. Um 7:29 Uhr fällt im Stadtzentrum die Elektrizität aus. Um diese Zeit fordert die Flut die ersten Todesopfer: Sie werden zumeist im Schlaf vom Wasser überrascht oder können der Flut wegen ihres Alters oder einer Krankheit nicht entkommen; insgesamt sterben in Florenz und Umgebung 39 Menschen.[6] Und das Wasser steigt immer weiter, erreicht und übertrifft am Freitagmorgen gegen 8:15 Uhr die historischen Pegelstände der bisher schwersten Flut des Jahres 1333. Erste Rettungsaktionen laufen an: unkoordiniert, aber mit heldenmütigem persönlichem Einsatz. In den weltberühmten Uffizien versucht ein Häuflein von nur zwölf Personen, die einzigartigen Meisterwerke von Botticelli, Giotto, Mantegna, Tiepolo, Lippi und anderen zu retten.[7] Die nationale Nachrichtenagentur ANSA meldet den Notstand in Florenz, bald berichten Medien in der ganzen Welt von der Katastrophe. Doch keine Hilfe naht, denn das Unwetter hat auch weite Teile Mittel- und Norditaliens schwer getroffen, die Bahnlinien sind unterbrochen, die Straßen überschwemmt. Ein um 9:45 Uhr in Rom aufbrechender Hilfskonvoi erreicht die isolierte Stadt erst nach acht Stunden.

Doch es gibt auch Glück im Unglück: Damals ist der 4. November der italienische Nationalfeiertag zum Gedenken an den Sieg im Ersten Weltkrieg. Die Armee hat in Florenz eine Parade im Stadtpark Cascine geplant und so befinden sich viele Soldaten und technisches Gerät (Helikopter, Amphibienfahrzeuge, Lastkraftwagen) in oder nahe bei der Stadt. Sie spielen bei den unmittelbaren Rettungsaktionen, aber auch bei der Bewältigung der Schäden in den Tagen nach der Katastrophe eine große Rolle. In der gesamten Region werden bis zu 60.000 Wehrpflichtige eingesetzt. In den am schlimmsten betroffenen Zonen retten sich die Bewohner auf die Dächer ihrer Häuser, von wo sie mit den Armee-Helikoptern gerettet werden. Um 12:20 Uhr sendet das Radio schließlich eine kurze Ansprache des Bürgermeisters Bargellini, in der er an die Bevölkerung appelliert, sich mit Schlauchbooten und Amphibienfahrzeugen an den Rettungsaktionen zu beteiligen. Vom Lagezentrum im Rathaus aus versuchte er in den nächsten Tagen, die notwendigsten Rettungsmaßnahmen zu koordinieren.[8]

Der Höhepunkt der Flut wurde irgendwann zwischen 15:30 und 18:00 Uhr erreicht. Zu diesem Zeitpunkt trieben etwa 20.000 Autos in den Fluten. Das Wasser wich allmählich zurück, doch erst am 6. November überwogen die Schlammmassen das Wasser in der Stadt. Florenz bot ein Bild der Zerstörung: Späteren Berechnungen zufolge war allein das Stadtgebiet von Florenz von über siebzig Millionen Kubikmetern Wasser überschwemmt worden, die 600.000 Tonnen ölhaltigen Schlamm mit sich führten. Die Zerstörungskraft dieser stinkenden, zähen und giftigen Masse für die unendlich kostbaren Gebäude, Fresken, Gemälde, Statuen und Bücher dieser Welthauptstadt der Renaissancekunst sollte erst in den folgenden Tagen, Monaten und Jahren in vollem Umfang und mit allen Konsequenzen erkennbar werden. Betroffen waren nicht nur die 70.000 Einwohner und unzähligen Betriebe, das in der Region zu Tausenden ertrunkene Vieh, sondern auch 15 Museen von Weltruf mit

2 Steintafel mit Inschrift zur Überschwemmung von 1333, nach 1345. Ostseite des Ponte Vecchio, Florenz

rund 850 geschädigten Werken, 18 Kirchen mit 3.000 m³ freskierter Wänden, das Staatsarchiv, die Nationalbibliothek mit allein über 1,3 Millionen durchweichten Bänden – der Verlust und Schaden, den Wasser und ölhaltiger Schlamm diesem Weltkulturerbe zufügten, bleibt trotz aller Rettungs- und Restaurierungsmaßnahmen bis heute immens (Abb. 1).[9]

Unmittelbar nach der Flut galt es, rasch zu helfen und die akuten Folgen der Katastrophe zu bewältigen. Die nun anrollende Welle der Hilfsbereitschaft und tätigen Solidarität der Florentiner, des ganzen Landes und internationaler Helfer von Amerika bis zur Sowjetunion war beispiellos und überwältigend. Sie hat sich als das vielleicht bemerkenswerteste Ereignis im Zusammenhang mit der Überschwemmung von 1966 in das Gedächtnis der Arnostadt und Italiens eingeschrieben: *Angeli del fango* – die ›Schlammengel‹ von Florenz nannte man schon bald die jugendlichen Helfer, die aus aller Welt nach Florenz strömten. Am 4. November 1976 errichtet die Stadt ihnen zu Ehren eine ›Stele der Freundschaft‹. Im Jahre 2006 ergibt eine Aufstellung der damals noch namentlich bekannten Helfer die Zahl von 1.219.[10] Einer dieser Helfer, Andrea Innocenti aus Florenz, berichtet vierzig Jahre später im Rückblick von seinen Erfahrungen als ›Schlammengel‹:

»Tränen, Wut, das Gefühl von Ohnmacht, alles von einem nassen Vormittag des November verschluckt, an eine Brüstung der Brücke über den Affrico [Zufluss des Arno in Florenz] gelehnt, um ungestüme gelbe und schwarze Wassermassen zu beobachten, die Autos, Baumstämme, Tierleiber [...] mit sich rissen.

Wenige Stunden, um nachzudenken, im Dunkeln, ohne Wasser, Gas, Elektrizität, Heizung [...], einem Transistorradio lauschend, um zu verstehen, was um uns herum vor sich ging. Ich war vollkommen verwirrt: Ich hatte mich noch nie in einer solchen Situation befunden [...]. Dann, endlich, kam die Morgendämmerung des nächsten Tages und mit ihr der herangereifte Entschluss, zu reagieren, sich dem Lauf der Dinge auf irgendeine Weise in den Weg zu stellen. [...] Ein dunkelroter Pullover, ein Paar Jeans, ein Paar Gummistiefel und auf in jenen Teil des Zentrums, der gerade zugänglich war [...] wir hörten, dass Freiwillige gesucht wurden, um den Schlamm aus der Nationalbibliothek zu schaffen und am folgenden Tag waren wir dort. Uns wurde gezeigt, wo in dieser unglaublichen und enormen menschlichen Kette wir uns einreihen sollten, um die Bände vom Unter- ins Obergeschoss zu schaffen. Ich erinnere mich nicht mehr daran, woher die Jungs neben mir kamen, sicher waren viele keine Italiener, aber ich weiß, dass sofort eine spontane Sympathie unter allen wuchs. [...] Es war eine außerordentliche Empfindung, wie so viele Jugendliche, unterschiedlicher Nationalität und vielleicht auch unterschiedlicher sozialer Schichten, zu einem einzigen Körper wurden. Dann, nach der Sintflut, wie ein Hoffnungszeichen, begannen wieder Tage des Sonnenscheins [...].«[11]

Doch nicht nur Jugendliche aller Schichten halfen, auch die Elite engagierte sich auf ihre Weise. Florenz wurde von prominenten Persönlichkeiten besucht: Am 6. November kam der italienische Staatspräsident, der Sozialdemokrat Giuseppe Saragat, am 16. November

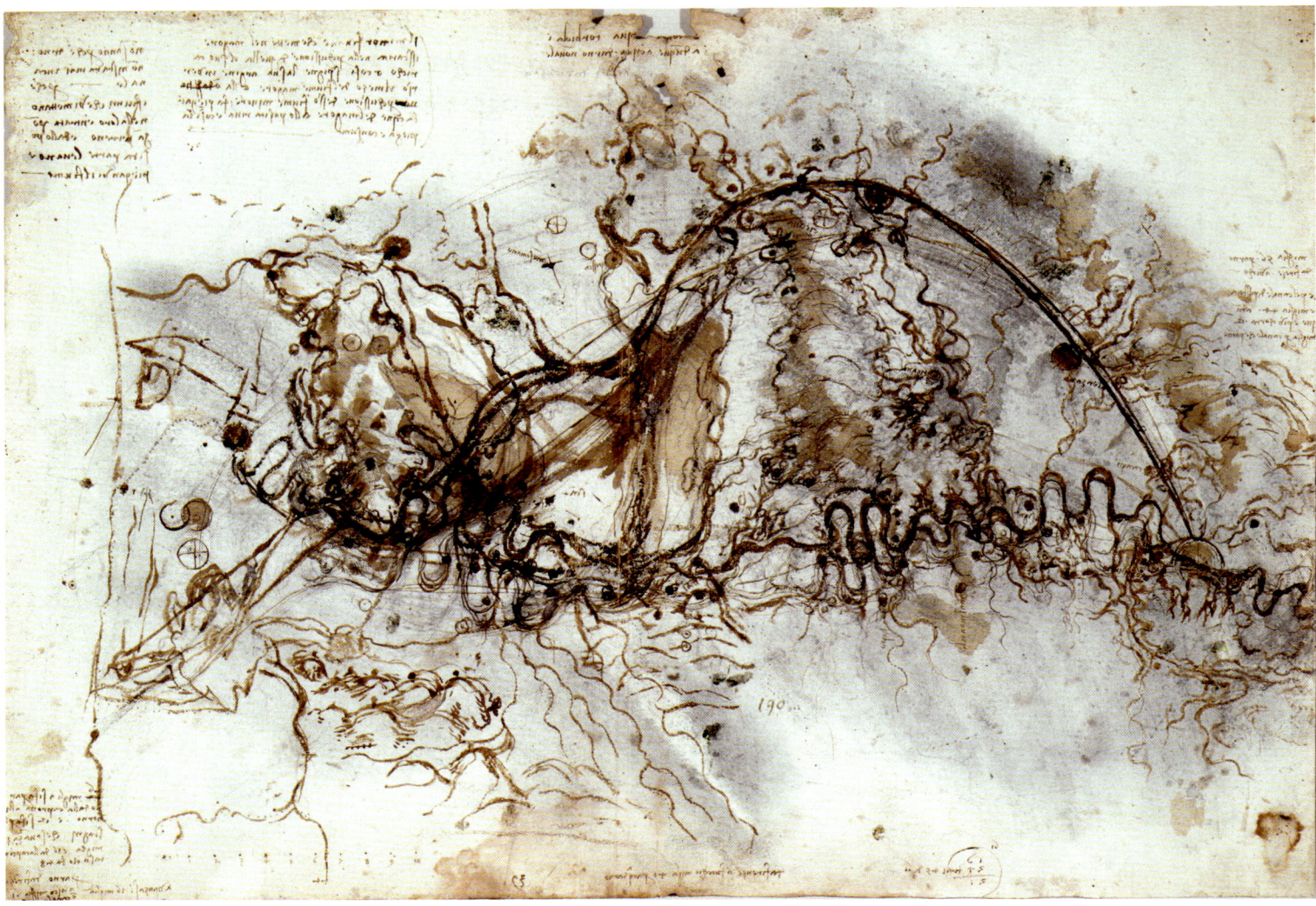

3 Leonardo da Vinci (1452–1519), *Skizze für eine Umleitung des Arnoflusses*, um 1503/04 Zeichnung auf Papier, Royal Collection Trust

erschien der einflussreiche amerikanische Senator Edward ›Ted‹ Kennedy, der sich Jahre später sogar selbst als ›Schlammengel‹ bezeichnen sollte. Zwei Tage später besuchte Italiens Ministerpräsident Aldo Moro die Stadt, am 11. Dezember kündigte gar Papst Paul VI. seinen Besuch der Weihnachtsmesse an. Trotz anfänglicher Bedenken, ob diese Form der Anteilnahme politisch instrumentalisiert oder zu einer Art wohlfeilem ›Katastrophentourismus‹ geraten könnte, wirkten diese Besuche und die damit verbundene mediale Aufmerksamkeit für die Stadt letztlich positiv, da sie vielfältige politische, ideelle und materielle Unterstützung zu mobilisieren halfen.[12]

Für die weltweite Anteilnahme und Hilfe spielte auch das Engagement von Persönlichkeiten aus dem internationalen Kulturleben eine große Rolle. Der Florentiner Regisseur Franco Zeffirelli drehte damals gerade in Rom mit dem berühmten Filmschauspielerehepaar Elizabeth Taylor und Richard Burton die Shakespeare-Verfilmung *Der Widerspenstigen Zähmung*. Er dokumentierte die Katastrophe in seinem Film *Per Firenze* (Für Florenz) und gewann den Bücherliebhaber Burton als Sprecher des Films. Der Film wurde einen Monat nach der Katastrophe im italienischen Fernsehen und bereits am 11. Dezember 1966 von der BBC ausgestrahlt und soll mehrere Millionen Dollar Spenden eingespielt haben.[13] Rasch wurden internationale Komitees gegründet, die sich vor allem für die Rettung der Kunstschätze einsetzten. Das amerikanische *Committee to Rescue Italian Art*, unterstützt u. a. von Jacqueline Kennedy, war schon zwei Tage nach der Flut in Florenz aktiv, der britische *Italian Art and Archives Rescue Fund* hatte Ende Januar 1967 bereits 115.000 £ gesammelt.[14] So führte die Katastrophe auf lange Sicht zu einem Entwicklungsschub bei den Restaurierungswissenschaften, konzentrierte entsprechende Expertise in Florenz und etablierte durch die jahrelange Zusammenarbeit vor Ort ein internationales wissenschaftliches Netzwerk. Die Reparatur- und Aufbauarbeiten in der Stadt, die im aufbruchsfreudigen Geist der ›Schlammengel‹ in Angriff genommen worden waren, sollten allerdings noch viele Jahre dauern.[15]

4 Odoardo Borrani (1833–1905) und Alfonso Muzzi, *Die Arno-Überschwemmung in Florenz am 3. November 1844*, nach 1844 Lithographie, Kunsthistorisches Institut Florenz

Eine alte Erfahrung –
Der Fluss als Ernährer und Zerstörer

Unbeantwortet bleibt die Frage, warum es in Florenz zu dieser Katastrophe kommen konnte. Schon seit der Römerzeit lebte die Stadt nicht nur am, sondern mit dem Fluss. Der Arno war als Lebensader der Stadt sowohl Chance wie Gefahr, vom Transport der Waren über seine Verwendung als Antriebskraft für die städtischen Mühlen bis hin zur Kanalisation.[16] Die gesamte Toskana hatte schon seit langer Zeit Erfahrungen im Umgang mit Überschwemmungen gesammelt. Die in Chroniken festgehaltene Erinnerung reicht bis ins Jahr 1177 zurück und überliefert die Erkenntnis, dass in fast jedem Jahrhundert mindestens eine schwere Überschwemmung die Stadt Florenz trifft. Wegen der grundsätzlich ähnlichen geomorphologischen, hydrologischen und meteorologischen Ausgangslage über Jahrhunderte hinweg erlaubt diese historische Erfahrung präzise Aussagen über die Frequenz, Dauer und maximale Höhe

von Überschwemmungen.[17] So gibt es zum Beispiel eine auffällige Häufung von schweren Überschwemmungen in den ersten Novembertagen. Auch visuell sind die schweren Fluten in den Städten am Ufer des Arno seit Jahrhunderten präsent. In Pisa erinnert bereits seit dem Ende des 14. Jahrhunderts ein Fresko in der Kirche St. Paolo a Ripa d'Arno an die Überschwemmungsgefahr: Es zeigt die heilige Ursula als Nothelferin, welche die durch eine blondgelockte, gekrönte Frau personifizierte Stadt Pisa aus den Fluten einer Arnoüberschwemmung rettet.[18] In Florenz ist die Erinnerung an eine katastrophale Flut in der Nacht vom 4. auf den 5. November 1333 im Stadtbild bis heute unübersehbar – durch Wasserstandsmarken.[19] Im Stadtzentrum war bald nach 1333 eine Tafel mit einer eingemeißelten Hand angebracht worden, die den Bewohnern der Stadt die Höhe der Flut tagtäglich vor Augen führt. Seit etwa 1345 hielten auf dem *Ponte Vecchio* gleich zwei Tafeln mit mahnendem Text die Erinnerung an die Flut von 1333 wach, auch wenn sie nicht die exakte Höhe der Flut anzeigten, da die Brücke selbst ein Opfer

5 Ivo Bazzechi (1920–1975), Domplatz und Baptisterium von Florenz werden von ölhaltigen Schlammfluten überschwemmt, 1966 Kunsthistorisches Institut Florenz

der Flut geworden war (Abb. 2). Tatsächlich bemühte sich bereits die mittelalterliche Stadtverwaltung des 14. Jahrhunderts darum, durch wasserbauliche Maßnahmen den Nutzen des Flusses zu maximieren und die von ihm ausgehenden Gefahren zu minimieren. Bald nach 1333 wurden der Bau und Betrieb von Mühlen im Stadtgebiet verboten, um die Überschwemmungsgefahr durch den Rückstau vor den Wehren zu verringern. Als sich in den 1380er Jahren Überschwemmungen häuften, kam es deswegen sogar zu Prozessen um Wassernutzungsrechte und den Anspruch auf Schadensersatz gegenüber Mühlenbetreibern.[20] Bereits im 15. Jahrhundert entwickelte der Architekt Luca Fancelli (ca. 1430–ca. 1502) Pläne zur Kanalisierung des Arno.[21] Anfang des 16. Jahrhunderts griff Leonardo da Vinci (1452–1519) ältere Ideen einer Regulierung des Arno auf, und nach einer verheerenden Überschwemmung am 13. September

1557 beschäftigte sich auch die Administration der Medici mit dem Problem (Abb. 3). Die technischen und finanziellen Mittel der Zeit waren aber zu begrenzt, um Abhilfe zu schaffen. Auch die Ideen des Naturforschers Giovanni Targioni Tozzetti (1712–1783), der ältere Vorschläge einer Umleitung des Arno um Florenz herum aufgriff und 1767 dem habsburg-lothringischen Großherzog der Toskana Leopold II. (1747–1792) vorstellte, mussten wegen der damit verbundenen Kosten bloße Pläne auf Papier bleiben.[22] Daran änderte auch eine Flut vom 3. November 1844 nicht viel, die Todesopfer und große Zerstörungen verursachte (Abb. 4).

Vielleicht hing die verhängnisvolle Vergesslichkeit gegenüber der Überschwemmungsgefahr vor dem 4. November 1966 damit zusammen, dass sich seit 1844 keine wirklich katastrophale Flut mehr ereignet hatte. Gemeinsam mit einer gewissen Überheblichkeit der sich technologisch überlegen fühlenden Zeitgenossen der Hochmoderne könnte diese »Katastrophenlücke«[23] ein Grund für die eklatante Verdrängung des traditionalen Erfahrungswissens gewesen sein. Man kann es als Ironie des Schicksals bezeichnen, dass 1966 gerade der Treibstoff der technologischen Moderne, genutzt für Verbrennnungsmotoren, Kraftwerke und Heizungen, die größte Zerstörungskraft gegenüber den Kunst- und Kulturschätzen der Arnometropole entfaltete (Abb. 5). Die Flutkatastrophe von 1966 legte offen, dass dem modernen Italien ein professioneller Katastrophenschutz fehlte. Trotz der gleich nach der Katastrophe geäußerten Kritik und der Einsicht in die Notwendigkeit grundlegender Maßnahmen auf allen Ebenen, von der Flussbettvertiefung in Florenz bis hin zur nationalen Zivilschutzgesetzgebung, sollte es noch erschreckend lange dauern, bis erste Konsequenzen gezogen wurden. Erst zwei Jahre nach einem verheerenden Erdbeben in Westsizilien 1968, das ähnliche Defizite offenbarte, wurde mit der Verabschiedung des Gesetzes Nr. 996 von 1970 der Weg zu einer Professionalisierung des Katastrophenschutzes beschritten.[24] Die Entwicklung und Implementierung von Schutzmaßnahmen im Einzugsgebiet des Arno und in Florenz selbst dauerte Jahrzehnte.[25] Die Uffizien, die Nationalbibliothek und das Staatsarchiv liegen auch heute noch innerhalb der Zone historischer Überschwemmungen von 1333 bis 1966.

Anmerkungen

1 Malguzzi [et al.] 2006, Abschnitte 8–13; Meneguzzo [et al.] 2004, S. 41–47.

2 Zur Chronologie der Ereignisse Firenze perchè 1966, S. 1334–1357 (G. Gerola und M. Materassi); Principe – Sica 1967; Losacco 1967, S. 774–780; Nardi 1997, S. 287–290; D'Angelis 2006, S. 70–145. Die Zahlenangaben sind zum Teil wegen der Zerstörung von Messstationen durch die Flut nur gut begründete Schätzungen.

3 Firenze perchè 1966, S. 1339, 1357–1358 (G. Gerola und M. Materassi); Ramazza 1996, S. 182–188.

4 Verklärend Bargellini Nardi 2006, S. 19–20; Firenze perchè 1966, S. 1339–1344 (G. Gerola und M. Materassi).

5 L'Arno raccontato 2006, S. 65–66 (Übersetzung G. J. Schenk); Firenze perchè 1966, S. 1432 (R. Ricchi).

6 Firenze perchè 1966, S. 1355 (G. Gerola und M. Materassi): 37 Tote; D'Angelis 2006, S. 126: 39 Tote.

7 Firenze perchè 1966, S. 1397–1404 (U. Baldini); Damianelli 2006, Nr. 22, S. 107–114.

8 Bargellini Nardi 2006, S. 20–26; Bocciolini – Petrioli – Petrioli 2006, S. 65–70.

9 Bilanzierungen in Spande 2006; Scudieri – Vaccari – Fiorelli Malesci 2006.

10 D'Angelis 2009, S. 207–214.

11 Bericht auf der Webseite http://angelidelfango.it/racconti/articoli/innocenti.htm

(3.3.2014), Übersetzung G. J. Schenk. Vgl. auch Spande 2009, S. 164–167 (Peter Mallory).

12 Bargellini Nardi 2006, S. 41–46, 69–81, 123–129; Bocciolini – Petrioli – Petrioli 2006, S. 32–42; Spande 2009, S. XVII–XX.

13 Burton 2013, S. 123–125.

14 Spande 2009, S. 152–153 (Frances Clarke), 154–155 (Fred Licht); Bargellini Nardi 2006, S. 71–73.

15 Rassegna del Comune 1968.

16 Ausst.-Kat. Florenz 1996; Salvestrini 2005.

17 Vgl. dazu den Beitrag von Enio Paris, Florenz, in diesem Band.

18 Koppenleitner 2010, S. 96 Anm. 25.

19 Losacco 1967, S. 731–732; Schenk 2007; Schenk 2014.

20 Schenk 2012, S. 33–38.

21 Zur Entwicklung vom 15.–19. Jahrhundert Losacco 1967, S. 741–774; Mazzanti 1997, S. 322–362; Rombai 2004.

22 Targioni Tozzetti 1767.

23 Pfister, Chr. 2009.

24 Alexander, D. 2002, S. 165–169; Ramazza 1996, S. 182–188.

25 Nardi 1997, S. 292–309; vgl. dazu den Beitrag von Enio Paris, Florenz, in diesem Band.

Florenz und die Landschaft des Arnotals

Historische Überschwemmungen und Präventionsmaßnahmen

ENIO PARIS

(ÜBERSETZUNG VON MARCO IANNIELLO)

Wer das Verhältnis der Stadt Florenz zur Landschaft des Arnotals verstehen möchte, muss die Geschichte des Flusses und seine Überschwemmungen in den Blick nehmen. Im Jahre 1999 gab die so genannte *Autorità di Bacino del Fiume Arno*[1] (eine Einrichtung zur Aufsicht über das Einzugsgebiet des Arno) eine hydrographische Vermessung in Auftrag. Es sollte das gesamte Gewässersystem des Arno vermessen werden, um genauere Daten über die Beschaffenheit seines Einzugsgebiets zu erhalten. In diesem Zusammenhang erfolgte auch eine Rekonstruktion der historischen Hochwasser in Florenz. Um eine höchstmögliche Sicherheit für die Stadt zu gewährleisten, ist eine präzise Beurteilung der aktuell vorhandenen Gefahren notwendig. Von entscheidendem Interesse sind hierbei die Ermittlung der Abflussmengen sowie die Eintrittswahrscheinlichkeit von Hochwassern. Nur auf der Basis einer maximalen Datenmenge und mittels statistischer Untersuchungen können risikosenkende Maßnahmen entworfen und durchgeführt werden – daher sind die rekonstruierbaren Daten historischer Überschwemmungen von entscheidender Bedeutung.

Zu den Überschwemmungen in der Vergangenheit sind wertvolle Informationen durch Berichte von Gelehrten, Künstlern und Ingenieuren jener Zeit erhalten. Ein Beispiel geben die Karten in Abb. 1. Sie zeigen die Überflutungen der Hochwasser von 1333, 1589, 1740 und 1844 in Florenz, soweit sie sich aus den Angaben der jeweiligen Zeitgenossen rekonstruieren lassen.[2]

Diese Informationen erlauben es heutzutage auch, die großen Entwicklungslinien im Einzugsgebiet des Arno nachzuzeichnen. Vom 13. bis zum 18. Jahrhundert vollzogen sich dort bedeutende Veränderungsprozesse. Mit Hilfe der Hydrologie, der Wissenschaft, die das Wasser in all seinen Erscheinungsformen und Eigenschaften sowie seine Interaktion mit der Umwelt erforscht, wurde nachgewiesen, dass sich die topographischen Voraussetzungen bei Extremereignissen wie Hochwasser und Überschwemmungen im Untersuchungszeitraum stark verändert haben. Da die verfügbaren Daten auf unterschiedlichen landschaftlichen Bedingungen basieren, können sie nicht ohne weiteres miteinander verglichen werden.

Die grundlegende Aufgabe besteht also darin, alle Daten und Details in ihrem jeweiligen Kontext zu analysieren, um auf diese Weise eine Vergleichbarkeit zu erzielen.

Bereits Edmondo Natoni beschreibt ausführlich und durch zeitgenössische Berichte gut dokumentiert die wesentlichen Veränderungen in der Arnolandschaft seit dem 11. Jahrhundert.[3] Laut Natoni waren gegen Ende des 15. Jahrhunderts noch 75 Prozent des Einzugsgebietes bewaldet. Die Bewirtschaftung der Berggebiete war jedoch mit Raubbau verbunden, sodass sich der Waldanteil von 1500 bis heute um etwa 800 km² reduziert hat. Erst Anfang des 20. Jahrhunderts leitete die italienische Regierung die notwendige Gesetzgebung für eine Wiederaufforstung ein. Derzeit liegt in den Berggebieten oberhalb von Florenz der Anteil an bewaldeter Fläche bei 57 Prozent.

Ferner trug das benachbarte Chianatal zu einer Erweiterung des Einzugsgebietes des Arno bei. Noch vor der Ära des römischen Imperiums hatten die Etrusker das Chianatal trockengelegt und kultiviert. Dies beweisen zum Beispiel 22 etruskische Siedlungen, die am Ufer des Clanis (Chiana) nachweisbar sind. Seinerzeit nahm dieser Fluss die Zuströme aus dem Umland von Arezzo auf und mündete in den Tiber. Später perfektionierten die Römer das System der hydraulischen Regulierung und der Bodenkultivierung. Doch mit dem Untergang des römischen Reichs verfiel auch seine effiziente Verwaltung und nach und nach breitete sich wieder der Sumpf im Flussgebiet aus. Zwischen 1300 und 1500 ordneten die Regierungen von Arezzo und Florenz erneute Trockenlegungsmaßnahmen und Kanalisierungen an. Im Ergebnis führte dies dazu, dass fortan ein Bereich von 150 km² zum Einzugsgebiet des Arno zählte, während das übrige Chianatal aus stehenden oder versickernden Gewässern bestand. Abhilfe sollten neue hydraulische Regulierungssysteme schaffen. Als erster legte Leonardo da Vinci im Jahre 1503 ein solches Modell der Arnoregulierung vor. Unter der Regierung der Medici fanden weitere Trockenlegungen im Chianatal statt, wodurch die Wasserscheidelinie von Arno und Tiber mehr und mehr gen Süden verlagert wurde. So wuchs der

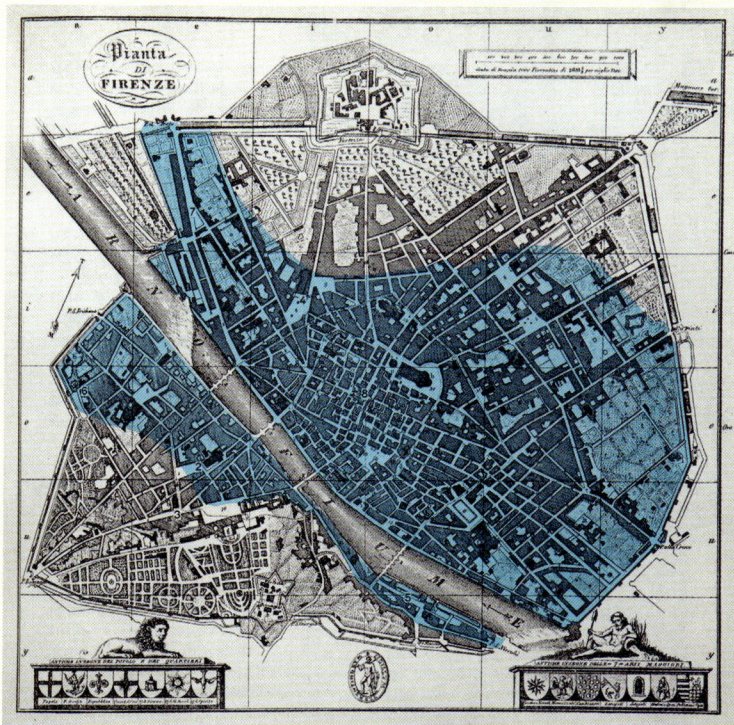

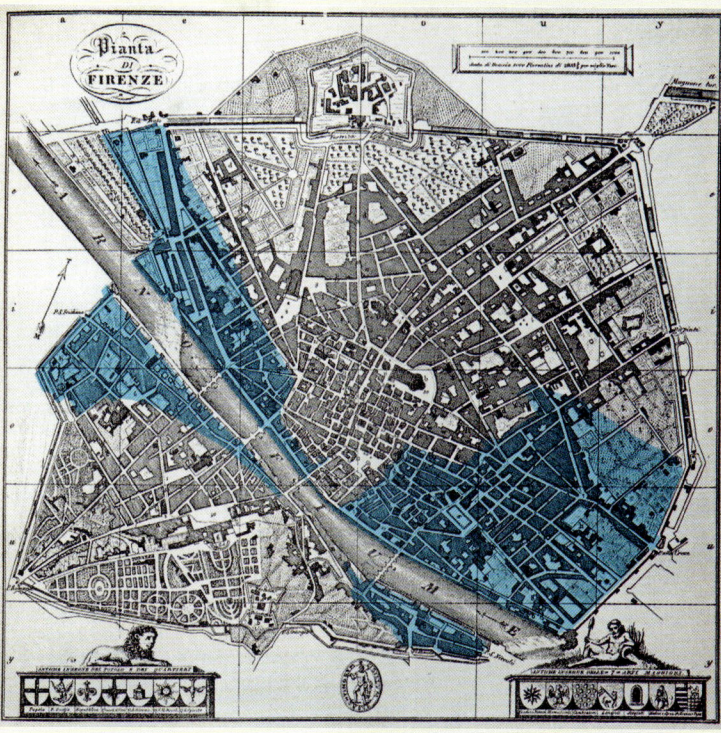

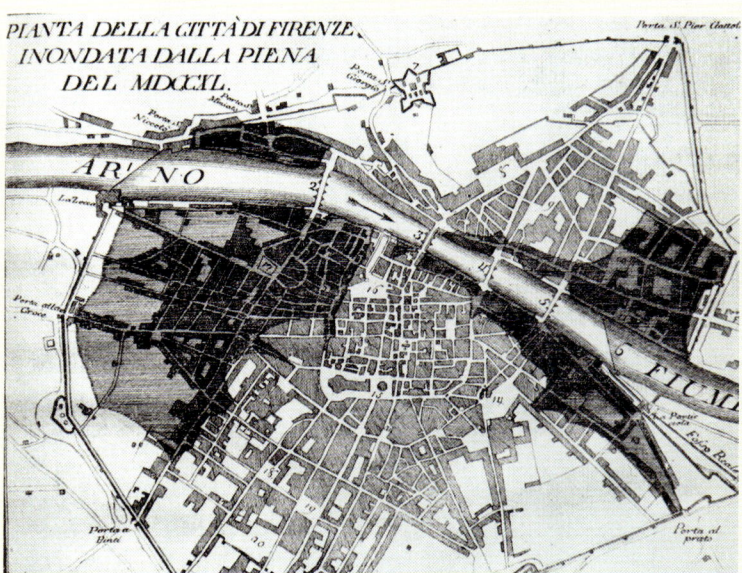

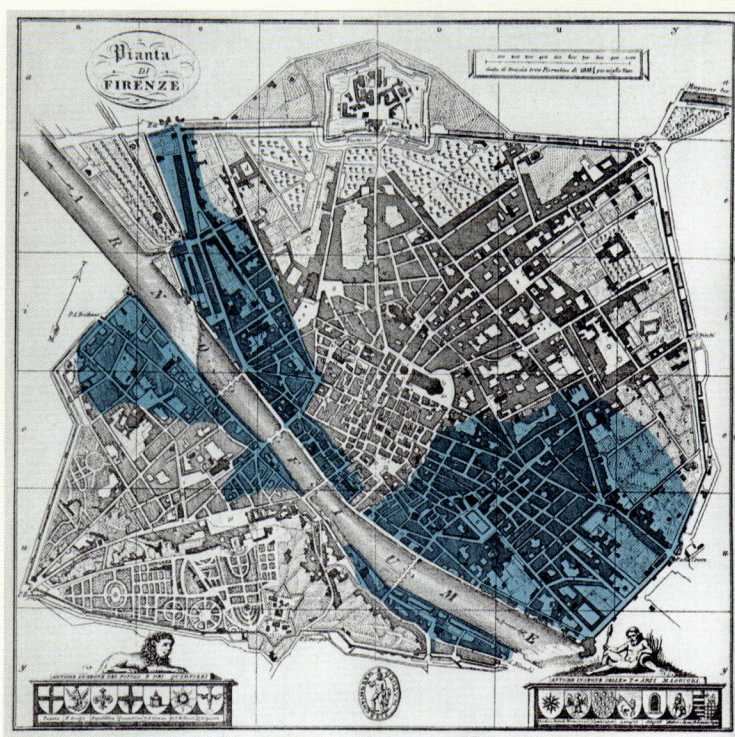

1 Überschwemmungskarten historischer Hochwasser
der Jahre 1333, 1589, 1740, 1844

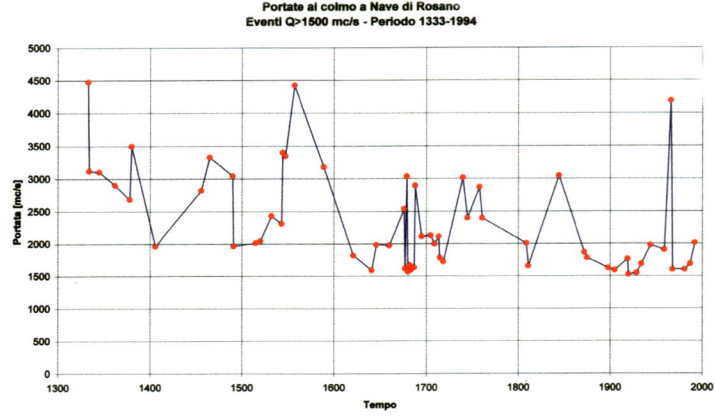

Portate al colmo a Nave di Rosano
Eventi Q>1500 mc/s - Periodo 1333-1994

2 Wertetabelle der Abflussmengen historischer Hochwasser in Florenz im Zeitraum von 1333–2000 (höher als 1500 m³/s)

Zufluss des Arno stetig an. Im frühen 17. Jahrhundert strömte bereits das Wasser aus dem 700 km² großen Einzugsgebiet des Chianatals zusätzlich in den Arno. Im 18. Jahrhundert folgten weitere Veränderungsvorschläge von Leonardo Ximenes (1766), Tommaso Perelli (1769) und Vittorio Fossombroni (um 1794).

Über die Beschaffenheit des Flusslaufes selbst liegen die frühesten Zeugnisse aus der Mitte des 18. Jahrhunderts vor, etwa von Ferdinando Morozzi.[4] Aus ihnen geht hervor, dass der Arnoabschnitt im Casentinotal erheblich von Erosionen beeinträchtigt wurde. Verantwortlich waren zum einen die Strömungsdynamik sowie zum anderen eine erhöhte Flussfracht an Schlamm und Schutt. Beides wird auf exzessive Rodungen an den Hängen des Apennins zurückgeführt. Zu Beginn des 19. Jahrhunderts wurden schließlich erste systematische Maßnahmen ergriffen. Sie hatten zum Ziel, das Erosionsmaterial abzuleiten sowie den Erosionen am Flussufer und somit den Überschwemmungen entgegenzuwirken. Im Jahre 1816 betraute man Vittorio Fossombroni und anschließend Giuseppe Manetti mit der Konzeption einer hydraulischen Regulierung des Arno. Der Versuch, mit Buhnen – am Flussufer errichteten Dämmen, die die Erosion verringern und dadurch das Ufer schützen sollten – den Flusslauf zu sichern, zeitigte allerdings unerwünschte Effekte: Die Fließgeschwindigkeit erhöhte sich und damit tendenziell auch die Erosion im Flussbett. Seit 1930 bemühte sich dann die Kommunalverwaltung von Arezzo um die Beseitigung dieser Probleme, indem sie die forstwirtschaftlichen wie hydraulischen Gegebenheiten systematisch in die Regulierungsmaßnahmen mit einbezog.

Ein ähnliches Bild ergibt sich mit Blick auf das Valdarno Superiore (oberes Arnotal): Unter Cosimo (de' Medici) III. war Anfang des 17. Jahrhunderts die Flusspassage zwischen Inferno- und Incisatal reguliert worden. Beabsichtigt war, das Flussbett zu vertiefen, um einen Schutz gegen Überflutungen zu schaffen und im Zuge dieser Maßnahmen neues Land für eine Bewirtschaftung zu gewinnen.

Auch in der Stadt Florenz sind im Laufe der Jahrhunderte Eingriffe am Flusslauf vorgenommen worden, in erster Linie durch städtebauliche Projekte wie Brücken. Bemerkenswerterweise hat sich aber die städtische Anlage am Flussufer seit dem Mittelalter bis in die Gegenwart im Wesentlichen unverändert erhalten. Obgleich verheerende Überschwemmungen auftraten, hat man in diesem Fluss- und Stadtabschnitt kaum bauliche Vorkehrungen zu deren Vermeidung getroffen. Nachdem das Hochwasser von 1844 seine Spuren hinterlassen hatte, wurden lediglich die Dämme wieder aufgerichtet sowie Schleusen und neue Abwasserkollektoren installiert. Nach der Überflutung von 1966 sah man sich veranlasst, das Flussbett unter den Brücken Ponte Vecchio und Ponte S. Trinità abzusenken und dadurch die Rückstaugefahr zu reduzieren.

Von den historischen Hochwassern zwischen 1333 und 1844 sind jeweils Daten zur Ausdehnung des Überschwemmungsgebietes sowie einzelne Pegelstände dokumentiert. In Anbetracht der wenig veränderten Bedingungen in der Stadtanlage darf einerseits von einer homogenen Datenserie gesprochen werden, andererseits ist der größere Zusammenhang der Arnolandschaft mit den geschilderten Wandlungen und Veränderungsmaßnahmen einzuberechnen. Vor diesem Hintergrund kann man davon ausgehen, dass die meteorologischen Vorgänge des Jahres 1333 heutzutage sicherlich ein extremeres Hochwasser hervorbringen würden. Mithilfe der Hydrologie ist es möglich, bei einer statistischen Erhebung den heterogenen Gesamtverhältnissen Rechnung zu tragen. Dabei wird beispielsweise auf das erste topographische Profil des Arno zurückgegriffen, das der Ingenieur Francesco Renard im Anschluss an das Hochwasser von 1844 angefertigt hat.[5] Auf dieser Grundlage lässt sich ein Flussprofil eigens für den Arnoabschnitt im Stadtgebiet von Florenz erstellen, das darüber Auskunft gibt, wann mit einer Überschwemmung der flussnahen Stadtbereiche zu rechnen ist. Stieg die Abflussmenge über den Wert von 1.500 m³/s hinaus, überwand das Hochwasser die Staudämme und Deiche. Des Weiteren können die verschiedenen Daten von den Wasserstandsmessern in (und nahe bei) Florenz ausgewertet werden: Für den Zeitraum von 1844 bis 1941 sind die Pegelstände von Lungarno Acciaioli (Stadtabschnitt zwischen Ponte Vecchio und Ponte S. Trinità) und den Uffizien bekannt, von Nave di Rosano (Station von Florenz flussaufwärts) für den Zeitraum von 1921 bis in die Gegenwart. Aus dieser Serie historischer Daten ergibt sich, dass im Untersuchungszeitraum 61 Hochwasser die Abflussmenge von 1.500 m³/s überschritten haben (siehe Tabelle in Abb. 2).

Das Verfahren einer statistischen Analyse wurde erstmals von Ferdinando Morozzi (1786) genutzt. Er teilte die Hochwasser nach den verursachten Schäden in die beiden Kategorien ›groß‹ und ›außerordentlich‹ ein. In seiner Nachfolge arbeitete Giuseppe Aiazzi diesen Ansatz aus.[6] Im 20. Jahrhundert waren es vor allem Ignazio Becchi und Dino Giuli, die an diese Vorläufer anknüpften und die historischen Statistiken hinsichtlich der Zeitspanne zwischen zwei aufeinanderfolgenden Hochwasserereignissen analysierten (Wiederkehrperiode).[7] Bei der eingangs genannten Studie lag der Fokus auf den überdurchschnittlichen Werten. Im Falle des Hochwassers von 1966 maß der Höchstwert 4.200 m³/s, eine Abflussmenge, die zuletzt vor 230 Jahren gemessen worden war.

Über die Jahrhunderte hinweg ist die Arnolandschaft fortwährend den menschlichen Bedürfnissen angepasst worden. Dadurch büßte der Fluss jedoch sein natürliches Vermögen ein, im Falle von Hochwassern die Flussströmung selbst abzubremsen. Dies lag vor allem daran, dass man auch jenes Ufergelände bebaute, das regelmäßig überflutet wurde und das als natürliche und temporeduzierende Pufferzone hätte dienen können. Die Verstädterung brachte sowohl einen Anstieg der Hochwasserspitzen (also des Scheitelpunktes eines Hochwassers mit dem höchsten Wasserstand und der höchsten Abflussmenge) respektive der hydraulischen Risiken als auch eine Zunahme der Folgeschäden mit sich. Zur Reduzierung des Gefahrenpotenzials muss folglich in zweifacher Hinsicht vorgegangen werden: Die so genannten strukturellen Maßnahmen betreffen das hydraulische Flusssystem und sollen die Eintrittswahrscheinlichkeit eines Hochwassers senken. Die so genannten nicht-strukturellen Maßnahmen werden im Sinne einer allgemeinen Schadensbegrenzung verstanden.

Im Rahmen der hydrographischen Vermessungsarbeiten wurden die hydraulischen Schwachstellen sowie die Kapazitäten für eine Drosselung der Fließgeschwindigkeit identifiziert. Bei der Gegenüberstellung mit der gegenwärtigen Situation wurden zwei historische Hochwasser als Bezugspunkte herangezogen: Typ 1 bildete das Hochwasserereignis von 1966, Typ 2 das Hochwasser des Jahres 1992. Ersteres weist eine Wiederkehrperiode von 200 Jahren auf, letzteres eine von 30 Jahren. Nach diesen Berechnungen entwickelte man Maßnahmen, die der Vermessungsplan auf Abb. 3 vorstellt: ausgewiesene Flächen am Flusslauf, die im Fall von Überschwemmungen Wasser aufzunehmen im Stande sind (Hochwasserrückhaltebecken). Wenn Ereignistyp 1 eintritt, verringerten diese Maßnahmen die Abflussmenge von 4.200 m³/s auf 3.200 m³/s,

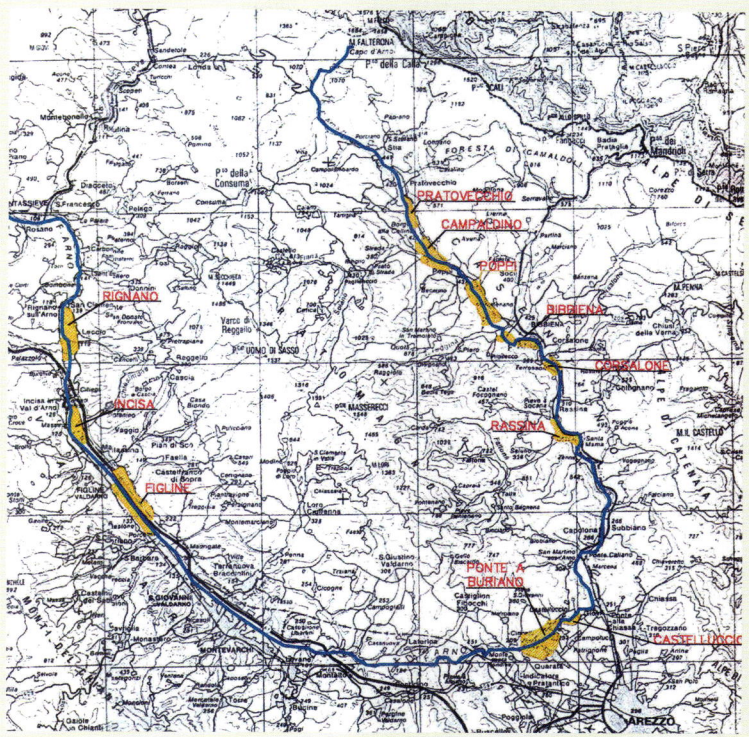

3 Hochwasserrückhaltebecken am Flusslauf des Arno

sodass die eigentlich zu erwartenden Überschwemmungen ausbleiben.

In Zukunft wird es erforderlich sein, einige Aspekte noch eingehender zu analysieren, wie etwa den Effizienzgrad und die Wirksamkeit der Maßnahmen (beispielsweise des hydraulischen Retentionssystems). Die einzelnen Maßnahmen wären nach ihrer Priorität einzustufen, nachdem verschiedene Szenarien durchgespielt worden sind. Außerdem dürfen die Effekte der vorgesehenen Eingriffe auf die feststoffliche Flussfracht und auf die Dynamik im Flussbett sowie generell die Umweltverträglichkeit nicht aus dem Blickfeld geraten. Und last but not least sind eine stetige Reflexion über geeignete Kontrollinstanzen, ein Monitoring und die Instandhaltung der flussbaulichen Infrastruktur vonnöten.

Anmerkungen

1 Autorità di Bacino del Fiume Arno 1999.

2 Losacco 1967.

3 Natoni 1944.

4 Morozzi 1786.

5 Giorgini 1854.

6 Morozzi 1786; Aiazzi 1845.

7 Becchi – Giuli 1986.

Gemeinsam statt einsam?

Krisenrituale und die Bewältigung von Katastrophen

GERRIT JASPER SCHENK UND JACOB BIRKEN

Was sind Krisenrituale?

GERRIT JASPER SCHENK

Was tun gegen die Übermacht der Elemente, wenn nichts mehr zu helfen scheint, ein Gefühl des Ausgeliefertseins alle Kräfte lähmt? Wenn die Erklärungen für das, was geschehen ist oder gerade geschieht, nicht dabei helfen, die Auswirkungen des Ereignisses praktisch zu bewältigen?

Individuen und menschliche Gemeinschaften, sogar ganze Gesellschaften haben unterschiedlichste Weisen des Umgangs mit Katastrophen entwickelt. Sie hingen damit zusammen, wie die Katastrophe wahrgenommen und gedeutet wurde: Wer eine Sturmflut als Zorn oder Mahnung Gottes deutet, reagiert anders als jemand, der als Ursache Wetterzauberei, eine bestimmte Wetterlage oder Klimawandel annimmt. Die Reaktionen von Individuen wie Gruppen sind in Raum und Zeit keineswegs immer gleich. Dennoch gibt es eine Bandbreite von typischen Mustern, mit denen kollektiv auf Katastrophen reagiert wird. In aller Regel sollen diese Handlungen dabei helfen, die katastrophale Erfahrung zu verhindern, zu vermindern oder zu bewältigen, manchmal auch an gemeinsam erfolgreich überstandene Gefahren und Katastrophen erinnern, oder sie stellen eine Mischung aus allen diesen Funktionen dar.

In der Forschung werden diese Handlungen oft unter dem Begriff des ›Krisenrituals‹ zusammengefasst, weil sie eine Krisensituation begleiten und in der Regel moderieren.[1] Tatsächlich verschwimmen schon in der Deutung der Zeitgenossen die Grenzen zwischen einer ›Katastrophe‹, die meist als unvorhersehbar, plötzlich hereinbrechend und zerstörerisch wahrgenommen wird, und einer ›Krise‹, die als langsamer und nicht zwingend fatal endender Prozess verstanden werden kann.[2] Eine Wahrnehmung und Deutung von Ereignissen als ›Krise‹ eröffnet Handlungsoptionen zur Abwendung eines negativen Ausgangs. Krisenrituale machen selbst zerstörerischste Katastrophen zu einem punktuellen Ereignis in einem Verlauf, der auch noch schlimmer hätte enden können. Diese Verzeitlichung ordnet das Ereignis in ein Weltbild ein und deutet es neu in einer performativen Weise, die Rückwirkungen auf die Handelnden hat, weil sie die Gewalt und Bedeutung der Katastrophe relativiert und Abstand zum Geschehen herstellt. Gegen Angst- und Ohnmachtsgefühle findet eine Selbstermächtigung des Opfers statt, vom passiv Erduldenden zum kompetent Gestaltenden.[3] Krisenrituale stellen eine Art der Kontingenzbewältigung dar, indem sie zum Beispiel ein natürliches (und unbeeinflussbares) Ereignis wie ein Erdbeben als Folge menschlichen Fehlverhaltens (zum Beispiel gegenüber einer numinosen Macht) deuten und damit den Weg einer kulturellen Bearbeitung (zum Beispiel durch ein Bußritual) eröffnen. Krisenrituale können sogar prospektiv sein und sich gegen vermutete, drohende oder eingebildete Ereignisse und Entwicklungen richten. Das ›richtige‹ Verständnis von Vorzeichen von Katastrophen stellt insofern auch eine Art der Prävention dar, die zu apotropäischen Ritualen führen kann.[4] Es kann Experten zur korrekten Deutung von Vorzeichen und Durchführung geeigneter Rituale geben – die Geschichte des Alten Orients kennt zahllose Beispiele, die über die Bibel als Erinnerungsfiguren bis weit in die Moderne hinein wirken.[5] Die kulturelle Sinngebung und Bearbeitung von Katastrophen mit Krisenritualen erfolgt in den Kulturen und Epochen formal sehr unterschiedlich und reicht idealtypisch von apotropäischen Ritualen über Eliminations- und Substitutions-, Sühne- und Evokations- bis hin zu Trauer-, Fasten- und Erinnerungsritualen.[6] Entsprechend vielfältig sind ihre Funktionen und Wirkungen.

Krisenrituale können selbst dann, wenn sie vordergründig nicht zur praktischen Bewältigung der Katastrophe beizutragen scheinen, dennoch wichtige Effekte haben: Sie können zum Beispiel integrativ wirken und dadurch die Gruppenidentität und -solidarität stärken. Sie können durch Wiederholungen Ereignisse ins kollektive Gedächtnis überführen, die Erinnerung an Katastrophen wachhalten und dadurch einen Beitrag zur Risikovermeidung und Prävention leisten. Sie können aber auch disziplinieren, kontrollieren, emotionalisieren und zur Ausgrenzung und sogar aggressiven Verfolgung

o Standarte des *Herrn der Wunder*, Lima 2014

von ›Sündenböcken‹ (als Schuldigen) führen.[7] Da Krisenrituale eine kognitive Verarbeitung des katastrophalen Geschehens voraussetzen, erweisen sie sich als ebenso vielfältig wie die zugrunde liegenden und manchmal widersprüchlichen Deutungsmuster. Entgegen der Auffassung, dass sich im Umgang mit unerklärlichen Phänomenen ein linearer Fortschritt von ›magischen‹ über ›religiöse‹ bis zu ›wissenschaftlichen‹ Erklärungen zeige, lässt sich bei genauem Hinsehen keine einfache Fortschrittsgeschichte schreiben: Bei der Bewältigung von Katastrophen durch Krisenrituale verschwimmen nicht selten die Grenzen zwischen ›magischen‹, ›religiösen‹ und ›wissenschaftlichen‹ Praktiken.[8]

Ein beliebtes Krisenritual: Prozessionen

GERRIT JASPER SCHENK

Im vormodernen Europa wurde auf Katastrophen mit einer Vielfalt von individuellen und kollektiven Krisenritualen reagiert. Wer in höchster Not war, rief zum Beispiel eine Heilige oder einen Heiligen an und gelobte, bei Errettung aus der Gefahr eine Votivgabe zu machen oder eine Pilgerreise zu unternehmen.[9] Ein probates Mittel der kollektiven Krisenbewältigung waren bereits seit der Spätantike Prozessionen. Als liturgisch gebundene, kollektive Form einer geordneten Bewegung im Raum hatten sie unterschiedliche Ausprägungen und Funktionen: Sie konnten Buße ausdrücken, Heilige um Fürsprache bei Gott bitten, in der Form eines Umschreitens von zum Beispiel Feldern mit dem Sakrament und unter dem Sprechen eines Segens für gutes Wetter apotropäisch eingesetzt werden – eine Praxis, die im Spätmittelalter aber auch kritisiert wurde.[10] Ganze Kommunen stellten sich unter den Schutz von Heiligen: Als im Sommer 1467 in Siena die Erde bebte, bat die Stadt in einer Prozession die Muttergottes um Schutz; ein wenig später von Francesco di Giorgio Martini gemaltes Bild zeigt die Stadt unversehrt unter dem schützenden Mantel Mariens (sogenannte Schutzmantelmadonna) mit der erklärenden Beischrift »Zur Zeit der Erdbeben« (Abb. 1).[11] Als der Vesuv Mitte Dezember 1631 ausbrach und nichts mehr die auf Neapel zukommende Katastrophe mit Aschewolken, Lava und Schlammlawinen aufzuhalten schien, ordnete der Erzbischof eine Bußprozession mit dem Haupt des Stadtheiligen San Gennaro und Ampullen seines Blutes an. Der Vulkanausbruch wurde als Zeichen des Zornes Gottes über die sündige Stadt gedeutet, den die Fürsprache des Heiligen besänftigen sollte.[12] Mit Erfolg, denn die Eruption endete. Glaube und vielleicht auch ein in Analogien denkendes Weltverständnis – das rote Blut des Heiligen stoppt die rote Lava des Vesuvs – hatte die Bevölkerung in großer Zahl an der Prozession teilnehmen lassen. Kupferstiche hielten in Vorher-Nachher-Bildern die Situation vor und nach dem schützenden Eingreifen des Heiligen fest, verbildlichen die Wirksamkeit des Krisenrituals und schrieben sie in die Erinnerung ein (Abb. 2).[13]

1 Francesco di Giorgio Martini (1439–1501), *Die Erdbeben-Madonna*, 1467. Biccherna-Tafel, Archivio di Stato Siena

In Florenz fanden seit 1354 bis ins 18. Jahrhundert hinein in Krisensituationen Prozessionen mit dem Bildnis der Madonna mit dem Kind aus der südlich gelegenen Ortschaft Impruneta statt.[14] Der Legende nach war dieses vom Apostel Lukas gemalt und im Frühmittelalter auf einem Feld aufgefunden worden; sein gegenwärtiger Zustand ist von einer Übermalung durch Ignazio Hugford im Jahre 1758 geprägt. Es galt den Florentinern als wundertätig, jedoch nur, wenn es aus Impruneta in einer feierlichen Prozession nach Florenz geholt, dort in einer Prozession von Stadtregierung, Klerus und Volk umhergeführt und verehrt wurde. Geholt wurde es zum Beispiel während Seuchen, um Frieden zu erbitten oder zu feiern, vor allem aber bei zu viel oder zu wenig Regen. Die Rekonstruktion der Prozessionsroute in der Stadt durch Richard Trexler zeigt einen Verlauf, der das alte, noch römerzeitliche Straßennetz um den Kern

2 Nicolas Perrey, *Der Vesuv vor und nach dem Ausbruch von 1631 mit dem Heiligen Januarius als Stadtpatron Neapels* Kupferstich in: Giovanni Battista Mascolo, De Incendio Vesuvii, 1633. Bayerische Staatsbibliothek München

der Stadt nutzte und damit in einer *circumambulatio* (Umkreisung) die Stadt und ihre Bewohner als gottgefällig geordnetes Gemeinwesen zeichenhaft unter den Schutz der heiligen Fürsprecherin stellte.[15] Doch das hieß keineswegs, dass sich die Stadtregierung nur auf dieses letzte Mittel verließ. Als im Oktober 1496 der Regen nicht enden wollte und Überschwemmungen drohten, wurde der Wunsch nach einer Prozession im Florentiner Stadtrat kritisch diskutiert, »weil es nicht ausreicht, Zuflucht bei Gott zu suchen, wenn wir noch nicht mal zusammenfinden, uns selbst zu helfen«, wie ein Rat formulierte.[16]

Prozessionen zur Abwehr drohender Gefahr konnten neben zirkulären Routen auch (seltener) andere räumliche Muster zeigen, etwa verbindende Linien zwischen wichtigen Kirchen.[17] In Frankfurt wurde nach der verheerenden Jahrtausendflut am Tag der

heiligen Maria Magdalena, dem 22. Juli 1342, eine bis in die Reformationszeit (1527) jährlich wiederholte Prozessionstradition begründet: Klerus und Bürgerschaft zogen an diesem Tag mit dem Sakrament unter einem Baldachin von der Hauptkirche St. Bartholomäus auf einer den alten Stadtkern (Kaiserpfalz) umkreisenden Route wieder zu St. Bartholomäus zurück.[18] Ursprünglich eine Bußprozession, die Gott um Vergebung für Sünden und Interzession gegen die als Sündenstrafe interpretierte Flut bat, wurde sie im Lauf der Zeit zu einer Art Gedenkprozession, die mit den Worten Gabriela Signoris zusehends »dem Frankfurter Patriziat die Möglichkeit bot, sich selbst in Szene zu setzen«.[19]

Dieser Wandel von einer Bußprozession über eine Gedenkprozession zu einem Mittel der Darstellung und Herstellung von Herrschaft war keine Ausnahme. In Straßburg fand von 1358 bis etwa 1521 regelmäßig am Lukastag (18. Oktober) die so genannte Luxprozession in Erinnerung an ein Erdbeben statt, das 1357 Straßburg erschütterte.[20] Es hatte zwar außer ein paar Kaminen nicht viel zerstört, war vom Rat der Stadt aber mit Blick auf Basel, das am Lukastag 1356 durch ein Erdbeben komplett zerstört worden war, als sehr bedrohliche Mahnung Gottes verstanden worden. Speziell die Stadträte sollten barfuß, mit Kreuzen und Kerzen in der Hand und in schlichten Kleidern dem Sakrament folgen, die Kerzen der Muttergottes als der Schutzpatronin Straßburgs im Dom als Opfer darbringen, die Kleider und eine großzügige Brotspende den Armen schenken. Doch im Lauf der Zeit wandelte sich dieses demonstrative Bußritual der Führungselite zu einer Gedenkprozession aller Bürger, die Einigkeit und gesellschaftliche Ordnung im Sinne der Führungsschicht darstellen sollte. Die Bevölkerung nahm zusehends ungern daran teil, wie zum Beispiel eine 1513 oder später gedruckte Aufforderung des Rates zur Teilnahme an der Prozession verrät, die wohl von den Kanzeln der Kirche verlesen, an Kirchentüren angeschlagen und durch Ausrufen bekannt gegeben wurde. Sie stammte aus der Feder des Stadtkanzlers und berühmten Humanisten Sebastian Brant (1457/58-1521). Doch in der Reformationszeit nahm die Teilnahme demonstrativ ab, da half 1521 auch ein Glücksspielverbot für den Prozessionstag nicht; nach diesem Datum scheint das gewandelte Krisenritual gar nicht mehr stattgefunden zu haben.

In Bewegung. Wie Krisenrituale Epochen überdauern und Regionen durchqueren[21]

JACOB BIRKEN

Mitunter kann sich die kulturelle Verarbeitung einer Katastrophe von ihrem Ursprung lösen – falls Ritus und Ereignis nicht ohnehin erst nachträglich zu einer sinnstiftenden Legende verdichtet wurden. Der Kirchenvater Johannes von Damaskus schreibt so von der Entstehung des *Trisagion*, einer bis heute zentralen Hymne der orthodoxen Liturgie:

3 Seit 1650 findet in Cuzco alljährlich eine Prozession zu Ehren des *Herrn der Erdbeben* statt.

»Als das Volk in Konstantinopel wegen einer von Gott verhängten Bedrohung unter dem Erzbischof Proklos betete, da traf sich folgendes: Ein Knabe aus dem Volke geriet in Verzückung und lernte durch Belehrung der Engel das Dreimalheilig-Lied so: ›Heiliger Gott, heiliger Starker, heiliger Unsterblicher, erbarme dich unser.‹ Und als der Knabe wieder zu sich kam und das Gelernte verkündete, sang die ganze Menge das Lied, und so hörte die Bedrohung auf.«[22]

Wie auch Theophanes, der diese Legende in seiner *Chronographia* ausführlicher beschreibt, blickt Johannes von Damaskus aus dem Abstand mehrerer Jahrhunderte zurück ins Konstantinopel unter Proklos. In der Tat ist das *Trisagion* spätestens seit dem Konzil von Chalzedon 451 offiziell Teil der Liturgie; das Erdbeben, auf das sich die frühmittelalterlichen Autoren beziehen, wird auf den 25. September 437 datiert. Ungeachtet des Legendencharakters der Erzählung ist ein Zusammenhang zwischen religiöser Praxis und Naturkatastrophen im frühen Byzanz schwer von der Hand zu weisen: Alleine für das 5. Jahrhundert sind über ein Dutzend Erdbeben in Konstantinopel verzeichnet, und noch im 11. Jahrhundert wird im *Menologion* Basileos' II., einer reich illustrierten liturgischen Handschrift, eine Prozession zum Gedenken an eines der Beben dieser Zeit dargestellt.[23] Kreuze, die bei solchen Prozessionen mitgeführt wurden, waren mitunter mit den Worten des mit Engelsstimme singenden Knaben beschriftet[24] – doch ein Zusammenhang zwischen der Entstehung der Hymne und der Katastrophe von 437 wird sich jenseits dieser Erzählung wohl nicht mehr rekonstruieren lassen. Das *Trisagion* indes lebt in seiner religiösen und kulturellen Funktion auch ohne Bezug auf die Erdbeben im alten Konstantinopel weiter – noch im 19. und 20. Jahrhundert beschäftigte es Musiker wie Pjotr Iljitsch Tschaikowski, Sergei Rachmaninow oder Krzysztof Penderecki.

Während die byzantinischen Erdbebenprozessionen im heutigen Istanbul keine Rolle mehr spielen, leben an anderen Orten ähnliche Rituale bis in unsere Gegenwart weiter. Dies bedeutet allerdings nicht, dass sie nicht ihrerseits Transformationen unterworfen wären, vielmehr entstehen sie oftmals nicht nur als Antwort auf ein unfassbares Ereignis, sondern auch in einem Moment

4 Unbekannter Künstler, *Cuzco während des Erdbebens 1650 mit Stifter Alonso Cortés de Monroy*, 17. Jahrhundert Kathedrale von Cuzco, Peru

kulturellen Wandels. Wie die Metropole am Goldenen Horn sind auch die großen Städte Perus durch Erdbeben gefährdet. Hier ist es der so genannte Pazifische Feuerring, der regelmäßig zu Erschütterungen oder gar Vulkanausbrüchen führt. Die spanischen Kolonisten, die Peru in der frühen Neuzeit besetzten, führten mit dem Katholizismus auch die Rituale ein, mit denen die Menschen Europas auf Krisen reagierten. Ein Augenzeuge berichtet von mindestens sieben Prozessionen, die 1655 in den Tagen nach einem verheerenden Erdbeben in Lima stattfanden, und an denen sich nicht nur die

weltlichen und kirchlichen Eliten der Stadt beteiligten, sondern ebenso die Indios und die aus Afrika hierher verschleppten Sklaven. Franziskanermönche und andere ›Büßer‹ gingen barfuß und bedeckten ihre Körper mit Asche, die Heiligenbilder wurden aus den Kirchen der Stadt geholt und inmitten der Menge durch die Straßen getragen.[25]

Die Prozessionen waren jedoch nicht nur ein ›Export‹ einer europäischen Tradition. Die vorkolonialen Kulturen der Anden waren selbstverständlich durch Erdbebenerfahrungen geprägt, und ihre eigenen religiösen Vorstellungen und Praktiken flossen – sofern sich dies mit Blick auf die gewaltsame Kolonisierung so charakterisieren lässt – gleichsam harmonisch in die Krisenrituale des Katholizismus ein. Zuvor war es der Gott Pachacamac gewesen, mit dessen heftigem Zorn sich die Menschen in der Region bereits vor den Inkas die regelmäßigen Erdbeben erklärten. Als die Spanier die Ländereien und auch die heilige Stätte Pachacamacs besetzten, griffen vor allem die afrikanischen Sklaven die Verehrung des Gottes auf. Im Laufe der Jahre blieb die Funktion des heiligen Ortes erhalten, doch Titel und Formen gingen mit der Zeit – bald war es ein durch einen Sklaven gemaltes Christusbild, das im nunmehr auch namentlich ans Spanische angepassten ›Pachacamilla‹ vor allen von den Armen der Gegend verehrt wurde.[26] 1655 war der Kult zwar nahezu in Vergessenheit geraten, doch als das Erdbeben in der gesamten Stadt Gebäude und auch die Kapelle in Pachacamilla zum Einsturz brachte, war es gerade die Wand mit dem Christusbild, die inmitten der Trümmer stehenblieb – ein ›Wunder‹, das in der schwierigen Zeit nach dem Erdbeben den Kult erneut und verstärkt entfachte. Die Mächtigen der Stadt versuchten zuerst, die ihnen gesellschaftspolitisch kaum genehme Verehrung des *Cristo Morado*, des ›Purpurnen Christus‹, zu unterbinden, doch spätestens im 18. Jahrhundert hatte der Glaube an das Wunderbild die gesamte Stadt erfasst. Bei einem erneuten Erdbeben am 20. Oktober 1687 wurde eine Kopie des Gemäldes durch die Stadt getragen, und heute ist die jährliche Prozession um den *Señor de los Milagros,* den ›Herren der Wunder‹, der Mittelpunkt eines religiösen Volksfestes, bei dem in Purpur gekleidete Menschenmengen das Bild durch den historischen Stadtkern tragen. Wie die Christusverehrung durch die Spanier in die Anden gebracht wurde, bringen nun peruanische Auswanderer den *Señor de los Milagros* bis in die USA. Auch im keineswegs erdbebengefährdeten Miami wird seit Jahren im Oktober eine Prozession mit einer Kopie des Wunderbilds aus Pachacamilla abgehalten.[27]

Fünf Jahre vor dem Erdbeben in Lima, am 31. März 1650, hatte ein anderes Beben die inmitten der Anden liegende Stadt Cuzco getroffen. Wie in Lima finden in Cuzco alljährlich Prozessionen um eine wundertätige Christusfigur statt, um den *Señor de los Temblores,* den ›Herren der Beben‹, oder, in der Andensprache Quechua, *Taytacha Temblores* (Abb. 3). Hier ist es eine Skulptur aus dem 16. Jahrhundert, die der Legende nach die Erde besänftigte, nachdem sie von Einheimischen aus der Kirche entfernt und auf dem zentralen Platz aufgestellt worden war.[28] Ein einige Jahre nach dem Beben durch Don Alonso de Monroy y Cortes beauftragtes Gemälde zeigt eindrucksvoll das Geschehen: Inmitten der von der Katastrophe heimgesuchten Stadt, in der kaum ein Haus von den Erschütterungen verschont scheint und Menschen ihre Toten betrauern oder panisch Zuflucht suchen, hat sich eine Gruppe um den Gekreuzigten versammelt. Ganz im Stile europäischer Gemälde aus der gleichen Zeit ist am unteren Bildrand der Stifter zu sehen, während oberhalb des Geschehens in himmlischen Gefilden über das Schicksal der Stadt entschieden wird (Abb. 4). Dennoch ist es auch in diesem Fall kein reiner ›Import‹ aus dem spanischen Katholizismus, wenn bis heute der *Señor de los Temblores* alljährlich durch die Stadt getragen wird. Im Gegensatz zum Purpur des *Señor de los Milagros* ist die Farbe der Prozession in Cuzco rot – das Rot der in der Region als Ñucchu bekannten Blume, mit der die Skulptur reich geschmückt wird. In christlicher Symbolik ist es das Blut Christi, auf das die Girlanden aus roten Blüten anspielen. Doch die Blüten selbst konnten die katholischen Einwanderer kaum kennen: Die Salbeisorte Ñucchu (*Salvia Oppositiflora*) wächst ausschließlich in den Höhen der Anden und hatte bereits weit vor der spanischen Herrschaft rituelle Bedeutung.[29] Das Ritual des ›Herrn der Erdbeben‹ hat viele Jahrhunderte gesellschaftlichen und politischen Wandels und, wie beispielsweise 1950, erneute Naturkatastrophen überstanden. Es bleibt so der alljährlich erneuerte Ausdruck einer heterogenen städtischen Gesellschaft, die sich gemeinsam einer Bedrohung entgegenstellt – oder dankbar ihr Ausbleiben feiert.

5 Labuhan Zeremonie am Vulkan Merapi auf Java in Indonesien, 1995. Als Gegenleistung für den Schutz der Geister werden einmal jährlich besondere Opferga-ben dargebracht.

Anmerkungen

1 Von Trexler 1972 und 1980 bis zu Dietrich 2012; kritisch Labbé 2011, S. 178–179. Zur Klassifizierung von Ritualen Snoek 2013, S. 59–60, zur ritualtheoretischen Grundlage prominent Turner 1989.

2 Schenk 2013, S. 179, 189, 192, 198–199.

3 Auf der individuellen ebenso wie auf der kollektiven Ebene, s. Schwarzer 2000, S. 14–19; Angel 1996, S. 398–403.

4 Vgl. zur Mantik z. B. Gentz 2004, S. 317, 322–329 und die Beiträge in Sturlese 2011.

5 Vgl. entsprechende Beiträge in Berlejung 2012; Erinnerungsfigur: Assmann, J. 1992, S. 37–42.

6 Dietrich 2012, S. 108.

7 Angel 1996, S. 582–603; Behringer 2005, S. 452–453.

8 Schenk 2010a, S. 71–75; allgemein Elwert 2004.

9 Delumeau 1989, S. 179–219, 261–289; Wrede 1927, S. 908; Schenk 2008, S. 26 mit Anm. 41; Holmes 2009; Beitrag von Eva-Maria Günther, Eine(r) hilft immer, in diesem Band.

10 Franz 1909, S. 105–123; allgemein Hanska 2002.

11 Nevola 2014.

12 Richter 2007, S. 52–59; zum Wunderzeichenglaube s. den Beitrag von Gerrit Jasper Schenk, Wunder – Zeichen – Glaube, in diesem Band.

13 Juneja – Schenk 2014, S. 31–35.

14 Casotti 1714; Trexler 1972; Trexler 1980, S. 354–361; Bianchini 2002, S. 77.

15 Trexler 1980, Karte hintere Umschlagseite; anders Ratté 2006, S. 188–192 mit Figur 155.

16 Fachard 2002, S. 327: »perchè el ricorre a Dio non basta se non vi concorre l'aiuto di sé medesimo«.

17 Löther 1999, S. 250.

18 Gedeon 2005, Karte S. 5; Bauch 2014.

19 Signori 2008, S. 114.

20 Heusinger 2007, S. 146; Schenk 2010b, S. 514–517.

21 Für die zahlreichen Informationen und Recherchen vor Ort zu Krisenritualen in Peru möchten wir an dieser Stelle PD Dr. Claudia Brosseder (Heidelberg) unseren Dank aussprechen.

22 Johannes von Damaskus 1923 (leicht modernisiert).

23 Downey 1955, S. 597; Cotsonis 1994, S. 21.

24 Downey 1954, S. 278.

25 Donahue-Wallace 2008, S. 118–119.

26 Rostworowski 1998, S. 349–350.

27 Rostworowski 1998, S. 351–353.

28 Stanfield-Mazzi 2013, S. 95.

29 Stanfield-Mazzi 2013, S. 113.

Eine(r) hilft immer – die 14 Nothelfer

EVA-MARIA GÜNTHER

Sie helfen einzeln oder gemeinsam in (fast) allen Lebenslagen: In der Runde der so genannten Nothelfer hat die katholische Glaubenspraxis seit dem Mittelalter 14 Heilige versammelt, die in leidvollen Situationen oder bei Krankheiten um Beistand gebeten werden.

Die Nothelfer sind vom Volk in Not und Bedrängnis vertrauensvoll angerufene Heilige, die überwiegend im 2. bis 4. Jahrhundert n. Chr. lebten. Von jeher wurden bestimmte Heilige mit besonderer Vorliebe vom gläubigen Volk verehrt. Diese Verehrung hat ihren Ursprung bereits in der Bibel (Apg 7,54–60; Offb 6,9–11; 7,9–17) und ist schon für die erste Hälfte des 2. Jahrhunderts nachgewiesen. Seit dem frühen Christentum ist sie Teil des kirchlichen Lebens. Den Gläubigen sind die Heiligen ein Vorbild, und sie vertrauen auf ihre Fürsprache vor Gott. Auch die Heiligen der Nothelfergruppe standen schon lange einzeln in hoher Gunst. Ihre Verehrung und Anrufung als Gruppe ist im Abendland zwar schon im 9. Jahrhundert bekannt, lässt sich aber vor allem ab dem 14. Jahrhundert nachweisen, was auch durch die zahlreichen, damals entstandenen Werke in der darstellenden Kunst bzw. durch Kirchen- und Kapellenbau belegt wird (zum Beispiel 1248 urkundliche Erwähnung eines Nothelferaltars in der Frauenkirche von Krems, 1331 Wandmalerei in der Dominikanerkirche in Regensburg, 1365 Glasfenster im Dom zu Regensburg, 1426 Stiftung einer Frühmesse am Nothelferaltar in der Vitus-Kirche in Wunsiedel, 1490 Nothelfertafel, heute im Kunsthistorischen Museum Wien). Zur Verbreitung der Verehrung und der Darstellung der Heiligen trug vor allem eine zweifache Erscheinung 1445/46 bei, als der Klosterschäfer Hermann Leicht von Frankenthal aufgefordert wurde, den heiligen Nothelfern an seinem Weideplatz eine Kapelle errichten zu lassen. Eine unmittelbar darauf erbaute Kapelle wurde 1525 im Bauernaufstand zerstört, der Neubau von 1543 war der Vorläufer der berühmten Wallfahrtskirche Vierzehnheiligen, die Balthasar Neumann 1744 plante und errichten ließ. Die Kunde von den Erscheinungen der 14 Nothelfer und ihre Verehrung verbreiteten sich in der Mitte des 15. Jahrhunderts im gesamten süddeutschen Raum und angrenzenden Gebieten.

Die Verehrung der 14 Heiligen gilt als komplexes Zeugnis alter religiöser Glaubenspraxis. Gerade in Krisen wurde die Gruppe der 14 Nothelfer immer wieder als Fürbitter und Helfer angerufen. Vor allem in ihrer Furcht vor einem jähen Tod ohne Beichte und Empfang der Sterbesakramente, der das ewige Leben gefährdete, hatte sich die Bevölkerung unter ihren besonderen Schutz gestellt. Anlass dazu boten die schrecklichen Notzeiten des 14. und 15. Jahrhunderts, die von Katastrophen, Kriegen und vor allem durch Pestseuchen geprägt waren. Gefördert durch die sozialen Nöte entstand die Auswahl der 14 Heiligen, wobei die Wahl gerade dieser Zahl und die Auswahl der Einzelpersonen noch ungeklärt ist. Die volkstümliche Erklärung besagt, dass es jene Heiligen sind, die Gott vor ihrem Märtyrertod gebeten haben sollen, demjenigen Hilfe zu gewähren, der ihn in ihrem Namen darum bittet. Jeder war und ist für bestimmte Nöte zuständig, für die man ihn – oder sie! – in Anspruch nehmen kann. Eine(r) hilft immer ...

Die Nothelferverehrung steht für die Bandbreite erlebter menschlicher Nöte. Dieser Zugang wurde zu manchen Zeiten sehr ausdifferenziert, indem man den Nothelfern eine Vielzahl von Schutzfunktionen bei ganz bestimmten Krankheiten, Seuchen und Naturkatastrophen zuschrieb. Bei den meisten dieser Heiligen ist die biographische Quellenlage sehr dürftig, die mit ihnen verbundenen Legenden dafür umso vielseitiger. Die Hinweise auf die ›Zuständigkeit‹ für bestimmte Anliegen lassen sich meist aus den Legenden/Episoden um die einzelnen Persönlichkeiten erklären. Zudem kann jeder dieser 14 Heiligen problemlos erkannt werden, da sich im Laufe der Zeit eine Reihe von Attributen entwickelte, die jeden Nothelfer eindeutig charakterisiert. Zu den Nothelfern zählen die Märtyrer Achatius (mit Dornenzweig, angerufen gegen Todesangst und Zweifel), Barbara (mit Kelch und Hostie, Patronin der Sterbenden, auch angerufen gegen Blitzschlag und Feuer) (Abb. 1), Blasius (mit Kerzen, angerufen gegen Halsleiden), Christophorus (trägt das Christuskind, angerufen gegen den unvorbereiteten Tod, aber auch gegen Flut und Wasserschaden), Cyriacus (mit Teufel und geheilter Tochter des Diokletian, angerufen gegen Anfechtung

0 Gnadenaltar mit Skulpturen der 14 Nothelfer in der Wallfahrtsbasilika Vierzehnheiligen von Bad Staffelstein, um 1760

in der Todesstunde), Dionysius (mit seinem Haupt in den Händen, angerufen gegen Kopfschmerzen), Erasmus (mit dem Märtyrerzeichen der Winde, angerufen gegen Leibschmerzen), Eustachius (mit Kruzifix mit Hirschgeweih, angerufen in allen schwierigen Lebenslagen), Georg (Ritter mit Drachen, angerufen gegen Seuchen), Katharina (angerufen gegen Leiden der Zunge und schwere Sprache), Margaretha (mit dem Drachen, Patronin der Gebärenden), Pantaleon (mit Salbfläschchen, Patron der Ärzte), Vitus (heilte den Sohn des Diokletian, angerufen gegen Epilepsie) und als einziger Nicht-Märtyrer Ägidius (als Abt aus der Wildnis berufen, angerufen zur Ablegung einer guten Beichte). Durch Ersetzen oder Hinzufügen (zum Beispiel Magnus, Leonhard, Oswald, Rochus, Nikolaus, Wolfgang und andere) können lokale Abweichungen in der Gruppe der 14 entstehen. Als Nothelfer bezeichnet und diesen eingereiht sind gelegentlich auch die vier Marschälle Antonius Eremita, Hubertus, Cornelius und Quirin.

Nicht nur von einzelnen Gläubigen, sondern auch in vielen Pfarreien wird die Nothelferverehrung bis heute gepflegt. Oft ist diese mit christlichem Brauchtum verbunden, etwa mit Feld-/Flur- und Wettersegen oder Hagel-, Brand- und Schauerprozessionen. Beim Blick auf die Nachrichten zeigt sich, dass auch in der heutigen Zeit das Gebet um Schutz vor Naturkatastrophen aktuell bleibt: Sturm, Hagel, Wolkenbrüche und Naturgewalten wie Vulkanausbrüche und Erdbeben kann die Menschheit heute noch genauso wenig beeinflussen wie vor hunderten von Jahren. Innerhalb von Bittprozessionen werden mancherorts Figuren der Patronatsheiligen, zum Beispiel des heiligen Nothelfers Georg, mitgeführt und um Beistand gebeten. Beim Flursegen segnet der Pfarrer die Felder und Wiesen und bittet Gott, er möge die Früchte der Erde erhalten und segnen und die Menschen vor Unwetter und Katastrophen verschonen.

Um einzelne Nothelfer entwickelte sich viel frommer Glaube. Der heilige Vitus (Veit) beispielsweise, dessen Gedenktag, der 15. Juni, um die Sonnenwende liegt, gilt als Fürsprecher bei Unwetter, Blitz und Feuersgefahr, Erdbeben und sorgt für die Haustiere, ebenso für eine gute Saat und eine gute Ernte. Dies drückt sich auch in zahlreichen Bauernregeln aus: »Nach St. Veit wendet sich die Zeit.« – »Regnet's an St. Veit, Gerste nicht leid's.« – »Hat der Wein abgeblüht auf St. Vit, bringt er ein schönes Weinjahr mit«. Der heilige Ägidius gilt insbesondere als Beschützer vor Feuersbrünsten und Naturkatastrophen, Pest und Aussatz, um nur einige zu nennen.

Die meisten Theologen sind sich einig, dass diese Art himmlischer Interessenvertretung dem heutigen Verständnis der 14 Heiligen nicht mehr entspricht: Nicht die angebliche Wundertätigkeit, sondern ihr Vorbildcharakter steht heute im Zentrum ihrer Verehrung. Früher allerdings wurden menschliche Ohnmachtsgefühle angesichts von Schicksalsschlägen, Wetterunbilden und Katastrophen durch Anrufung der Nothelfer bekämpft.

Literatur:

Lexikon Christlicher Ikonographie, Stichwort Nothelfer; Kirschbaum 1971

1 Johann Michael Feichtmayr d. J. (1709–1772) und Franz Xaver Feuchtmayer d. Ä. (1698–1763), *Heilige Barbara*, eine Skulptur am Gnadenaltar der Basilika Vierzehnheiligen von Bad Staffelstein, um 1760

Der Buddha Amitâbha – ein japanischer Nothelfer?

CHRISTIAN NUMRICH

Japan – ein von Kriegen und Naturkatastrophen geprägtes und geprüftes Land. Die Vorstellung von der Unbeständigkeit allen Lebens (jap.: *mujô*), vom Leid, das aller Existenz als ›bedingungslos‹ anhaftet, findet sich in allen von der buddhistischen Lehre geprägten Gesellschaften wieder. So findet sich im *Samyutta Nikâya 56.11* die Darlegung des historischen Buddha zur Wahrheit des Leidens, welche die Grundlage des gesamten buddhistischen Kanons darstellt:

> *»Dies nun, ihr Mönche, ist die edle Wahrheit vom Leiden: Geburt ist Leiden, Alter ist Leiden, Krankheit ist Leiden, Sterben ist Leiden, Kummer, Jammer, Schmerz, Trübsinn und Verzweiflung sind Leiden; vereint sein mit Unliebem ist Leiden, getrennt sein von Lieben ist Leiden; was man verlangt, nicht erlangen, ist Leiden. Kurz gesagt: die fünf Faktoren des Ergreifens sind Leiden.«*

Starke Plattentektonik mit vulkanischer Aktivität, beengter Lebensraum und daraus resultierende Territorialkonflikte prägten über Jahrtausende die Kultur Japans und brachten ein besonderes Verhältnis der Japaner zum Tod hervor: Der Eintritt ins Leben sowie die ersten Lebensjahre sind den indigenen Shintô-Gottheiten gewidmet, der Tod und damit die Hoffnung auf eine gute Wiedergeburt sind traditionell jedoch an das buddhistische Pantheon gebunden. Dass der Tod unerwartet und rasch erfolgt und alles Leben somit flüchtig ist, sei stellvertretend an einer der berühmtesten Sentenzen der japanischen Literatur dargelegt, die ein jedes japanisches Schulkind auswendig lernen muss:

> *»Ohne Unterlass ist das Strömen eines Flusses, und doch ist sein Wasser nie das gleiche. Schaumblasen tanzen auf dem stehenden Gewässer, vergehen dabei und entstehen erneut – und doch gibt es keine, die von Bestand sind. So ist es in dieser Welt gleichsam mit den Menschen und ihren Wohnstätten.«*

Als Kamo no Chômei Anfang des 13. Jahrhunderts diese Worte als Einleitung zu seinem wichtigsten Werk, den *Aufzeichnungen aus meiner Klause (Hôjôki)* schrieb, war die ihm bekannte Welt aus den Fugen geraten: Die Hauptstadt war durch einen blutigen Bürgerkrieg verwüstet, Erdbeben hatten das Land erschüttert, der Adel hatte seine Macht verloren und eine neue Schicht, die später als ›Samurai‹ in die Geschichtsschreibung eingehen sollte, erkämpfte sich den Weg nach oben. Es war die Zeit des *mappô*, des Niedergangs der Lehre Buddhas – die Endzeit. In dieser Zeit löste sich ein Buddha-Aspekt aus dem komplexen Pantheon des japanischen Buddhismus heraus und spendete als Nothelfer den Menschen Trost im Angesicht des allgegenwärtigen Todes: Der Buddha Amitâbha (jap. *Amida nyorai*), bereits in China und Japan assoziiert mit dem Überführen Verstorbener in ein goldenes Paradies, wurde durch den Mönch Hônen und später den Mönch Shinran dem einfachen Volk näher gebracht. Der Ausruf »Gelobt seist du, Buddha Amitâbha« versprach auch den ungebildeten einfachen Menschen eine Wiederkunft im Paradies des Westens (skr. *sukhâvatî*, jap. *jôdo* oder *gokuraku*), in dem der Buddha mit seinem Gefolge in einem goldenen Palast saß und auf einen Lotosteich blickte. Gemäß der Reinheit des Geistes des Verstorbenen und der Aufrichtigkeit seines Wunsches sollte dieser in einer geschlossenen, halb geöffneten oder voll geöffneten Lotosblüte dieses Teiches wiedergeboren werden und dort für Äonen in Frieden verweilen dürfen, bevor er in die Welt zurückkehren würde. Buddha Amitâbha entwickelte sich mit den Jahrhunderten zur zentralen Figur in den Totenritualen und wird auch heute noch von vielen japanischen Gläubigen gleichgesetzt mit dem Paradies. So fand er auch seinen Weg in die Hausaltäre, auf denen nach chinesischem Vorbild die verstorbenen Ahnen weiter über die Lebenden wachen (Abb. 1). Er wurde zu einem Nothelfer für alle an ihn Glaubenden, ungeachtet ihres Status. Im *Tannishô*, der *Klage über die abweichenden Ansichten*, einer Lehrschrift aus dem späten 13. Jahrhundert, die Yuien, einem Schüler Shinrans zugeschrieben wird, steht:

○ Buddha Amitâbha in raigô-Darstellung, frühes 18. Jahrhundert Holz, Farbe, Goldpatina, Reiss-Engelhorn-Museen, Sammlungen Kulturen der Welt

»Selbst die Ungebildeten, die des Schreibens unkundig sind und nicht die Lehrsätze der Schriften und Kommentare erfassen, können einfach nur Amidas Namen aussprechen. Deshalb spricht man hier von leichter Übung. Dagegen hat der Pfad der Heiligen das Textstudium zur Grundlage, weshalb man diese Praktik als schwere Übung bezeichnet.«

Der Buddha Amitâbha schützt nicht vor Katastrophen, aber er garantiert ein Weiterleben in einer besseren Welt nach dem Tod. Gerade nach der Milleniumkatastrophe des Großen Ostjapanischen Bebens vom 11. März 2011 wurde dieser Buddha-Aspekt der ›Nothelfer‹ für Familien, die den Verlust ihrer Angehörigen zu beklagen hatten. Allerdings etwas anders akzentuiert als im christlichen Verständnis: Dem katholischen Verständnis von der Fürsprache Heiliger im Moment der Katastrophe bei Gott gegen den jähen Tod (ohne Beichte und Sterbesakramente, die für die Erlangung des ewigen Lebens wichtig sind) steht somit das Konzept der Erlangung einer besseren Wiederkunft nach Eintritt des Todes entgegen. Die Vorstellung, durch magische Praktiken Unheil präventiv abwenden zu können, hat einen vergleichsweise geringen Stellenwert in Japan, da das Handeln der Gottheiten durch den Menschen kaum beeinflussbar ist. Amitâbhas Funktion als ›Nothelfer‹ bezieht sich somit nicht auf die Rettung von Leben im Angesicht des Todes, sondern auf die Hoffnung auf eine friedvolle Existenz nach dem Tode in dessen Paradies.

Literatur:
Teiji 1989, S. 9. Yuien 1992, S. 35.

1 Buddhistischer Hausaltar mit stehendem Buddha Amitâbha Holz, Farbe, Goldpatina, Reiss-Engelhorn-Museen Mannheim, Sammlungen Kulturen der Welt

»The Storm«

Hurrikan Katrina, 29. August 2005

ELEONORA ROHLAND

»Ich glaube, wir haben die physische und emotionale Energie nicht, um sowas nochmal zu durchleben« antwortete Celia Upton, eine von Hurrikan Katrina betroffene weiße New Orleanerin, auf die Frage, ob sie Angst davor hätte, dass sich eine Katastrophe wie Hurrikan Katrina wiederholen könnte.[1] Gemäß dem Staatsklimatologen von Louisiana, Barry Keim, ist die Stadt New Orleans faktisch anfälliger für Hurrikankatastrophen als jede andere amerikanische Stadt. Das liegt nicht zuletzt an ihrer prekären Lage nahe der Golfküste von Louisiana, zwischen dem Mississippi und dem Lake Ponchartrain. Beide Gewässer steigen bei starken Hurrikanstürmen an und drohen, die Stadt von Süden und Norden her zu überfluten. Hinzu kommt, dass die Stadt auf geologisch jungem, hauptsächlich aus Flusssediment bestehendem Boden gebaut ist, der bei der Stadtgründung um 1718 nur wenige Meter über dem Meeresspiegel lag. Der Boden sinkt natürlicherweise auf Grund der Kompression durch die Gebäude und aus Mangel an frischen Sedimentschichten ab. Durch die Stadtentwicklung über drei Jahrhunderte hinweg liegen heute große Teile von New Orleans unter dem Meeresspiegel in der Bodensenke zwischen dem Ufer des Mississippi und dem Ufer des Sees.[2] Diese von Wasser umschlossene ›Schüssel‹ barg und birgt ein hohes Überschwemmungsrisiko. Obwohl nur 32 Prozent der atlantischen Hurrikane ihren Weg in den Golf von Mexiko finden, wurden für New Orleans zwischen dem Beginn der Aufzeichnungen 1851 und dem Jahr 2007 sechsundneunzig tropische Stürme und Hurrikane gezählt. Das entspricht im Schnitt einer Bedrohung alle zwei Jahre.[3]

Wie konnte eine Katastrophe des Ausmaßes von Katrina, mit über tausend Todesopfern, in einem hochentwickelten, hochtechnologisierten Land wie den USA passieren? Noch dazu bei einer Naturgefahr, die seit der Stadtgründung 1718 in der französischen Kolonialzeit wiederholt auftritt,[4] und die mit heutigen Mitteln frühzeitig erkannt und in ihrem Verlauf relativ gut vorhergesagt werden kann? Zunächst ist es wichtig anzumerken, dass klimatische Durchschnittswerte zwar hilfreich sind, um sich ein allgemeines Bild der Risikolage von New Orleans zu verschaffen, aber wenig mit der

menschlichen Wahrnehmung zu tun haben. Katastrophenforscher haben herausgefunden, dass die durchschnittliche Halbwertszeit der Erinnerung an Katastrophen bei etwa einer Generation, also ca. 35 Jahren liegt.[5] Wiederholt sich eine Naturgefahr in größeren Abständen, so besteht die Gefahr einer so genannten Katastrophenlücke.[6] Der Begriff bezeichnet das Problem des abnehmenden Risikobewusstseins für die Naturgefahr und somit auch das Problem der unzureichenden Vorbereitung auf eine Katastrophensituation.

Hurrikan Katrina traf die Stadt New Orleans in den frühen Morgenstunden des 29. August 2005 mit der Stärke 3, also mit Winden bis zu 127 mph (204 km/h). Über eine Million Menschen wurden wegen Katrina in den drei Staaten Louisiana, Mississippi und Alabama evakuiert.[7] Dennoch starben über 1.800 Menschen an den direkten Folgen des Sturms. Im Vergleich dazu kamen durch Hurrikan Betsy 1965 nur 81 Personen ums Leben.[8] Die Regierung unter George W. Bush wurde deshalb im Nachgang von Hurrikan Katrina mit Empörung und Kritik überhäuft. Besonders die mangelnde Katastrophenbereitschaft und -vorsorge wurden angeprangert. So war zum Beispiel das Dammsystem, das die Stadt vor Sturmfluten

○ Aric Mayer, *Seafood Truck near Buras, LA*, 2005

1 Aric Mayer, *The Water Tower in Buras, LA*, 2005

2 Aric Mayer, *Lakeview near the 17th Street Canal Levee Breach, New Orleans, LA*, 2005

wie Hurrikan Katrina hätte schützen sollen, seit den späten 60er Jahren im Bau und in seinem Design an die schwache Hurrikanaktivität der Jahrzehnte zwischen 1970 und 1990 angepasst. Der Bau des Systems war beim Eintreffen Katrinas Ende August 2005 noch nicht abgeschlossen.[9] Diese Situation war mitverantwortlich für das Brechen der Dämme am 29. August 2005 und für die Überschwemmung von New Orleans durch die von den Hurrikanwinden verursachte Sturmflut. Einiges Aufsehen erregte auch die Tatsache, dass im Jahr vor Katrina, im Sommer 2004, eine Katastrophenübung lanciert wurde, deren Modellsturm ›Pam‹ Hurrikan Katrina in unheimlicher Weise vorweg nahm. Folglich hätten die Katastrophenschutzkräfte der Stadt wie auch des Staates Louisiana besser auf Katrina vorbereitet sein müssen. Öffentliche Anhörungen der an der Übung beteiligten Akteure im Jahr 2006 brachten zum einen zu Tage, dass die Modellstudie erhebliche Mängel aufwies, zum anderen jedoch auch, dass die Katastrophenvorbereitung ohne die Übung noch unzulänglicher ausgefallen wäre.[10]

Was passierte jedoch kurz vor, während und nach dem Eintreffen »des Sturms«, wie Katrina heute in New Orleans genannt wird? Wie wurde die Katastrophe von den Bewohnern der Stadt wahrgenommen? Diese Frage kann nicht beantwortet werden, ohne zum einen die unterschiedlichen Realitäten der schwarzen und weißen Bevölkerungsteile der Stadt zu berücksichtigen, sowie zum anderen die Katastrophenerfahrung der Dagebliebenen und der Evakuierten differenziert zu betrachten. New Orleans war bis zu Beginn des 20. Jahrhunderts eine ethnisch relativ gut durchmischte Stadt. Ab den 1920er Jahren begann ein langsamer Prozess der Desaggregierung in schwarze und weiße Stadtteile, der bis vor Hurrikan Katrina 2005 anhielt. Im Jahr 2004 zählte New Orleans 462.269 Einwohner, zwei Drittel davon Afro-Amerikaner. Entgegen der Darstellung in den Medien wurden nicht nur arme Schwarze, die in tiefliegenden Stadtteilen wohnten, von Hurrikan Katrina getroffen, sondern auch ebenfalls in tiefliegenden Quartieren lebende reiche Weiße. Es ist dennoch richtig, dass die afro-amerikanische Bevölkerung von New Orleans, die vor dem Sturm einen Anteil von 67 Prozent an der Stadtpopulation hatte, überproportional stark von Katrina betroffen war, nämlich zu 76 Prozent im Gegensatz zu den 28 Prozent Weißen, die insgesamt 20 Prozent der Todesopfer ausmachten. Es ist ebenfalls richtig, dass die überwiegende Mehrheit der in der Stadt gestrandeten Flutopfer, die unerträglich lang auf Rettung warten mussten, arme Afro-Amerikaner waren (Abb. 3).[11]

Viele Stadtbewohner begannen am Freitag, dem 26. August, zwei Tage vor Eintreffen von Hurrikan Katrina, mit der Evakuierung. Ein Großteil der Bevölkerung entschied sich jedoch, den Sturm wie schon einige Male zuvor in ihren Häusern auszusitzen, selbst nachdem der damalige Bürgermeister Ray Nagin am Samstag, 27. August, die obligatorische Evakuierung ausgerufen hatte.[12] Die Beweggründe für das Dableiben reichten von der Angst vor Plünderungen, über das Fehlen eines eigenen Autos, mit dem man sich hätte in Sicherheit bringen können, bis zur Verharmlosung der Bedrohung. Die unterschiedlichen Erfahrungen, die diese beiden

3 Michael Falser, 2006. Eine Jazz-Kapelle während eines Begräbnisses im Stadtteil St. Peter Claver, im Hintergrund die hölzernen, so genannten *Shotgun Houses* von New Orleans. Die Fotografien auf den folgenden Seiten entstanden im Rahmen von ehrenamtlich geleisteten Wiederaufbauarbeiten durch den katholischen Malteser-Orden und die städtische Organisation *Rebuilding Together New Orleans*.

Bevölkerungsgruppen – die Evakuierten und die Dagebliebenen – während der folgenden Tage machten, spalteten im Nachgang der Katastrophe zahlreiche Freundeskreise und Nachbarschaften.

Die Dagebliebenen erlebten das Aufziehen und das Eintreffen von Katrina in New Orleans, den Moment der Erleichterung, als man am Montagmittag, dem 29. August 2005, glaubte, gerade noch einmal davon gekommen zu sein, und den Moment des Schreckens, als nach dem Dammbruch das Wasser wie aus dem Nichts auf den Straßen zu steigen begann. Richard Campanella, ein zur Zeit des Interviews im Dezember 2009 43-jähriger, weißer Geographieprofessor an der Tulane-Universität von New Orleans, hatte sich entschieden, mit seiner Frau in der Stadt zu bleiben, um nicht die Qualen der Evakuierung und eines stundenlangen Staus auf sich zu nehmen. In der Nacht vom Sonntag, 28. August, auf Montag, 29. August, schliefen er und seine Frau nicht viel:

»Wir leben in einem kleinen, hölzernen, hundert Jahre alten Haus. Es ist angehoben, so dass Wind darunter durch ziehen kann. Und der Wind machte ›schschschsch‹, immer lauter und lauter, und man wartet fast darauf, dass irgendwas nachgibt. Man konnte fühlen, wie das Haus – als ob man einen tiefen Atemzug nehmen würde und sich der Brustkorb auf und ab bewegt – das Haus tat genau das. Man konnte das Knirschen im Gebälk fühlen, das Haus atmete mit dem Wind.«

Terry Burnett, ein 57 Jahre alter afro-amerikanischer New Orleaner Musiker, der im tiefliegenden Stadtteil 7th Ward wohnte, beschrieb das plötzliche Auftauchen und Steigen der Wassermassen am

Nachmittag des 29. August, nach dem Vorbeiziehen des Sturms. Zu diesem Zeitpunkt waren in den meisten Teilen der Stadt der Strom sowie das Mobilfunknetz ausgefallen. Die Dagebliebenen wussten also nicht, dass mehrere der Schutzdämme um New Orleans von der Sturmflut überschwemmt und durchbrochen worden waren. Terry erzählte, wie er und sein Cousin nach dem Hurrikan in ihren Gärten Blätter zusammenfegten, im Glauben, sie seien der Katastrophe gerade nochmals entgangen, bis Terry bemerkte, dass das Wasser auf der Straße zu steigen begann:

>»Ich halte inne und schaue. Und er fragt ›was ist los?‹ und ich sage ›da steigt das Wasser im Rinnstein‹, und er ›vielleicht haben sie die Pumpen geöffnet‹, ich sagte ›wenn sie die Pumpen geöffnet haben, dann würde das Wasser zurück gehen, aber es steigt.‹ Ich bin auf die Veranda zurückgegangen, und es wurde höher und höher. Ich dachte ›Oh Gott!‹ [...] Du hast sicher schon weiße Schaumkronen auf dem Meer gesehen? So ist das Wasser hier herein gerauscht. Plötzlich, du schaust die Straße runter, und siehst das Wasser kommen. Es rauscht nur so vorbei und da schwimmt Zeug mit drin.«*

Terrys 39-jähriger Schwager, Jarvis Leblanc, der im selben Quartier wohnte, war ebenfalls in der Stadt geblieben. Das Wasser stieg ihm in seinem 90 cm über dem Boden gebauten, einstöckigen Haus bis zur Hüfte und stand somit seinen Schätzungen zufolge in seiner Nachbarschaft etwa 180 cm hoch. Jarvis hatte sich auf mehrere Tage ohne Strom eingerichtet und entsprechend vor Katrina mit Vorräten eingedeckt, die er, nachdem das Wasser in sein Haus eingedrungen war, auf den Dachboden schaffte. Dort harrte er bei glühenden 37 Grad Außentemperatur bis zum Dienstag, 30. August, aus, als ein Freund, der vier Häuserblocks von ihm entfernt wohnte, in einem Boot an seinem Haus vorbeipaddelte und nach ihm rief. Jarvis stieg aus dem Fenster seines Hauses zu seinem Freund ins Boot, um sich mit ihm einen Eindruck von der Lage des Quartiers zu verschaffen. »Überall wo ich hinkam, wirklich überall wo ich hinkam, war Wasser. Ich sah kein trockenes Land mehr von diesem ersten Tag an.« Jarvis und sein Freund begannen bald nach ihrer ersten Erkundungsfahrt Leute aus ihren Häusern aufzusammeln und zu einer Autobahnbrücke zu bringen. Sie hatten im batteriebetriebenen Radio des Freundes gehört, dass Busse dorthin geschickt würden, die die Leute abholen sollten.

Nebst dem Heulen der Autosirenen, die ausgelöst wurden, wenn die Fahrzeuge sich mit Wasser füllten, blieb Jarvis vor allem ein Geräusch lebendig in Erinnerung: »Die schreienden Leute. Leute, die Dinge haben wollten, Dinge brauchten; die aus ihren Fenstern schrien, von ihren Dachböden schrien, von ihren Dächern schrien, um Wasser, um Essen, darum, gerettet zu werden.« Jarvis Leblanc und seine Freunde retteten drei Tage lang New Orleaner aus ihren überfluteten Häusern und brachten sie zu der Autobahnbrücke. Jarvis und seine Frau, die er nach einer Woche an ihrem Arbeitsort, der Xavier-Universität, wiederfand, wurden am Samstag, dem

3. September, mit einem Armeehubschrauber in Sicherheit gebracht.

Der Geograph Richard Campanella schaffte es, sich mit seiner Frau im Auto selbst zu evakuieren. Ihr Haus lag in einem höhergelegenen Quartier und wurde nicht überschwemmt. Der Musiker Terry Burnett wurde von der Nationalgarde zum New Orleaner Flughafen gebracht, wo er mit tausenden von ebenfalls in der Stadt Verbliebenen Schlange stand, um mit dem Flugzeug aus der Stadt evakuiert zu werden.

>»Das war ein Irrenhaus! Da waren Hunderte von Tausenden, wenn nicht Millionen von Leuten, die versuchten, zum Terminal zu kommen. Alle standen in dieser Schlange. [...] Und da sind Frauen, Schwangere, alte Frauen. Sie werden ohnmächtig. Es gibt keine Ordnung. Da war keine Ordnung. Ich glaube, wir waren einen Tag da und haben versucht, zum Terminal zu kommen. Und als wir zum Terminal kommen, da muss man seinen Namen und seine Sozialversicherungsnummer angeben, steigt ins Flugzeug. Und das Flugzeug fängt an sich zu bewegen. Und da ist ein US-Marshall und der erzählt dir, ›ihr Flug nach Austin, Texas wird eine Stunde dauern.‹ Ich dachte ›wer hat ihm gesagt, dass ich nach Austin fliegen wolle? Ich habe nie gesagt, dass ich da hin will. Ich kenne niemanden in Austin.‹«*

Die so notfallmäßig aus New Orleans evakuierten Bewohner hatten in vielen Fällen, nachdem sie an einen Ort wie Austin oder Houston im Nachbarstaat Texas gebracht worden waren, die traumatische Suche nach ihren Familienangehörigen durchzustehen. Das New Orleaner Mobilfunknetz funktionierte noch Wochen nach dem Hurrikan nicht, sodass die in alle Winde verstreuten Stadtbewohner nur über den Suchdienst des Roten Kreuzes mit Angehörigen in Kontakt treten konnten. Nach der Evakuierung der Dagebliebenen aus New Orleans Anfang September 2005 blieb die Stadt für Zivilisten über vier Wochen hinweg gesperrt (Abb. 4). Die Gesundheitsrisiken, die sich durch die zerstörten Gebäude und das stehende, mit Chemikalien und Abwasser verseuchte Flutwasser in der Stadt ergaben, waren zu hoch. Da das städtische Pumpsystem den Wassermassen nicht gewachsen war, nahm die New Orleaner Stadtregierung schließlich ein Hilfsangebot des Technischen Hilfswerks (THW) Deutschland an. Das in den Oder- und Elbehochwassern 1997 und 2002 erprobte Einsatzteam flog am 9. September 2005 samt leistungsstarken Pumpen nach New Orleans, um die ›Schüssel‹, den in der Bodensenke unter dem Meeresspiegel liegenden Teil der Stadt, von den Flutwassern zu befreien.

Die Erfahrungen der evakuierten New Orleaner unterscheiden sich insofern von jenen der Dagebliebenen, als ihnen die zum Teil lebensbedrohlichen Erlebnisse des steigenden Wassers, der Rettung aus dem eigenen Haus und schließlich der Evakuierung fehlen, für die Betroffenen waren sie jedoch oft nicht weniger traumatisch. Aus der Ferne über das Fernsehen die Zerstörung der Heimatstadt sehen zu müssen, die Ungewissheit über das Schicksal

4 Michael Falser, 2006. Ein verlassenes Haus im Zustand von 2005

dagebliebener Freunde, zurückgelassener Haustiere oder auch über das eigene Haus, war für alle befragten Evakuierten zermürbend und von Schuldgefühlen begleitet.

Die unterschiedlichen Katastrophenerfahrungen und ihre psychischen Nachwirkungen hatten in der Zeit nach dem Sturm, nachdem die New Orleaner langsam begannen, in die Stadt zurückzukehren, zum Teil weitreichende Auswirkungen auf das Beziehungsgeflecht der Befragten. So erzählte Penelope Cody, eine zur Zeit des Interviews im Januar 2010 23-jährige New Orleaner Afro-Amerikanerin aus dem vorwiegend afro-amerikanisch geprägten Stadtteil New Orleans East, dass sie zu ihren Freunden »von vor dem Hurrikan« aus verschiedenen Gründen keinen Kontakt mehr habe. Zum Teil seien sie nach Katrina nicht nach New Orleans zurückgekehrt, und sie hätte seither auch nicht mehr mit ihnen gesprochen. Penelope war mit ihrer Familie am Freitag vor

Katrina nach McDonough im Bundesstaat Georgia evakuiert, wo sie im Fernsehen die Ereignisse in ihrer Heimatstadt verfolgte. Am Abend vor ihrer Abreise hatte sie ihre beste Freundin in der Stadt zurückgelassen, die sie selbst als eine jener New Orleanerinnen charakterisierte, die nach folgendem Motto lebte: »ich wurde in New Orleans geboren, ich werde in New Orleans sterben, ich habe schon soundso viele Hurrikane durchlebt, ich habe noch nie evakuiert, es wird schon gutgehen.« Auch mit ihr könne sie seit dem Sturm nicht mehr richtig sprechen, da sie deren traumatische Erfahrungen nicht teile. Dieses Nicht-da-gewesen-sein sowie die daraus folgende schnellere psychische Erholung von dem Schock der Katastrophenerfahrung erscheinen als trennende Faktoren im bestehenden Beziehungsgefüge. Penelope betonte, sie wolle und könne sich nicht von der depressiven Stimmung der Freundin herunterziehen lassen:

5 Michael Falser, 2006. Ein von David Lee gestaltetes Denkmal an die Katastrophe am Lower 9th Ward: Eine Installation von Stühlen und den Worten: *I am coming home! I will rebuild! I am New Orleans!*

»Ich muss weiter gehen, ich muss wissen, dass die Dinge besser werden können, dass die Leute daran wachsen können und darauf zurückschauen können; ›ok, es ist passiert, ich bin ein besserer Mensch heute‹, ich muss das glauben können, und ich musste sie gehen lassen.«

Evakuierte erfuhren also ›ihre‹ Stadt nach ihrer Rückkehr nicht nur physisch, sondern auch als sozial stark verändert.

Wie zu Beginn dieses Kapitels erwähnt, waren Schwarze nicht nur überproportional von Katrina betroffen, ihr Mehrheitsanteil an der Stadtbevölkerung verringerte sich im Jahr nach dem Sturm auch überproportional, weil viele von ihnen nicht nach New Orleans zurückkehrten. 2006 hatte sich die afro-amerikanische Stadtbevölkerung um 57 Prozent von 302.580 Personen vor Katrina auf 129.192 verringert, während sich die weiße Bevölkerung um 36 Prozent von 119.620 auf 76.422 verringerte. Die Bevölkerung war kurz nach dem Sturm also weißer, aber auch älter, besser gebildet, weniger arm und weniger kinderreich geworden.[13] Fünf Jahre nach Katrina hatte New Orleans 78 Prozent seiner Bevölkerungszahl aus der Zeit vor Katrina wieder erreicht. Die Stimmungslage in der Stadt war, trotz Finanzkrise und dem Deepwater-Horizon-Unglück im Golf von Mexiko vom 20. April 2010, zum ersten Mal seit langem wieder optimistisch.[14]

Nach Hurrikan Katrina entwickelte sich in New Orleans eine beispiellose Memorialkultur, wie sie nach Hurrikan Betsy 1965 nicht zu beobachten war. Zum einen entstanden zahlreiche Monumente, die an die Sturmopfer erinnern, wie ein Gedenkstein am Meeresufer der Gemeinde St. Bernard, oder der Hurricane Katrina

Memorial Park, in dem die unidentifizierten Todesopfer ihre letzte Ruhe fanden. Zum anderen setzten Künstler Katastrophenerfahrungen in Installationen und Skulpturen um, die öffentlich ausgestellt wurden (Abb. 5). Darunter fanden sich ein Boot, das auf dem Dach eines Restaurants im Stadtzentrum platziert wurde, oder das Kunstwerk »StePs HoME«, bei dem die Künstlerin Dawn DeDeaux die charakteristischen Treppenstufen, die in New Orleans zu den gegen Hochwasser erhöht gebauten Haustüren führen, auf freien Flächen platzierte – in Anlehnung an reale solche Stufen, die in vielen Fällen das einzige waren, was Heimkehrer noch von ihren Häusern vorfanden. Nebst dieser eher offiziellen oder öffentlichen prägte sich jedoch auch eine individuelle Erinnerungskultur aus. Diese reicht von Kleidungsstücken – Jarvis Leblanc sprach von seiner ›Katrina-Unterwäsche‹ – über das Nachzeichnen von ›Katrina-Crosses‹ – an die Hauswand gesprühte Markierungen der Nationalgarde (Abb. 6) – bis zu ›Katrina-Tattoos‹ – das Tätowieren des Hurrikan-Symbols oder auch der französischen Lilie, dem Wahrzeichen der Stadt New Orleans.

6 Michael Falser, 2006. Eine der nach einer Durchsuchung an Häuserwänden angebrachten Markierungen. Im Uhrzeigersinn von oben: Das Datum der Durchsuchung, Kürzel für besondere Gefahren, Zahl der aufgefundenen Opfer, und die Kennung der durchsuchenden Einheit – in diesem Fall das 505. Fallschirmjäger-Regiment der US-Armee. »NE« im rechten Feld bedeutet, dass das Gebäude nicht betreten wurde – »No Entry«.

Anmerkungen

1 Die in diesem Artikel zitierten Interviews wurden von der Autorin im Rahmen des Projekts »Katastrophenerinnerung« im Dezember 2009 und Januar 2010 in New Orleans mit rund 60 Hurrikan-Katrina-Betroffenen geführt. Das Projekt »Katastrophenerinnerung« war von 2008 bis 2012 Teil des Forschungsschwerpunkts KlimaKultur am Kulturwissenschaftlichen Institut Essen. Die Namen wurden, außer im Falle Richard Campanellas, dessen richtiger Name hier verwendet wird, in Absprache mit den Interviewten pseudonymisiert.

2 Campanella 2008, S. 79–80.

3 Keim – Muller 2009, S. 131, 56.

4 Eine historische Aufarbeitung der New Orleanser Hurricane-Geschichte von der Stadtgründung 1718 bis zu Hurricane Betsy 1965 findet sich in Rohland 2013.

5 Fuchsn – Wenzel 2000, S. 22.

6 Pfister, Chr. 2009, S. 243.

7 Keim – Muller 2009, S. 39.

8 United States Congress. 1965, S. 5.

9 Risk Management Solutions 2006, S. 5–6.

10 United States Congress 2006, S. 9.

11 Campanella 2007, S. 709, 714–715.

12 Keim – Muller 2009, S. 27.

13 Brookings Institution 2006, S. 7, 9.

14 Brookings Institution 2010, S. 2, 4.

Orkane, Sturmfluten, Hurrikane

Wind und Wasser als Extremereignisse

PETER ROTHE

Küstenbewohner waren schon immer Naturereignissen ausgesetzt, die mit von Stürmen auf das Festland getragenen Wassermassen zu tun haben. Das Geschehen spielt sich bei uns und unseren niederländischen Nachbarn vor allem an der Nordseeküste ab, wo sich die Menschen schon früh gegen das Wasser zu wehren begannen: Zuerst mit der ständigen Erhöhung der Wurten, was archäologisch nachgewiesen ist, und dann mit dem Bau von Deichen.

Nach der letzten Eiszeit stieg der Meeresspiegel an und die Frequenz von Sturmfluten nahm seit der Zeitenwende offenbar zu, was die Landschaft und den Verlauf der Küste veränderte: Jadebusen, Dollart und Zuidersee sind geologisch ganz junge, durch Sturmfluten entstandene Bildungen. Dieser Prozess begann wahrscheinlich schon vor 5.000 Jahren, im Mittelalter wurden die Buchten noch erweitert. Die dafür verantwortlichen Sturmfluten gingen mit Namen in die historische Überlieferung ein: Es kamen unter vielen anderen 1219 die Erste Marcellusflut und 1362 die Zweite, die als ›Grote Mandränke‹ bekannt ist und 100.000 Opfer gefordert haben soll. Vielen ist noch die 1962 durch den so genannten Hollandorkan verursachte Hochwasserkatastrophe in Hamburg in Erinnerung.

Die Ursachen für solche Sturmfluten sind Tidenströme, die durch auflandige Winde erhöht werden. Dabei unterscheidet man durch die Wasserstände definierte Kategorien: Bei >1,5 m über Mittlerem Tidehochwasser (MTHW) beginnt eine Sturmflut, bei 2,5 m eine schwere und bei 3,5 m eine sehr schwere. Die Verhältnisse in der Deutschen Bucht sind in dieser Hinsicht besonders bedrohlich, weil hier zu den Stürmen aus Nordwesten der Trichtereffekt der Elbmündung hinzukommt. Außerdem spielen die bei Neumond entstehenden Springtiden eine Rolle, deren Gezeitenwellen zu Sturmfluten beitragen können. Es hat den Anschein, dass nicht so sehr der steigende Meeresspiegel die Deiche zerstört, sondern vielmehr eine seit der Zeitenwende beobachtete Zunahme der Sturmfluten.

Hurrikane sind zwar ebenfalls meteorologisch bedingte Erscheinungen, haben im Vergleich mit Sturmfluten aber ganz andere, größere Dimensionen. Weitere, regionaltypische Bezeichnungen für derartige Wirbelstürme sind ›Taifun‹ oder ›Zyklon‹.

Die Bezeichnung ›Wirbelsturm‹ weist auf die Drehbewegung der Luftmassen hin, sie wird von der durch die Erddrehung verursachten Coriolis-Kraft hervorgerufen. In Äquatornähe ist diese Kraft zu schwach, um die Drehung einzuleiten, deshalb entstehen dort keine Wirbelstürme, sondern überwiegend in den Passatzonen (Abb. 1).

Zu den Voraussetzungen gehört eine Meerwasser-Temperatur von mindestens 26,5 Grad Celsius bis in eine Tiefe von 50 m. Deshalb dauert die Hurrikansaison meist von Juli bis November, mit einem Maximum im September. Die hohe Wassertemperatur verstärkt die Verdunstung und führt zu einem konvektiven Aufstieg mit entsprechender Wolkenbildung, diese Kondensation setzt Energie in Form so genannter latenter Wärme frei. Innerhalb der Wolken heizt sich deshalb die Luft weiter auf und steigt noch höher, was bewirkt, dass vom unteren Rand her noch mehr Luft mit hohem Wasserdampfanteil zuströmt; der Prozess entwickelt Eigendynamik.

Man muss sich die Dimensionen vor Augen führen: Ein Hurrikan kann einen Durchmesser von 500 km und eine Höhe von bis zu 15 km erreichen, manchmal sogar noch mehr bis hoch in die Stratosphäre. Im Zentrum, dem ›Auge‹ von 20 bis zu 70 km Durchmesser, herrscht weitgehend Windstille, während am Außenrand höchste Windgeschwindigkeiten gemessen werden. Infolge des riesigen Ausmaßes eines Hurrikans bildet sich darin keine zusammenhängende Luftmasse, sondern es entstehen spiralförmige Regenbänder, deren hoch aufsteigende Wolkentürme um das Zentrum kreisen, sie bringen die mit dem Sturm verbundenen gewaltigen Regenfälle. Inmitten dieser Bänder, im Auge (wo der tiefste Luftdruck herrscht), steigt trockene Luft dagegen ab und lässt wolkenlosen blauen Himmel sehen.

Hurrikane entwickeln sich infolge einer Anfangsstörung (Tropische Depression) in der unteren Troposphäre bei nur schwacher vertikaler Änderung der Windgeschwindigkeit aus tropischen Stürmen mit Windgeschwindigkeiten von 63 km/h. Dies geschieht im Gefolge der so genannten *easterly waves,* den ›Östlichen Wellen‹, die von Westafrika aus den Atlantik (4.500 km) innerhalb einer Woche überqueren und dabei auch Staub transportieren. Hurrikane beginnen

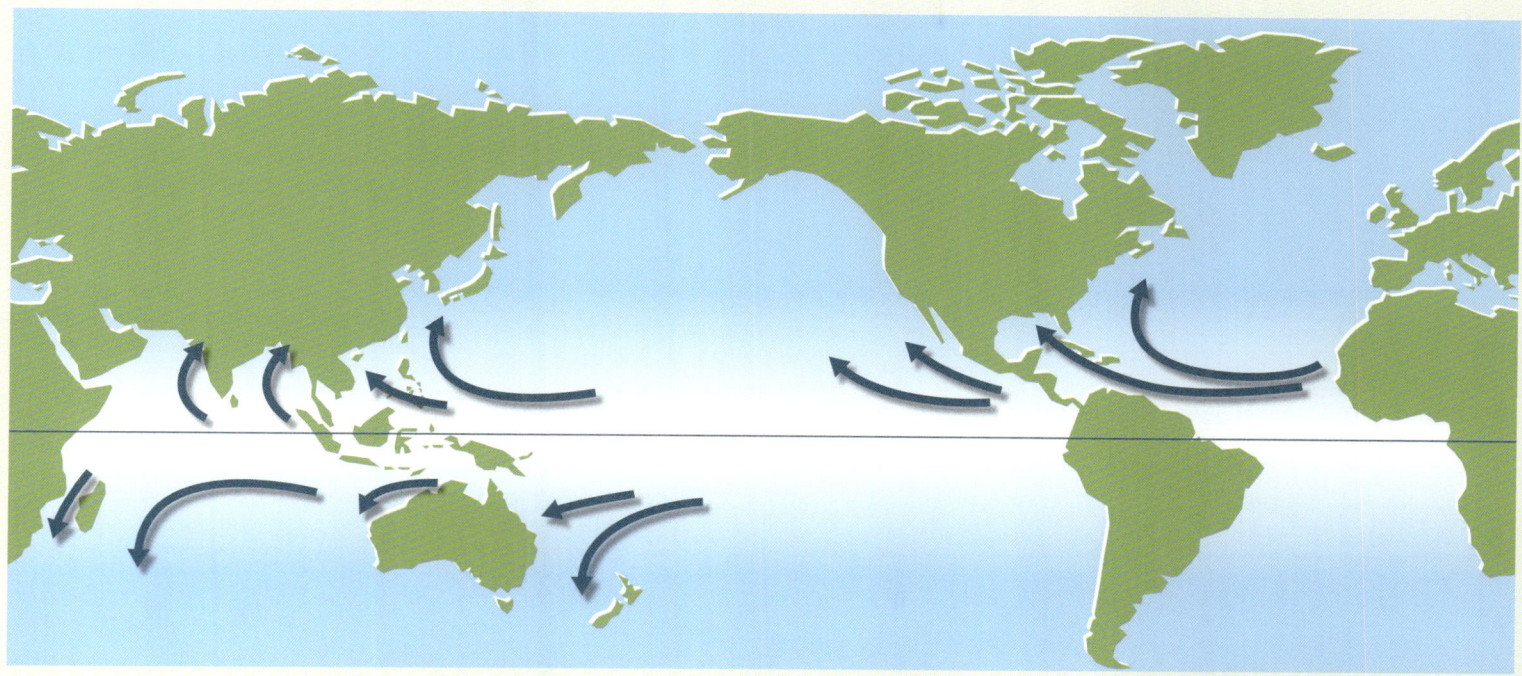

1 Zugstraßen von Hurrikanen, die von Ost von West wandern und später ihre Richtung ändern: Sie biegen auf der Nordhalbkugel nach Norden und auf der Südhalbkugel nach Süden ab.

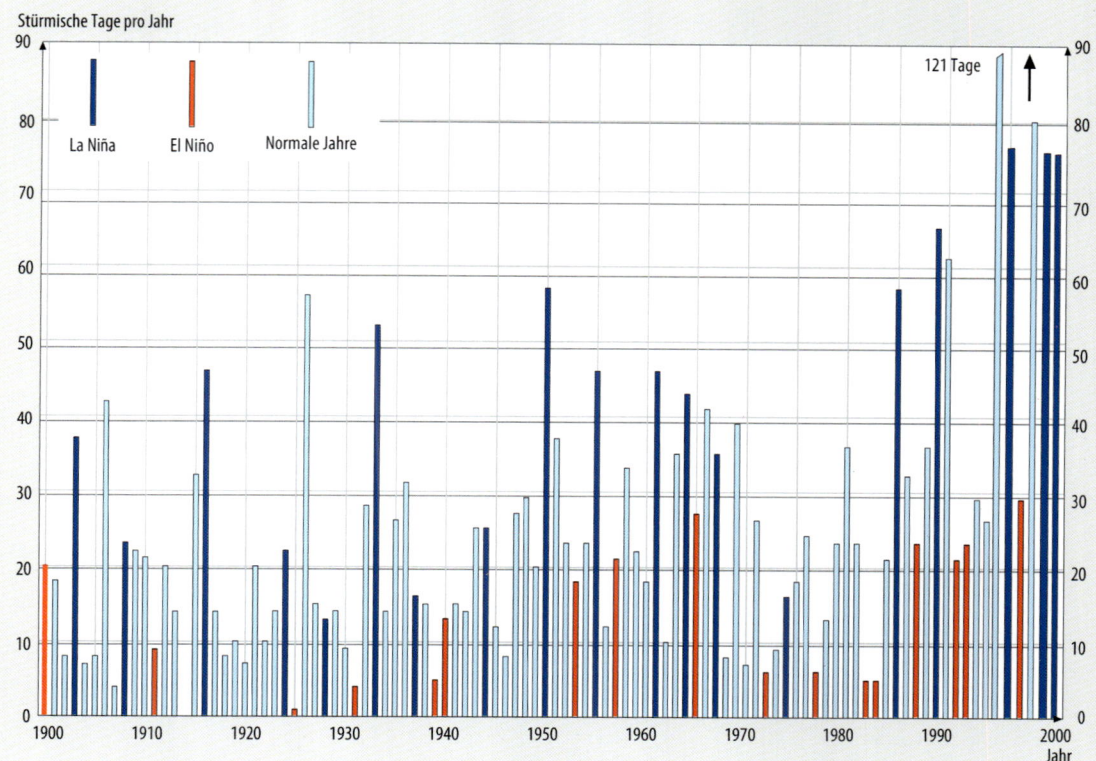

2 Die Graphik zeigt den Zusammenhang zwischen La Niña-Ereignissen und stürmischen Tagen im tropischen Nordatlantik.

3 Johann Amos Comenius (1592–1670), *Orbis sensualium pictu*, Endter 1698,
In seinem Lehrbuch differenziert Johann Comenius im Artikel »Luft« die verschiedenen Windstärken: von einer leichten Brise über den Sturm, der Bäume
ausreißt, bis hin zu einem unterirdischen Wind, der Erdbeben verursachen
kann Universitätsbibliothek Heidelberg.

definitionsgemäß bei 119 km/h. Entsprechend der Geschwindigkeit
gibt es fünf Kategorien: Die stärkste beginnt bei 250 km/h, es gibt
auch Beispiele von >300 km/h. Katrina (seit 1953 bekommen Hurrikane Namen) hatte über dem Golf von Mexico zeitweise Kategorie 5
(280 km/h), aber nur noch 4, als er das Festland erreichte.

Hurrikane »wandern« mit etwa fünf bis 20 km/h entlang von
Zugstraßen von Ost nach West und drehen später in Richtung auf
die Polarregionen ab. Wegen solcher Zugbahnen ist ihr Eintreffen
in einer bestimmten Region vorhersagbar, ihre Stärke wegen der
ständig wechselnden Energiezufuhr allerdings nicht. Über Land
verlieren sie im Allgemeinen schnell an Kraft, weil der Nachschub
an Energie aus dem warmen Wasser ausbleibt.

Letztlich geht es bei diesen Sturmereignissen immer um eine
von der Sonne verursachte Energie-Umverteilung, denn die Sonneneinstrahlung bestimmt die Wassertemperatur in den unterschiedlichen Regionen der Ozeane (Abb. 3). Damit lässt sich auch
der offensichtliche Zusammenhang zwischen der Bildung von
Hurrikanen und der als El Niño (auch ENSO = El Niño Southern
Oscillation) bezeichneten Zirkulation und den als La Niña aus dem
Pazifik bekannten Phänomenen erklären: Der maßgebliche Faktor
ist eine starke Erwärmung des Wassers im südlichen Pazifik, wenn
gleichzeitig die Wassertemperaturen im nördlichen tropischen

Atlantik kühler als normal sind, können sich die immer von dort
ausgehenden Wirbelstürme nicht bilden. Bei der entgegengesetz-
ten Konstellation, dem La Niña-Phänomen, ist es umgekehrt: Ist das
Wasser im tropischen Atlantik wärmer als üblich, gibt es entsprechende Sturmereignisse. Eine von 1900 bis 2000 reichende Statistik
belegt einen deutlichen Zusammenhang zwischen La Niña-Ereignissen und Hurrikanen.[1]

Die aktuelle Frage nach der Zunahme von Hurrikanen in der
Zukunft ist bisher nicht eindeutig zu beantworten, eine weiter ansteigende Erwärmung des oberflächennahen Meerwassers würde
jedenfalls dafür sprechen. Aber auch hier lohnt ein Blick in die geologische Vergangenheit: Es gibt neuerdings Kriterien, nach denen
man Tsunami-Ablagerungen von Sturmablagerungen in den dabei
aufgehäuften Sedimenten unterscheiden kann. Ein Meter dicke
Sturmsedimente des Hurrikans Isabel bei Hatteras in North Caroli-
na von 2003 bestehen aus vielen einzelnen dünnen Sandschichten
(*Laminae*), sie wurden offensichtlich nacheinander abgelagert. Eine
Tsunami-bedingte Ablagerung in La Quinta/Peru ist ein nur zehn
Zentimeter dickes Paket, das auch Gerölle von Schlamm enthält.
Tsunami-Sedimente sind selten mehr als 25 cm dicke und weit-
gehend homogene, einzelne Pakete, weil sie durch einen einzigen
Vorgang entstehen. Sturmsedimente dagegen sind meist >30 cm
dick, enthalten keine internen Schlammlagen und nur sehr selten
Schlammgerölle.[2] Die Forschung dazu ist nicht abgeschlossen, aber
diese ersten Hinweise lassen erwarten, dass man in Zukunft aus
entsprechenden fossilen Ablagerungen auch die Dimension und
Häufigkeit solcher katastrophaler Ereignisse ablesen und Verglei-
che mit der aktuellen Situation anstellen kann. Mit einer allerdings
sehr geringen zeitlichen Auflösung sind aus geologisch älteren Ablagerungen viele chaotisch erscheinende Schichten bekannt, die als
Tempestite (nach *tempest*, Sturm) bezeichnet werden. Aktuo-geolo-
gisch gehören in diesen Zusammenhang auch massenhaft zerstörte ästige Riffkorallen im Florida Reef Tract, die, wenn sie erneut
überwachsen werden, als Tempestitschichten bewahrt bleiben und
so die vorangegangenen Stürme im Gestein dokumentieren. Mit
dem Studium geologischer Phänomene ist man inzwischen auch
El Niño-Ereignissen in fossilen Schichten auf der Spur.

Literatur:
Morton – Gelfenbaum – Jaffe 2007; Caviedes 2005

Anmerkungen

1 Caviedes 2005.
2 Morton – Gelfenbaum – Jaffe 2007, S. 184-207.

Make it Right

Mediale Erzählungen über Naturkatastrophen

GABI SCHLAG

»Only bad news are good news« – diese journalistische Weisheit trifft wohl auf Naturkatastrophen und ihre mediale Repräsentation besonders zu. Neben Nachrichten über Krieg, schlechtes Wetter und menschlich verursachte Unglücke ist die Gewalt der Natur ein bis heute faszinierendes (Medien-)Phänomen.[1] Der englische Philosoph Edmund Burke brachte diese Faszination mit dem Begriff des Erhabenen auf den Punkt: »Whatever is fitted in any sort to excite the ideas of pain and danger [...] is a source of the sublime, that is, it is productive of the strongest emotion which the mind is capable of feeling.«[2] Entfesselte Naturgewalten in Form von Wasserfluten, Stürmen, Erdbeben und Vulkanausbrüchen beeindrucken uns als Leser und Zuschauer (Abb. 1). Doch erst die Mediatisierung der Katastrophe macht das Leid Anderer für uns als Nicht-Betroffene emotional erfahrbar und lässt uns an ihrem Schicksal Anteil nehmen: die tragischen Geschichten über Opfer, die herzergreifenden Berichte der Überlebenden und die heldenhaften Taten der Helfer und Retter. Die Bezeichnung eines Ereignisses als Naturkatastrophe trägt bereits die kausale Erklärung des Phänomens – die Natur als Verursacherin – in sich, seinen sozialen Sinn jedoch nicht.[3] Wie werden Naturkatastrophen in den Medien eigentlich erzählt?

Massenmedien, so der Soziologe Niklas Luhmann, sind Kommunikationsformen, die mit Hilfe technischer Mittel verbreitet werden.[4] Und Luhmann schrieb auch, dass unsere Wahrnehmung der Welt, unser Wissen über Ereignisse, Produkte dieser Massenmedien sind. Das Fernsehen hat spätestens seit den 1980er Jahren die Printmedien als Leitmedium abgelöst. Man kann sogar spekulieren, ob nicht gar das Internet bereits auf dem besten Wege ist, das Fernsehen in seiner alltäglichen Bedeutung zu überholen. Leitmedien spielen in der Wahrnehmung und Deutung von Ereignissen eine entscheidende Rolle. Medien und Medienformate sind immer auch Ausdruck gesellschaftlicher Verhältnisse, die Sinnhorizonte aufzeigen, Deutungen ermöglichen, kollektive Identität stiften und womöglich gesellschaftliche Veränderungen motivieren. Der Philosoph Jürgen Habermas bezeichnete dies einst als »Strukturwandel der Öffentlichkeit«, basierend auf einem Wandel vom räsonierenden (zeitungslesenden) Publikum zum (fernsehenden) Zuschauer, der medial vermitteltes Wissen primär konsumiert.[5] Inwiefern wir uns als Zuschauer durch die Medien lediglich berieseln, unterhalten und affektiv bewegen lassen, hängt auch von der Form der Deutungsangebote ab, also den sinnstiftenden textuellen und visuellen Narrativen, in denen Ereignisse erzählt werden.

Nachrichtensendungen folgen in ihrer Berichterstattung über Naturkatastrophen einem Skript, das Nachrichtensprecher, Reporter vor Ort, Augenzeugenberichte, Expertenmeinungen, Stellungnahmen von offiziellen Institutionen (und womöglich Verantwortlichen) mit journalistisch aufbereitetem Material verbindet. Gerade das Fernsehen setzt oftmals auf die Macht der Bilder: Animierte Karten zeigen uns, mit welcher Geschwindigkeit der Wirbelsturm sich auf die Küste zubewegt, in Echtzeit sehen wir, wie die Dämme in New Orleans brechen und die Stadt im Wasser versinkt, und Experten erläutern für uns den Unterschied zwischen einem Tornado und einem Hurrikan. Globale Nachrichtensender wie *CNN* und *BBC* prägen zunehmend die journalistische und visuelle Form der Berichterstattung, der sich nationale Medienanstalten anscheinend immer mehr angleichen. Dank digitaler Medien und sozialer Netzwerke steuern Augenzeugen ihr Bildmaterial und ihre Erfahrungsberichte bei (Abb. 2). Wir können uns ein Bild machen von der Gewalt der Natur, denn diese Augenzeugenberichte vermitteln Authentizität. Journalisten vor Ort garantieren Objektivität und wir als empathische Zuschauer sind von den Berichten emotional bewegt. Die Katastrophenerzählung in den Medien wird dabei durch die radikale zeitliche Differenz zwischen dem Davor und dem Danach strukturiert. Das Ereignis selbst, der Moment des Schreckens, ist der Höhe- und Wendepunkt der Erzählung und lässt sich aus sicherer Distanz vom Sofa aus gebannt konsumieren – als ob es sich lediglich um einen der unzähligen fiktionalen Katastrophenfilme handeln würde. Und Journalisten wetteifern nur allzu gerne um neue Bilder und Berichte, um die Quote ihres Senders zu steigern und den wählerischen Zuschauer in seiner Sensationslust zu befriedigen.

Ob individuelle oder gesellschaftliche Ereignisse, jedes Ereignis bedarf der Deutung, um seinen sozialen Sinn zu begreifen. Daher spielen Massenmedien eine wichtige gesellschaftliche Rolle. Und dieses Deuten – wie und warum? – erfahren wir als *homo narrans* in Erzählungen, die Komplexität reduzieren, Ereignisse strukturieren

1 Der Hurrikan Katrina trifft am 29. August 2005 auf den Golf von Mexiko und richtet über eine Milliarde Dollar Schaden an.

2 Tagesaktuelle Berichterstattung über das Tohoku-Beben in RTL aktuell am 11. März 2014

und jenseits des Einzelschicksals kollektiv greifbar und verständlich machen.[6] Das aufziehende Unwetter als spannungsgeladene Abenteuergeschichte, die hereinbrechenden Naturgewalten als Schockeffekte eines Horrorfilms, der aussichtslose Kampf der Helfer und Retter gegen das Unglück als (griechische) Tragödie, die Geschichten von Überlebenden und Opfern als Familiendrama und schließlich die Rettung und der Wiederaufbau als Heldenepos. Sozio-kulturelle Metanarrative wie etwa die Erzählung der Sintflut, der Bestrafung und der Reinigung wirken – mal mehr, mal weniger – subtil zwischen den Zeilen.

Was wir erinnern, wird durch diese Erzählungen und Deutungen wesentlich geprägt. Wandeln sich die medialen Erzählungen über Naturkatastrophen, so wandeln sich auch unsere kollektiven Erinnerungen an diese Ereignisse und an das, was sie bedeuten mögen.[7]

Dokumentationen sind solch ein Ausdruck von kollektivem Erinnern und unterscheiden sich von Nachrichtenberichten durch eine deutlich intentionale Narrativierung der Geschehnisse. Da wir nach der Katastrophe ja wissen, was passiert ist, setzen Dokumentationen umso mehr auf eine sinngebende Deutung durch dramaturgische Elemente. Durch Musik und Montage werden die einzelnen Bausteine – dokumentarisches und fiktionales Filmmaterial, Interviews mit Betroffenen, Experten und Verantwortlichen – in Szene gesetzt, zu einer Erzählung verwoben, die auf den Zeugen, der berichtet, angewiesen ist, denn ohne Überlebende keine Katastrophe, so der Schriftsteller Max Frisch.[8] Oftmals steht hier die Frage nach der Verantwortung im Mittelpunkt: Wer trägt die Schuld am Ausmaß der Katastrophe? Wie kann man den Opfern Gerechtigkeit widerfahren lassen und den Überlebenden unbürokratisch helfen? Wie kann man solch eine Katastrophe in Zukunft verhindern? Dokumentationen stillen unsere Sehnsucht nach Gewissheit und Sicherheit, weil sie ein bisweilen unerklärliches Naturereignis in dem Maße erfahrbar machen, dass nicht nur Überlebende und

Helden davon Zeugnis ablegen, dass eine Zukunft möglich ist, sondern auch Verantwortliche für ihr Fehlverhalten zur Rechenschaft gezogen werden (können). Nicht selten schließen sich juristische Verfahren zur Klärung der Schuldfrage an und politische Entscheidungsträger sind nun gefragt, umfassendere Frühwarnsysteme, einen effizienteren Katastrophenschutz, sicherere Häuser und eine höhere Resilienzfähigkeit aufzubauen.

Gerade diese diffizilen Fragen nach Schuld und Verantwortung zeigen, dass Naturkatastrophen immer auch eine politische Dimension haben, wenn mediale Erzählungen in politische Narrative übersetzt werden und zur Erzeugung von Legitimität beitragen.[9] Dort, wo Naturkatastrophen in unsere alltägliche Kultur einbrechen, zerstören die Naturelemente nicht nur Häuser und Straßen und töten Menschen, sondern erschüttern auch unsere normative Ordnung, schaffen zuweilen kreative Handlungsmöglichkeiten für eine Erneuerung gesellschaftlich sedimentierter Regeln und Normen. In Zeiten einer globalen Risikogesellschaft heißt dies aber auch: Nach der Katastrophe ist vor der Katastrophe.[10] Schlussendlich lassen sich Katastrophen nur deuten und bewältigen, wenn unser Glaube an die Machbarkeit der Welt – Natur wird durch den Menschen kultiviert und zur Kultur gemacht – in medialen und politischen Erzählungen wieder hergestellt wird. Der apokalyptischen Erzählung des Jüngsten Gerichts und des Untergangs setzen Medien und Politik deshalb nur allzu gerne ein Fortschrittsnarrativ entgegen. Exemplarisch lässt sich dies am politischen Umgang mit der Natur- und Kulturkatastrophe in Fukushima 2011 erläutern: Während deutsche Politiker die Energiewende mit technologischer Präzision planen, kehren die Japaner nach einem Moratorium zur Atomenergie zurück, die jahrzehntelang positiver Identifikationspunkt einer innovationsversessenen Gesellschaft war. Dies zeigt, dass Naturkatastrophen in ihrer politischen Konsequenz durchaus unterschiedlich, gar gegensätzlich gedeutet werden können, wenn gesellschaftlich und kulturell verankerte Narrative durch Medien und Politik mobilisiert werden. Mediatisierung ist weder ein deterministischer noch ein völlig willkürlicher Prozess, sondern die kreative, kontingente Aushandlung von Bedeutung und Sinn zwischen Erzählern, dem Medium und uns, dem Publikum. Das

hoffnungsgebende Ende der Erzählung von Naturkatastrophen fordert, es beim nächsten Mal besser zu machen: *make it right,* wie das von Schauspieler Brad Pitt unterstützte Wohnprojekt in New Orleans heißt.

Anmerkungen

1 Juneja – Schenk 2014, S. 13–47. Der Beitrag konzentriert sich auf die Darstellung von Naturkatastrophen in Nachrichtenformaten im Fernsehen. Literarische und cineastische Formen bleiben unberücksichtigt.

2 Burke 1998, S. 36.

3 Felgentreff – Dombrowsky 2008, S. 13–29.

4 Luhmann 1996.

5 Habermas 1990.

6 Ricoeur 1983.

7 Assmann, A. 1999.

8 Frisch 1979; zur Zeugenschaft, siehe Emcke 2013.

9 Zum Narrativbegriff in der politikwissenschaftlichen Debatte siehe Gadinger – Jarzebski – Yildiz 2014.

10 Beck 2007.

JACOB BIRKEN

Was ist ›natürlich‹ an einer Naturkatastrophe? Wir sind es im Alltagsverständnis gewohnt, den Begriff auf bestimmte Ereignisse anzuwenden – Erdbeben, Vulkanausbrüche, Hurrikane – und andere auszuschließen. Gesellschaftliche Krisen wie Kriege sind katastrophal, aber nicht ›natürlich‹, und auch Schrecknisse wie Seuchen als nicht ausschließlich ›menschengemachte‹ Ereignisse fallen aus dem Rahmen: Hier ist es der Verlauf und die mitverursachende Verbindung mit kulturellen Faktoren (zum Beispiel mangelnde Hygiene, Ernährung, hohe Siedlungsdichte), die sie von denjenigen Katastrophen unterscheiden, die wir als die dramatische, unmittelbare Einwirkung von Seiten einer den Menschen gegenübergestellten ›Natur‹ auslegen. Wenn wir von ›Natur‹katastrophen sprechen, sagen wir damit etwas über unser allgemeines Verständnis der Welt und vor allem darüber aus, welche Rolle der Mensch darin einnimmt. In einer Naturkatastrophe ist diese gewöhnlich die des Opfers, doch vereinzelt sind auch handlungstragende Rollen durch Menschen besetzbar: Heldenhafte Retter oder diejenigen, deren Unfähigkeit oder Laster die ›natürliche‹ Gefahr verstärkt haben.

Dieses Verständnis ist eine Entwicklung der Neuzeit. Wurden natürliche Ereignisse zuvor entweder als Ausdruck der Ohnmacht des Menschen gegenüber dem göttlichen Willen, als Sündenstrafe, Prüfung oder verschlüsselte Zeichen für ganz andere – politische oder religiöse – Ereignisse verstanden, wird die ›Naturkatastrophe‹ in der Moderne zum Ausdruck des Konflikts zwischen Mensch und Natur. Selbstverständlich steht der Sieger bereits fest: Als das eigentlich Erschreckende an der Katastrophe erscheint, dass die Macht der Natur in diesem Moment noch nicht durch den Menschen gebändigt worden ist. Dieser Glaube an die fortschreitende Herrschaft des Menschen über die Natur ist allerdings nicht nur eine Form kulturellen Umgangs, sondern wirkt mitten ins Geschehen hinein – Mythen technischer Machbarkeit wiegen ganze Gesellschaften in Sicherheit und führen zu neuen Arten von Katastrophen, wenn wie 2011 in Fukushima ein Naturereignis zum Auslöser eines Nuklearunfalls wird. Zunehmend stellen wir fest, dass das Ideal einer absoluten Kontrolle selbst außer Kontrolle geraten ist. Welche Auswirkungen die menschlichen Eingriffe in das Ökosystem auf das Weltklima und die Zukunft von Mensch und Planet haben werden, können nur nachfolgende Generationen beurteilen. Handlungsbedarf besteht schon heute – doch dies ist die positive Kehrseite des ›Faktors Mensch‹ im katastrophalen Geschehen: Sobald wir verstehen, wie natürliche Abläufe und menschliches Handeln untrennbar ineinander greifen und gemeinsam zu Risikofaktoren werden, können wir in der Gegenwart Maßnahmen zur Prävention möglicher Bedrohungen entwickeln. Kultureller Umgang mit Naturkatastrophen dient somit nicht nur dazu, tragischen Ereignissen als ›Geschichte‹ Sinn und Bedeutung zu verleihen, sondern ebenso dazu, aus dieser Geschichte für die Zukunft zu lernen.

Die Reaktorkatastrophe von Fukushima im März 2011

CONSTANTIN CANAVAS

Am 11. März 2011 lösten ein Erdbeben und der darauf folgende Tsunami im Nordosten Japans eine Reihe von schweren Unfällen aus, die das Kernkraftwerk Fukushima Dai-ichi betrafen. In der öffentlichen Wahrnehmung bildeten die erschütternden Bilder der Tsunamiwellen den sichtbaren Auslöser der anschließenden, zumeist narrativ wiedergegebenen schweren Unfälle im wenig sichtbaren kernkrafttechnischen Bereich. Um so nachdrücklicher wurde danach gefragt, wie es möglich war, dass die Errichtung eines Anlagenkomplexes mit einem so hohen Gefährdungspotential genehmigt werden konnte. Die von Betreiber- und Behördenseite wiederholt vorgetragene Begründung, man hätte mit einem so starken Erdbeben nicht gerechnet, bezeugte eher die Ratlosigkeit der Verantwortlichen.

Technologische Katastrophen, die durch Naturkatastrophen – zum Beispiel Erdbeben – ausgelöst werden, ereignen sich mit zunehmender Technisierung der Versorgungsinfrastruktur und der Alltagswelt immer häufiger; außerdem werden sie wegen der Potenzierung des Schadensausmaßes immer schwerer. Erst in den letzten Jahren allerdings werden sie systematisch erfasst und gesondert studiert. In der Fachwelt wird für solche kombinierten Katastrophenereignisse die Bezeichnung ›Natech‹ (Natural Hazard Triggering Technological Disasters) verwendet. Technologische Katastrophen infolge von Erdbeben und Tsunamis in Japan bzw. Südostasien bilden dabei wichtige und vergleichsweise häufig untersuchte Ereignisse. Fukushima dürfte in der aktuellen und künftigen Natech-Literatur eine traurig exponierte Stelle beanspruchen – oder als ein weiterer verkannter Erfahrungsschatz verkommen.

I. Die Reaktoranlage in Fukushima

Die Anlage in Fukushima Dai-ichi (Fukushima I) umfasst sechs Blöcke, die jeweils mit einem Siedewasserreaktor bestückt sind. In jedem Reaktor werden durch die Kernspaltung die Brennstäbe erhitzt. Diese Erhitzung erzeugt Wasserdampf, der die stromerzeugenden Turbinen antreibt. Die Reaktorblöcke wurden zeitlich nacheinander gebaut. Der erste wurde 1967 begonnen und 1970 ans Netz angeschlossen, der Bau des sechsten Blocks begann 1973 und endete mit dem Netzanschluss 1979. Die Blöcke 1 bis 4 liegen beieinander in der Ortschaft Okuma, die Blöcke 5 und 6 in der 500 m davon entfernten Ortschaft Futaba. Jeder Block verfügt über ein separates Abklingbecken zur Zwischenlagerung von Brennstäben, außerdem gibt es im Werk ein weiteres zentrales Abklingbecken. Die Gesamtanlage – wie auch das Kraftwerk Fukushima Dai-ni (Fukushima II) – wird von der Tokyo Electric Power Company (TEPCO) betrieben, dem größten Energieversorgungsunternehmen Japans.

II. Der Verlauf der Reaktorkatastrophe

Während der Verlauf des Erdbebens und des Tsunamis weitgehend nachvollziehbar beschrieben worden ist, bleibt die Rekonstruktion der Unfallabläufe in den verschiedenen Blöcken des Kernkraftwerks unvollständig und auf Beobachtungen von außen sowie auf anderweitig gewonnenes Erfahrungswissen angewiesen. Zwar liegen inzwischen verschiedene ausführliche Berichte über das Unfallgeschehen vor – zum Beispiel von der japanischen Regierung an die Internationale Atomenergieagentur (IAEA) oder vom deutschen Bundesamt für Strahlenschutz (BfS) –, verlässliche Aussagen, zum Beispiel über die Menge und den Verbleib des radioaktiv kontaminierten Materials im Inneren der Reaktoren oder die Freisetzung radioaktiver Stoffe in die Atmosphäre und ins Meer, sind allerdings immer noch kaum möglich. Erschwert wird eine verlässliche Rekonstruktion der Abläufe wie auch eine abschließende Bewertung der Folgen nicht nur durch die mangelhafte Informationspolitik der Betreibergesellschaft TEPCO während des Geschehens, sondern auch durch das neulich vom japanischen Parlament verabschiedete Geheimhaltungsgesetz sowie durch vertraglich vereinbarte Geheimhaltungsabkommen – zum Beispiel zwischen der IAEA

1 Saijo Kakichi, Rikuzentakata, Iwate Präfektur, 11. März 2011, 15:42 Uhr Japan Professional Photographers Society

und der Universitätsklinik Fukushima mit Bezug auf Dekontaminationsarbeiten oder Erfassung von gesundheitlichen Folgen der Katastrophe.

III. Die Verkettung von Natur- und Technikkatastrophen

Das Erdbeben ereignete sich am 11. März 2011, um 14:46 Uhr; sein Epizentrum lag 163 km nordöstlich von Fukushima Dai-ichi. Zum Zeitpunkt des Erdbebens waren im Kraftwerk Fukushima I die Blöcke 1 bis 3 in Betrieb. Block 4 war wegen Revision außer Betrieb; seine Brennstäbe lagerten im zugehörigen Abklingbecken. Die Reaktoren der Blöcke 5 und 6 waren nach planmäßiger Wartung in Vorbereitung fürs Wiederanfahren. Durch das Erdbeben brach die Stromversorgung des Kraftwerksgeländes zusammen. Zwar wurden sofort die sicherheitstechnisch wichtigen Notstrom-Dieselaggregate eingeschaltet, doch sie wurden 40 Minuten später von den Tsunamiwellen überschwemmt und fielen aus. Dadurch war eine effektive Kühlung in den Blöcken 1 bis 3 unmöglich. Erschwerend kam hinzu, dass wesentliche Teile der leittechnischen Infrastruktur ausfielen, so dass wichtige Informationen über den Zustand der einzelnen Reaktoren (zum Beispiel über den Wasserstand in den einzelnen Reaktordruckbehältern) nicht mehr vorhanden waren. Trotz verschiedener

Notkühl-Maßnahmen kam es durch das Verdampfen des noch vorhandenen Kühlmittels zu einem unaufhaltsamen Druckanstieg; die Auslegungsgrenzen in allen drei Blöcken wurden überschritten. Am 13. März ließ TEPCO in allen drei Blöcken zur Druckentlastung Gas ab (so genanntes Venting). Da wichtige Steuerelemente ausgefallen waren, hatten diese Versuche nur teilweise Erfolg. Vielerorts mussten Ventile manuell oder mit Hilfe von Autobatterien betätigt werden. In diesem Zusammenhang wurden die Anwohner in einem Umkreis von zehn Kilometern evakuiert. Nach dem Venting kam es in den Blöcken 1 (am 12. März) und 3 (am 14. März), aber auch im Block 4 (am 15. März) zu starken Wasserstoffexplosionen. Der Wasserstoff hat sich vermutlich bei den sehr hohen Temperaturen (über 1.000 Grad Celsius) durch die Reaktion des Hüllrohrmaterials Zirkonium mit Wasserdampf gebildet. Durch undichte Stellen in der Anlage gelangte dann der so erzeugte Wasserstoff in Kontakt zu Luftsauerstoff und führte zu teilweise gewaltigen Explosionen. Auch die Erschütterung am 15. Mai im Block 2 könnte die gleiche Ursache gehabt haben. Die Explosionen in den einzelnen Reaktorblöcken beschädigten vermutlich auch die anderen Blöcke.

In den folgenden Tagen konzentrierten sich die Bemühungen von TEPCO darauf, Reaktoren und Abklingbecken aus der Luft mit Hilfe von Hubschraubern oder vom Boden aus mit Hilfe von Sonderlöschfahrzeugen abzukühlen. Als besonders kritisch wurde die Lage im Abklingbecken des vierten Blocks betrachtet, weil sich dort eine hohe Anzahl von Brennstäben befand. Im Reaktorblock 4 kam es wiederholt zu Bränden, die sich von allein löschten. Dass es in den Reaktoren 1, 2 und 3 zur Kernschmelze gekommen ist, wird von der Regierung erst am 6. Juni bestätigt. Die in den ersten Tagen freigesetzte Radioaktivität wird nachträglich viel höher eingeschätzt, als sie zu Beginn der Katastrophe angegeben wurde.

IV. Radioaktive Kontaminierung und Sicherungsmaßnahmen

Auch nach der Wiederinbetriebnahme der regulären Kühlsysteme riss die Kette der schweren Störfälle nicht ab. Nachdem man erhöhte Konzentrationen von Jod und Cäsium im Meerwasser entdeckt hatte, stellte TEPCO fest, dass stark radioaktiv kontaminiertes Wasser durch einen Riss im Block 2 ins Meer floss. Einen ähnlichen Defekt entdeckte man auch im Block 3. Um Platz für den Umgang mit dem hochradioaktiven Wasser im Block 2 zu schaffen, wurde sogar leicht kontaminiertes Wasser gezielt ins Meer geleitet. Über die radioaktive Belastung des Meerwassers durch diese und ähnliche Austritte liegt keine verlässliche Schätzung vor.

Zu den ersten Sicherungsmaßnahmen nach der Stabilisierung der Kühlung gehörte die Bindung der radioaktiven Stäube mit Hilfe von Kunstharz. Neben den Arbeiten zur Dekontaminierung des Wassers in der Anlage wurden auch Maßnahmen zur Dekontamination der eingeschlossenen Luft unternommen. Die Sicherung der eingeschmolzenen Stäbe und der radioaktiv kontaminierten Materialien dürfte sich als äußerst langwierige Aufgabe erweisen. Nach veröffentlichten Schätzungen von TEPCO (21. Dezember 2011) dürfte die kontrollierte Stilllegung der Reaktoren in Fukushima I noch 40 Jahre in Anspruch nehmen. Die Entsorgungsproblematik ist weiterhin ein offenes Thema, und die Pläne für eine Einkapselung mit Stahlbeton sind eine kostspielige und – nach den Erfahrungen in Tschernobyl – auch höchst umstrittene Option. Seit Oktober 2011 liegt allein das Reaktorgebäude des Blocks 1 unter einer Schutzhülle aus PVC-beschichtetem Polyestergewebe – eine Maßnahme, die eher gegen den Eintritt von Regenwasser als vor dem Austritt von Radioaktivität schützen dürfte.

○ Arita Tsutomu, *Verteilung von Hilfsgütern in der Notunterkunft in der Tsugaruishi-Grundschule in Miyako, Iwate-Präfektur, 24. April 2011* Japan Professional Photographers Society

Sichtbares und Unsichtbares

Das Große Ostjapanische Beben am 11. März 2011

CHRISTIAN NUMRICH, WIEBKE GRIMMIG UND GERRIT JASPER SCHENK

Ereignis und erste Deutungen

CHRISTIAN NUMRICH

15.854 Tote, 3.155 Vermisste, 26.992 Verletzte, 129.107 zerstörte Gebäude, 254.139 teils zerstörte Gebäude, eine geschätzte Schadenshöhe von 16 bis 25 Billionen Yen[1], 578 in Notunterkünften evakuierte Personen, 17.676 außerhalb von Notunterkünften evakuierte Personen, 325.681 in provisorischen oder angemieteten Wohnungen untergebrachte Personen.[2] Dies sind die von der Japanischen Botschaft zu Berlin veröffentlichten offiziellen Zahlen zum Ausmaß der Zerstörung[3] durch das Große Ostjapanische Beben, wie es seit einem offiziellen Kabinettsbeschluss vom 1. April 2011 genannt wird. Als sich der Meeresboden vor der Küste der Präfektur Miyagi im Nordosten Japans am 11. März 2011 um 14:46 Uhr mit einem Ruck um 27 m horizontal und 7 m vertikal verschob[4], wurde ein bis dato in Japan ungemessenes Erdbeben von einer Momenten-Magnitude von 9,0 ausgelöst. Der dabei entstandene Tsunami traf nach nur 25 Minuten auf die Küste der historischen Region Sanriku. Er erreichte dabei in Miyako eine Spitzenhöhe von 37,88 m, spülte bis zu fünf Kilometer ins Land hinein und überschwemmte eine Fläche von über 500 km² (Abb. 1). Die Region Sanriku, bestehend aus den heutigen Präfekturen Aomori, Iwate, Miyagi und Akita, blickt auf eine lange Geschichte von schweren Erdbeben und Tsunamis zurück. Doch die Geschwindigkeit und Höhe der Tsunamiwellen am 11. März 2011 stellten selbst die lokalen Erfahrungen aus den Katastrophen der Jahre 1611, 1896 und 1933 in den Schatten.[5]

Die humanitäre Katastrophe sollte jedoch nur kurzfristig im Vordergrund der weltweiten Medienaufmerksamkeit stehen. Im Atomkraftwerk Fukushima I fielen im Moment des Bebens das gesamte Sicherheitssystem sowie die externe Stromversorgung aus. Als um 15:35 Uhr eine knapp 15 m hohe Tsunamiwelle die nur 5,7 m hohen Wellenbrecher der direkt an der Küste gelegenen Anlage überspülte, wurden damit auch die Dieselgeneratoren, die als letzte Notstromquelle fungierten, außer Betrieb gesetzt. Dadurch setzte die Notkühlung der gelagerten Brennstäbe in Block 1 und Block 2 aus. Um 19:03 Uhr wurde der nukleare Notstand ausgerufen. Um 20:00 Uhr kam es zur Kernschmelze in Block 1. Da sich

die Führung von TEPCO (Tôkyô Denryoku) am 11. März 2011 nicht in der Firmenzentrale in Tokyo befand, konnten erst am darauffolgenden Tag konkrete Maßnahmen ergriffen werden. Der damalige Premierminister Kan Naoto stellte nach Bekanntwerden der außer Kontrolle geratenen Situation in den AKWs ein Krisenteam aus Experten zusammen, um der langsamen Reaktion von TEPCO effektiv entgegenwirken zu können. Dies verhinderte jedoch nicht, dass es am 12. März 2011 trotz Einspeisung von Süßwasser in Block 1 um 15:36 Uhr zu einer Knallgasreaktion kam. Radioaktive Spaltprodukte gelangten in den Wasserdampf in Block 1 und es kam zu einer Explosion, die die Außenhülle des Blocks zerstörte.[6] Das Bild der aufsteigenden Dampfwolke aus dem AKW Fukushima ging durch die weltweiten Medien und dominierte über Monate die Top-10-Liste

1 Nomachi Kazuyoshi, *Die an Land gespülte Kyôtokumaru 18 (330 t) in Kesennuma*, Miyagi-Präfektur, 26. April 2011 Japan Professional Photographers Society

des Videoportals *YouTube*. Die noch spärliche Informationslage tat ihr Übriges und es entstand eine Atmosphäre der Angst vor einem erneuten nuklearen Super-GAU wie bei der Katastrophe von Tschernobyl am 26. April 1986. Die Erinnerung an dieses Ereignis wurde vor allen Dingen in Europa erneut aktuell. Das Große Ostjapanische Beben wurde synonym mit dem Wort »Fukushima«. Es folgte und folgt eine Geschichte der wechselseitigen kulturellen Wahrnehmung und Deutung vorgeblich ›typischer‹ Reaktionen in Japan und der westlichen Hemisphäre auf zahlreichen Ebenen. Exemplarisch dafür stehen Stellungnahmen aus den ersten Tagen nach der »Dreifach-Katastrophe«, die Erdbeben, Tsunami und atomare Kernschmelze vereinte und ihre besondere Brisanz erst aus dieser Kombination ›natürlicher‹ und ›technischer‹ Faktoren (so genannte Natech-Katastrophe) gewann.[7]

Am 14. März gab der ehemalige Leiter der Umweltbehörde (1976/77, im Kabinett von Fukuda Takeo), Literat und aktuelle Gouverneur des Stadtgouvernements Tôkyô, Ishihara Shintarô, eine Pressemeldung[8] heraus, die ganz im Geiste des althergebrachten Konzepts des *yonaoshi*[9] stand, der moralischen Bereinigung der Welt durch eine Katastrophe:

»Die Identität der Japaner ist die Selbstsucht. Es besteht die Notwendigkeit, diesen Tsunami als gute Chance zu nutzen, mit einem Mal diese Selbstsucht wegzuspülen. Ich sehe dies tatsächlich als eine Strafe des Himmels an. [...] Die Identität Amerikas ist die Freiheit. Die Frankreichs ist unter anderem Freiheit, Brüderlichkeit und Gleichheit. Japan hat nichts dergleichen. Es hat die Selbstsucht! Die Gier nach Besitz und Geld. [...] Auch die Politik, an Selbstsucht gefesselt, macht nur Populismus. Dies alles muss mit einem Schlag (durch den Tsunami) weggespült werden. Dieser Schmutz, der sich seit Jahren auf Herzen und Geist der Japaner abgelagert hat.«[10]

Diese Aussage widerrief der umstrittene Gouverneur am folgenden Tag. Die von Ishihara erwähnte »Strafe des Himmels« (*tenbatsu*) diente bereits nach dem Großen Kantô-Erdbeben vom 1. September 1923 wie auch nach dem Ansei-Erdbeben von 1855 sowohl als Wunsch nach wie auch als Rechtfertigung der Katastrophe. Doch anders als bei der im Christentum verbreiteten Deutung von Katastrophen als Mahnung oder Strafe Gottes steht im konfuzianischen Denksystem kein richtender Gott über der Welt, sondern die Natur selbst bringt sich wieder ins Lot, wenn die Welt in Unordnung gerät. Naturkatastrophen sind ein mögliches Mittel dazu.

Kulturelle Deutungsmuster scheinen auch der Wertung des politisch rechts stehenden US-amerikanischen Radio- und Fernsehmoderators Glenn Beck[11] in seiner Radiotalkshow *The Glenn Beck Program* vom selben Tag zugrunde zu liegen. Sie steht in der Tradition, die Natur als Buch Gottes zu interpretieren und vermengt auf diffuse Weise mormonische oder evangelikale apokalyptische Gestimmtheit mit zeitgeistigen Anklängen an Begriffe der New Age-Bewegung, verbindet diese Perspektive aber ebenfalls mit einer moralisierenden Wertung:

> *»[...] nennt es Gaia [mythologische Personifizierung der Erde], oder nennt es Jesus, da wird eine Nachricht übermittelt. Und die lautet ›das was ihr da macht, das läuft nicht wirklich gut.‹ Vielleicht sollten wir ein paar Dinge sein lassen. [...] ich könnte Ihnen auch einfach die Antwort auf all das geben. Und die Antwort lautet› ›schnallt euch an, schnallt euch an, denn vor euch liegt eine holprige Fahrt.‹«[12]*

Der Kaiser von Japan wandte sich am 16. März 2014 in einer der seltenen Fernsehansprachen an das Volk und sprach ihm Mut zu. Er griff dabei den Topos des ›gefassten Japaners‹ auf, der vor allem in den europäischen Medien als Deutungsmuster für die Reaktionen in Japan diente, und nutzte ihn, um zu Solidarität mit den Opfern aufzurufen:

> *»Mir wurde berichtet, dass im Ausland nun oft betont wird, wie die Menschen in Japan inmitten ihres großen Leids mit großer Gefasstheit einander helfen und mit der Situation in großer Ordnung umgehen. Ich hoffe von Herzen, dass auch weiterhin alle einander stützen, füreinander sorgen und so diese unglückliche Zeit überstehen.*
> *Ich denke, es ist sehr wichtig, dass wir alle auf vielfältige Weise die anstehenden schwierigen Tage mit den Betroffenen teilen. Es ist mein aufrichtiger Wunsch, dass die betroffenen Menschen ihre Hoffnung nicht aufgeben, auf ihre Gesundheit achten und die kommenden Tage überstehen sowie dass im ganzen Land jeder Einzelne von uns die betroffenen Regionen lange in seinem Herzen bewahrt und zusammen mit den Betroffenen den Weg des Wiederaufbaus in diesen Regionen aufmerksam verfolgen möge.«[13]*

Risikogesellschaft der Postmoderne?

WIEBKE GRIMMIG

Die Ereignisse vom März 2011 hatten selbst für ein geprüftes Land wie Japan besondere Ausmaße. Die beobachtbaren Reaktionen der japanischen Bevölkerung standen in der Berichterstattung der Medien mindestens genauso stark im Fokus wie die Geschehnisse selbst. Besonders erstaunt war und ist man im Ausland über die scheinbar stoische Hinnahme des Katastrophalen angesichts einer außer Kontrolle geratenen Situation. Schon Florian Coulmas hat dafür eine eher simple Erklärung geliefert:

> *»Es ist eine Gesellschaft, in der Haltung, Selbstbeherrschung, Achtung der guten Form, Rücksicht und die Gewissheit, dass es richtige Verfahren gibt, zentrale Mechanismen der Verhaltensregulierung sind, die nicht nur bei Sonnenschein Gültigkeit haben, sondern umso wichtiger sind, je größer die Schwierigkeiten werden.«[14]*

Diese Reaktionen würden sich aus der jahrhundertelangen Erfahrung einer Inselbevölkerung speisen, die sich, gerade beim Auftreten unvorhergesehener Ereignisse, auf engstem Raum arrangieren müsse. Das dem ›Westen‹ zugeschriebene Ideal der ›individuellen Freiheit des Einzelnen‹ trete hinter die Maxime der größtmöglichen Angstfreiheit der Gruppe zurück.[15]

Im Fall von Fukushima ergab sich eine besondere Konstellation eines natürlichen Extremereignisses, das auf eine riskante Technologie des Menschen traf und erst in diesem Zusammenstoß eine nie da gewesene Katastrophe auslöste, die bis zum heutigen Tag andauert. Dies ist jedoch keinesfalls ein rein japanisches Phänomen: Ein Risiko, das für einen Modernisierungsprozess eingegangen wird, ist grundsätzlich schwer abzuschätzen und bedarf einer gründlichen Abwägung des Gewinns gegenüber dem eingegangenen Risiko, das wiederum maßgeblich von der Wahrnehmung eines Jeden bestimmt wird:

> *»Das Wort Risikogesellschaft, das ich fand und 1986 zum Titel meines Buches machte, bringt also eine Epoche der modernen Gesellschaft auf den Begriff, die nicht mehr nur traditionale Lebensformen abstreift, vielmehr mit den Nebenfolgen erfolgreicher Modernisierung hadert: mit unsicheren Biographien und schwer fassbaren Gefahren, die alle treffen und niemand mehr adäquat versichern kann.«[16]*

Wie eine potentiell riskante Handlung bewertet wird, hängt also maßgeblich von den zur Verfügung stehenden Informationen und den vermittelten Werten und Normen ab. Nicht jeder in einer Gesellschaft kann über den gleichen Wissensstand verfügen. Das entstehende ›Wissensgefälle‹ (z. B. bei der Atomenergie) macht den Laien somit vom Experten abhängig, der die Informationen aufbereiten und verständlich vermitteln soll. Die Einschätzung des Einzelnen hängt also von diesem ›Strohmann‹ des Wissens ab, wodurch auch die Bewertung den kulturell gesetzten Prioritäten und Zielsetzungen eines Landes zu einem bestimmten Zeitpunkt unterliegt, die wiederum den Weg zur politischen Legitimation gegenüber der Bevölkerung bereiten. Genauso ist die aus der auftretenden Katastrophe resultierende Reaktion kulturell beeinflusst

2 Noda Masaya, *Grillfest im radioaktiv verseuchten Iitate*, Fukushima-Präfektur, 14. August 2011 Japan Professional Photographers Society

und in manchen Situationen von Außenstehenden nicht nachvollziehbar. So kam es in Japan z. T. erst verspätet zu Trauerreaktionen, meist erst in bestimmten Kontexten, oder Evakuierte wollten in ihre Wohnungen inmitten des verstrahlten Sperrgebietes zurückkehren (Abb. 2).[17]

Emotionen wie diese sind seit jeher ein großer Motor im gesellschaftlichen Gefüge. Mit dem Aufwachsen in einem bestimmten Umfeld wird die emotionale Bewertung von Dingen, Personen und Handlungen und deren Ausdrucksform erlernt. Derselbe Gegenstand kann also vollkommen unterschiedliche Reaktionen auslösen, deren Äußerung vom Umfeld interpretiert werden muss. Diese Interpretationsleistung wiederum wird bestimmt von dem (nicht) vorhandenen Wissen um die gesellschaftlichen Regeln des jeweils Anderen bei der Verarbeitung von Emotionen.[18] Eine vor dem GAU fliehende Person wird je nach Interpretationsrahmung als ›Opfer‹, ›ehemaliger Anwohner‹, ›Flüchtling‹ oder ›Feigling‹ wahrgenommen und dementsprechend behandelt. Die emotionale Komponente im Begreifen von Situationen unter Einbezug der gesellschaftlichen Reaktion ist ein nicht zu unterschätzender Faktor bei der Auseinandersetzung mit einem gesellschaftlichen Thema (Abb. 3).

Die Medien spielen eine besonders wichtige Rolle bei der Vermittlung des Wissens um eine Gesellschaft: Sie stellen den hauptsächlichen Zugang des Außenstehenden zu Informationen dar und beschränken somit auch die Möglichkeit des Eintauchens in eine andere Form des Umgangs mit gesellschaftlichen Vorkommnissen und Emotionen. Dadurch sind sie aber auch in der Lage, unsere Haltung zu beeinflussen: Die anfängliche Angst angesichts einer unberechenbaren Situation weicht einer zunehmend aufkeimenden Bewunderung für die Menschen, die vor Ort ihr Bestes tun, um die Bevölkerung zu schützen, aufzuklären und ihre (Lebens-) Situation zu verbessern.

Die Katastrophe von Fukushima wird also, wie jedes andere Ereignis im In- wie Ausland, durch die Linse unserer kulturellen Prägung wahrgenommen. So kam es in Deutschland innerhalb kürzester Zeit zum Ausverkauf von Geigerzählern und Jod; eine Reaktion, die wissenschaftlich gesehen wenig Sinn ergab und die, vom ausländischen Standpunkt aus, dem Klischee der ›German angst‹ (gemeint ist eine ›typisch deutsche Angstreaktion/Zögerlichkeit‹) entsprach.

Bei der Auseinandersetzung mit einer Katastrophe wie der des II. März 2011 in Japan treten die Besonderheiten einer Kultur in

Copyright KIDO Takako

3 Kido Takako, *Ein Wald aus Fotos, die in Natori aus den Ruinen geborgen und gereinigt wurden*, Miyagi-Präfektur, 15. Mai 2011 Japan Professional Photographers Society

besonderem Maße zu Tage und verdeutlichen anhand der Reaktion der Menschen ihre Einstellungen, Werte, Normen und Handlungsmöglichkeiten. Dabei sind Katastrophen nicht einfach nur schreckliche Ereignisse. Sie stellen zugleich auch eine Quelle der Mobilisierung dar und bieten somit die Möglichkeit, die eigene Gesellschaft grundlegend zu hinterfragen und zukunftsweisende Entscheidungen aktiv zu beeinflussen. Medien wie Fernsehen und Presse machen uns dabei zu ›Zuschauern‹ und ermöglichen diesen Prozess des Wandels sowohl im In- wie auch im Ausland. Der Ablauf dieser Dynamik mag sich im Einzelnen unterschiedlich darstellen. Und dennoch sind sie alle Ausdruck einer gemeinsamen Anstrengung auf der Suche nach einer neuen Alltäglichkeit.

Ruinen und die Macht der Bilder

GERRIT JASPER SCHENK

Die Deutungsmuster von der Katastrophe als Strafe des Himmels (Ishihara Shintarô) oder als Nachricht von Gaia oder Jesus (Glenn Beck) konvergierten trotz bezeichnender kultureller Unterschiede erstaunlicherweise in ihrer moralisierenden Wertung, mit der aber auf die je eigene Gesellschaft gezielt wurde. Diese gemeinsame Ansprechbarkeit durch die Ereigniskette könnte ein Resultat der erwähnten globalisierten Risiken der Postmoderne[19] sein, setzt aber nicht die kulturspezifischen Deutungs- und Darstellungsformen außer Kraft. Wie wurde visualisiert, was geschehen war? Welche Wirkungen hatten die in den Bildern zum Ausdruck kommenden Deutungs-, Wahrnehmungs- und Darstellungsmuster auf die einzelnen Gesellschaften von Japan bis Deutschland? Auch wenn es noch zu früh sein mag, systematische Folgerungen aus der Bilderflut, die als Folge der im historischen Vergleich neuartigen Dreifachkatastrophe[20] um die Welt ging, zu ziehen, lassen sich doch einige Beobachtungen festhalten:[21]

Das Problem der Darstellbarkeit von etwas Unsichtbarem – der Gefährdung durch Strahlung und radioaktive Spaltprodukte – stand im Kontrast zur Sichtbarkeit der Zerstörungskraft des Tsunami und der sichtbaren Zerstörungen und des Leids von Mensch und Tier in den folgenden Tagen und Wochen. Zu dieser vergleichsweise vertrauten Situation für vor allem international tätige Bildagenturen und ihre nichtjapanischen Fotografen trat ein bisweilen stereotyp exotisierender Blick auf die ›duldsamen‹ japanischen Opfer.[22] Der Kernkraftwerksunfall von Tschernobyl (Ukraine) am 26. April 1986 hatte, vielleicht wegen der damaligen Desinformationspolitik der Sowjetunion, keine prägende Kraft für Bildmuster entwickelt, wie Unsichtbares sichtbar gemacht werden kann, und die Bilder von

Hiroshima und Nagasaki konnten als Kriegsbilder offenbar kein Vor-Bild sein.[23] Schon allein die Strahlengefahr führte zu Aufnahmen des Reaktors aus großer Ferne, in deren grobkörniger Bläue auch die Explosion des Reaktorgebäudes aufgenommen und vom deutschen Nachrichtenmagazin *Der Spiegel* als Signum des unsichtbaren Unheimlichen auf das Titelbild der Ausgabe vom 14. März 2011 gesetzt wurde.[24] Luftbilder der Ruine visualisierten den Zerfall dieses technischen Großbaus – doch hier stand die Ruine nicht als ästhetisches Mahnmal der Vergänglichkeit wie im 18. Jahrhundert, sondern Fukushima als »Chiffre ... für das Ende des Traums von der kontrollierbaren Kernkraft«.[25]

Das Unsichtbare sichtbar zu machen war auch das Ziel japanischer Fotografen, die wie z. B. Obara Kazuma (*1985) versuchten, gegen die durch Regierung, TEPCO und die Mehrzahl der Medien stark kontrollierte Visualisierung der Katastrophe eigene Bilder zu setzen.[26] Mit seinen im August 2011 investigativ entstandenen, grobkörnigen und kontrastreichen Schwarzweißaufnahmen wollte er den in den Massenmedien namenlosen Arbeitern in der Zone um den Reaktor als »den ungesehenen ›Helden‹ von Fukushima ein Gesicht« geben.[27] Manga-Autoren wie Shiriagari Kotobuki (*1958) fanden ebenfalls Formen der Visualisierung des Unsichtbaren durch z. B. eine zeichnerische Anthropomorphisierung von Cäsium- und Jod-Teilchen im Inneren des Reaktors, die den Weg nach draußen finden.[28] Diese Bilderwelten gelangten nicht in eine breitenwirksame, gar globale Öffentlichkeit. Doch es fällt auf, dass die Perspektive auf die ›Opfer‹ als ›Helden des Alltags‹, auf den Wiederaufbau und z. B. ein Lachen im Evakuierungslager ein Zeichen gegen die Verzweiflung setzt (Abb. 0).

Die Macht der Nachrichten, Berichte und Bilder, die um die Welt gingen, war groß. Kaum vier Tage nach dem Ereignis, am 15. März, und über 9.000 km vom Geschehen entfernt, entschloss sich die Kanzlerin der Bundesrepublik Deutschland, die sieben ältesten Atomkraftwerke Deutschlands abschalten zu lassen. Dies geschah ausdrücklich unter Verweis auf das Geschehen in Japan.[29] Warum die Ereignisse in Fukushima zum Ausstieg aus der Nutzung der Kernenergie in Deutschland führten, muss noch genauer analysiert werden – hier spielt sicher eine Vielzahl langfristig wirkender politischer, wirtschaftlicher und gesellschaftlicher Faktoren und nicht nur die Macht der Bilder eine Rolle.[30] Der unterschiedliche Umgang mit der leibhaftigen katastrophalen Erfahrung in Japan und der medial vermittelten Katastrophenerfahrung in Deutschland verdient eine genaue Analyse und spricht dafür, dass trotz sich globalisierender Wahrnehmungs-, Deutungs- und Darstellungsmuster die Eigenwilligkeit unterschiedlicher Gesellschaften und die Schwerkraft kultureller Traditionen beträchtlich ist.

Anmerkungen

1 Nach Tagessatz vom 24.05.2014 ca. 115 bis 180 Milliarden EUR.

2 Zum Ereignis Shaw 2011, S. 1–13; Bricker 2014, S. 1–35.

3 http://www.de.emb-japan.go.jp/j_info/120316material.html (Stand: 11.03.2012).

4 http://idw-online.de/de/news413701.

5 http://earthquake.usgs.gov/earthquakes/eqinthenews/2011/usc0001xgp/#summary.

6 Zöllner 2011, S. 25–33.

7 Vgl. den Beitrag von Constantin Canavas, Die Reaktorkatastrophe, in diesem Band.

8 http://www.asahi.com/special/tokyo/TKY201103140356.html
Zur Person https://de.wikipedia.org/wiki/Shintar%C5%8D_Ishihara.

9 世直し

10 Übersetzung Christian Numrich.

11 Zu diesem https://de.wikipedia.org/wiki/Glenn_Beck [30.06.2014].

12 http://www.huffingtonpost.com/2011/03/14/glenn-beck-japan-earthquake-god_n_835573.html.

13 http://www.de.emb-japan.go.jp/j_info/110316ansprache_skh.html.

14 Coulmas – Stalpers 2011, S. 104.

15 Coulmas – Stalpers 2011, S. 106.

16 Beck 2007, S. 27.

17 Coulmas – Stalpers 2011, S. 148–149.

18 Rosaldo 1984, S. 138–139.

19 Zur Frage der Kontamination des Pazifiks und radioaktiven Fallouts in Nordamerika Nadesan 2013, S. 57–64.

20 Mosley 2013, S. 110.

21 Vgl. einstweilen die Beiträge von Jaqueline Berndt, Martin Ries und Jan-Christoph Müller in Gebhardt – Richter 2013.

22 Kirchmann 2014.

23 Vgl. die Beiträge von Florian Coulmas, Michael Lucken und Margareta Tillberg in Bigg – Hennig 2009.

24 Der Spiegel 2011 http://www.spiegel.de/spiegel/print/d-77435293.html [30.06.2014].

25 Der Spiegel 11/2011, S. 131. Zum Atomkraftwerk als Ruine Trempler 2012.

26 Zur Produktion zivilgesellschaftlicher Akzeptanz der friedlichen Nutzung von Kernenergie in Japan Dusinberre – Aldrich 2011.

27 Ries 2013, S. 201.

28 Berndt 2013, S. 139.

29 »Merkel will sieben AKW vorübergehend abschalten«, Zeit online, 15.3.2011 – 16:21 Uhr (http://www.zeit.de/politik/deutschland/2011-03/kaw-deutschland-abschalten) [23.06.2011].

30 Diskussionen in Achilles 2013; Radtke – Henning 2013; Ostheimer – Vogt 2014.

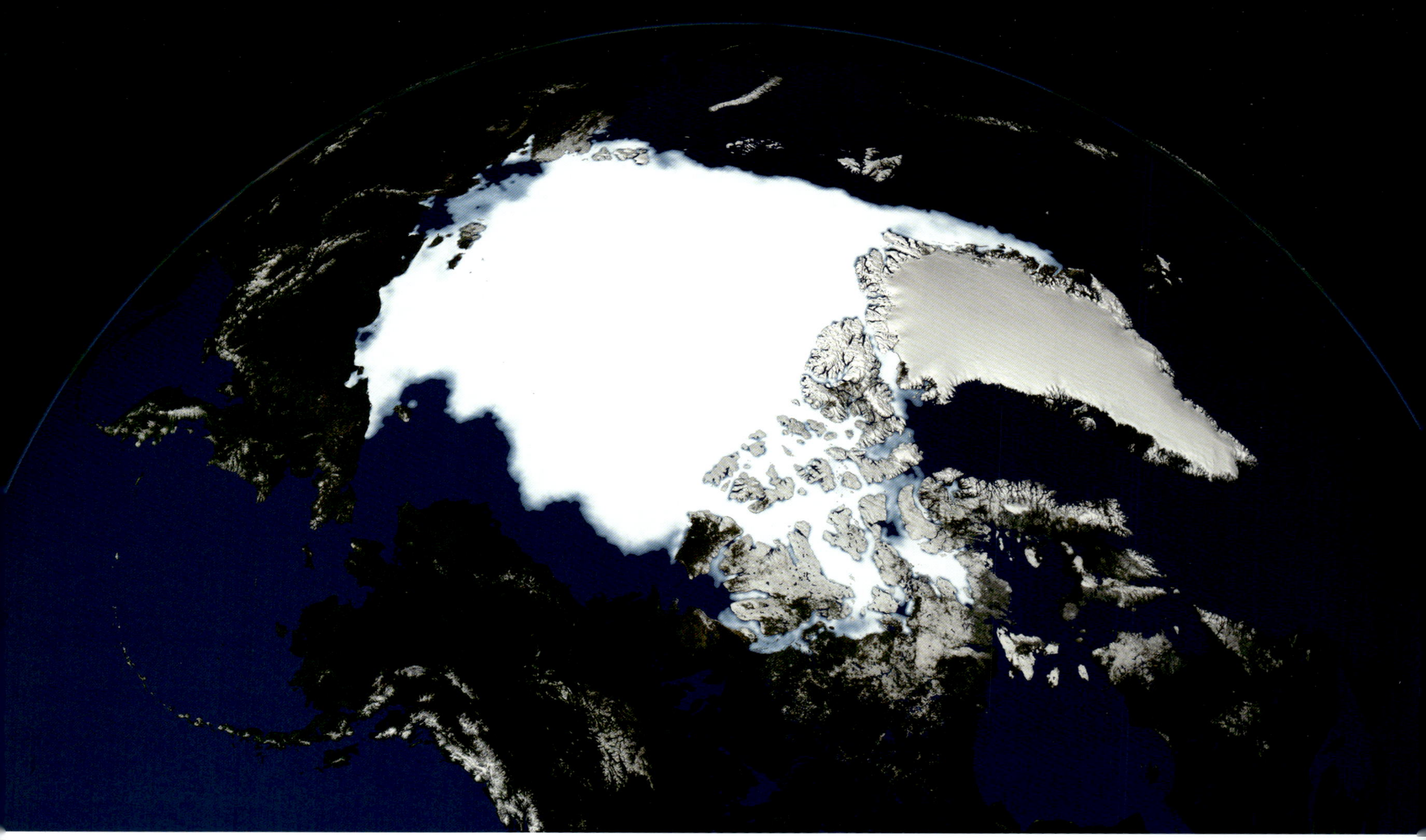

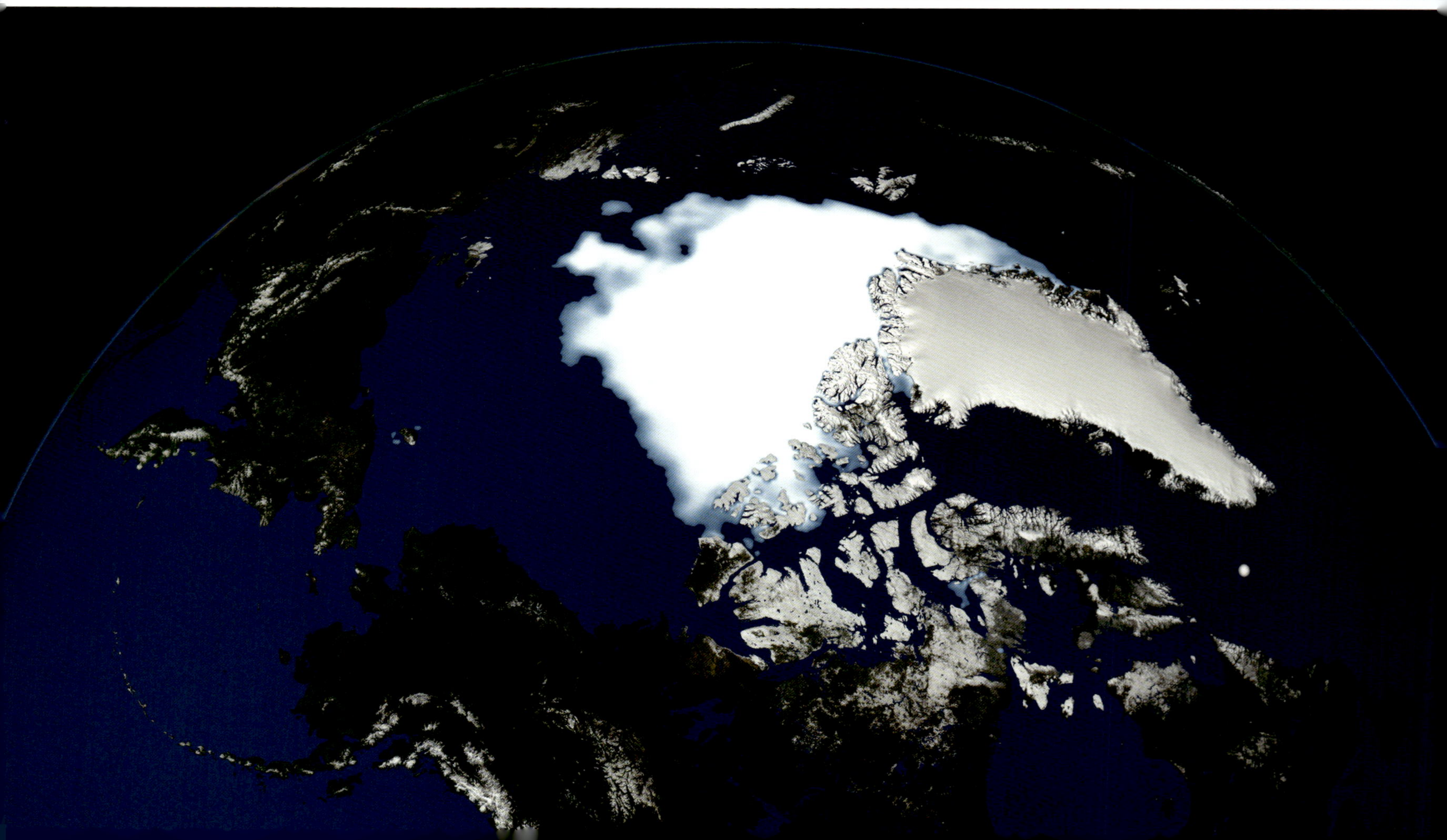

Klimawandel

RÜDIGER GLASER UND NICOLE VOLLWEILER

Herausforderung Klimawandel

Klimawandel und Klimaextreme wie Dürren, Orkane und Hurrikane, Überschwemmungen und Unwetter zählen zu den besonders folgenschweren Ereignissen unserer Zeit.[1] Neben spektakulären Wetter- und Witterungsextremen, die sich vielfach zu Katastrophen auswachsen, stellt auch der langfristige Klimawandel eine zunehmende Herausforderung dar. Trotz der gegenteiligen Behauptungen von Klimaskeptikern lassen Beobachtungen und Messungen keinen Zweifel: Die Konzentration der Treibhausgase nahm zu, Atmosphäre und Ozeane haben sich erwärmt, Schnee- und Eisbedeckungen sind zurückgegangen und der Meeresspiegel ist angestiegen. Ferner wird davon ausgegangen, dass im Rahmen des Klimawandels auch die Häufigkeit von Extremereignissen zunimmt (Abb. 1).

Wie sicher ist unser Wissen über den aktuellen Klimawandel?

Der Weltklimarat IPCC (Intergovernmental Panel on Climate Change) führt den modernen Klimawandel in seinem jüngsten, 2013 publizierten Bericht auf menschliche Ursachen zurück. Danach gilt es als »extrem wahrscheinlich, dass der menschliche Einfluss die Hauptursache für die beobachtete Erwärmung seit Mitte des 20. Jahrhunderts darstellt«. Entgegen mancher kolportierten Meinung ist der Weltklimarat beileibe kein Scharfmacher in Sachen Klimawandel und Verantwortlichkeit der Menschen. Im zweiten Bericht von 1995 hatte der Rat noch verhalten von »Hinweisen auf menschlichen Einfluss« gesprochen, im dritten Bericht 2001 davon, dass »menschlicher Einfluss wahrscheinlich« sei. Nach dem vierten Bericht von 2007 war der »menschliche Einfluss sehr wahrscheinlich«. Der Grund für diese Entwicklung ist die Zunahme der wissenschaftlichen Erkenntnisse und die Verbesserung der Modelle.

Wie sehr auch in unserer heutigen vernetzten Welt die Wahrnehmung des Einzelnen und der Medien von den aktuell herrschenden Bedingungen in der je eigenen Lebensregion beeinflusst wird, zeigen die Reaktionen auf scheinbar überraschend kalte Winter, wie 2012/13 in Europa. Doch der Blick sowohl nach Sibirien als auch Nordamerika macht deutlich, wie regional diese negative Temperaturabweichung ausgeprägt war. In diesen Gebieten war der Winter viel wärmer im Vergleich zur Referenzperiode 1951–1980; auch im globalen Schnitt lag die Temperatur um ein halbes Grad Celsius über der Durchschnittstemperatur der Winter, während die Menschen in Europa froren und sich zum Teil fragten, ob damit die Periode des *global warming* gar zu Ende sei. Im Winter 2013/14 präsentierte sich die Situation dann genau umgekehrt: Dem äußerst milden europäischen Winter standen Eiseskälte und Schneechaos in den USA gegenüber.

Generell sorgt es immer wieder für ›Irritationen‹, dass der global gemittelte Temperaturverlauf in den letzten Jahren flacher verläuft, das heißt ein Plateau aufweist. Der Temperaturanstieg scheint eine Pause eingelegt zu haben. Derartige ›Verschnaufpausen‹ kennt man auch aus der jüngeren und älteren Vergangenheit. Erklärt werden können sie durch Variationen des solaren Antriebes, aus Vulkaneruptionen (zum Beispiel des Krakatau 1883 oder des Pinatubo auf den Philippinen 1991) oder auch aus Änderungen in der Kopplung von Ozean und Atmosphäre, wobei Phänomene wie die *Southern Oscillation*, eine große ›Klimaschaukel‹ im Pazifik,[2] eine besondere Rolle spielen.[3] Speziell das außergewöhnlich warme El-Niño-Jahr 1998 hat die Temperaturkurve weit nach oben geschoben. Diese natürlichen Schwankungen auf kürzeren Zeitskalen bedeuten kein Ende des langfristigen Erwärmungstrends (Abb. 2).

Verlierer und Gewinner des Klimawandels

Die räumliche Analyse des anthropogen induzierten Klimawandels offenbart Gewinner- und Verliererregionen: Besonders betroffen sind die höheren Breiten, die Arktis mit ihrem fragilen Ökosystem und die daran angepasst lebenden Menschen, sowie

○ Zwei Graphiken der NASA dokumentieren den dramatischen Rückgang der arktischen Eisbedeckung zwischen 1979 und 2012.

1 Während in manchen Regionen eine Zunahme der Niederschläge zu verzeichnen ist, sind andere durch zunehmende Dürre geprägt. Das Trockenfallen von Seen ist dabei oft durch exzessive Entnahme von Bewässerungswasser gekennzeichnet.

Bereiche der Antarktis. Auch für die Menschen im subtropischen und tropischen Süden scheinen die Änderungen markant zu sein, während die Mittelbreiten eher zu den stillen Gewinnern zu gehören scheinen.

Der Norden – wo der Temperaturanstieg dramatische Züge annimmt

Nach allen Prognosen wird der Temperaturanstieg am stärksten in den arktischen und subarktischen Regionen ausfallen. In den letzten 130 Jahren ist dort die Temperatur um 1,4 °C gestiegen, das IPCC prognostiziert in seinen Szenarien bis 2100 einen Anstieg zwischen 2,8 und 7,8 °C. Für den gleichen Zeitraum wird eine Zunahme des Niederschlags um fünf Prozent pro Grad Temperaturzunahme angenommen. Die Arktis verfügt über eine hohe Klimasensibilität. Der Rückgang von Gletscher- und Meereis, v. a. im arktischen Meer, sowie der Rückgang von andauernden, in der Regel mehrjährigen Schneedecken haben massive Auswirkungen auf die Strahlungsbilanz und die Ökosysteme.[4]

Auch in wirtschaftlicher Hinsicht ist der Rückgang des Meereises Gegenstand von vielfältigen Spekulationen. Er eröffnet neue Handelsrouten über die nahezu 500 Jahre erträumten Nordwest- und Nordost-Passagen. Hinzu tritt der begehrliche Run auf die in der Arktis vermuteten Rohstoffe. Nach neueren Schätzungen des US Geological Survey liegen 30 % des weltweit bisher unentdeckten Erdgases und 13 % des Erdöls in der Arktis – und das in relativ geringer Tiefe von nur 500 m.[5] Wenn von einer Politisierung des Klimawandels gesprochen werden kann, dann ist sie vor allen Dingen in dieser Region evident. Die jetzt schon erkennbaren kritischen Auseinandersetzungen um Durchfahrtsrechte und den Zugang zu Rohstoffen sowie die Inanspruchnahme des Nordpols als Ausdruck territorialer Machtansprüche, wie sie durch Russland vorgetragen wurde, deuten auf zukünftige Konfliktfelder hin. Dem steht allerdings eine trotz aller Klimaveränderungen lebensfeindliche Umgebung gegenüber, die sowohl technisch, logistisch als auch für die dort agierenden Menschen eine große Herausforderung darstellt. Dieser Aspekt wird bei den Diskussionen sehr häufig vernachlässigt.

Die Konsequenzen, die sich aus einer Veränderung der von der Temperatur und vom Salzgehalt gesteuerten Tiefenwasserproduk-

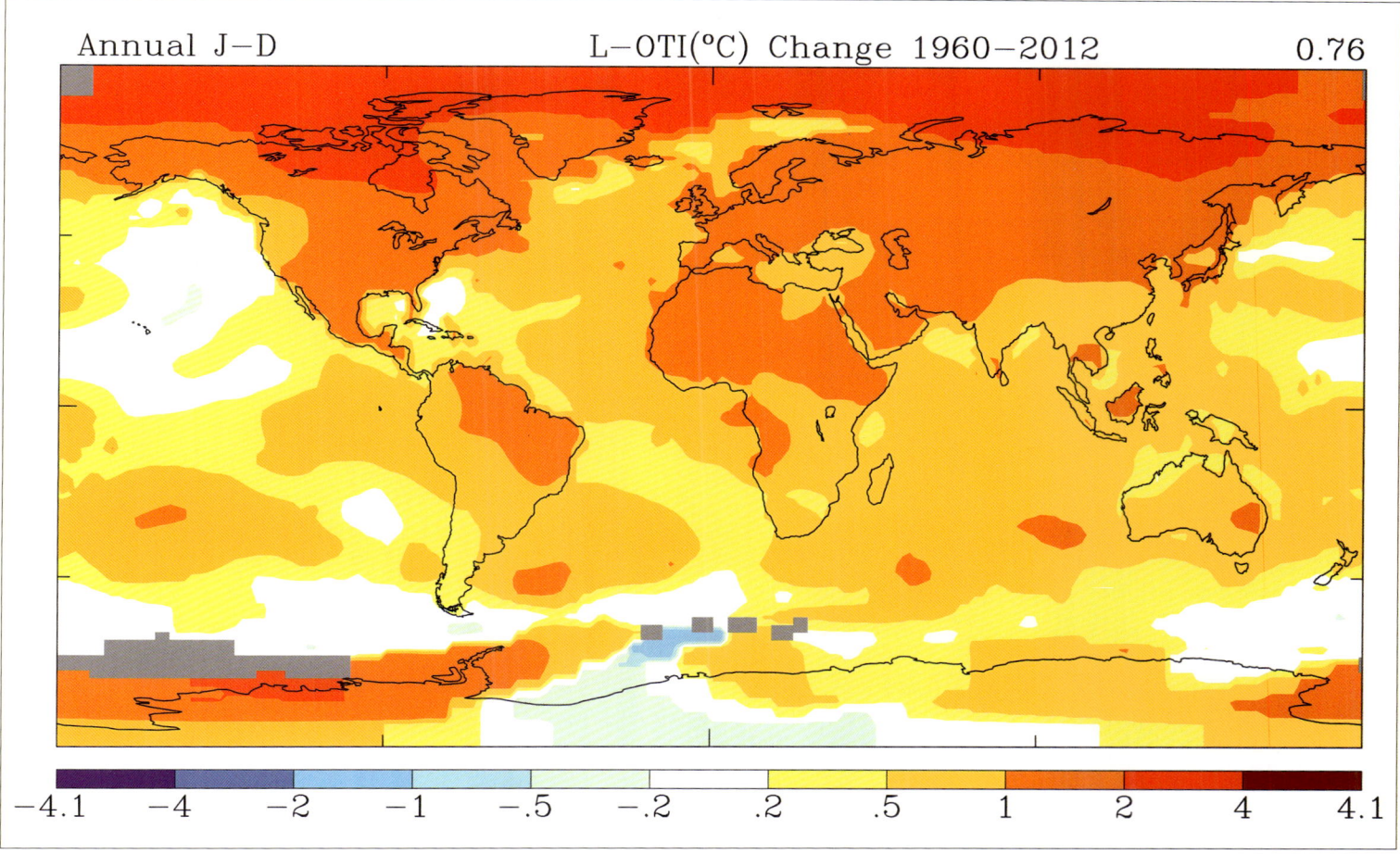

Annual J–D   L–OTI(°C) Change 1960–2012   0.76

−4.1   −4   −2   −1   −.5   −.2   .2   .5   1   2   4   4.1

2 Veränderung der Oberflächendurchschnittstemperatur in Grad C, 1960 bis 2012 (für die weißen Flächen liegen keine Daten vor)

tion im Nordatlantik ergeben könnten, wären vor allem für West- und Nordeuropa fatal. An den lokal relativ eng begrenzten Bereichen dieser so genannten thermohalinen Tiefenwasserproduktion sinkt das besonders salzhaltige und kalte und damit dichte Wasser zum Meeresgrund ab. Dies gilt als Antrieb, als Pumpe der großen Meeresströmungen. Nach Modellanalysen kann durch einen vermehrten Eintrag von Süßwasser infolge der starken Abschmelzbeträge des Meer- und Festlandeises der Salzgehalt so verändert werden, dass zusammen mit der direkten Erwärmung eine Abschwächung dieser Pumpe sehr wahrscheinlich ist. Derartige Schwankungen hat es in der erdgeschichtlichen Vergangenheit auf verschiedenen Skalen von 1.500 bis 15.000 Jahren immer wieder gegeben. Dabei hat sich gezeigt, dass solche Umstellungen innerhalb kurzer Zeit, in der Größenordnung von Jahrzehnten, ablaufen können. Ein Erlahmen oder gar Abschalten der großen ›Umwälzpumpe‹ im Nordatlantik, die unsere Breiten über den Golfstrom mit einer riesigen Menge an Wärme versorgt und die Lebensverhältnisse zu dem machten, was sie sind, würde für die im Einflussbereich lebenden Menschen einen massiven Eingriff bedeuten.[6] Hollywood hat derartige Bedrohungen stark überzeichnet im Film *The Day after Tomorrow* thematisiert.

Eine weitere Folge der massiven Erwärmung in den arktischen Landschaftszonen ist das Tauen des Permafrostes. Durch Ausgasung von CO_2, Lachgas und Methan wird ein starker Beitrag zu den Treibhausgas-Konzentrationen erwartet, insbesondere, wenn tiefer liegende Schichten, die Methanhydrat enthalten sollen, erreicht werden. Ein Tauen des Permafrostes sorgt für eine Destabilisierung des Untergrundes. Bereits jetzt zeigt sich eine verstärkte Küstenerosion[7]. Darüber hinaus hat dieser Tauprozess massive Auswirkungen auf die logistische Bewältigung des hohen Nordens über Eis- bzw. Winterstraßen. Ein instabiler Untergrund beeinträchtigt die ohnehin schon schwierige Infrastruktur wie Straßensysteme, Müllentsorgung und sonstige bauliche Einrichtungen. Auch die Pipelines bedürfen aufwendiger Isolatoren, um das begehrte Erdöl und Erdgas in die Verbraucherregionen im Süden zu befördern. Besonders betroffen sind vor allem die Lebensverhältnisse der indigenen Völker wie der Inuit. Nicht nur deren Jagd- und Fangsaison hat sich verändert, sondern auch das räumliche Gefüge. Der Rand des Meereises spielt für die Jagd eine große Rolle. Im Extremfall mussten aufgrund des Zurückweichens der Eiskante bereits Siedlungen verlagert werden, um die traditionelle Lebensweise aufrecht zu erhalten.

Weitere Konsequenzen des Klimawandels in den Staaten des Nordens hat Laurence C. Smith beschrieben[8]. Nach seiner Zusammenfassung werden die Abflüsse der Flusssysteme in Skandinavien, Nordkanada, Alaska und Russland bis 2050 zunehmen. Sie stehen damit im Kontrast zu den Prognosen für Südeuropa, den Nahen Osten, Südafrika und den Westen der USA, wo ein Rückgang zwischen 10 und 30 % erwartet wird. Gleichzeitig werden die besonders tiefen Temperaturen, die als *Minus Forties* bekannt sind und das wirtschaftliche und soziale Leben zum Erliegen bringen, abnehmen, was von den dort lebenden Menschen allgemein begrüßt wird.

Durch Ausschmelzen des Packeises und den Eintrag von Schmelzwässern wird zudem die maritime Nahrungskette beeinflusst. Vor allem die Schmelzwässer tragen Nährstoffe und mitunter auch Giftstoffe in einem bisher nicht gekannten Maße in die Meere ein. Eine stringente Zusammenfassung der erwarteten regionalen Auswirkungen und Betroffenheiten des Klimawandels kann in einer Karte zusammengestellt werden.[9]

Durch die Temperaturerhöhung kann sich die Vegetationsperiode lokal um bis zu drei Monate verlängern. Dies hätte eine höhere Primärproduktion zur Folge, wovon auch die Agrarproduktion profitieren kann. Gleichzeitig erhöht sich die Speicherung von Kohlenstoff in Biomasse, die allerdings den Anstieg an CO_2 nicht vollständig kompensieren kann. Auch die räumliche Ausbreitung der Vegetation verändert sich. Die Arktis wird beispielsweise häufig durch die 10 Grad Celsius-Juli-Isotherme – die so genannte klimatische Baumgrenze – äquatorwärts abgegrenzt. In dem Maße, in dem sich die Temperatur dauerhaft erhöht, wird sich diese Grenze polwärts verschieben. Derzeit rückt der boreale Nadelwald in die Tundra vor. Da die Tundra polwärts nur sehr bedingt ausweichen kann, sind bereits Arealverluste ersichtlich. Mit der Ausbreitung der dunklen Wälder kommt es zu einem zusätzlichen Albedoeffekt, also der Speicherung von mehr Wärme. Auch Sträucher und invasive Arten breiten sich vermehrt in der Tundra aus.[10] Einzelne Arten werden heute um bis zu 1.000 km weiter im Norden angetroffen als noch vor 30 Jahren – Neophyten *on the run*. Wo sich neue Spezies ansiedeln, werden andere verdrängt. Für die arktische und alpine Flora und Fauna wird der Platz alleine schon deshalb eng werden, weil sie hochspezialisiert sind und nach Norden bzw. in die Höhe nur im beschränkten Maße Ausweichareale vorhanden sind. Somit werden sich ihre Flächenanteile deutlich verkleinern, im Extremfall sogar verschwinden.

Nach Modellsimulationen werden aufgrund des Klimawandels bis 2050 global zwischen 15 und 37 % aller Spezies ausgerottet sein.[11] Ein Aussterben dieser Dimension wäre in eine ähnliche Größenordnung einzustufen wie andere große Massensterben der Evolution. Der Einfluss auf die Räuber-Beute-Beziehungen wird ein Übriges dazu beitragen. Stellen wir uns zum Beispiel vor, dass die Raupen nach der Rückkehr der auf sie spezialisierten Zugvögel, deren Hauptnahrungsquelle sie bisher darstellen, bereits verpuppt oder gar schon als Schmetterlinge von dannen geflogen sind.

Zu den stilleren Themen gehören die Veränderungen, die in der Nadelwaldzone des Boreals ablaufen. Dabei ergeben sich aus ihnen in vielerlei Hinsicht weitreichende Konsequenzen für das Weltklima. Die Gretchenfrage wird sein, ob das Boreal weiterhin als globale Senke für Kohlenstoff fungieren wird. Durch die vergleichsweise kurze Vegetationsperiode haben sich mächtige Torfböden und Streuauflagen gebildet. Für die Zukunft wird hingegen eine verstärkte Ausgasung aus den Mooren und Torfen, vor allem des besonders treibhauswirksamen Methans, sowie die schnellere Umsetzung der massiven Streuauflage infolge der verlängerten Vegetationsperiode und der höheren Temperaturen erwartet. Somit könnte aus der globalen Kohlenstoffsenke eine Kohlenstoffquelle entstehen. Dies hätte weitreichende Folgen auf den CO_2-Haushalt – und das in absehbarer Zeit.[12]

Wie klimavulnerabel sind wir?

Die Anfälligkeit und Verletzlichkeit gegenüber dem Klimawandel, die Klimavulnerabilität, ist abhängig vom Grad des Klimawandels, von der Intensität der Veränderungen und beispielsweise von der Häufigkeit des Auftretens von Extremen. Welche Auswirkungen diese ‹Klimagefahr› aber haben wird, hängt in starkem Maße von der Widerstandsfähigkeit einer Gesellschaft ab, von den Möglichkeiten, sich an diese Veränderungen anzupassen und geeignete Gegenmaßnahmen zu ergreifen. Dies wird als Resilienz zusammengefasst. Ganz grundsätzlich ist dies in politisch stabilen und wirtschaftlich prosperierenden Gesellschaften einfacher und erfolgreicher. Dort können technische Maßnahmen wie Deicherhöhungen finanziert, Katastrophenschutzpläne ausgearbeitet und entsprechende Institutionen geschaffen werden. Menschliches Verhalten und gesellschaftliche Strukturen, insbesondere der Entwicklungsstand einer Gesellschaft, haben somit maßgeblichen Einfluss auf das Risiko.

Da der Klimawandel sich räumlich unterschiedlich auswirkt und die davon betroffenen Gesellschaften einen unterschiedlichen Entwicklungsstand aufweisen, ist die Klimavulnerabilität räumlich und zeitlich sowie gesellschaftlich variabel. Der Klimawandel und das von ihm ausgehende Risiko sind in hohem Maße kontextabhängig.

Die Mittelbreiten als die stillen Gewinner?

Auch in Mitteleuropa ist der Temperaturanstieg offensichtliche Realität, mit einem rasanten, exponentiell verlaufenden Temperaturtrend seit den 1970er Jahren. Für viele ältere Menschen nachvollziehbar hat sich unter anderem der Takt der Winter merklich verschoben. Kamen in den 1960er Jahren noch rund vier bis sechs kalte und strenge Winter auf ein oder zwei milde, hat sich das Verhältnis heute ins Gegenteil gewandelt und pro Jahrzehnt treten gerade noch zwei strenge Winter auf.

Eine ganze Reihe von Folgen ist heute schon sichtbar:[13] Der Rückgang der Gletscher im Alpenraum ist eindrucksvoll nachvollziehbar. Der Abfluss der zahlreichen Gletscher- und schneegespeisten Flüsse akzentuiert sich, Hochwasserwellen treten früher ein. Gleichzeitig verändert die Erwärmung von Flüssen und Seen deren thermische Schichtung und die Wasserqualität.

Konkret fassbar wird der Klimawandel auch in der Veränderung der phänologischen Phasen – wie beispielsweise Blattentfaltung, Vogelzug und Eiablage.[14] Sie treten mittlerweile deutlich früher ein. Insgesamt hat sich die Vegetationsperiode in Mitteleuropa um bis zu zwei Wochen verlängert. Dadurch verändern sich unter anderem die Bewirtschaftungsbedingungen in den hohen und mittleren Breiten der Nordhemisphäre, wo man sich auf frühere Aussaat- und Erntetermine einstellen muss. In Mitteleuropa können andere Rebsorten angebaut werden, Chardonnay statt Riesling. Bäume wachsen länger, aber auch natürliche Störsysteme wie Feuer und Schädlinge treten häufiger auf und erfordern ein anderes Management.[15]

Wie die Hitzewelle aus dem Jahr 2003 gezeigt hat, setzen Hitze und Schwüle unserer Gesundheit erheblich zu (Abb. 3). Mit bis zu 70.000 Toten in Europa war die Hitzewelle 2003 eine der größten Klimakatastrophen der Vergangenheit, ähnlich 2010 mit bis zu 70.000 Toten überwiegend in Osteuropa. Die Vulnerabilität der Bevölkerung in Baden-Württemberg wird durch Wärmebelastungen weiterhin zunehmen. Nach Modellrechnungen werden hier jährlich zusätzlich 180 bis 400 hitzebedingte Todesfälle befürchtet. Der parallel zu erwartende Rückgang des winterlichen Kältestresses wird die steigenden Gefährdungen durch Wärmebelastungen nicht kompensieren können.[16] Hinzu treten das geänderte Vorkommen und ein sich änderndes Infektionspotential von Krankheitsüberträgern wie Stechmücken und Zecken in einigen Regionen.[17] Der Klimawandel reduziert sich aber nicht nur auf den Temperaturanstieg. Ebenso evident sind die Veränderungen des Niederschlags. Nur sind diese nicht so eindeutig greifbar und viel stärker durch Unsicherheiten geprägt. In Mitteleuropa weisen alle Modelle darauf hin, dass die Winterniederschläge zunehmen, die sommerlichen jedoch in etwa gleicher Menge abnehmen werden. Dadurch ergibt sich eine stärkere saisonale Akzentuierung.

Was bedeutet das für die Menschen und die Wirtschaft der Mittelbreiten? Es kann wohl kein einheitliches und eindeutiges Bild gezeichnet werden, aber es scheinen doch die Vorteile zu überwiegen: Verlängerte Vegetationsperioden lassen eine breitere Sortenwahl in der Landwirtschaft zu und bedeuten für viele Anbauprodukte eine größere Ertragssicherheit. Andererseits wird die zunehmende sommerliche Trockenheit anderen Anbaufrüchten wie dem Weizen zusetzen. Daneben werden auch durch Schädlingskalamitäten Einbußen erwartet. Auch die prognostizierte Zunahme der Extreme kann zu vermehrten Ernteausfällen führen. Trotzdem dürften die positiven Effekte überwiegen. Mildere Winter helfen, Heizkostenrechnungen zu reduzieren und verlängern ggf. die sommerliche Tourismussaison. Demgegenüber werden die Gebiete, die auf

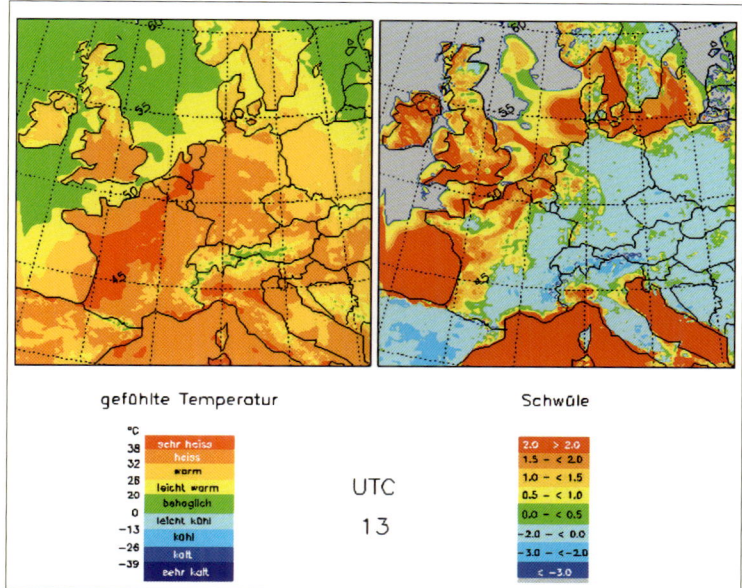

3 Wärmebelastung am 8. August 2003

Wintersport setzen, zumindest in den tieferen Lagen mit Einbußen rechnen müssen. Branchen wie die Bauindustrie profitieren von Ausbauprogrammen zum Wärme- und Klimaschutz. Energiekonzerne können profitieren, wenn sie ihren Mix rechtzeitig justieren – innovative Industriebereiche der *green technology* positionieren sich ganz oben auf der Gewinnerseite. Die negativen Folgen des Klimawandels, etwa die Zunahme sommerlicher Starkregen in Mitteleuropa, lassen sich durch technische Maßnahmen wie Rückhaltebecken kompensieren.[18]

Viele Auswirkungen des Klimawandels, wie die Zunahme der Starkregen im Sommerhalbjahr, die höheren Niederschläge im Winter, ein steigender Meeresspiegel oder das höhere Sturmflutrisiko an den Küsten, können aufgrund der ökonomischen, technischen und auch sonstigen Möglichkeiten sicher gepuffert werden. Eine ebenso möglich erscheinende Zunahme von schweren Orkanen wird allerdings zu einem gesamtwirtschaftlichen Problem, das vor allem auch in versicherungstechnischer Hinsicht neue Fragen aufwirft. Viele dieser neuen Auswirkungen lassen sich in gewissem Rahmen mildern, beispielsweise durch die teilweise bereits installierten kaskadenartig angeordneten Rückhaltebecken, mit Hilfe derer die prognostizierten höheren Winterniederschläge oder schwere Starkregenereignisse im Sommer aufgefangen werden können. Zu den weiteren Elementen der neuen Klimafolgelandschaften zählen darüber hinaus Windparks und Solarpanels.

›Gewinner‹ wären somit vor allem die wirtschaftlich starken und politisch stabilen Länder in den Mittelbreiten, denen aufgrund der wirtschaftlichen und technischen Möglichkeiten eine breite Palette von Pufferungsmöglichkeiten zur Verfügung steht, den Folgen des Klimawandels zu begegnen. Dies wiegt umso schwerer, als von diesen Regionen die massivsten Eingriffe ausgingen (Abb. 4).

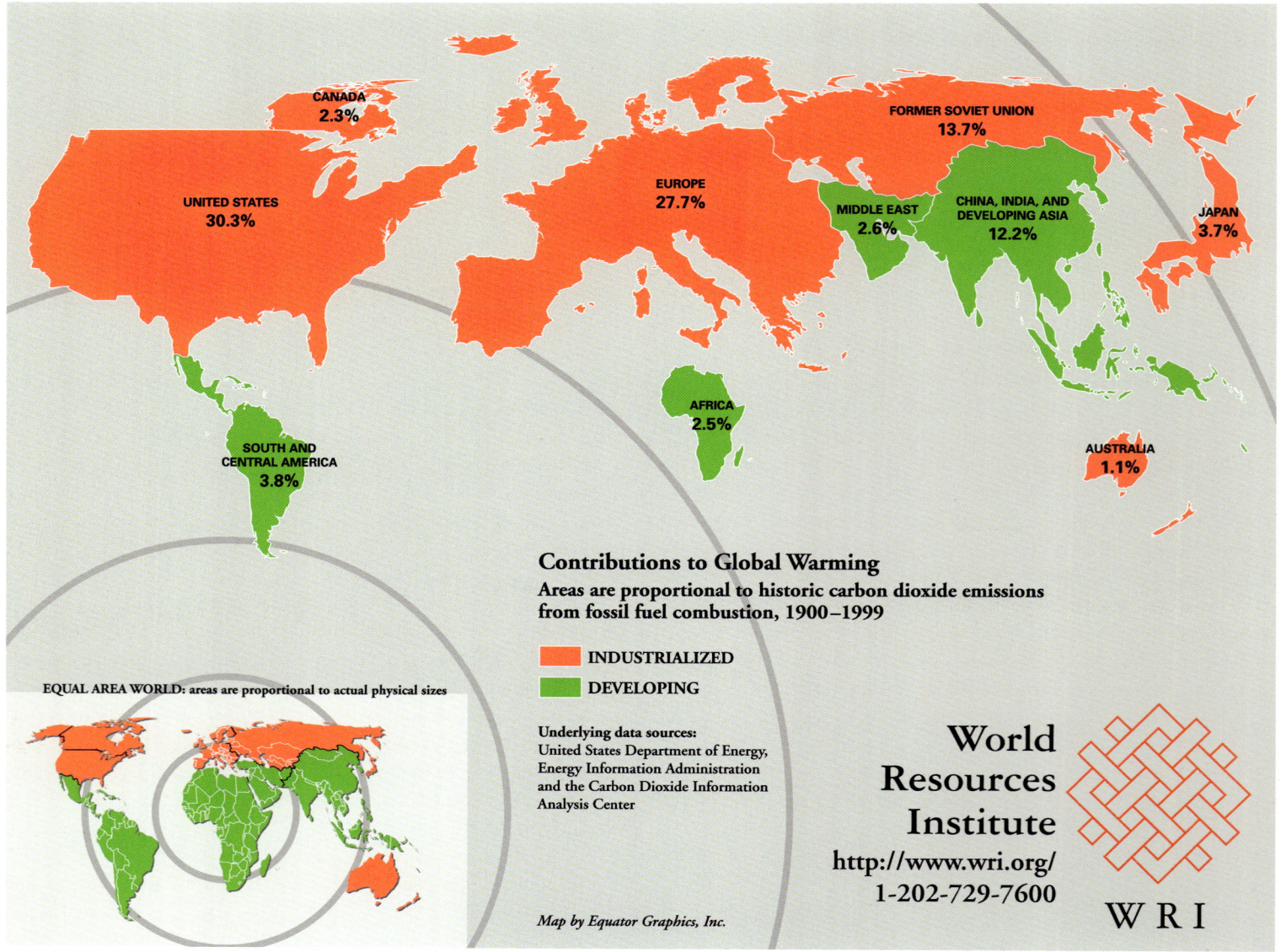

Contributions to Global Warming
Areas are proportional to historic carbon dioxide emissions from fossil fuel combustion, 1900–1999

CANADA 2.3%
FORMER SOVIET UNION 13.7%
UNITED STATES 30.3%
EUROPE 27.7%
MIDDLE EAST 2.6%
CHINA, INDIA, AND DEVELOPING ASIA 12.2%
JAPAN 3.7%
SOUTH AND CENTRAL AMERICA 3.8%
AFRICA 2.5%
AUSTRALIA 1.1%

INDUSTRIALIZED
DEVELOPING

EQUAL AREA WORLD: areas are proportional to actual physical sizes

Underlying data sources:
United States Department of Energy,
Energy Information Administration
and the Carbon Dioxide Information
Analysis Center

World
Resources
Institute
http://www.wri.org/
1-202-729-7600
W R I

Map by Equator Graphics, Inc.

4 Beitragsanteile zur globalen Erwärmung 1900 bis 1999. Die Flächen sind proportional zur CO_2-Emission durch Verbrennung fossiler Brennstoffe.

Der Süden – wo die Menschen besonders betroffen sind

Forscher der kanadischen McGill Universität in Toronto haben die Vulnerabilität, also die Anfälligkeit der Menschen gegenüber einem weiteren Temperaturanstieg, auf globaler Ebene bewertet. In ihre Bewertung, die auf ökologischen und demographischen Modellen basiert, fließt ein, dass die Erdbevölkerung bis 2050 zunimmt. Die Ergebnisse zeigen, dass die Menschen in den Tropen und Subtropen besonders vulnerabel gegenüber einem weiteren Temperaturanstieg sind – vor allem also in den ohnehin schon heißen Regionen Afrikas, der arabischen Halbinsel, des Vorderen Orients und weiter Teile Südamerikas. Es wird erwartet, dass dort bereits ein relativ geringer Temperaturanstieg zu schwerwiegenden Problemen führen wird.[19]

Um ein Beispiel herauszugreifen: Von einem weiter steigenden Meeresspiegel sind Bangladesch, zahlreiche flache Inselstaaten und tief gelegene Megastädte in Küstennähe, vor allem im benachteiligten Süden massiv betroffen. Auf der Verliererseite stehen also diejenigen, die zum Klimawandel bisher kaum beigetragen haben und gleichzeitig die geringsten Anpassungskapazitäten aufweisen. Die alten und neuen Hauptverursacher sind dagegen unter den westlichen Industrienationen und den Aufsteigern wie China und Indien zu suchen, die überwiegend zu den Profiteuren zählen. Und selbst die angedachten Austauschmechanismen wie der Emissionshandel bestärken in vielen Bereichen die Ungleichheit.

Bezieht man den Klimawandel auf die Nahrungssicherheit,[20] werden im schlechtesten Fall rund 265 Millionen Menschen betroffen sein, mit einer räumlichen Konzentration auf dem indischen

Subkontinent, inklusive Bangladesch. Aber auch Afghanistan, Myanmar sowie die Region um Mali, Niger und Nigeria in Afrika gehören dazu. Das sind die Regionen, die sowohl stark exponiert sind als auch eine hohe Sensitivität und eine geringe Anpassungskapazität besitzen.

Doch nicht nur in diesen uns vielleicht fern erscheinenden Regionen sind negative Veränderungen des Wasserhaushalts zu beobachten bzw. zu erwarten. Im Mittelmeerraum kam es 2008 zu einer großen Trockenheit. Wie in den anderen Winterregengebieten haben hier Dürren im Sommer und Niederschlagsausfälle im Winter einschneidende Konsequenzen für die Wasserverfügbarkeit und damit für die Landwirtschaft. Kalifornien erlebte im März 2014 die schlimmste Dürre seit Beginn der Aufzeichnungen mit katastrophalen Auswirkungen. Die in Bewässerungslandwirtschaft betriebene Mandelproduktion trägt auf der einen Seite mit zur Verstärkung der Problematik bei und wird auf der anderen Seite besonders von der Dürre betroffen sein. Die zu erwartenden Ernteausfälle bringen großen wirtschaftlichen Schaden. Die IPCC-Szenarien zeigen, dass gerade das Mittelmeer- und die anderen Winterregengebiete zu den Regionen gehören, in denen sich die Niederschläge im Laufe dieses Jahrhunderts weiter reduzieren werden. Der Klimawandel ist also nicht so weit weg, wie manche glauben.

Heilungschancen – lässt sich der Klimawandel behandeln?

Die geschilderten Symptome und Folgen des Klimawandels zeichnen ein klares Bild. Auch wenn nicht alle Regionen der Erde in gleichem Maße betroffen sind, ist der globale Charakter der Herausforderung eindeutig. Eine Aussicht auf ›Heilung‹ des ›fiebrigen‹ Planeten besteht nur, wenn es gelingt, mit Hilfe staatenübergreifender Abkommen und damit durch globale, regionale und lokale Klimaschutzmaßnahmen die Erwärmung zu begrenzen. Das angestrebte Zweigrad-Ziel, das wahrscheinlich eine noch beherrschbare Veränderung bedeuten würde, ist bei der derzeitigen Entwicklung der Treibhausgasemissionen kaum zu halten. Dass ein Ergreifen geeigneter Maßnahmen durchaus sehr wirkungsvoll Umweltprobleme eindämmen kann, zeigen die Beispiele des Ozonlochs und des sauren Regens. Die Ozon zerstörende Wirkung von FCKWs wurde erkannt und der Einsatz der entsprechenden Stoffe durch das im Jahr 1989 in Kraft getretene Montrealprotokoll unterbunden. Auch in Bezug auf den sauren Regen wurden unter anderem mit Rauchgasentschwefelungsanlagen und der Kalkung der Wälder sehr erfolgreich gezielte Gegenmaßnahmen umgesetzt.

Bereits im Jahr 2004 zeigte Naomi Oreskes in ihrem Science-Artikel »The Scientific Consensus on Climate Change«[21] die Klarheit der wissenschaftlichen Erkenntnis zum maßgeblich vom Menschen verursachten aktuellen Klimawandel. Dass die natürliche Variabilität innerhalb dieses Trends der globalen Erwärmung kurzfristig und regional auch kühlere Bedingungen bringen kann, ändert nichts an der Dringlichkeit, konzertiert im Klimaschutz voranzugehen.

Anmerkungen

1 IPCC 2013. Rahmstorf – Schellnhuber 2012.
2 Caviedes 2005.
3 Hawkins 2013.
4 Datengrundlage: NASA (online: http://data.giss.nasa.gov/).
5 Gautier [et al.] 2009.
6 Rahmstorf 2003.
7 Sachs [et al.] 2011.
8 Smith 2010.
9 Raisson 2010.
10 Möller – Thannheiser 2011.
11 Thomas [et al.] 2004.

12 Treter 2006.
13 ACIA 2004.
14 Schickhoff 2011.
15 Robine [et al.] 2003.
16 Max-Planck-Institut für Meteorologie 2006.
17 Becker 2006.
18 Vgl. World Research Institute (http://www.wri.org/1-202-729-7699).
19 Samson [et al.] 2011.
20 Ericksen [et al.] 2011.
21 Oreskes 2004.

Simulated Temperature Change with ECHAM5 / MPI-OM: IPCC Scenario A1B

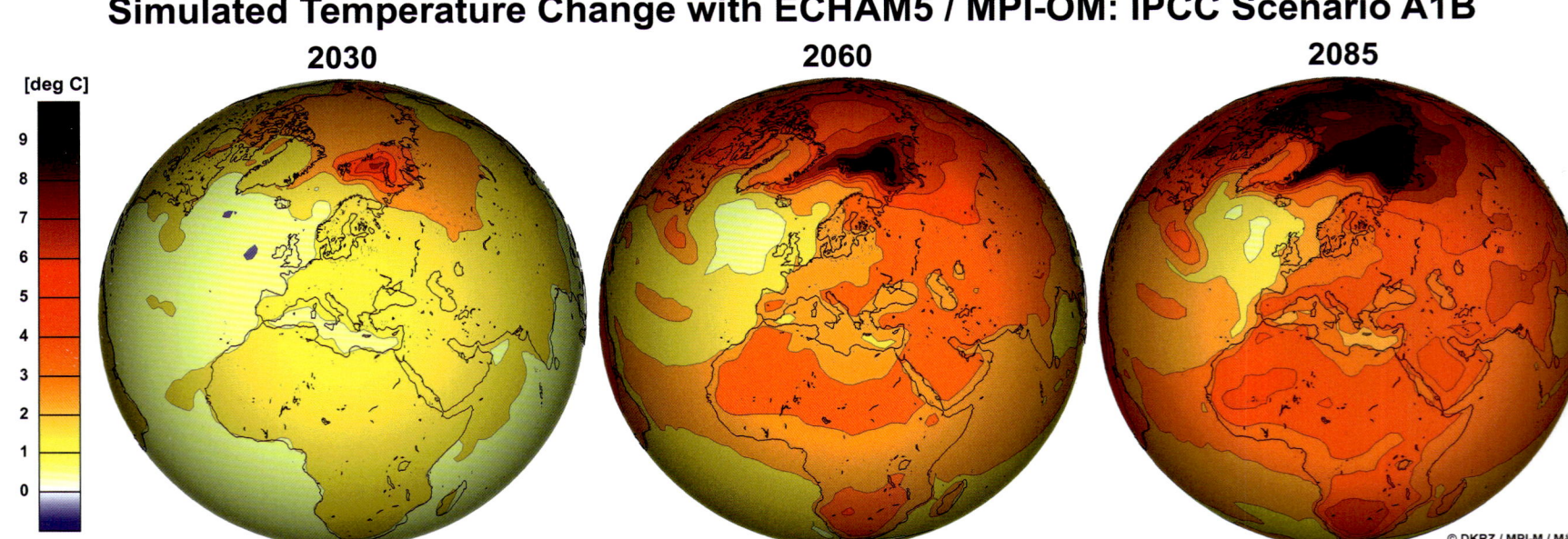

o ›Brennende Planeten‹. Mögliche Klimazukünfte (Temperaturen) bis 2085 nach den Berechnungen des Deutschen Klimarechenzentrums mit Klimamodellen, Szenario A1B

Eine Klimakultur des *homo oecologicus?*

BIRGIT SCHNEIDER

Klimawandel und Klimakatastrophe

Dass das Klima die Kultur beeinflusst, gehört bereits lange zum festen Bestandteil menschlichen Wissens. Gleichzeitig ist es äußerst schwierig, unser Verhältnis zum Klima zu erklären.

In einer Ausstellung über Naturkatastrophen »Von Atlantis bis heute« stellt sich die Frage, wo konkret der Klimawandel, der vornehmlich wissenschaftlich betrachtet wird, Fragen der Kultur betrifft, aber auch, ob es einen spezifischen menschlichen Umgang mit der vorhergesagten ›Klimakatastrophe‹ gibt bzw. inwiefern der Klimawandel einen Kulturwandel bedeutet. Wobei bereits die Wortverbindungen Klima*katastrophe* und Klima*wandel* kulturelle Rahmungen – das heißt Deutungen – sind, die die Wahrnehmung des Klimawandels auf symbolischer Ebene unterschiedlich akzentuieren.[1]

Der Kulturbegriff selbst hat einen Ursprung im Ackerbau, jener grundlegenden Verbindung aus Natur und Kultur, die vom Klima bestimmt ist (Abb. 1). Die lateinische Wortwurzel ist *cultura/colere*: ›pflegen‹, ›bearbeiten‹, Anbau, die Pflege des Erdbodens. Bei der landwirtschaftlichen Tätigkeit wird Natur durch menschliche Bearbeitung verfügbar gemacht und für menschliche Zwecke transformiert. Kulturen entwickelten sich dort, wo Menschen die Natur veränderten oder zu beherrschen versuchten. Der *homo faber* kultiviert und beherrscht seine Umwelten.

> *»Als Kultur wird ja bezeichnet, was die Menschen in Bearbeitung der Natur hervorgebracht haben, als Kultur wird aber auch bezeichnet, was den Individuen als eine nicht freiwillig gewählte, sondern historische, geographisch-klimatische, sprachliche oder politisch-religiöse Voraussetzung auferlegt wird. Wie das Klima kann die Kultur als Schicksal und Projekt zugleich betrachtet werden: als Bedingung und Ziel von Handlungen.«*[2]

Wenn im Folgenden von Kultur gesprochen wird, dann in diesem weiten, anthropologischen Sinn. Das Klima folgt aus einer Statistik des Wetters in Langzeitperspektive: Als Klima wird die Gesamtheit aller Wetterzustände und ihre typische Aufeinanderfolge an einem Ort innerhalb eines langjährigen Zeitraums betrachtet.

Wie Kulturen vom Klima begünstigt oder beeinträchtigt werden, hatten Autoren bereits seit der Antike beschrieben. Im 18. Jahrhundert verbreiteten sich die Ansichten von Montesquieu und Immanuel Kant, die davon ausgingen, dass sich nicht nur Hautfarbe und die Möglichkeiten des Ackerbaus, sondern auch Sitten und Gebräuche sowie Gemeinschafts- und Staatsformen abhängig vom jeweiligen Klima entwickelten. Die Vorstellung einer ›gemäßigten Zone‹ ging einher mit der Annahme einer Begünstigung geistiger und menschlicher Entwicklung im Gegensatz zu den ›kalten‹ und ›heißen‹ Zonen. Die Sichtweise eines grundsätzlichen Geo- oder Klimadeterminismus prägte für Jahrhunderte die Auffassung des Verhältnisses von Klima und Kultur, ein Gedanke, der in dieser Eindimensionalität zu einem produktiven Lieferanten für rassentheoretische Argumente wurde.

Wenn heute abermals über ›Gewinner‹ und ›Verlierer‹ des Klimawandels gesprochen wird, kehrt der Klimadeterminismus unter neuen Vorzeichen zurück. Auch wenn es heute nicht mehr darum gehen kann, wertende Aussagen über den Stand einer Kultur im Verhältnis zur Klimazone zu machen, wird gleichwohl die Frage drängend, wie der Klima*wandel* die Kulturen verändern wird und was der Klimawandel für die Kulturen bedeutet. Wenn das heutige Klima erhalten werden soll, geht es weniger um die Rettung der Erde (der ›Natur‹), als vielmehr um die Erhaltung tradierter Lebensstile in ihrer geographischen Verortung. Das aber ist die heutige menschliche Kultur – unter anderem auch jene ›Sitten, Bräuche und Staatsformen‹.

Die wissenschaftliche Erkenntnis des Klimawandels, wie wir ihn derzeit erleben, gründet jedoch auf der umgekehrten Frage. Um überhaupt belegen zu können, dass der Mensch mit seinem Lebensstil ein einflussreicher Klimafaktor ist, mussten die von ihm erzeugten Treibhausgase vom natürlichen Kohlenstoffkreislauf getrennt werden. Zugespitzt lässt sich sagen, der heutige Klimawandel ist das Ergebnis aus dem Klima und einer bestimmten Form von Kulturgeschichte. Denn die Hauptursache für die großen klimatischen Veränderungen, die den Planeten derzeit transformieren, liegt in der Kulturgeschichte und Lebensweise des *homo oeconomicus*, also jenem vorherrschenden Lebensstil, der seit der Aufklärung ausgehend von Europa ausgeprägt

1 Agrikultur. Die Kultur entwickelte sich aus der Arbeit an der Natur. Landwirtschaftliche Strukturen formen eine Kulturlandschaft.

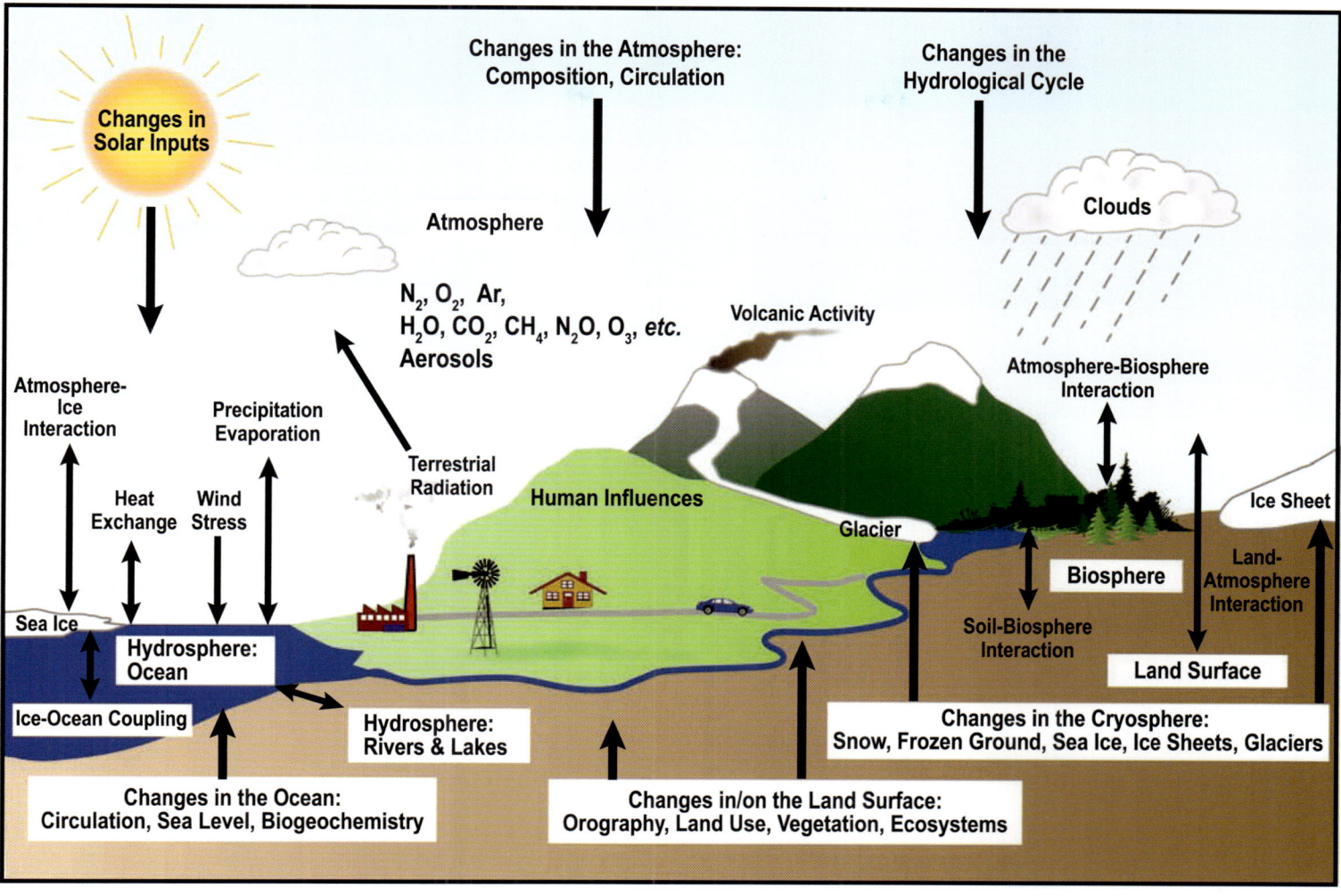

2 Schematische Darstellung des Klimasystems mit seinen unterschiedlichen Komponenten, die auch die menschlichen Klimafaktoren beinhalten.

wurde und der Fortschritt und Wachstum ins Zentrum seiner Werte stellte.

Die Erkenntnis, dass der Mensch das Klima der Erde tatsächlich in globaler Dimension zu beeinflussen im Stande ist, bedeutet eine tiefgreifende Erschütterung des modernen Welt- und Menschenbildes. Der Klimawandel, so heißt es in Weiterführung von Sigmund Freuds Gedanken, müsse als die vierte »narzisstische Kränkung« des Menschen betrachtet werden.[3] Diese stehe in der Reihe nach den Kränkungen, dass erstens die Erde nicht das Zentrum des Sonnensystems sei, zweitens der Mensch vom Affen abstamme und drittens sein angeblich freier und rationaler Wille vom Unterbewusstsein regiert würde. Nun entscheiden die Kräfte, die wir mit dem technischen Fortschritt selbst gerufen haben, über uns. Die vierte Kränkung ist die brutale Heimholung der kulturellen Sphäre in den Kreis der Ökologie. Die vergessene Dimension der menschlichen Existenz, selbst Teil der Natur zu sein, rückt schmerzhaft in den Vordergrund. Auch der moderne Mensch steht nicht außerhalb der Natur und ihrer Kreisläufe; dies ist eine von

Menschen erzeugte Illusion, in der wir, die Menschen der westlichen Moderne, leben. Insofern ›spiegeln‹ die »Interdependenzen zwischen der Atmosphäre und dem Wirken auf der Erde [...] auf denkbar dramatische Weise die Zugehörigkeit des Menschen zu ›Natur‹ und ›Kultur‹.«[4]

Aufgrund dieser neuen Dimension der Kausalität, bei der Menschen die globale Katastrophe selbst verschulden, wurde der Klimawandel als ein *Kultur-Natur-Hybrid* bezeichnet (wie auch das Ozonloch). [5] Der Klimawandel ist gleichzeitig real und konstruiert, ist Natur und Kultur zugleich, weil er durch gesellschaftliche Ziele hergestellt wurde; die aufgrund des anthropogenen Klimawandels verursachten Naturkatastrophen sind nicht mehr das Resultat einer höheren Gewalt, sondern das Ergebnis menschlicher Lebensweisen. Der Klimawandel mit seinem Wechselspiel aus unterschiedlichen Sphären ist ein Produkt der natürlichen Ökologie der Erde; er ist aber gleichermaßen Kultur, weil heute das meiste CO_2, das ihn antreibt, aus menschlichen, das heißt aus kulturellen Handlungen resultiert.

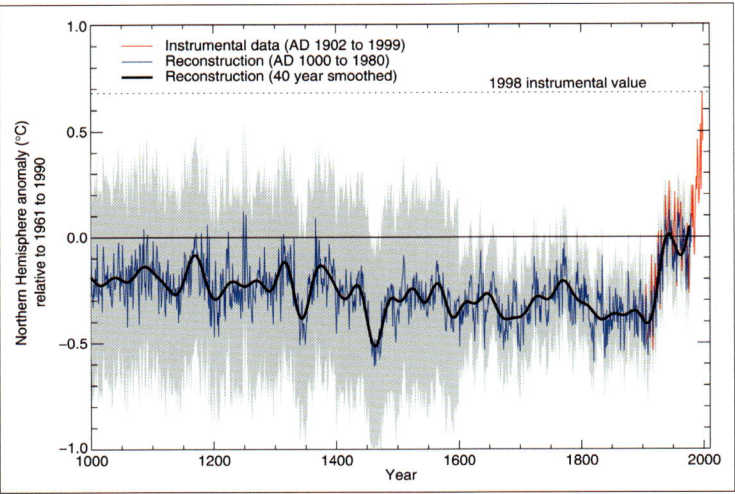

3 So genannter ›Hockey Stick Graph‹. Seit dem 18. Jahrhundert gibt es systematische Messungen; aber ab hier steigen auch die durchschnittlichen Temperaturen.

Grenzen für den *homo oeconomicus*

Wenn Klimaforscher ihre komplexen Erkenntnisse an die Öffentlichkeit kommunizieren, spielt Kultur scheinbar eine nachgeordnete Rolle. In den wissenschaftlichen Berichten des Weltklimarats der Vereinten Nationen (IPCC) geht es primär um die Veränderungen jener elementaren Bedingungen von Kultur, über die im Politik-, Wirtschafts- und Kulturteil von Zeitungen üblicherweise geschwiegen wird: die Wechselwirkungen und Wandlungen von Hydrosphäre (Wasser und Regen, Meeresspiegel), Kryosphäre (Eis und Schnee, Gletscher), Atmosphäre (Extremwetter und Temperaturen) und Biosphäre (Wanderung und Aussterben von Tieren und Pflanzen). Im Fokus steht ›die Natur‹. Die menschliche Kultur interessiert in Relation zu diesen Klimaprozessen hinsichtlich ihrer Verwundbarkeit (Vulnerabilität) und Strapazierfähigkeit (Resilienz). Sie ist *Objekt* des Wetters (Abb. 2).

Gefragt sind deshalb Kulturen der Anpassung (Adaptation). Aber auch Anpassungsstrategien bauen auf einer radikal klimadeterministischen Perspektive auf. Die Kulturen und Techniken der Anpassung wiederum sind so alt wie die Menschheit. Der *homo faber, der erfindende, schaffende Mensch,* errichtet Schutzbauten jeglicher Art, um den Widrigkeiten des Wetters zu trotzen, er entwickelt Techniken zur Regulierung der Elemente. Die Geschichte dieser Techniken ist Teil der Kulturgeschichte, diese könnte als eine Anpassungsgeschichte erzählt werden, die zwischen den Polen von Erfolg und Scheitern hin und her pendelt. Doch erreichen die Anpassungsstrategien heute eine neue Dimension, wenn Wind- und Wasserkraftanlagen, Klimatechnik und Geoengineering global zum Einsatz kommen sollen.

Die Diagnose des vom *homo oeconomicus* verursachten Klimawandels entstand zu einem bestimmten kulturhistorischen Zeitpunkt. Dies lässt sich anhand der Signatur des Klimawandels in

Form der ›Hockeystick-Graphik‹ erläutern (Abb. 3). Die typische Kurvenform dieser Grafik ist ein um 90 Grad nach links gedrehtes ›L‹. Die Kurve zeigt die lange Phase eines recht stabilen Klimas, die jedoch seit 150 Jahren deutlich nach oben ansteigt. In der Kurve werden üblicherweise der Lauf der Temperaturen und des CO_2-Ausstoßes korreliert. Die Kurve zeigt die wissenschaftliche Erkenntnis, die auch mit anderen Methoden untermauert wurde: Der kohlenstoffhungrige Lebensstil der Menschen führt zu einem Anstieg der globalen Temperaturen und damit letztlich zu neuen Klimazonen. Dieser von Menschen verursachte Trend ist seit der Industrialisierung zu beobachten.

Parallel zu diesen Linien, jedoch unsichtbar im Hintergrund der Graphik, liegt gewissermaßen eine weitere Linie, die den »tragischen Triumph« [6] des gewonnenen Wissens symbolisiert: Die ansteigende Kurve des Zuwachses an wissenschaftlichen Erkenntnissen und Messmethoden seit der Industrialisierung, die diese Erkenntnis überhaupt erst ermöglichten. Die wissenschaftliche Erkenntnis des anthropogenen Klimawandels selbst ist eine kulturelle Errungenschaft, die aus der Tradition der westlichen Wissenschaftskultur hervorgegangen ist. Die Diagnose ist aber eine ungeheuerliche Bürde und Verantwortung für alle Kulturen. Der Apfel der Erkenntnis wurde erneut vom Baum des Wissens gepflückt und zwar genau zu dem Zeitpunkt, wo es gerade noch etwas an den Problemen zu lösen gibt. Auch hier treffen wir wieder auf eine weitere Form des Klimadeterminismus insofern, als an die Erkenntnis das drängende Erfordernis zum Handeln und letztlich neuer Lebensstile geknüpft ist. Die »narzisstische Kränkung« könnte eine Erklärung dafür liefern, weshalb die Erkenntnis des anthropogenen Klimawandels auf so starke Zweifel und Abwehr bis hin zur Leugnung stößt.

Die Fragen nach den geforderten neuen Lebensstilen und Weltsichten bleiben innerhalb der herrschenden Sichtweise der technisch-wissenschaftlichen Zugänge jedoch meist offen. Die Angst vor der Klimakatastrophe wurde zuallererst rein wissenschaftlich begründet. Doch bis heute ist der kulturelle Umgang mit der Katastrophe vor allem der Umgang mit der *wissenschaftlichen Erkenntnis* der Katastrophe geblieben und mithin abstrakt.

Dass die Erkenntnis des Klimawandels heute immer noch im alltäglichen Handeln und Entscheiden auf den meisten Ebenen ignoriert wird, hat mehrere Gründe. Eine Begründung für die Ignoranz gegenüber dieser Botschaft liegt in der schieren Unvorstellbarkeit des globalen Klimawandels und der möglichen, prognostizierten Klimazukünfte. Der Klimawandel überschreitet die Bezugssysteme und Erfahrungshorizonte der meisten Menschen. »Dinge, die moralisch unmöglich erscheinen, kann es nicht geben.« [7] Dies jedoch ist nicht nur ein wissenschaftlich-technisches Problem, sondern ebenso ein gesamtkulturelles.

Bereits der Bericht des Club of Rome, *Die Grenzen des Wachstums* von 1972, zeigte im ersten Kapitel eine Graphik mit dem Titel »Aussichten für die Menschheit«. Diese sollte darstellen, wie schwer es ist, sich Vorstellungen über eine größere Zeitspanne und einen größeren Raum zu machen. Grob gesprochen gilt, je weiter eine

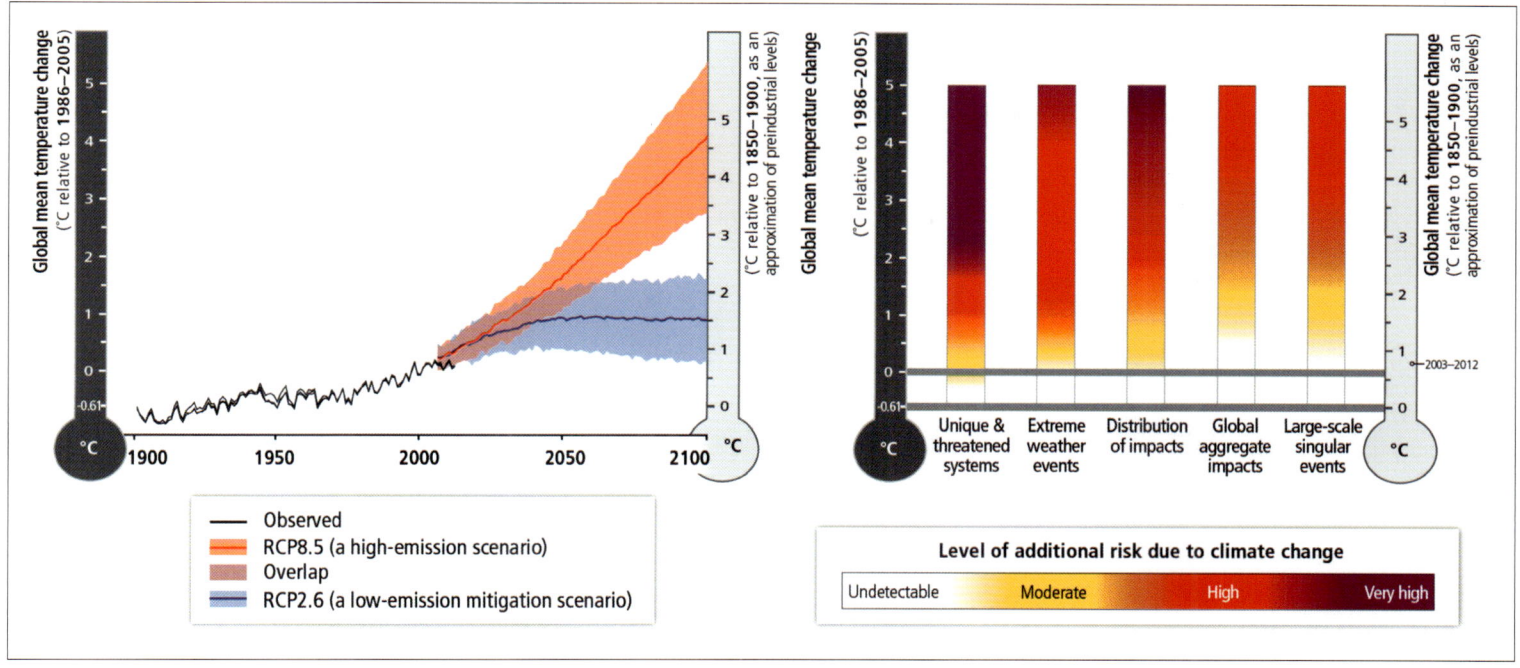

4 Mögliche Klimazukünfte im Spektrum von zwei berechneten Szenarien des IPCC bis zum Jahr 2100 (worst-case und best-case)

Vorstellung vom eigenen Standpunkt zeitlich und räumlich entfernt ist, desto leerer wird der Vorstellungsraum.

Übertragen auf die Visualisierung der Klimazukünfte, die meist bis ins Jahr 2100 projiziert werden (Abb. 4), bedeutet dies, dass die Kurven, die im letzten Segment der Klimagraphik nach oben schnellen, das Vorstellungsvermögen davon sprengen, was die Störung der natürlichen Ordnung in dieser Geschwindigkeit durch die Eingriffe des Menschen denn ›tatsächlich‹ bedeutet. Was jedoch ausgelöst wird, wenn die Gefühle nicht reagieren können, sind laut Lorraine Daston emotionale Reaktionen wie Horror und Terror.[8] Die Graphiken der Klimawissenschaften müssen deshalb in ihrer Dreiteilung in Vergangenes, Gegenwart und Zukünftiges als modernes Triptychon der Katastrophe gelten.

Im wissenschaftlichen Umgang mit dem Klimawandel spielen Vorhersagen eine Schlüsselrolle. Szenarien möglicher Zukünfte bieten die Berechnungsgrundlage der Klimasimulationen. Diese neue Form einer »Risikokultur« (François Walter) möchte Aussagen darüber treffen, wie der Klimawandel die heutigen Bedingungen auf der Erde verändern wird. Es geht um die Quantifizierung und statistische Berechnung von Risiken sowie um die Quantifizierung ihrer möglichen Kosten. Der Philosophin Elena Esposito folgend, ist die Wahrscheinlichkeitstheorie der moderne Weg, um mit einer unsicheren Zukunft umzugehen. Sie gehört zum zentralen Verfahren der Moderne, die Zukunft zu berechnen. Zukunftsszenarien beeinflussen die Vorstellung der Realität, weil sie in der Lage sind, die Wahrnehmung davon zu verändern, was als ›normal‹ empfunden wird. Jedoch hat das Wahrscheinliche streng genommen den Status des Fiktionalen, weil die Theorie der Wahrscheinlichkeit »eine

kohärente Welt auf der Grundlage ausdrücklich *imaginärer* Prämissen«[9] konstruiert. Es ist der fiktionale Status des Wahrscheinlichen, der die Theorie funktionieren lässt. Der Wissensraum, den wissenschaftliche Graphiken von zukünftigen Temperaturentwicklungen aufspannen, ist deshalb der Rahmen, innerhalb dessen es überhaupt erst möglich wird, Zukunft zu diskutieren und zu planen, wie auch immer die Zukunft dann aussehen wird. Auch wenn die Zukunft nie nach Plan ablaufen wird, versprechen die Berechnungen Planbarkeit.

In Kalifornien bestellen Landwirte in ihrer Verzweiflung über die jahrelange Trockenperiode Wünschelrutengeher, in der Hoffnung, vielleicht doch noch etwas Wasser für ihre Pflanzen zu finden. Auch wenn der magische, mythische oder religiöse Zugang zur Welt für viele Menschen nie abgerissen ist, ist Wissenschaft heute das vorherrschende Muster, mit dem moderne Gesellschaften der Natur begegnen. Das andere kulturelle Muster neben der wissenschaftlichen Erforschung der Natur ist Technik. Großprojekte wie Windparks, nationale Förderprogramme zur Dämmung von Häusern, gigantische Deichbauten und die Suche nach einer grünen Ökonomie sind die eine Seite der technischen Antwort, die im traditionellen Muster des *homo faber*, der Lösung durch Technik, verbleibt. Die andere Seite wird erst seit kurzem wieder ernsthaft diskutiert: Die groß angelegten Vorschläge des Geoengineerings, wie sie in den Schubladen bereit liegen, gründen auf der Vorstellung, in das Ökosystem der Erde für den Erhalt des Lebensstils der Menschen mittels technischer Armierung direkt einzugreifen.

Günther Anders konstatierte in Anbetracht der Möglichkeit eines gigantischen Atomschlags in den 1950er Jahren die

Notwendigkeit der Ausbildung »moralischer Phantasien«, um sich die neue Realität einer möglichen totalen Vernichtung der Menschen durch Menschen auch vorstellen zu können.[10] Betrachtet man den Klimawandel als Kultur-Natur-Hybrid, wird die Parallelität zur Unvorstellbarkeit und zum Horror vor der Atombombe noch deutlicher. Wenn die aufgefächerten bunten Linien der Graphiken jenseits der Gegenwart mit Vorstellungen gefüllt werden sollen, steht man vor dem Problem,

> »die Kapazität und Elastizität unseres Vorstellens und Fühlens den Größenmaßen unserer eigenen Produkte und dem unabsehbaren Ausmaß dessen, was wir anrichten können, anzumessen« [...], »uns also das Vorstellende und Fühlende mit uns als Machenden gleichzuschalten.«[11]

Auf dem Weg zu einer Klimakultur der Zukunft?

Eine Klimakultur der Zukunft würde versuchen, Vorstellungen, Erklärungen und Narrationen dafür zu liefern, was das In-der-Welt-sein des Menschen unter den neuen Bedingungen des Klimawandels bedeutet. Eine Klimakultur der Zukunft würde zwar auf der physikalischen Basis der materiellen Weltbeschreibung der Klimaberichte aufbauen, aber darüber hinausgehen. Auch müsste sie über die großen Ökodystopien des 20. Jahrhunderts hinausreichen. Neue Metaphern, Narrationen, Deutungsmuster und Praktiken der symbolischen Welt müssten der biophysischen Erdung und Erfahrung der Menschen einen kulturellen Rahmen geben.[12] Kunsterfahrungen, wie man sie im Rahmen von zahlreichen Ausstellungen zum Thema machen kann, Theateraufführungen oder ›Klimaschocks‹, denen man sich als Besucher von Klimahäusern aussetzen kann, können eine Möglichkeit sein, die ›Plastizität des Gefühls‹ in diese Richtung zu formen. Sie machen Sinnangebote zum Verständnis der Bedeutung des Klimawandels auf symbolischer Ebene. Andererseits können sie nicht den Entzug der Wahrnehmung ersetzen, wie sie sich in klimatisch geformten Landschaften einstellt, welche die Auswirkungen des Klimas unmittelbar widerspiegeln, oder wie sie bei Tätigkeiten erlebt werden, die dem Wetter ›auf Gedeih und Verderb‹ ausgeliefert sind.

Es ist äußerst schwierig, der Schere entgegen zu wirken, die zwischen dem wissenschaftlich-rationalen Verständnis des Klimawandels und seiner Bedeutung für die Kulturen klafft. Für die modernen Gesellschaften gilt zudem, dass das Weltbild von endlosem Wachstum und der Zwangsläufigkeit von optimierendem Fortschritt der Moderne so dominant ist, dass es keine konkurrierende Weltsicht neben sich duldet. Donella Meadows, die den Bericht des Club of Rome *Grenzen des Wachstums* 1972 mit verfasste, spitzte diesen Gedanken zu: »Ich glaube, der einzige Grund, warum Wachstum in jedem Politikbereich so leicht als Vision verkauft werden kann, ist, dass es keine alternative Vorstellung gibt.«[13] An alternativen Vorstellungen wird gegenwärtig durchaus gearbeitet. Doch reichen unsere derzeitigen Kosmologien anscheinend nicht aus, um diese Vorstellungen ernst zu nehmen und lebbar zu machen. Stattdessen sehen wir uns rational ernüchtert und ohne Götter in eine Welt gestoßen, der es egal ist, ob sie von Dinosauriern, Menschen oder Blaualgen übervölkert wird. Auf diese Sichtweise vermag die Kultur des *homo faber oeconomicus*, der mit seinem klimadeterministischen Lebensstil die Erde langfristig für seine Art unbewohnbar machen kann, bislang nicht zu reagieren. Solange keine Utopie und kein Anpassungsdruck eines *homo oecologicus* die Werte unserer Kultur neu aufsetzen, müssen wir mit dem krassen Gegensatz von Allmachtsphantasien und Endzeitdystopien leben.

Anmerkungen

1 Zur Begrifflichkeit Engels, A. – Pansegrau – Weingart 2002.

2 Macho 2008, S. 132–137.

3 Z. B. Seifritz 1990; Schönherr 2012; Klingholz 2014.

4 Staupe – Vogel 2008, S. 8–9.

5 Latour 1993; Beck 2007.

6 Schellnhuber 2010, S. 229–238.

7 Walter 2008, S. 273 (Jean-Pierre Dupuy).

8 Lorraine Daston in ihrem Vortrag *The Passions of The Unnatural* auf der Tagung »The Artwork between Technology and Nature« im Statens Museum for Kunst, Kopenhagen 2010.

9 Meine Hervorhebung. Esposito 2007, S. 55–56.

10 Unter dem Titel »Moralische Phantasien« kuratierte Raimar Stange eine Kunstausstellung zum Klimawandel, vgl. Ausst.-Kat. Thurgau und Leverkusen 2008; Stange 2012.

11 Anders 1987 [1956], S. 273.

12 Vgl. Pfister, Chr. 2008, S. 66–61, S. 58.

13 Vgl. Interview mit Donella Meadows im Film *Letzte Warnung. Die Grenzen des Wachstums*, 2013, Regie: Enrico Cerasuolo.

Dem Klima der Vergangenheit auf der Spur

Die wechselvolle Geschichte des Klimas

RÜDIGER GLASER UND NICOLE VOLLWEILER

Um die aktuelle Entwicklung und die Prozesse im Klimasystem besser zu verstehen, muss man auch einen Blick zurück in die Klimageschichte werfen. Die Paläoklimatologie und die Historische Klimatologie beschäftigen sich mit der Rekonstruktion des Klimas der Vergangenheit und mit den Ursachen der natürlichen Variabilität. Auf verschiedenen Zeitskalen zeigt sich der Wandel der Klima- und Umweltbedingungen. Vor etwa 2,6 Millionen Jahren begann mit dem quartären Eiszeitalter eine Phase, die geprägt ist vom Wechsel zwischen Warm- und Kaltzeiten mit Temperaturunterschieden von bis zu 10° C. Für diese großen Schwankungen sind unter anderem die so genannten Milanković-Zyklen, periodische Änderungen in den Erdbahnparametern, verantwortlich. Weitere Faktoren, die zu natürlichen Klimaschwankungen führen, sind die Lage der Kontinente, Vulkanausbrüche und die Sonnenaktivität.

Kontinuierliche und verlässliche direkte Messungen von Klimaparametern reichen lediglich 150 bis 200 Jahre zurück. Aussagen über weiter zurückliegende Zeiten beruhen auf natürlichen und gesellschaftlichen Archiven, d. h. auf der Rekonstruktion der Bedingungen anhand von Aufzeichnungen bzw. mit Hilfe naturwissenschaftlicher Untersuchungen.

Wetter und Klima aufs Papier gebracht – Gesellschaftliche Archive

Gesellschaftliche Archive halten eine Fülle verwertbarer Quellen vor: Neben Chroniken und Tagebüchern existieren bildhafte Darstellungen wie Flugschriften, Drucke und Karten. Vor 1500 sind die Angaben weniger dicht und meist auch weniger differenziert, was die Inhalte und dargestellten Topoi anbelangt. Die ältesten schriftlichen Klimaaufzeichnungen mit einer nennenswerten zeitlichen Dichte datieren in Mitteleuropa ins 8. Jahrhundert. Es handelt sich dabei um eher sporadische Beschreibungen von Einzelereignissen und Naturkatastrophen wie Überschwemmungen, Winterstrenge, Sommerdürre, Erdbeben oder vulkanische Erscheinungen. Seit dem späten Mittelalter gibt es fast lückenlose Beschreibungen von Sommer und Winter, zunehmend auch Informationen über Frühling und Herbst.

Ab etwa 1500 liegen zeitlich dichte, lückenlose und hoch aufgelöste Daten vor. Der Buchdruck breitete sich rasch aus, die Papierproduktion nahm stark zu, und vor allem konnten mehr Menschen lesen und schreiben. Dies hat zur Folge, dass sowohl die Quellendichte signifikant zunimmt, als auch die Vielfalt der Darstellungsformen. Neben die sporadischen Hinweise in Chroniken treten nun systematisch geführte Tagebücher, Kalendarien – oft in Form von Prognostika mit dem Wunsch nach Wettervorhersagen – Einblattdrucke und erste Zeitungen. Ab 1680 wurden diese Informationen durch Instrumentenmessungen ergänzt, die zunächst noch stark individuell geprägt und nicht homogenisiert waren und eher sporadisch experimentell ausgeführt wurden. Erst im 19. Jahrhundert wurden auf der Basis von Instrumentenmessungen amtliche Messnetze etabliert.

Die klimatischen Hinweise in den Quellen sind oft mit aussagekräftigen Hinweisen auf umweltbezogene Auswirkungen und gesellschaftliche Folgen verknüpft: Sehr häufig wird beispielsweise auf die Phänologie Bezug genommen, insbesondere auf den Zustand der Anbaufrüchte und deren zeitliche Entwicklung, oder das Verhalten von Zugvögeln. Auch die Ertragsausgestaltung und die daran gekoppelte Preisentwicklung wurden festgehalten. Oft waren die Beobachter in besonderem Maße um Objektivität und Vergleichbarkeit bemüht, indem sie beispielsweise das regelmäßige Überfrieren eines bestimmten Weihers notierte, oder ihre Einschätzungen mit weiteren Vergleichen verbanden. Die sich dadurch ergebenden ganzheitlichen Bilder von früheren Klima-, Umwelt- und Gesellschaftszuständen können zielführend für eine Interpretation herangezogen werden.

Ein Teil des historischen Quellenmaterials wurde in Form von Kompilationen zugänglich gemacht. Wegen der fehlenden quellenkritischen Überprüfung wurden viele dieser frühen Ausarbeitungen immer wieder kritisiert. Mittlerweile existieren mehrere

Datenbanken wie *tambora.org*, in denen klimarelevante Quellen und Dokumente zusammengestellt wurden. Ab 1500 stehen zudem jahreszeitliche Luftdruckdatenfelder zur Verfügung, nach 1658 sogar in monatlicher Auflösung, ebenso wie europaweite Niederschlagsfelder.

Der besondere Vorteil dieses hermeneutischen Forschungszweiges liegt darin, dass die Aussagen auf direkten und unmittelbaren Beobachtungen zu Wetter und Witterungsgeschehen beruhen, zumindest phasenweise sehr hoch aufgelöst sind, meist eindeutig datiert werden können und die Folgen des Klimas, ihre Deutungen und die gesellschaftlichen Reaktionsmechanismen dargestellt sind.

Herr der Ringe? Was Baumringe, Warven und Co zu erzählen haben

Die vom Menschen verfassten Hinweise können durch Indikatoren, so genannte Klimazeiger, aus Naturarchiven ergänzt werden. Um eine Rekonstruktion der Klimabedingungen der Vergangenheit möglich zu machen, müssen die Archive sowohl eine Zeit-, als auch eine Klimainformation enthalten. Besonders geeignet sind Archive, die eine gute Datierbarkeit und eine hohe, jährliche oder saisonale Auflösung bieten, wie Warven in Sedimenten, Wachstumslagen von Höhlensintern, Eisschichten in Gletschern und Baumringe.

Jahresringe in Bäumen stellen durch ihre jährliche bzw. saisonale Genauigkeit ein besonders geeignetes Naturarchiv dar. Bereits zu Beginn der dendrochronologischen Forschungen in den ersten Dekaden des letzten Jahrhunderts untersuchte der amerikanische Astronom Andrew Ellicott Douglas die Beziehung zwischen Sonnenflecken-Zyklen, Klima und Jahresringen. Stimuliert durch den Erfolg von A. E. Douglas, begann in den 1940er Jahren der junge Botaniker Bruno Huber seine Jahresringforschung an der Universität von Tharandt. Er entwickelte mit seinen Mitarbeitern eine bekannte Jahresringchronologie aus ›Spessart-Eichen‹ und Holzproben aus historischen Gebäuden, die bis 832 n. Chr.es zurückreichte. Die Datierung von historischen Gebäuden ist heute mit einer Reihe von regionalen Chronologien unterschiedlicher Baumarten möglich. Den Aufbau einer bis heute einzigartigen Jahresring-Chronologie begann Bernd Becker in den 1970ern. Mit Hilfe von Funden subfossiler Eichen aus Schotterablagerungen großer Flüsse, wie Rhein, Donau und Main, erstellte er eine Eichen-Chronologie, die ununterbrochen bis 7938 v. Chr. zurückreicht.

Diese Chronologien, die durch neuere Forschungen verlängert und erweitert wurden, stellen die Basis der heutigen Dendrochronologie/-ökologie dar. Durch statistische Jahresring-analysen lassen sich sogenannte Transferfunktionen berechnen, die einen Zusammenhang zwischen Klima und Wuchsleistung der Bäume beschreiben, der von Baumart zu Baumart unterschiedlich ausfällt. Die kalibrierten Dendroreihen können durch die numerischen Modelle zumeist recht gut in Klimareihen ›umgeschrieben‹ werden. Für vergangene Epochen, aus denen keinerlei Klimainformationen vorhanden sind (vor dem 8. Jahrhundert), stellen Jahresringe eine hoch aufgelöste Möglichkeit dar, das Klima zu rekonstruieren. Durch holzanatomische Veränderungen lassen sich zudem Insektenkalamitäten, späte und lang anhaltende Winterfröste sowie Hochwasser erkennen und jahres- bzw. saisongenau datieren.

Die Zusammenarbeit von Historischer Klimatologie und Dendrochronologie/-ökologie spielt für die Rekonstruktion von Klima und Extremereignissen eine bedeutende Rolle. Die berechneten Transferfunktionen sowie die Ereignisdatierung von Spätfrösten, Trockenjahren oder Hochwassern und damit die Genauigkeit der numerischen Modelle und der holzanatomischen Aussage lassen sich mit den verfügbaren historischen Klimadaten verifizieren. Hilfreich sind dabei auch so genannte multi-proxy Ansätze, die Daten verschiedener Klimaindikatoren zusammenführen.

Ein weiteres, mittlerweile etabliertes Klima-Archiv sind Stalagmiten und andere Höhlensinter (Abb. 1). Diese aus Kalk bestehenden Ablagerungen können mit guter Genauigkeit datiert werden. Zum Einsatz kommen Verfahren, die auf dem radioaktiven Zerfall von Uran beruhen, das in kleinen Spuren bei der Stalagmitenentstehung in das Kristallgitter eingebaut wird. Klimainformationen sind in den Stalagmiten ebenfalls in der chemischen Zusammensetzung des Kalks gespeichert. In Abhängigkeit von den herrschenden Klimabedingungen zur Bildungszeit manifestieren sich bestimmte Isotopenverhältnisse des Sauerstoffs und des Kohlenstoffs. Die Kombination der analysierten Alters- und Klimadaten ermöglicht die Erstellung hochaufgelöster und kontinuierlicher Temperatur-/Niederschlagskurven. Da Höhlensinter in vielen Teilen der Welt zu finden sind, konnte inzwischen ein recht dichtes Netz dieser wertvollen Paläoklimainformationen erstellt werden.

Klimasimulationen

Im Rahmen von Klimamodellierungen hat sich eine dritte Säule herausgebildet, in der anhand von Rekonstruktionen externer Antriebsmechanismen, wie Variationen der Sonneneinstrahlung durch Schwankungen der Erdbahnparameter (Schiefe der Ekliptik, Präzession und Exzentrizität), Änderung der solaren Aktivität und Treibhausgaskonzentrationen, der Klimagang der historischen Vergangenheit simuliert wird. Grundlage sind dabei v. a. die aus Eisbohrkernen abgeleiteten Parameter, insbesondere verschiedene Isotope. Grundsätzlich besteht dadurch eine hohe inhaltliche Nähe zu den Naturarchiven. Diese Arten der Klimasimulation genießen hohe Akzeptanz bis in politische Gremien hinein. Gründe für eine solch hohe Autorität mögen darin liegen, dass ›naturwissenschaftliche‹ Daten als ›harte‹ Daten gelten und von renommierten Institutionen vorgetragen werden. Vergleicht man die verschiedenen Ansätze mittels Korrelationsanalysen, zeigen sich hohe Übereinstimmungen, was für die Güte der jeweiligen Erkenntnispfade spricht. Der besondere Vorteil des hermeneutischen Forschungszweiges liegt allerdings darin, dass die Aussagen auf direkten und unmittelbaren Beobachtungen zum Witterungsgeschehen beruhen, höher aufgelöst sind und (meist) eindeutig datiert werden können. Zudem lassen sich auch die Klimafolgen und die Reaktion der Gesellschaften auf die Klimaentwicklungen ergründen und tragen so zum besseren Verständnis der Mensch-Umwelt-Relation bei.

Eine Zusammenführung der Archive und der Simulationen im Sinne einer Synchronisation der Daten und die Ableitung eines gemeinsamen Auswertespektrums sind unverzichtbar für die korrekte Interpretation des Klimas in der Vergangenheit und damit auch für zukünftige Klimaprognosen.

Literatur:
Mangini [et al.] 2005; Vollweiler [et al.] 2006; Fohlmeister [et al.] 2013; Glaser 2013

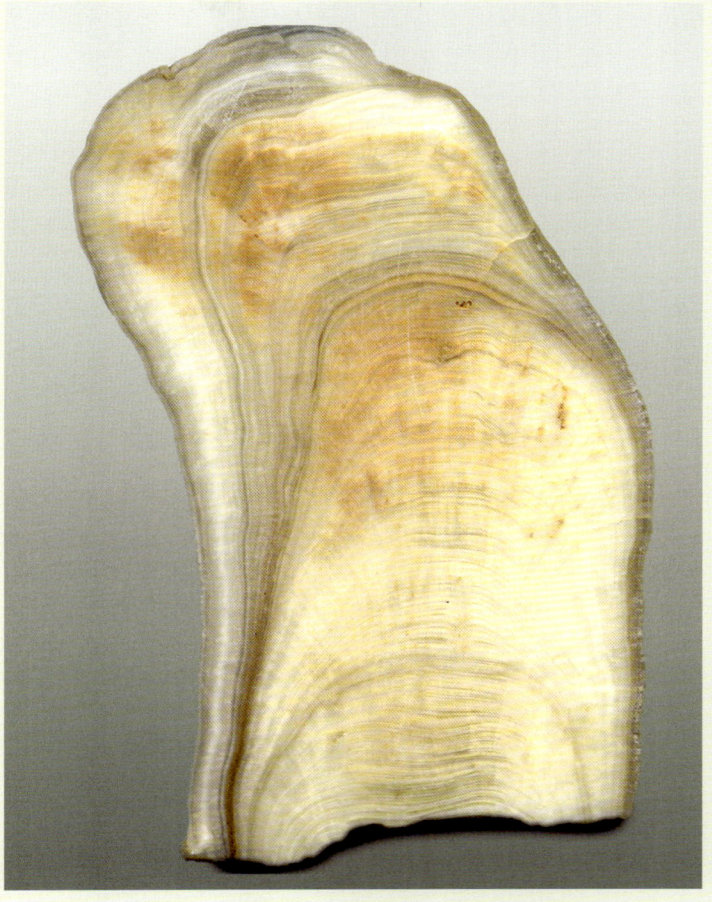

1 Tropfsteine aus Höhlen eignen sich als Archiv zur Rekonstruktion des Klimas der Vergangenheit. Der Stalagmit aus der Hülbener Tropfsteinhöhle (Schwäbische Alb) reicht etwa 9.000 Jahre zurück.

Katastrophenprävention

CARSTEN FELGENTREFF

Wenn Verluste als gravierend erlebt werden, wird dies häufig als Katastrophe bezeichnet. Es dürfte ein Kennzeichen der Moderne sein, dass jene, die Katastrophen überlebt haben, die Geschehnisse nur selten und fraglos als gottgewollt oder als schicksalhaft hinnehmen. Viele finden vieles von dem, was sich während und vor der Katastrophe abspielte, nicht ›natürlich‹, denn stets spielen dabei Tatsachen, die Menschen einander vorgeben, eine (tödliche oder auch segensreiche) Rolle. Die Frage nach schuldhaftem Versagen stellt sich nicht erst bei versperrten Notausgängen, ebenso kann gefragt werden, ob Statik und Bauweisen im Erdbebengebiet der ja eigentlich bekannten Erdbebengefahr angemessen waren, weshalb keine Evakuierungspläne existierten, weshalb so nahe am Fluss gesiedelt werden musste usw. Es ist kaum als ›natürlich‹ anzusehen, dass in Haiti mehr als 300.000 Menschen in der Folge des Erdbebens vom 12. Januar 2010 starben, wohingegen nach dem physikalisch vielfach stärkeren Beben in Japan 2011 mit dadurch ausgelöstem Tsunami wahrscheinlich über 20.000 Tote und Vermisste zu beklagen waren, also deutlich weniger. Die Bevölkerung in einem so umfassend benachteiligten, armen Land wie Haiti hat einem Erdbeben wenig entgegenzusetzen, die allumfassende Armut wirkt tödlich: Sie geht einher mit fehlender medizinischer Versorgung, niedrigen Bildungs- und Hygienestandards, unterlassener Vorsorge, der Verwendung wenig geeigneter Baumaterialien ohne ausreichende Statik usw. Japan hingegen verfügte vor, während und nach der Katastrophe über ganz andere Ressourcen, die nun von Nutzen waren: ein ausgebautes Rettungswesen, umfassende medizinische Versorgung, erdbebensichere Bauweisen, Evakuierungswege und -pläne, eine auf den Fall eines Erdbebens und Tsunamis prinzipiell vorbereitete Bevölkerung, einen technisch und organisatorisch gerüsteten Zivilschutz usw. (Abb. 1).[1]

Der Trend ist eindeutig: Wenn sich so genannte Naturereignisse im reichen globalen Norden ereignen, dann sind zwar immense Sachschäden zu beklagen, aber nur vergleichsweise wenig Todesfälle, während es sich im globalen Süden umgekehrt verhält: Bei durchaus vergleichbaren Naturereignissen verlieren ungleich mehr Menschen das Leben, die materiellen Schäden sind hingegen vergleichsweise niedrig. Das gilt zumindest mit Blick auf die absoluten Schadenssummen, während sich der Befund erneut zu Ungunsten des Südens verschiebt, wenn man die Schäden in Bezug zur Wirtschaftsleistung setzt: Die Sachschäden eines Hurrikans in den Vereinigten Staaten von Amerika oder bei den großen Schadenshochwassern des letzten Jahrzehnts in Deutschland entsprechen wenigen Promille der jährlichen Wirtschaftsleistung dieser mächtigen Volkswirtschaften, wohingegen ein Hurrikan über Mittelamerika durchaus auch zehn Prozent und mehr des Bruttoinlandsprodukts eines Staates zerstören kann.[2] Diese Unterschiede lassen sich schwerlich mit natürlichen Gunst- und Ungunstfaktoren erklären, sondern zeigen: Gesellschaften sind in unterschiedlichem Maße in der Lage, solche Naturereignisse zu überstehen. Dies gilt auch für gesellschaftliche Subgruppen und Individuen: Menschen sind in unterschiedlichem Grad befähigt, solche Lagen vorauszusehen, sich adäquat darauf einzustellen, im Falle des Falles damit umzugehen und anschließend wieder zurechtzukommen. Zur Umschreibung dieses Sachverhalts wird häufig mit Begriffen wie ›Verwundbarkeit‹, ›Verletzbarkeit‹ oder ›Vulnerabilität‹ gearbeitet. Individuelle und kollektive Verwundbarkeit sind nicht gleichzusetzen mit Armut, doch korrelieren diese Merkmale stark miteinander.[3] So ›verschont‹ der tropische Wirbelsturm die Menschen in luxuriösen Villen, während die Wände und Dächer der Wellblechhütten in den Armutssiedlungen zu tödlichen Geschossen mutieren. Inzwischen fast schon als ›klassisch‹ zu bezeichnende Ansätze in Katastrophenforschung und -management zielen auf die Reduktion dieser Verwundbarkeiten.

○ Die nichtstaatliche Organisation NSET hat es sich zum Ziel gemacht, die Erdbebengefahr in Nepal durch Früherkennung und Katastrophenvorsorge zu reduzieren. Die Gesellschaft empfiehlt den Bürgern, auch privat vorzusorgen: Ein »Go Bag« mit überlebenswichtigen Utensilien soll für den Notfall zu Hause, im Auto und im Büro bereitstehen.

Katastrophenbewältigung

Katastrophenhilfe zielt darauf ab, den Menschen im betroffenen (Notstands-)Gebiet kurz- und mittelfristig das Überleben zu ermöglichen. Das kann durch Nachbarn geschehen, die Verletzte mit bloßen Händen aus eingestürzten Gebäuden bergen und vor dem Erstickungstod bewahren, durch internationale Hilfsorganisationen wie Ärzte ohne Grenzen oder durch technische Hilfsdienste, die mobile Trinkwasseraufbereitungsanlagen errichten. In vielen Staaten kommt auch Militär zum Einsatz, wobei humanitäre Ziele in Konkurrenz mit anderen Zielen stehen können. Als weite Teile im Stadtgebiet von New Orleans nach Hurrikan Katrina überflutet waren, zielte der Militäreinsatz zunächst auf die Rettung von Menschenleben. Nach wenigen Tagen und vielen Gerüchten über Verbrechen und Anarchie begegneten die Helfer den Überlebenden zunehmend feindlich und mit großer Härte, so als sei jeder ein potentieller Krimineller. Zivilen Hilfsorganisationen wie der Heilsarmee und dem Roten Kreuz wurde der Zugang verwehrt, statt Hungernde zu versorgen, wurde vor allem die öffentliche Ordnung wieder hergestellt.[4] Das Beispiel Odisha in der Ausstellung zeigt eindrucksvoll, dass rechtzeitige Evakuierungen Leben retten können; und dennoch sind Zwangsevakuierungen hochproblematisch, zumal dann, wenn sie sich später als überflüssig erweisen.

Die Kooperation von Regierung und Verwaltung, nichtstaatlichen Hilfsorganisationen und Militär ist schwierig, Zuständigkeiten sind häufig unklar oder ungeregelt und Prioritäten können auch zwischen Empfänger- und Geberländern unterschiedlich gesetzt werden. Viele Staaten unterhalten staatliche Stellen wie das Bundesamt für Bevölkerungsschutz und Katastrophenhilfe in Deutschland, die Vorteile entsprechender Planungen und Vorbereitungen für ›Ernstfälle aller Art‹ sind gemeinhin unumstritten: Wenn sich Überlebende auf ein funktionierendes Rettungswesen und Gesundheitssystem verlassen können, sind sie weniger verwundbar. Wer auf Vorräte und Ersparnisse zurückgreifen kann, eine entsprechende Versicherung abgeschlossen hat, mobil und gesund ist, sich auf Nachbarschaftshilfe verlassen und auf eine solidarische Gesellschaft vertrauen kann, hat es zweifellos besser getroffen als jene, für die all dies nicht zutrifft. Bildung, Alter, Geschlecht, sozialer Status, Zugang zu Warnungen, Gesundheitszustand usw. können über Leben und Tod entscheiden (Abb. 2).

Katastrophenvermeidung

Es gibt verschiedene Mittel und Wege, den Eintritt von Katastrophen weniger wahrscheinlich zu machen. Wenn zutrifft, dass extreme Naturereignisse erst dann zu Katastrophen werden, wenn entsprechend unvorbereitete Menschen und Strukturen dem nichts entgegenzusetzen haben und scheitern, dann folgt daraus: Katastrophen – auch jene, die als Naturkatastrophen bezeichnet werden – können nur dort geschehen, wo Menschen in einer Art und Weise wirtschaften und leben, die den Gegebenheiten ihrer lokalen Umwelt nicht hinreichend angemessen ist. Manche gehen bis zu der Behauptung, diese Gesellschaften hätten sich nicht nachhaltig entwickelt.[5]

Im Allgemeinen werden Katastrophen und Katastrophenschäden dann als vermeidbar angesehen, wenn die Bedingungen ihres Eintritts bekannt sind und als veränderbar gelten (Abb. 3). Recht häufig wird erkannt oder zumindest behauptet, dass rechtzeitige Gegensteuerung möglich gewesen wäre: Wenn Gefahrenzonen abgegrenzt werden können, etwa in Hinblick auf Hochwasser an Oberflächengewässern, bei Lawinen und Bergstürzen, ist der Verzicht auf Inwertsetzung solcher als gefährlich erkannter Flächen das wohl beste Mittel, absehbare Schäden zu vermeiden. Bei bereits bebauten Flächen ist derartige Flächenvorsorge allerdings noch schwieriger durchsetzbar als bei unbebauten.

Viel zu wenig umgesetzte Möglichkeiten bietet auch die Bauvorsorge. Gegen Erdbeben gibt es nach derzeitigem Stand von Wissenschaft und Technik keine Interventionsmöglichkeiten – wohl aber gegen den Einsturz von Gebäuden bei leichten und mittleren Beben. Das ist eine Frage des Know how, des Geldes, von Bauvorschriften und deren Einhaltung und nachdrücklicher Überwachung. Es wäre illusorisch, all die hochgradig einsturzgefährdeten Gebäude in den bekannten Erdbebenzonen weltweit zu ersetzen, doch wäre es nicht eine gute Idee, von nun an eben dort nur noch erdbebensichere Bauweisen durchzusetzen?[6]

Verhaltensvorsorge kann viele Formen annehmen. Unbestritten ist der Nutzen von Ernstfallübungen, mit denen etwa in Japan und Neuseeland Schulkinder von klein auf trainieren, wie sie sich im Falle eines Erdbebens am besten schützen (Abb. 4).

Auch in Deutschland können Elementarschäden vermieden oder doch zumindest verringert werden, wenn entsprechende Bauvorsorge betrieben wird: Eine Gasheizungsanlage auf dem Dachboden wird kaum Schaden nehmen im Hochwasserfall, ebenso muss die Hauselektrik nicht zwingend im Keller gebündelt, in Flussauen müssen Heizungsanlagen nicht unbedingt mit Öl betrieben werden. All das trägt zwar nicht zur Verhinderung einer Überschwemmung bei, senkt aber im Fall des Falles die Schadenshöhe. Wenn dann noch Warnungen rechtzeitig aufgegriffen werden, bewegliche Güter rasch aus der Gefahrenzone geborgen werden und die gefährdete Bevölkerung weiß, was sie tun und wie sie sich evakuieren kann, dann sind schon beste Voraussetzungen dafür hergestellt, dass das gefürchtete Naturereignis genau ein solches bleibt – und eben nicht zur so genannten Naturkatastrophe mutiert. Es geht also keineswegs nur darum, möglichst ausgefeilte und meist teure Vorwarn- und Abwehrtechnik zu produzieren und das Management ausgewiesenen Spezialisten zu überlassen: Schadens- und damit auch Katastrophenvermeidung kann durchaus schon auf dem eigenen Grundstück beginnen.

Noch Jahre nach dem Ausbruch des Mount St. Helens 1980 in den USA achteten viele Anwohner darauf, dass der Tank ihres Autos nach Möglichkeit stets gut gefüllt war, denn nur dann kann man

1 Tsunami-Warnschilder markieren in Küstenregionen die gefährdeten Gebiete und machen die Menschen auf eine mögliche Tsunamigefahr aufmerksam.

2 Nach der Katastrophe zählt jede Minute. Freiwillige unterstützen die National Guard bei der Verteilung von Hilfsgütern, nachdem der Hurrikan Sandy im Oktober auf die Ostküste der USA traf.

beim Vulkanausbruch rasch aus der Gefahrenzone fliehen. Und als im Januar 1995 nach nur 13 Monaten das zweite ›Jahrhunderthochwasser‹ in kurzer Folge den Rhein herabströmte, betrug die Schadenssumme nur etwa die Hälfte von der beim ersten – bei durchaus vergleichbaren Hochwasserständen. Das lag weniger daran, dass zwischenzeitlich besonders wirksame Schutzbauwerke errichtet worden waren, vielmehr wussten die Betroffenen nun, was zu tun war, Anwohner ebenso wie Katastrophenschützer und andere Entscheidungsträger. Was am Rhein hilft, eine Hochwasserkatastrophe zu verhindern, muss nicht unbedingt auch am Mississippi und am Brahmaputra sinnvoll, tolerierbar und sozial durchsetzbar sein. Wirksame und erstrebenswerte Risiko- oder Katastrophenpräventionskultur bedarf der Berücksichtigung verschiedener Voraussetzungen und kann vielfältige Ausprägungen annehmen, sie muss in verschiedenen Hinsichten angemessen und ›passfähig‹ sein: ökonomisch, sozial, kulturell und ökologisch. Und stets wird es noch Verbesserungspotentiale geben.

Förderlich für jede Art von Präventionskultur ist sicherlich die Häufigkeit, mit der sich die Gesellschaft und ihre Subgruppen an das als ›gefährlich‹ erkannte Phänomen ihrer Umwelt erinnert fühlen. Während die Keller an manchen Abschnitten der Mosel fast jährlich feucht oder gar nass werden und die Sache für die Betroffenen zur zwar lästigen, letztlich aber (selbstverständlich privat geregelten) ›Routineangelegenheit‹ wird, sind die selteneren Schadenshochwasser an Elbe, Oder und Donau auch deshalb so teuer gewesen, weil sie für sehr unwahrscheinlich oder gar für unmöglich gehalten worden waren. Verhaltensvorsorge wird wohl durch eigene

Anschauung befördert. Die Wiederkehrperiode eines ›hundertjährigen Hochwassers‹ übersteigt jedoch – *per definitionem* – nun einmal den Erfahrungshorizont einer Generation.

Und nach der Katastrophe?

Während und kurz nach dem Überstehen der Katastrophe sind in kurzer Zeit viele Entscheidungen zu treffen, individuell und kollektiv. Wenn es Unterstützung und Entschädigungen geben soll, entscheidet Bedürftigkeit oder soll anteilig entschädigt werden, sollen Reiche, die viel verloren haben, auch besonders viel Entschädigung erhalten, sollen Arme auch danach wieder arm sein? So etwas wird ad hoc entschieden, wohl in keinem Staat gibt es einen gesetzlichen Anspruch oder eine Festlegung auf ein vorher festgelegtes Verfahren, wie die (häufig ja erst viel später überschaubare) Last auf wessen Schultern verteilt wird. Nach dem Oder-Hochwasser 1997 überstiegen die Spendengelder die in Deutschland von Anwohnern und regionaler Wirtschaft geltend gemachten Schäden bei weitem, wohingegen die Geschädigten am Oberlauf in Polen weitgehend auf sich selbst gestellt blieben, da das dortige Spendenaufkommen bescheiden war und der Staat sich außer Stande sah, für ein unvorhersehbares, statistisch nur alle 500 Jahre auftretendes Schadenshochwasser Entschädigungen zu leisten.

Jetzt ist aber auch der passende Zeitpunkt, die Weichen neu zu stellen: Das Gefahren- und Risikobewusstsein ist noch alarmiert, die Kräfte werden für den Wiederaufbau gebündelt und die Meinung,

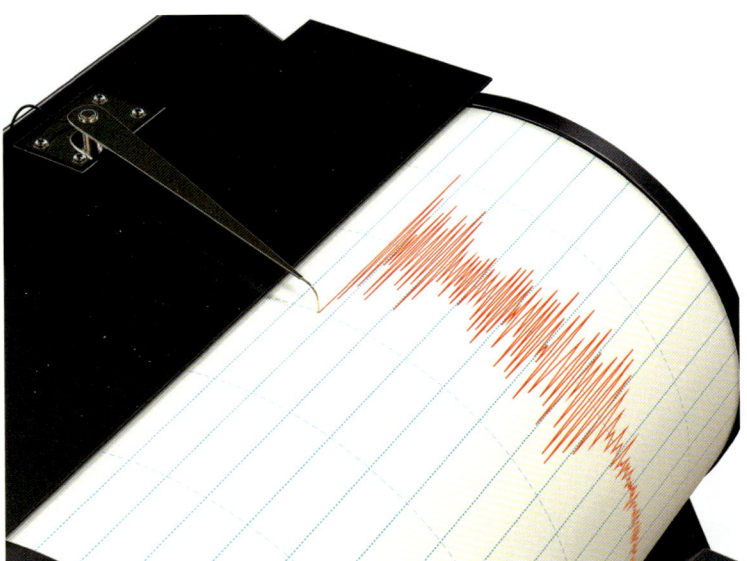

3 Zur Vorhersage von Erdbeben zeichnen Seismographen die Erderschütterungen auf. In so genannten Seismogrammen werden die Erdbewegungen in Wellenlinien übersetzt und geben Auskunft über die Stärke der Erschütterung.

4 Neben der staatlich und international organisierten Hilfe ist es vor allem für die Bevölkerung vor Ort überlebensnotwendig, eine private Vorsorge zu organisieren. Innerhalb der Familie sollen Notfallpläne erarbeitet werden. Dazu gehört beispielsweise, sich auf einen Treffpunkt nach der Katastrophe zu einigen.

all die Not und das Leid dürften sich nicht wiederholen, ist nach der überstandenen Katastrophe weit verbreitet. Jetzt wäre eine gute Gelegenheit, die Katastrophenresistenz zu stärken, Fehler der Vergangenheit einzuräumen und diese nicht zu wiederholen, etwa Gefahrenzonen zu identifizieren und dort entsprechende Nutzungseinschränkungen zu erlassen. Oft genug aber ist ein ›Weiter-so-wie-bisher‹ (nur sicherer soll es sein) zu beobachten. Stets scheinen gute Gründe dafür zu sprechen, beim Wiederaufbau so weiterzumachen wie bisher. Eigentumsverhältnisse bestehen fort, das Gewohnte ist auch das Vertraute, die Genehmigungspraxis für Gebäude ist wesentlich einfacher, wenn der vorherige Zustand wiederhergestellt wird. Langfristig gesehen aber wird genau auf diese Weise im Wiederaufbau die Bühne für die Wiederholung der Katastrophe bereitet.

Es ist jedoch nicht allein das Vergessen, das nicht mehr für So-wichtig-Nehmen, das die nächste Katastrophe ermöglicht. Durchaus sinnvolle Maßnahmen der Katastrophenvorsorge haben auch unbeabsichtigte Wirkungen. Der Deich in der Flussaue verspricht Sicherheit und ermöglicht den Bau von Siedlungen,

Industriegebieten und ähnlichem, Investitionen erheblichen Umfangs also, die dort niemals getätigt worden wären, wenn es nicht das Sicherheitsversprechen des Deiches gäbe. Kommt dann eines fernen (oder überraschend nahen) Tages das Hochwasser, das die Bemessung des Deiches übersteigt, dann sind erhebliche Schäden zu beklagen, unvergleichlich höher, als wenn der Deich niemals gebaut worden wäre. Schon in der Mitte des 20. Jahrhunderts hat der US-amerikanische Geograph und Hochwasserexperte Gilbert F. White die Faustformel entwickelt, nach der die Hochwasserschäden langfristig in ähnlichem Maße steigen, in dem zuvor in den technischen Hochwasserschutz investiert worden ist.

Das gilt zumindest dann, wenn sich alle auf die Deiche verlassen und auf das ergänzende Repertoire von Flächen-, Bau- und Verhaltensvorsorge verzichten. Das mag verständlich und menschlich erscheinen, ist aber nicht ›natürlich‹. In dem Sinne ist der Begriff ›Naturkatastrophe‹ dann die Umkehr der Kausalität durch Entschuldigungsbedürftige, die einer Natur die Schuld geben, die nicht zur Rechenschaft gezogen werden kann.[7]

Anmerkungen

1 Bergmann [et al.] 2011.
2 Wijkman – Timberlake 1984. Eine erste umfassende Abschätzung der Schadenshöhe des Hurrikan Mitch in Honduras vom Oktober 1998 findet sich in: Comisión Económica para América Latina Y el Caribe 1999. Die berechneten Schadenshöhen sind uneinheitlich. So nennt das Internationale Rote Kreuz die Zahl von etwa 41 % des jährlichen Bruttoinlandprodukts von Honduras (International Federation of Red Cross and Red Crescent Societies 2006: A World at Risk. www.ifrc.org/docs/Appeals/annual06/appeal2006-2.pdf). Frühere Schätzungen waren von 70 % des Bruttoinlandprodukts ausgegangen (International Federation of Red Cross and Red Crescent Societies 2000: Honduras: Humanitarian Assistance. Appeal no. 01.19/2000. situation report no. 1. www.ifrc.org/docs/appeals/annual00/01192000.pdf).
3 Wisner [et al.] 2004.
4 Tierney – Bevce – Kuligowski 2006.
5 Oliver-Smith 1996.
6 Jackson 2006.
7 Felgentreff – Dombrowski 2008.

Aus der Katastrophe lernen

Der Zyklon Phailin

MONICA KLASING CHEN

Die östliche Küste Indiens ist eine durch Zyklone stark gefährdete Gegend. Laut dem Jahresbericht des Indischen Meteorologischen Amtes trafen im Jahr 2013 vier Zyklone schwerer und drei weitere geringerer Intensität die Küste des nördlichen Indischen Ozeans. Der Zyklon Phailin war zweifellos der zerstörerischste unter ihnen. Er wurde als ein »sehr schwerer tropischer Sturm« eingestuft und erreichte Windgeschwindigkeiten von über 118 km/h.[1] Die Zerstörungskraft von Zyklonen setzt sich aus drei Faktoren zusammen: starke Regenfälle, die zu Überflutungen führen; starke Winde, die Gebäude und Bäume aus dem Boden reißen; sowie Sturmfluten. Materielle Schäden, die durch Fluten und starke Winde verursacht werden, können kaum vermieden, Menschenleben jedoch ohne Zweifel gerettet werden. Ein gut funktionierendes Katastrophenmanagement ist im Falle von Zyklonen also von besonderer Wichtigkeit. Am Beispiel des Zyklons Phailin, der am 12. Oktober 2013 auf die Ostküste Indiens traf, werden die Errungenschaften eines erfolgreichen Katastrophenmanagements greifbar. Andhra Pradesh und Odisha waren die durch den Zyklon am schwersten betroffenen Bundesstaaten Indiens. Durch die Unterstützung der Regierung konnten beide Bundesstaaten, die jeweils selbständige Behörden für die Katastrophenprävention besitzen, schnell auf den Zyklon reagieren. Das war aber nicht immer so: Man hat aus der Vergangenheit gelernt, denn bereits im Jahr 1999 wurde die Gegend von einem ähnlich starken Zyklon getroffen. Mit Windgeschwindigkeiten bis zu 250 km/h nahm er Kurs auf die Ostküste Indiens. Am 29. Oktober 1999 verwüstete der ›Super-Zyklon‹ Odisha und Andhra Pradesh.[2] Zeitungsberichten zufolge forderte er mehr als 10.000 Todesopfer und ließ zwei Millionen Menschen ohne Unterkunft zurück.[3] Damals ergriff der indische Staat die nötigen Hilfsmaßnahmen, wie zum Beispiel die Verteilung von Nahrung und Kleidung, erst nach dem Eintreten der Katastrophe.

Nach den großen Verlusten durch den Zyklon von 1999 begann sich der Staat auf präventive Maßnahmen zu konzentrieren.[4] Seit 2002 wurden neue, über je fünf Jahre laufende Entwicklungspläne erarbeitet. Sie haben langfristig die Stärkung des Katastrophenbewusstseins in der lokalen Bevölkerung zum Ziel. Aufklärungsarbeit vor Ort und Übungen vor allem in den Schulen sollen auch mit Hilfe neuester Medien die Menschen informieren und auf die Gefahr von Zyklonen vorbereiten. Darüber hinaus wurden spezialisierte Behörden für das Katastrophenmanagement auf lokaler Ebene aufgestellt, die präventive Maßnahmen vor Ort regeln und mit größerer Geschwindigkeit durchführen können. Ebenso wurde ein Schwerpunkt auf das Errichten einer soliden Infrastruktur gelegt, zum Beispiel durch den Bau von Zufluchtsunterkünften in den gefährdeten Gegenden und die Organisation von Telefonzentralen für Notfälle.

Bis 2013 waren viele dieser Maßnahmen umgesetzt und führten zusammen mit den frühen Warnungen zu einer erfolgreichen Evakuierung der Bevölkerung angesichts der Bedrohung durch einen Zyklon. Schon am 7. Oktober, fünf Tage bevor der Zyklon auf die Küste traf, wurde er mit Hilfe von Satellitenbildern entdeckt, sodass die lokalen Behörden rechtzeitig informiert wurden und die offizielle Evakuierung am 11. Oktober ab 13 Uhr beginnen konnte. Dabei bemühten sich die Beamten darum, die Menschen vor Ort in ihren Häusern aufzusuchen, über die Gefahr aufzuklären und von einer Evakuierung bei einem Sturm dieser Intensität zu überzeugen. Auch der Staat stellte Hilfe zur Verfügung: Mehrere Flugzeuge der indischen Luftstreitkräfte wurden mit Ladungen von Nahrung und Medikamenten in Nachbarstaaten für den Einsatz bereitgestellt, sie brachten zudem die nationalen Rettungskräfte der NDRF in das Katastrophengebiet. Auch mehrere nichtstaatliche Organisationen beteiligten sich in Absprache mit den staatlichen an der Evakuierung und der humanitären Hilfe.

Die Nachricht über den drohenden Zyklon erreichte die Bevölkerung auf mehreren Wegen. Neben der Bekanntmachung durch Fernsehen und Rundfunk kamen auch auf Sturmwarnung spezialisierte Medien zum Einsatz. Sie versendeten beispielsweise gezielte Warnungen an Schiffe auf offener See oder verbreiteten die Informationen über speziell für Handys entwickelte Programme. Diese frühen Warnungen erlaubten es den Anwohnern, zu jeder Zeit die

1 Das Pressefoto zeigt die Evakuierung der lokalen Bevölkerung bei Gopalpur in Odisha.

Route des Zyklons zu verfolgen und die empfohlenen Maßnahmen zum eigenen Schutz innerhalb der Familie vorzubereiten.[5] Zu diesen Maßnahmen gehörten zum Beispiel das Anlegen eines Vorrats von Lebensmitteln und Kerzen, das Bereitlegen wichtiger Medikamente sowie das Sichern von Glasfenstern gegen starke Winde mit Holzplatten. Am 12. Oktober traf der Zyklon gegen 19:30 Uhr auf die Küste. Zu diesem Zeitpunkt waren bereits mehr als 800.000 Menschen evakuiert worden (Abb. 1). Der Zyklon zog sechs Stunden über das Land, wobei Winde und Überflutungen große Sachschäden anrichteten, insbesondere durch die Verwüstung von Ackerland. Die Anzahl der vom Zyklon verursachten Todesfälle war jedoch im Vergleich zu 1999 sehr gering und belief sich laut Medienberichten auf unter 20. Die erfolgreiche Evakuierung einer so großen Anzahl von Menschen war ein bis dahin beispielloses Unterfangen und gewann auch internationale Anerkennung durch die Vereinten Nationen (UN), die das indische Modell des Katastrophenmanagements öffentlich lobten. Dieses gelungene Katastrophenmanagement soll als Positivbeispiel auf der dritten Weltkonferenz für Katastrophenvorsorge der UN im Jahr 2015 diskutiert werden.

Anmerkungen

1 IMD 2014.

2 Mehr zu dem Zyklon von 1999 in: Khanna 2005, S. 161–170.

3 Siehe zum Beispiel einen Bericht von Michael Nicholson in der Londoner Zeitung *The Evening Standard* vom 5. November 1999, S. 13.

4 Thomalla – Schmuck 2004.

5 Vgl. dazu: http://www.imd.gov.in/section/nhac/dynamic/faq/FAQP.htm.

Bibliographie

Aakjaer 1943 Kong Valdemars Jordebog, hg. von Sven Aakjaer, 3 Bde, Kopenhagen 1926–1943

Achilles 2013 Manuela Achilles: ›Nuclear Power? No, Thank You!‹: Germany's Energy Revolution Post-Fukushima, in: Environmental Sustainability in Transatlantic Perspective. A Multidisciplinary Approach, hg. von Manuela Achilles und Dana Elzey, Houndmills/New York 2013, S. 104–127

ACIA 2004 ACIA Arctic Climate Impact Assessment: Impacts of a Warming Arctic, Cambridge 2004, http//:www.acia.uaf.edu (abgerufen am 15.07.2014)

Adorno 1966 Theodor W. Adorno: Meditationen zur Metaphysik, in: Negative Dialektik, Frankfurt am Main 1966, S. 352–398

Aiazzi 1845 Giuseppe Aiazzi: Narrazioni istoriche delle più considerevoli inondazioni dell'Arno, Florenz 1845

Alexander, B. 2012 Ben Alexander: Hazards and disasters represented in music, in: The Routledge Handbook of Hazards and Disaster Risk Reduction, hg. von Ben Wisner, London 2012, S. 131–142

Alexander, D. 2002 David E. Alexander: The Evolution of Civil Protection in Modern Italy, in: Disastro! Disasters in Italy since 1860: Culture, Politics, Society, hg. von Jon Dickie, John Foot und Frank M. Snowden, New York/Basingstoke 2002, S. 165–185

Allan 1991 Sarah Allan: The Shape of the Turtle. Myth, Art and Cosmos in Early China, New York 1991

Allemeyer 2009 Marie Luisa Allemeyer: »In diesser erschrecklichen unerhörten Wasserfluth, kan man keine naturlichen Ursachen suchen«. Die Burchardi-Flut des Jahres 1634 an der Nordseeküste, in: Katastrophen. Vom Untergang Pompejis bis zum Klimawandel, hg. von Gerrit Jasper Schenk, Ostfildern 2009, S. 93–108, 239–241

Andergassen 2004 Andergassen, Leo: Die fünfzehn Zeichen vor dem Weltende. Zur Lehrhaftigkeit mittelalterlicher Wandmalereien, in: Der Schlern 78/4, 2004, S. 56–68

Anders 1987 Günther Anders: Die Antiquiertheit des Menschen 1. Über die Seele im Zeitalter der zweiten industriellen Revolution, München 1987 [1956]

Andreeva 2014 Anna Andreeva: The »Earthquake Insect«: Conceptualizing Disasters in pre-modern Japan, in: Disaster as Image: Iconographies and Media Strategies across Europe and Asia, hg. von Monica Juneja und Gerrit Jasper Schenk, Regensburg 2014, S. 81–90

Angel 1996 Hans-Ferdinand Angel: Der religiöse Mensch in Katastrophenzeiten. Religionspädagogische Perspektiven kollektiver Elendsphänomene (Regensburger Studien zur Theologie, 48), Frankfurt a. M. u. a. 1996

L'Arno raccontato 2006 L'Arno raccontato: tra cronaca e immaginario: 1966–2006, hg. von Associazione per l'Arno, Pontedera 2006

Aschenberg 1992 Heinz Aschenberg: Deichschutz und Binnenentwässerung im Stromspaltungsgebiet zwischen Weser und Elbe, in: Historischer Küstenschutz. Deichbau, Inselschutz und Binnenentwässerung an Nord- und Ostsee, hg. von Johann Kramer und Heinz Rhode, Stuttgart 1992, S. 255–288

Assmann, A. 1999 Aleida Assmann: Erinnerungsräume: Formen und Wandlungen des kulturellen Gedächtnisses, München 1999

Assmann, J. 1992 Jan Assmann: Das kulturelle Gedächtnis. Schrift, Erinnerung und politische Identität in frühen Hochkulturen, München 1992

Ausst.-Kat. Bamberg 1988 Die Sintflut. Ein Gemälde von Hans Baldung Grien, 1516 und die Entwicklung der Sintflutdarstellungen vom frühen Christentum bis in das 19. Jahrhundert (Ausstellung in Bamberg, Historisches Museum 1988), Bamberg 1988

Ausst.-Kat. Dijon 2006 Visions du déluge de la Renaissance au XIXe siècle (Ausstellung in Dijon, Musée Magnin, 11 octobre 2006 – 10 janvier 2007, Lausanne, Musée cantonal des Beaux-Arts, 2 février – 29 avril 2007), hg. von Rémi Cariel [et al.], Paris 2006

Ausst.-Kat. Florenz 1996 Alle origini di Firenze. Dalla preistoria alla città romana (Ausstellung in Firenze, Museo com'era. 25 giugno 1996 – 19 gennaio 1997), hg. von Gabriella Capecchi, (Firenze. I musei del Comune, Cataloghi di mostre, 5), Florenz 1996

Ausst.-Kat. Halle 2011 Pompeji – Nola – Herculaneum. Katastrophen am Vesuv (Ausstellung in Halle, Landesmuseum für Vorgeschichte 2011-2012), hg. von Harald Meller und Jens-Arne Dickmann, München 2011

Ausst.-Kat. Mannheim 2004 Pompeji. Die Stunden des Untergangs 24. August 79 n.Chr. (Ausstellung in Mannheim, Reiss-Engelhorn-Museen 2004–2005), hg. von Pier Giovanni Guzzo und Alfried Wieczorek (Publikationen der Reiss-Engelhorn-Museen, 13), Mailand 2004

Ausst.-Kat. Thurgau und Leverkusen 2008 Moralische Fantasien – Aktuelle Positionen Zeitgenössischer Kunst in Zusammenhang mit der Klimaerwärmung (Ausstellung in Thurgau, Kunstmuseum, 8. Juni bis 26. Oktober 2008, und Leverkusen, Museum Morsbroich, 8. Februar bis 5. April 2009), hg. von Dorothee Messmer und Markus Landert, Nürnberg 2008

Autorità di Bacino del Fiume Arno 1999 Autorità di Bacino del Fiume Arno: Perimetrazione delle aree a rischio sull'asta principale del fiume Arno e sugli affluenti nel tratto di rigurgito – Relazione tecnica, Firenze, settembre 1999.

Bacon 1960 Francis Bacon: Nova Atlantis (1627), in: Der utopische Staat, Morus: Utopia, Campanella: Sonnenstaat, Bacon: Nova Atlantis, aus dem Lateinischen übersetzt, eingeleitet und kommentiert von Klaus J. Heinisch, Hamburg 1960, S. 171-215

Bätschmann 1989 Oskar Bätschmann: Entfernung der Natur. Landschaftsmalerei 1750–1920, Köln 1989

Bankoff 2003 Greg Bankoff: Cultures of Disaster. Society and natural hazard in the Philippines, London/New York 2003

Bankoff 2009 Greg Bankoff: Der Tsunami im Indischen Ozean 2004 und der Hurrikan Katrina im Golf von Mexiko 2005, in: Katastrophen. Vom Untergang Pompejis bis zum Klimawandel, hg. von Gerrit Jasper Schenk, Ostfildern 2009, S. 191–204, 254–256

Barack 1881 Zimmerische Chronik, hg. von Karl Barack, Bd. 2, Freiburg/Tübingen 21881

Barasch 2006 Moshe Barasch: Towards an Iconography of the Deluge, in: Sintflut und Gedächtnis. Erinnern und Vergessen des Ursprungs, hg. von Martin Mulsow und Jan Assmann, München 2006, S. 359–401

Bargellini Nardi 2006 Bernardina Bargellini Nardi: Il palazzo alluvionato. L'alluvione di Piero Bargellini, Florenz 2006

Bartnik 1992 Norbert Bartnik: Ernst Pasqué. Der Träumer von »Haus Geyersberg«. Zur Erinnerung an den vor hundert Jahren gestorbenen Sänger, Schriftsteller und Heimatforscher Ernst Pasqué (1821–1892), Alsbach-Hähnlein 1992

Bauch 2014 Martin Bauch: Die Magdalenenflut 1342 – ein unterschätztes Jahrtausendereignis?, in: Mittelalter. Interdisziplinäre Forschung und Rezeptionsgeschichte, 4. Februar 2014, http://mittelalter.hypotheses.org/3016 (ISSN 2197-6120). (abgerufen am 20.06.2014)

Becchi – Giuli 1986 I. Becchi und D. Giuli: Description of the Arno Project: a real-time approach to the Arno river flooding forecast, International Conference on the Arno Project, Florence, Nov. 1986

Beck 2007 Ulrich Beck: Weltrisikogesellschaft. Auf der Suche nach der verlorenen Sicherheit, Frankfurt am Main 2007

Becker 2006 Norbert Becker: Biological control of mosquitoes: management of the upper Rhine mosquito population as a model programme, in: An ecological and societal approach to biological control, hg. von Jørgen Eilenberg und Heikki Hokkanen, Berlin/Heidelberg/New York 2006, S. 227–245

Behringer 2005 Wolfgang Behringer: »Kleine Eiszeit« und Frühe Neuzeit, in: Kulturelle Konsequenzen der »Kleinen Eiszeit«. Cultural Consequences of the »Little Ice Age«, hg. von Wolfgang Behringer, Hartmut Lehmann und Christian Pfister (Veröffentlichungen des Max-Planck-Instituts für Geschichte, 212), Göttingen 2005, S. 415–508

Behringer – Jerouschek 2000 Wolfgang Behringer und Günter Jerouschek: »Das unheilvollste Buch der Weltliteratur«? Zur Entstehungs- und Wirkungsgeschichte des Malleus Maleficarum und zu den Anfängen der Hexenverfolgung, in: Heinrich Kramer (Institoris). Der Hexenhammer. Malleus Maleficarum, hg. von Wolfgang Behringer und Günter Jerouschek, neu aus dem Lateinischen übertragen von Wolfgang Behringer, Günter Jerouschek und Werner Tschacher, München 2000, S. 9–97

Bergmann [et al.] 2011 Jörg Bergmann [et al.]: The earthquake, the tsunami and the nuclear meltdown in Japan. Responses from members of the

›Communicating Disaster‹ research group. ZiF-Mitteilungen 2, 2011, S. 6–24

Berlejung 2012 Disaster and Relief Management. Katastrophen und ihre Bewältigung, hg. von Angelika Berlejung (Forschungen zum Alten Testament, 81), Tübingen 2012

Berndt 2013 Jaqueline Berndt: Das »Mangaesque« als Herausforderung – Japanische Comics und 3/11, in: Lesebuch »Fukushima«. Übersetzungen, Kommentare, Essays, hg. von Lisette Gebhardt und Steffi Richter (Reihe zur japanischen Literatur und Kultur Japanologie Frankfurt, 6), Berlin 2013, S. 126–154

Beroldingen 1783 Franz Cölestin von Beroldingen: Gedanken über den so lange angehaltenen ungewöhnlichen Nebel, Braunschweig 1783

Bianchini 2002 Impruneta. Storia ed Arte del Santuario e del Museo di S. Maria, hg. von Vasco Bianchini, Impruneta 2002

Bietak 2014 Manfred Bietak: Radiocarbon and the Date of the Thera Eruption, in: Antiquity 88/339, 2014, S. 277–282

Bigg – Hennig 2009 Atombilder. Ikonografie des Atoms in Wissenschaft und Öffentlichkeit des 20. Jahrhunderts, hg. von Charlotte Bigg und Jochen Hennig (Deutsches Museum, Abhandlungen und Berichte Neue Folge 25), Göttingen 2009

Blumenberg 1983 Hans Blumenberg: Die Lesbarkeit der Welt, Frankfurt a. M. 2¹983

Bocciolini – Petrioli – Petrioli 2006 Gianni Bocciolini, Andrea Petrioli und Fabrizio Petrioli: Firenze 4 novembre 1966 – 4 novembre 2006. Il dramma dell'alluvione in un documento inedito, Florenz 2006

Bodenmann [et al.] 2011 Tom Bodenmann [et al.]: Perceiving, explaining, and observing climatic changes. An historical case study of the »year without a summer« 1816, in: Meteorologische Zeitschrift 20/6, 2011, S. 577–587

Boetius 1622 Matthias Boetius, De cataclysmo Nordstrandico. Provinzialberichte 1798/I, hg. Von O. Hartz, Neumünster 1940

Böhme – Böhme 1996 Gernot Böhme und Hartmut Böhme: Feuer, Wasser, Erde, Luft. Eine Kulturgeschichte der Elemente, München 1996

Bohnenberger 1793 Gottlieb Christoph Bohnenberger: Beyträge zur theoretischen und praktischen Elektrizitätslehre. Vol. I, Stuttgart 1793

Bolt 1988 Bruce A. Bolt: Earthquakes, New York 1988

Borchert – Watermann 2013 Till-Holger Borchert und Joshua P.Watermann: The Book of Miracles. Das Wunderzeichenbuch. Le Livre des miracles. Facsimile of the Augsburg manuscript from the Collection of Mickey Cartin, 2 Bde., Köln 2013

Bostrom – Ćirković 2008 Global Catastrophic Risks, hg. von Nick Bostrom und Milan M. Ćirković, Oxford 2008

Boysen – Schellnhuber 2007 Margret Boysen und Hans Joachim Schellnhuber: Heaven and Earth. From Pergamon to Potsdam, Potsdam 2007, http://www.pik-potsdam.de/services/infodesk/books_brochures/heaven-and-earth-from-pergamon-to-potsdam (abgerufen am 16.7.2014)

Bräker 1998 Ulrich Bräker: Tagebücher 1779–1788, bearb.von Heinz Graber [et al.] (Sämtliche Schriften, 2), München 1998

Brant 1494 Sebastian Brant: Das Narrenschiff, Nürnberg (Peter Wagner) 1494 [=GW 5042]

Breidert 1994 Die Erschütterung der vollkommenen Welt. Die Wirkung des Erdbebens von Lissabon im Spiegel europäischer Zeitgenossen, hg. von Wolfgang Breidert, Darmstadt 1994

Bricker 2014 The Fukushima Daiichi Nuclear Power Station Disaster. Investigating the Myth and Reality. By the Independent Investigation Commission on the Fukushima Nuclear Accident, hg. von Mindy Kay Bricker, London/New York 2014

Bronson 1959 William Bronson: The Earth Shook, the Sky Burned, San Francisco 1959

Brookings Institution 2006 Brookings Institution Metropolitan Policy Program: Resettling New Orleans: The First Full Picture from the Census, Washington, D.C. 2006

Brookings Institution 2010 The New Orleans Index at Five. An Overview of Greater New Orleans. From Recovery to Transformation, Washington, D.C. 2010

Bruins – van der Pflicht 2014 Hendrik Bruins und Johannes van der Plicht: The Thera Olive Branch, Akrotiri (Thera) and Palaikastro (Crete): Comparing Radiocarbon Results of the Santorini Eruption, in: Antiquity 88/339, 2014, S. 282–287

Bundesamt für Strahlenschutz 2012 Die Katastrophe im Kernkraftwerk Fukushima nach dem Seebeben vom 11. März 2011: Beschreibung und Bewertung von Ablauf und Ursachen, hg. vom Bundesamt für Strahlenschutz (BfS), Fachbereich Sicherheit in der Kerntechnik, Salzgitter, März 2012 (urn:nbn:de:0221-201203027611)

Burke 1773 Burke, Edmund: Philosophische Untersuchungen über den Ursprung unsrer Begriffe vom Erhabenen und Schönen / [Edmund Burke. Übers. von Christian Garve]. Nach der 5. engl. Ausgabe. Riga 1773.

Burke 1980 Edmund Burke: Philosophische Untersuchungen über den Ursprung unserer Ideen vom Erhabenen und Schönen, Hamburg 1980 [1757]

Burke 1998 A Philosophical Enquiry into the Origin of Our Ideas of the Sublime and Beautiful, Oxford/New York, 1998 [1757]

Burnett 1719 Thomas Burnett: The Sacred Theory of the Earth, London 1719 [1690]

Burton 2013 Richard Burton: Die Tagebücher, hg. und mit einer Einleitung von Chris Williams, Berlin 2013

Busch 1997 Werner Busch: Landschaftsmalerei, Berlin 1997

Busch 1999 Werner Busch: Materie und Geist, in: Mehr. Europa um 1770. Die bildende Kunst der Aufklärung (Ausstellung in Frankfurt/Main, Städelsches Kunstinstitut und Städtische Galerie 1999), Frankfurt a. M. 1999, S. 401–418

Caduff 1986 Gian Andrea Caduff: Antike Sintflutsagen, Göttingen 1986

Campanella 2007 Richard Campanella: An Ethnic Geography of New Orleans, in: Journal of American History 94, no. December (2007), S. 704–715

Campanella 2008 Richard Campanella: Bienville's Dilemma. A Historical Geography of New Orleans, Lafayette 2008

Casanova 1989 Giacomo Casanova: Memoiren. Aus dem Französischen übertragen und zeitgemäß bearbeitet von Nora Urban, Klagenfurt 1989

Casotti 1714 Giovambatista Casotti: Memorie Istoriche della Miracolosa Immagine di Maria Vergine dell'Impruneta [...], Florenz 1714

Caviedes 2005 César N. Caviedes: El Niño. Klima macht Geschichte, Darmstadt 2005

Chakrabarty 2010 Dipesh Chakrabarty: Das Klima der Geschichte: Vier Thesen, in: KlimaKulturen. Soziale Wirklichkeiten im Klimawandel, hg. von Harald Welzer, Hans-Georg Soeffner und Dana Giesecke, Frankfurt/New York 2010, S. 270-301

Cherubini – Lev-Yadun 2014 Paolo Cherubini – Simcha Lev-Yadun: The Olive Tree-Ring Problematic Dating, in: Antiquity 88/339, 2014, S. 290–291

Cherubini [et al.] 2014 Paolo Cherubini [et al.]: Bronze Age Catastrophe and Modern Controversy: Dating the Santorini Eruption, in: Antiquity 88/339, 2014, S. 267–291

Chirapravati 2014 M. L. Pattaratorn Chirapravati: Inundations: Images of Disaster in Southeast Asian Art, in: Disaster as Image: Iconographies and Media Strategies across Europe and Asia, hg. von Monica Juneja und Gerrit Jasper Schenk, Regensburg 2014, S. 91–99

Clancey 2006 Gregory Clancey: Earthquake Nation. The Cultural Politics of Japanese Seismicity, 1868–1930, Berkeley/Los Angeles/London 2006

Cohn 1996 Norman Cohn: Noah's Flood. The Genesis Story in Western Thought, New Haven/London 1996

Collini 1790 Cosimo Alessandro Collini: Ueber die Ueberschwemmung des Naeckars bey Mannheim, Mannheim 1790

Comisión Económica para América Latina y el Caribe 1999 CEPAL: Honduras: Evaluación de los daños ocasionados por el huracán Mitch, 1998, Januar 1999, http://www.cepal.org/publicaciones/xml/1/15501/L367-1.pdf (abgerufen am 23.07.2014)

Cotsonis 1994 John A. Cotsonis: Byzantine Figural Processional Crosses, Dumbarton Oaks 1994

Coulmas – Staplers 2011 Florian Coulmas und Judith Stalpers: Fukushima – Vom Erdbeben zur Katastrophe, München 2011

Damianelli 2006 Sandra Damianelli: Appendice documentaria, in: Ugo Procacci a cento anni dalla nascita (1905–2005). Atti della giornata di studio (Firenze 31 marzo 2005), hg. von Marco Ciatti und Cecilia Frosinini, Florenz 2006, S. 85–132

D'Angelis 2006 Erasmo D'Angelis: Angeli del fango. La meglio gioventù nella Firenze dell'alluvione, Florenz 2006

Daston – Park 2002 Lorraine Daston und Katharine Park: Wunder und die Ordnung der Natur, Berlin/Frankfurt a. M. 2002

Dean 1906 Constance Dean: True Story of »Margaret Jennings, Refugee«, in: The Call, 16. Juli 1906, S. 1–3

De Carolis – Patricelli 2003 Ernesto De Carolis und Giovanni Patricelli: Vesuvius A.D. 79. The Destruction of Pompeii and Herculaneum, Los Angeles 2003

Decker – Decker 1992 Robert Decker und Barbara Decker: Vulkane. Abbild der Erddynamik, Heidelberg/Berlin/New York 1992

Delumeau 1989 Jean Delumeau: Rassurer et protéger. Le sentiment de sécurité dans l'Occident d'autrefois, Paris 1989

De Poli – Ghilardi 1988 Claudio De Poli und Sergio Ghilardi: Considerazioni geomorfologiche sulla dinamica della frana di Piuro del 1618, in: Clavenna. Bollettino del Centro di Studi Storici Valchiavennaschi 27,1988, S. 77–84

Deurer 1784 E.F. Deurer: Umständliche Beschreibung der im Jänner und Hornung 1784 die Städte Heidelberg, Mannheim und andere Gegenden der Pfalz durch die Eisgänge und Überschwemmungen betroffenen grosen Noth nebst einigen vorausangeführten Natur-Denkwürdigkeiten des vorhergehenden Jahres, Mannheim 1784

Diaz – Eischeid 2007 Henry F. Diaz und Jon K. Eischeid: Disappearing »Alpine Tundra« Köppen climatic type in the western United States, in: Geophysical Research Letters 34 (18), 2007, L 18707

Dickmann 2011 Jens-Arne Dickmann: ›Insula pertusa‹. Indizien einer Kriminalgeschichte, in: Pompeji – Nola – Herculaneum. Katastrophen am Vesuv (Ausstellung in Halle, Landesmuseum für Vorgeschichte 2011–2012), hg. von Harald Meller und Jens-Arne Dickmann, München 2011, S. 299–308

Dietrich 2012 Jan Dietrich: Katastrophen im Altertum aus kulturanthropologischer und kulturphilosophischer Perspektive, in: Disaster and Relief Management. Katastrophen und ihre Bewältigung, hg. von Angelika Berlejung (Forschungen zum Alten Testament, 81), Tübingen 2012, S. 85–116

Dodd 1949 Alfred Dodd: Francis Bacon's Personal Life Story, Band II, The Age of James, London 1949

Dörries 2005 Matthias Dörries: Krakatau 1883 – Die Welt als Labor und Erfahrungsraum, in: Welt-Räume. Geschichte, Geographie und Globalisierung seit 1900, hg. von Iris Schröder und Sabine Höhler, Frankfurt 2005, S. 51–73

Dörries 2006 Matthias Dörries: In the public eye: Volcanology and climate change studies in the 20th century, in: Historical Studies in the Physical and Biological Sciences, Vol. 37, No. 1 (September 2006), S. 87–125

Dombrowsky 2008 Wolf R. Dombrowsky: Zur Entstehung der soziologischen Katastrophenforschung – eine wissenshistorische und -soziologische Reflexion, in: Naturrisiken und Sozialkatastrophen, hg. von Carsten Felgentreff und Thomas Glade, Berlin/Heidelberg 2008, S. 63–76

Donahue-Wallace 2008 Kelly Donahue-Wallace: Art and Architecture of Viceregal Latin America, 1521–1821, Albuquerque 2008

Doumas 1983 Christos Doumas: Thera. Pompeii of the ancient Aegean. Excavations at Akrotiri 1967–79, London 1983

Doumas 1996 Christos Doumas: Die Wandmalereien von Thera, München 1996

Doumas 2012 Christos Doumas: Akrotiri, in: Eric Cline, Oxford Handbook of the Bronze Age Aegean, Oxford 2012, S. 752–761

Downey 1954 Glanville Downey: A Processional Cross, in: The Metropolitan Museum of Art Bulletin, New Series, Vol. 12, No. 9 (Mai 1954), S. 276–280

Downey 1955 Glanville Downey: Earthquakes at Constantinople and Vicinity, A.D. 342–1454, in: Speculum 30, No. 4 (Oktober 1955), S. 596–600

Driessen 2002 Jan Driessen: Towards an Archaeology of Crisis. Defining the Long Term Impact of the Bronze Age Santorini Eruption, in: Robin Torrence, Natural Disasters and Cultural Change (One World Archaeology, 45), London 2002, S. 250–263

Driessen – MacDonald 1997 Jan Driessen und Colin F. MacDonald: The Troubled Island. Minoan Crete before and After the Santorini Eruption (Aegaeum, 17), Liège 1997

Driessen – MacDonald 2000 Jan Driessen und Colin F. MacDonald: The eruption of the Santorini volcano and its effects on Minoan Crete, in: The Archaeology of Geological Catastrophes, hg. von W. G. McGuire [et al.], The Geological Society, London 2000, S. 81–94

Druitt [et al.] 1989 T. H. Druit [et al.]: Explosive volcanism on Santorini, Greece, in: Geological Magazine, Vol. 126, No. 2, 1989, S. 95–126

Dusinberre – Aldrich 2011 Martin Dusinberre und Daniel P. Aldrich: Hatoko comes home: Civil Society and Nuclear Power in Japan, in: The Journal of Asian Studies 70/3, 2011, S. 683–705

Eco 2013 Umberto Eco: Die Geschichte der legendären Länder und Städte, München 2013

Edson – Savage-Smith – von den Brincken 2005 Evelyn Edson, Emilie Savage-Smith und Anna-Dorothee von den Brincken: Der mittelalterliche Kosmos. Karten der christlichen und islamischen Welt, Darmstadt 2005

Effinger – Wambsganß 2009 Himmlisches in Büchern. Astronomische Schriften und Instrumente aus sechs Jahrhunderten. Eine Ausstellung der Universitätsbibliothek Heidelberg und des Zentrums für Astronomie der Universität Heidelberg (ZAH) zum Internationalen Jahr der Astronomie 2009, hg. von Maria Effinger und Joachim Wambsganß (Schriften der Universitätsbibliothek Heidelberg, 10), Heidelberg 2009

Eifert 2002 Christiane Eifert: Das Erdbeben von Lissabon 1755. Zur Historizität einer Naturkatastrophe, in: Historische Zeitschrift Band 274, 2002, S. 633–664

Elwert 2004 Georg Elwert: Evidence, Logic and Moral Authority. Experience and the Erosion of Certainties in Illiterate and Literate Societies, in: Knowledge and the World. Challenges beyond the science wars, hg. von Martin Carrier [et al.] (The Frontiers Collection, 5), Berlin/Heidelberg 2004, S. 211–236

Emcke 2013 Carolin Emcke: Weil es sagbar ist: Über Zeugenschaft und Gerechtigkeit, Frankfurt am Main 2013

Engels, A. – Pansegrau – Weingart 2002 Anita Engels, Petra Pansegrau und Peter Weingart: Von der Hypothese zur Katastrophe? Der anthropogene Klimawandel im Diskurs zwischen Wissenschaft, Politik und Massenmedien, Opladen 2002

Engels, J. 2009 Jens Ivo Engels: Gefährlicher Wasserstand im »Wirtschaftswunderland«. Die Hamburger Sturmflut vom Februar 1962, in: Katastrophen. Vom Untergang Pompejis bis zum Klimawandel, hg. von Gerrit Jasper Schenk, Ostfildern 2009, S. 171–181, 252

Erdbeben 2014 Erdbeben von Lissabon 1755, in: Wikipedia http://de.wikipedia.org/wiki/Erdbeben_von_Lissabon_1755, S. 1-8 (abgerufen am 01.03.2014)

Ericksen [et al.] 2011 Polly Ericksen [et al.]: Mapping hotspots of climate change and food insecurity in the global tropics, CCAFS Report No.5, 2011, http://ccafs.cgiar.org/publications/mapping-hotspots-climate-change-and-food-insecurity-global-tropics#. UzVlU85SkTA (abgerufen am 16.7.2014)

Esposito 2007 Elena Esposito: Die Fiktion der wahrscheinlichen Realität, Frankfurt a. M. 2007

Esselborn 1979 Karl Esselborn: Hessische Lebensläufe, Darmstadt 1979

Fachard 2002 Consulte e pratiche della Repubblica fiorentina 1495-1497, hg. von Denis Fachard (Publications de la Faculté des Lettres, Université de Lausanne, 35), Genève 2002

Fässler 2002 Alois Fässler: Geburt der gesamteidgenössischen Solidarität. Die Hilfeleistungen zur Bewältigung des Bergsturzes von Goldau 1806, in: Am Tag danach. Zur Bewältigung von Naturkatastrophen in der Schweiz 1500–2000, hg. von Christian Pfister, Bern 2002, S. 55–68

Fässler 2006 Alois Fässler: »… dass unser Bund ein wahrer Brüderbund in Freüd und Not seye«. Die Organisation der Hilfsmassnahmen anlässlich des Goldauer Bergsturzes 1806, in: Der Geschichtsfreund 159, 2006, S. 39–80

Falappi 1995 Gian Primo Falappi: Relazioni su Piuro dopo la frana, in: La frana di Piuro del 1618. Storia e immagini di una rovina, hg. von Guido Scaramellini, Günther Kahl und Gian Primo Falappi, Plurs ²1995, S. 87–373

Falappi 2010a Gian Primo Falappi: Piuro 4 settembre 1618. Un problema aperto: le cause della frana, in: Plurium 3, 2010, S. 13–22

Falappi 2010b Gian Primo Falappi: La musica delle campane di Piuro, in: Plurium, Sondernummer 4, 2010, S. 9–14

Falappi 2012 Gian Primo Falappi: Presentazione, in: Ernst Pasqué: Le campane di Piuro. Traduzione italiana di Gian Primo Falappi, Plurs 2012, S. VII–XVII

Felgentreff – Dombrowsky 2008 Carsten Felgentreff und Wolf R. Dombrowsky: Hazard-, Risiko- und Katastrophenforschung, in: Naturrisiken und Sozialkatastrophen, hg. von Carsten Felgentreff und Thomas Glade, Heidelberg 2008, S. 13–29

Felgentreff – Glade 2008 Naturrisiken und Sozialkatastrophen, hg. von Carsten Felgentreff und Thomas Glade, Berlin/Heidelberg 2008

Felgentreff – Kuhlicke – Westholt 2012 Carsten Felgentreff, Christian Kuhlicke und Frank Westholt: Naturereignisse und Sozialkatastrophen

(Schriftenreihe Forschungsforum Öffentliche Sicherheit, 8), Berlin 2012

Firenze perché 1966 Firenze perché. Il Ponte. Numero speciale della Rivista mensile di politica e letteratura fondata da Piero Calamandrei 22/11&12, 31 Dezember 1966, S. 1324–1574

Fischer 1784 Johann Nepomuck Fischer: Beweiß, daß das Glockenläuten bey Gewittern mehr schädlich als nützlich sey. Nebst einer allgemeinen Untersuchung ächter und unächter Verwahrungsmittel gegen die Gewitter, München 1784

Fohlmeister [et al.] 2013 Jens Fohlmeister [et al.]: COMNISPA II: Update of a mid-European isotope climate record, 11 ka to present 2013, in: Holocene 23 (5), 2013, S. 749–754

Fontane 1974 Theodor Fontane: Wanderungen durch die Mark Brandenburg. Band I: Die Grafschaft Ruppin, hrsg. von Walter Keitel, München 1974

Fradkin 2005 Philip L. Fradkin: The Great Earthquake and Firestorms of 1906, Berkeley/Los Angeles 2005

Frank-Planitz 1986 Ulrich Frank-Planitz: Die Verlegerfamilie Engelhorn, in: Lebensbilder aus Schwaben und Franken 16, 1986, S. 273–291

Franz 1909 Adolph Franz: Die kirchlichen Benediktionen im Mittelalter Bd. 2, Freiburg i.Br. 1909

Freistadt 1962 Heinrich Freistadt: Die Sturmflut vom 16./17. Februar 1962 in Hamburg, in: Die Küste, Heft 1, 1962, S. 81–92

Freudenreich und Bay 1806 F. Freudenreich und Bay: Rapport, in: Officieller Bericht über den fürchterlichen und verheerenden Bergfall im Canton Schwÿz am 21. Herbstmonat 1806, Bern 1806, S. 4–12

Fricke 1988 Werner Fricke: Der Bericht von E.F. Deurer über das Eishochwasser von 1784, in: Die alte Brücke in Heidelberg, hg. von Helmut Prückner, Heidelberg 1988, S. 41–60

Fricke-Hilgers 1999 Almut Fricke-Hilgers: Die Sintflutprognose des Johannes Carion für 1524 mit einer Vorhersage für das Jahr 1789, in: Himmelszeichen und Erdenwege. Johannes Carion (1499–1537) und Sebastian Hornmold (1500–1581) in ihrer Zeit, hg. vom Kultur- und Sportamt der Stadt Bietigheim-Bissingen, Stadtmuseum Hornmoldhaus, Ubstadt-Weiher 1999, S. 277–302

Friedrich 2004 Walter L. Friedrich: Feuer im Meer. Der Santorin-Vulkan, seine Naturgeschichte und die Atlantis-Legende, München 2004

Friedrich [et al.] 2014 Walter L. Friedrich [et al.]: The Olive Branch Chronology Stand Irrespective of Tree-Ring Counting, in: Antiquity 88/339, 2014, S. 274–276

Frisch, M. 1979 Max Frisch: Der Mensch erscheint im Holozän. Eine Erzählung, Frankfurt a. M. 1979

Frisch, W. – Meschede 2013 Wolfgang Frisch und Martin Meschede: Plattentektonik. Kontinentverschiebung und Gebirgsbildung, Darmstadt ⁵2013

Frömming 2006 Urte Undine Frömming: Naturkatastrophen. Kulturelle Deutung und Verarbeitung, Frankfurt a. M. 2006

Fuchs – Wenzel 2000 Karl Fuchs und Friedemann Wenzel: Erdbeben. Instabilität von Megastädten. Eine wissenschaftlich-technische Herausforderung für das 21. Jahrhundert (Schriften der Mathematisch-naturwissenschaftlichen Klasse der Heidelberger Akademie der Wissenschaften, 6), Berlin 2000

Gadinger – Jarzebski – Yildiz 2014 Politische Narrative: Konzepte – Analysen – Forschungspraxis, hg. von Frank Gadinger, Sebastian Jarzebski und Taylan Yildiz, Wiesbaden 2014

Gautier [et al.] 2009 Donald L. Gautier [et al.]: Assessment of undiscovered Oil and Gas in the Arctic, in: Science 324, 2009, S. 1175–1179

Gebhardt – Richter 2013 Lesebuch »Fukushima«. Übersetzungen, Kommentare, Essays, hg. von Lisette Gebhardt und Steffi Richter (Reihe zur japanischen Literatur und Kultur, Japanologie Frankfurt, 6), Berlin 2013

Gedeon 2005 Luitgard Gedeon: Zur Geschichte der Prozessionen in Frankfurt am Main, Marburg ²2005

Gehrke 2008 S. Gehrke: Kommt eine neue Sintflut? – Astrologen und ihre Prognosen im frühen 16. Jahrhundert, in: Die Sterne lügen nicht. Astrologie und Astronomie im Mittelalter und in der Frühen Neuzeit, hg. von Christian Heitzmann (Ausstellungskataloge der Herzog-August-Bibliothek, 90), Wolfenbüttel 2008, S. 80–85

Gentz 2004 Joachim Gentz: Ritus als Physiognomie. Frühe chinesische Ritentheorien zwischen Kosmologie und Kunst, in: Ritualdynamik. Kulturübergreifende Studien zur Theorie und Geschichte rituellen Handelns, hg. von Dietrich Harth und Gerrit Jasper Schenk, Heidelberg 2004, S. 307-337

Giorgini 1854 Carlo Giorgini: Sui fiumi nei tronchi sassosi e sull'Arno nel piano di Firenze – Discorso preceduto ed accompagnato da considerazioni riguardanti l'avanzamento dell'idraulica fisica, Florenz 1854

Gisler 2009 Monika Gisler: Die Katastrophe als darstellerisch-ästhetisches Ereignis. Der Bergsturz von Goldau 1806, in: Natur als Grenzerfahrung, hg. von Lars Kreye, Carsten Stühring und Tanja Zwingelberg, Göttingen 2009, S. 281–298

Glaser 2013 Rüdiger Glaser: Klimageschichte Mitteleuropas. 1200 Jahre Wetter, Klima, Katastrophen, Darmstadt ⁵2013

Glaser – Dech 2013 Rüdiger Glaser und Stefan Dech: Globaler Wandel aus dem All, in: Nova Acta Leopoldina 118 (400), 2013, S. 11–31

Glaser – Hagedorn 1990 Rüdiger Glaser und Horst Hagedorn: Die Überschwemmungskatastrophe von 1784 im Maintal. Eine Chronologie ihrer witterungsklimatischen Voraussetzungen und Auswirkungen, in: Die Erde 1990, S. 1–14

Goethe 1998a Johann Wolfgang von Goethe: Dichtung und Wahrheit, hg. von Klaus-Detlef Müller (Goethe Werke Jubiläumsausgabe, 5), Frankfurt am Main/Leipzig 1998

Goethe 1998b Johann Wolfgang von Goethe: Mächtiges Überraschen, in: Goethes Werke. Band I, hg. von Erich Trunz, München 1998 [1815], S. 294

Goethe 2002 Johann Wolfgang von Goethe: Aus meinem Leben. Dichtung und Wahrheit. Vierter Teil, in: Goethes Werke, Band 10, hg. von Erich Trunz, München 2002 [1833]

Goldmeyer 1636 Andreas Goldmeyer: Straßburgische Chronica Astrologisch beschrieben: Darinnen vom Ur=sprung/ Erbaw= vnnd Erweiterung der Statt Straßburg [...] gehan=delt wird [...], Straßburg (Eberhard Welper) 1636 [=VD17 1:650127H]

Gottschall 2006 Dagmar Gottschall: Wissenschaft bei Konrad von Megenberg. Seine Texte zur Pest 1348, in: Konrad von Megenberg (1309–1347) und sein Werk. Das Wissen der Zeit, hg. von Claudia Märtl, Gisela Drossbach und Martin Kintzinger (Zeitschrift für Bayerische Landesgeschichte, Beiheft 31 Reihe B), München 2006, S. 201–227

Green 2012 Jonathan Green: Printing the Future. The Origin and Development of the »Practica Teütsch« to 1620, in: Archiv für die Geschichte des Buchwesens 67, 2012, S. 1–18

Groh [et al.] 2003 Naturkatastrophen. Beiträge zu ihrer Deutung, Wahrnehmung und Darstellung in Text und Bild von der Antike bis ins 20. Jahrhundert, hg. von Dieter Groh [et al.], Tübingen 2003

Grosse 1990 Carl F.A. Grosse: Über das Erhabene, St. Inberg 1990 [1788]

Gründler 2012 Hana Gründler: Orrore, terrore, timore. Vasari und das Erhabene, in: Translations of the Sublime. The Early Modern Reception and Dissemination of Longinus' »Peri Hupsous« in Rhetoric, the Visual Arts, Architecture and the Theatre (Intersections, 24), hg. von Caroline van Eck [et al.], Leiden/Boston 2012, S. 83–116

Gruet 2004 Brice Gruet: Une pneumatique céleste. Volcans et séismes chez Aristote (Météorologiques, 365b-369a), in: Connaissance et représentations des volcans dans l'Antiquité. Actes du colloque de Clermont-Ferrand, Université Blaise Pascal, 19-20 septembre 2002 (Collection ERGA. Recherches sur l'Antiquité, 5), hg. von Eric Foulon, Clermont-Ferrand 2004, S. 205–213

Günther, H. 1994 Horst Günther: Das Erdbeben von Lissabon erschüttert die Meinungen und setzt das Denken in Bewegung, Berlin 1994

Günther, J. A. 1792 J.A. Günther: Versuch einer Geschichte der Gesellschaft in den ersten 25 Jahren nach ihrer Einrichtung, in: Verhandlungen und Schriften der Hamburgischen Gesellschaft zur Beförderung der Künste und nützlichen Gewerbe 1, 1792, S. 52–96

Gütle 1804 Johann Conrad Gütle: Lehrbuch der praktischen Blitzableitungskunst, Nürnberg 1804

Guth 2012 Christine Guth: The Local and the Global: Hokusai's Great Wave in Contemporary Product Design, Design Issues 28 (2), 2012, S. 16–29

Haarmann 2003 Harald Haarmann: Geschichte der Sintflut. Auf den Spuren der frühen Zivilisationen, München 2003

Habermas 1990 Jürgen Habermas: Strukturwandel der Öffentlichkeit, Frankfurt a. M. 1990

Hagemeister 1991 Jörn Hagemeister: Rungholt. Sage und Wirklichkeit, Hamburg 1991

Hamilton 1780 William Hamilton: An Account of an Eruption of Mount Vesuvius, Which Happened in August, 1779, In a Letter from Sir William Hamilton, K. B. F. R. S. to Joseph Banks, in: Philosophical Transactions of the

Royal Society of London, Bd. 70 (1780), S. 42–84

Hammerbacher 2004 Valerie Hammerbacher: Der Aufruhr der Elemente – der Vulkanausbruch: Eine Motivstudie zur englischen Naturästhetik des 18. Jahrhunderts, München 2004

Harms – Schilling 1985 Die Sammlung der Herzog August Bibliothek in Wolfenbüttel. Kommentierte Ausgabe Teil 1: Ethica. Physica, hg. von Wolfgang Harms und Michael Schilling (Deutsche illustrierte Flugblätter des 16. und 17. Jahrhunderts, 1,1), Tübingen 1985

Hansen – Condon 1989 Gladys Hansen und Emmet Condon: Denial of Disaster. The Untold Story and Photographs of the San Francisco Earthquake and Fire of 1906, San Francisco 1989

Hanska 2002 Jussi Hanska: Strategies of Sanity and Survival. Religious Responses to Natural Disasters in the Middle Ages (Studia Fennica, Historica 2), Helsinki 2002

Hauer 2009 Karin Hauer: Bergstürze kulturhistorisch betrachtet: Salzburg und Plurs im Vergleich, in: Natur als Grenzerfahrung. Europäische Perspektiven der Mensch-Natur-Beziehung in Mittelalter und Neuzeit. Ressourcennutzung, Entdeckungen, Naturkatastrophen, hg. von Lars Kreye, Carsten Stühring und Tanja Zwingelberg, Göttingen 2009, S. 261–280

Hawkins 2013 Ed Hawkins: Recent slowdown in global surface temperature rise, 25.07.2013, http://www.climate-lab-book.ac.uk/2013/recent-slowdown/ (abgerufen am 16.7.2014)

Hebel 2014 Johann Peter Hebel: Unverhofftes Wiedersehen, in: Der Rheinländische Hausfreund 1811, hg. von Johann Peter Hebel. Zitiert nach http://gutenberg.spiegel.de/buch/329/90 (abgerufen 16.7.2014)

Heidelberg 1784 Nachricht an die Einwohner der Stadt Heidelberg über die gefährliche Lage des Eises an der Neckerbrücke und über die Ueberschwemmung, so bey dessen Aufbruch erfolgen kann, Heidelberg 1784

Heidelberger Familienblätter 1884 Ein Jubiläum des Schreckens, in: Heidelberger Familienblätter. Belletristische Beilage zur Heidelberger Zeitung 1884, S. 66–68

Heiken – McCoy 2000 Grant Heiken und Floyd W. McCoy: The late-bronze Age explosive eruption of Thera (Santorini), Greece: Regional and local effects, in: Volcanic Hazards and

Disasters in Human Antiquity, Issue 345, hg. von Floyd W. McCoy und Grant Heiken, Boulder 2000, S. 43–70

Heim 1932 Albert Heim: Bergsturz und Menschenleben, Zürich 1932

Heimreich 1819 Anton Heimreich: Ernewerte Nordfresische Chronick, Schleswig 1668, neu hg. von N. Falck, Tondern 1819

Hellmann 1914 Gustav Hellmann: Aus der Blütezeit der Astrometeorologie. J. Stöfflers Prognose für das Jahr 1524, in: Beiträge zur Geschichte der Meteorologie Bd. 1 Nr. 1, hg. von Gustav Hellmann (Veröffentlichungen des königlich-preußischen Meteorologischen Instituts 273), Berlin 1914, S. 3–102

Henderson 2010 John B. Henderson: Cosmology and Concepts of Nature in traditional China, in: Concepts of Nature. A Chinese-European Cross-Cultural Perspective (Conceptual history and Chinese linguistics, 1), hg. von Hans-Ulrich Vogel und Günter Dux, Leiden 2010, S. 181–197

Herget 2003 Jürgen Herget: Eisstausee-Ausbrüche – Ursache für katastrophale Hochwasser, in: Geographische Rundschau 55 (2), 2003, S. 14–19

Heusinger 2007 Sabine von Heusinger: »Cruzgang« und »umblauf« – Symbolische Kommunikation im Stadtraum am Beispiel von Prozessionen, in: Kommunikation in mittelalterlichen Städten, hg. von Jörg Oberste (Forum Mittelalter-Studien, 3), Regensburg 2007, S. 141–155

Hewitt 1997 Kenneth Hewitt: Regions of risk. A geographical introduction to disasters, Edinburgh 1997

Hochadel 2009 Oliver Hochadel: 'In nebula nebulorum'. The Foggy Summer of 1783 and the Introduction of Lightning Rods in the German Empire, in: Playing with Fire. Histories of the Lightning Rod, hg. von Peter Heering, Oliver Hochadel und David Rhees, Philadelphia 2009, S. 45–70

Holmes 2009 Holmes, Megan: Ex-votos: Materiality, Memory, and Cult, in: The Idol in the Age of Art. Objects, Devotions and the Early Modern World, hg. von Michael W. Cole und Rebecca Zorach, Franham/ Burlington 2009, S. 159-181.

Hörisch 2009 Jochen Hörisch: Oh, unsichtbare Hand rette meinen Kredit, in: Cicero. Magazin für politische Kultur, 3.07.2009, http://www.cicero.de/salon/oh-unsichtbare-hand-rette-meinen-kredit/43383/ (abgerufen am 16.7.2014)

Hoffmann 2014 Richard C. Hoffmann: An environmental history of medieval Europe, Cambridge 2014

Hohl 1967 Hanna Hohl: Die Darstellung der Sintflut und die Gestaltung des Elementaren, Tübingen 1967

Horat 2006 Erwin Horat: Eine kuriose Spätfolge des Goldauer Bergsturzes. »Falsche Spendensammler« in Amerika, in: Mitteilungen des historischen Vereins des Kantons Schwyz 98, 2006, S. 115–124

Hubacher 2012 Hans Jörg Hubacher: Plurs – Der Beginn der Ausgrabungen, in: Plurium 5, 2012, S. 80–83

Hübner 2005 Wolfgang Hübner: Astrologie in der Renaissance, in: Zukunftsvoraussagen in der Renaissance, hg. von Klaus Bergdolt und Walther Ludwig (Wolfenbütteler Abhandlungen zur Renaissanceforschung, 23), Wiesbaden 2005, S. 241–279

Husler 1962 Die große Sturmflut 1962 an der Elbe-, Weser und Ostemündung, hg. von Herbert Husler, Otterndorf/Cuxhaven 1962

Iacomella 2011 Omar Iacomella: »Der Untergang von Plurs«: la musica d'oltralpe parla della catastrofe di Piuro, in: Plurium 4, 2011, S. 28–35

IAEO 2011 IAEO: Mission Report: The Great East Japan Earthquake Expert Mission. 16. Juni 2011, http://www-pub.iaea.org/mtcd/meetings/pdfplus/2011/cn200/documentation/cn200_final-fukushima-mission_report.pdf (abgerufen am 15.07.2014)

IMD 2014 India Meteorological Department: NWP Report on Cyclonic Storms over the North Indian Ocean during 2013, New Delhi 2014

IPCC 2013 IPCC (2013): Fifth Assessment Report, http://www.ipcc.ch/report/ar5/wg1/ (abgerufen am 15.07.2014)

Isaak 2002 Mark Isaak: Flood Stories from around the World, last revision: 02.09.2002, http://www.talkorigins.org/faqs/flood-myths.html (abgerufen am 4.5.2014)

Jackson 2006 James Jackson: Oases with a loud tick, tick ringing through the air, www.timeshighereducation.co.uk/features/oases-with-a-loud-tick-tick-ringing-through-the-air/201425.article, 17 Februar 2006 (abgerufen am 16.7.2014)

Jackson 2014 Jeffrey H. Jackson: Photografic narratives of destruction and recovery in the 1910 Paris Flood, in: Disaster as Image: Iconographies and Media Strategies across Europe and

Asia, hg. von Monica Juneja und Gerrit Jasper Schenk, Regensburg 2014, 113-123

James 1987 William James: On Some Mental Effects of the Earthquake, in: William James, Writings 1902-1910, New York 1987, S. 1215-1222

Jones 1984 Brian W. Jones: The Emperor Titus, London 1984

Johannes von Damaskus 1923 Johannes von Damaskus: Genaue Darlegung des orthodoxen Glaubens, Drittes Buch, übersetzt von Dionys Steinhofer (Bibliothek der Kirchenväter, 1. Reihe, 44), München 1923

Jong Boers 1995 Bernice de Jong Boers: Mount Tambora in 1815. A volcanic eruption in Indonesia and its aftermath, in: Indonesia 60, 1995, S. 37–60

Juneja – Schenk 2014 Monica Juneja und Gerrit Jasper Schenk: Viewing Disasters: Myth, History, Iconography and Media across Europe and Asia, in: Disaster as Image: Iconographies and Media Strategies across Europe and Asia, hg. von Gerrit Jasper Schenk und Monica Juneja, Regensburg 2014, S. 13–47

Kahl 1995 Günther Kahl: Iconografia sull'antica Piuro, in: Guido Scaramellini, Günther Kahl und Gian Primo Falappi: La frana di Piuro del 1618. Storia e immagini di una rovina, Plurs 1995, S. 49–86

Kant 1996 Immanuel Kant: Kritik der Urteilskraft, Frankfurt a. M. 1996

Kazutaka 1994 Unno Kazutaka: Maps of Japan Used in Prayer Rites or as Charms, in: Imago Mundi, no. 46, 1994, S. 65–83

Keim – Muller 2009 Barry D. Keim und Robert A. Muller: Hurricanes of the Gulf of Mexico, Baton Rouge 2009

Khanna 2005 B. K. Khanna: »Orissa Super Cyclone 1999« All You Wanted to Know About Disasters, New Delhi 2005, S. 161–170

Kipfer 2014 Sara Kipfer: Flood, The. IX. Visual Art, in: The Encyclopedia of the Bible and its Reception 9, Berlin/ Boston 2014 (im Druck)

Kirchmann 2014 Kay Kirchmann: Constructions of otherness. Images of pain, suffering and stoicism during Japanese disaster 2011, in: Disaster as Image: Iconographies and Media Strategies across Europe and Asia, hg. von Monica Juneja und Gerrit Jasper Schenk, Regensburg 2014, S. 145–152

Klingholz 2014 Reiner Klingholz: Sklaven des Wachstums. Geschichte einer Befreiung, Frankfurt am Main 2014

Koch 1992 Rainer Koch: Literarische Bewältigungen einer Erschütterung. Das Jahr 1755, in: Werkstatt Geschichte 3, 1992: Umweltgeschichte, S. 39–47

Koppenleitner 2010 Vera Fionie Koppenleitner: L'arte di sconvolgere. Sulla rappresentazione di terremoto e rovina nella pittura murale del trecento. L'esempio degli affreschi di Sant'Agostino a Rimini, in: Le calamità ambientali nel tardo Medioevo europeo. Realtà, percezioni, reazioni. Atti del XII Convegno del Centro di Studi sulla Civiltà del Tardo Medioevo, S. Miniato, 31 maggio – 2 giugno 2008 (Collana di studi e ricerche/Centro di Studi sulla Civiltà del Tardo Medioevo, San Miniato, 12), hg. von Michael Matheus [et al.], Florenz 2010, S. 87–110

Kozák – Čermák 2010 Jan Kozák und Vladimir Čermák: The Illustrated History of Natural Disasters, Dordrecht u. a. 2010

Krämer 2013 Daniel Krämer: «Menschen grasten nun mit dem Vieh». Eine Untersuchung der sozialen Verletzlichkeit der Gesellschaft in der letzten großen Hungerkrise der Schweiz 1816/17, Dissertation Bern 2013

Krausmann 2008 Elisabeth Krausmann: NATECH Disasters: When Natural Hazards Trigger Technological Accidents, in: Natural Hazards 64/2 (special issue), 2008

Kuniholm 2014 Peter Ian Kuniholm: The Difficulties of Dating Olive Wood, in: Antiquity 88/339, 2014, S. 287–289

Labbé 2011 Thomas Labbé: Essai de réflexion sur la réaction aux inondations en milieu urbain au XVe siècle. Du seuil de tolérance catastrophique des sociétés riveraines à la fin du Moyen Âge, in: Hors du lit, aléas, risques et mémoire. Mémoires et cours d'eau. Actes des 12ème Rencontres Internationales de Liessies, hg. von Jacques Heude, Fabrice Guizard und Corinne Beck (= Revue du Nord, Hors-série, Art et archéologie 16), Lille 2011, S. 99–126

Lafler 1906 Henry Anderson Lafler: 'How the Army Worked to Save San Francisco', 1906, http://www.sfmuseum.org/1906.2/lafler.html (abgerufen am 15.07.2014)

Lalande 1783 Jérôme de Lalande: Lettre sur l'état actuel de l'Atmosphère. Aux auteurs du Journal, in: Journal de Paris, no. 182 (1.7.1783), S. 762–763

Landesamt für Wasserwirtschaft Schleswig-Holstein 1962 Bericht des Landesamtes für Wasserwirtschaft Schleswig-Holstein: Ministerium für Ernährung, Landwirtschaft und Forsten – Landesamt für Wasserwirtschaft Schleswig-Holstein: Die Sturmflut vom 16./17. Februar 1962 an der Schleswig-Holsteinischen Westküste, in: Die Küste, Heft 1, 1962, S. 55–80

Langer 2002 Freddy Langer: »Fotografie! Das 19. Jahrhundert«, München/Berlin/London u. a. 2002

Langini 1967 Osvaldo Langini: I giovani e la scienza. Una vacanza archeologica, in: Atlante. Mensile dell'istituto geografico de Agostini-Novara 27 marzo 1967, S. 86–87

Las Casas 1875 Bartolomé de Las Casas: Historia de las Indias (1552), Bd. 1, Madrid 1875

Latour 1993 Bruno Latour: We Have Never Been Modern, Cambridge 1993

Lauer 2008 Gerhard Lauer: Das Erdbeben von Lissabon. Ereignis, Wahrnehmung und Deutung im Zeitalter der Aufklärung, in: Beiträge zum Göttinger Umwelthistorischen Kolloquium 2007–2008 (Graduiertenkolleg Interdisziplinäre Umweltgeschichte), hg. von Bernd Herrmann, Göttingen 2008, S. [222] 223–236. Zitiert nach dem Internet-Artikel unter http://www.goethezeitportal.de/fileadmin/PDF/db/wiss/epoche/lauer_lissabon.pdf (abgerufen am 1.3.2014)

Lauer – Unger 2008 Gerhard Lauer und Thorsten Unger: Angesichts der Katastrophe. Das Erdbeben von Lissabon und der Katastrophendiskurs im 18. Jahrhundert, in: Das Erdbeben von Lissabon und der Katastrophendiskurs im 18. Jahrhundert, hg. von Gerhard Lauer und Thorsten Unger (Das achtzehnte Jahrhundert, Supplementa, 15), Göttingen 2008, S. 13–43

Lecouteux 1998 Claude Lecouteux: Les maîtres du temps: tempestaires, obligateurs, défenseurs et autres, in: Le temps qu'il fait au Moyen Âge. Phénomènes atmosphériques dans la literature, la pensée scientifique et religieuse, hg. von Claude Thomasset und Joëlle Ducos (Culture et civilisatios médiévales, 15), Paris 1998, S. 151–169

Lee 2001 Anthony Lee: Picturing Chinatown. Art and Orientalism in San Francisco, Oakland 2001

Leitner 1994 Wilhelm Leitner: Der Sintflut-Mythos im Spannungsfeld von Wissenschaft, Kultur und Glauben. Eine Stellungnahme zu E. und A. Tollmanns »Sintflut-Impakt-Theorie« aus der Sicht der Geographie der Geisteshaltung (Abhandlungen zur Geschichte der Geowissenschaften und Religion-Umwelt-Forschung, Beiheft 4), Bochum 1994

Leung 2006 Joseph Leung: The Fury and Fire that Shocked Chinatown, in: The Unshakable. Rebirth of S. F. Chinatown in 1906, hg. von Joseph Leung, Brisbane 2006, S. 6–12

Lexikon Christlicher Ikonographie Lexikon der christlichen Ikonographie, Allgemeine Ikonographie, Band 3, hg. von Engelbert Kirschbaum, Rom 1971

Lichtenberg 1985 Georg Christoph Lichtenberg: Briefwechsel. Vol. 2, hg. von Ulrich Joost und Albrecht Schöne, München 1985

List 2012 Elisabeth List: Einbruch ins Selbstverständliche. Katastrophen als Kontingenzbewältigung, in: Disaster and Relief Management. Katastrophen und ihre Bewältigung, hg. von Angelika Berlejung (Forschungen zum Alten Testament, 81), Tübingen 2012, S. 67–83

Löther 1999 Andrea Löther: Prozessionen in spätmittelalterlichen Städten. Politische Partizipation, obrigkeitliche Inszenierung, städtische Einheit (Norm und Struktur. Studien zum sozialen Wandel in Mittelalter und Früher Neuzeit, 12), Köln/Weimar/Wien 1999

Losacco 1967 Ugo Losacco: Notizie e considerazioni sulle inondazioni dell'Arno in Firenze, in: L'Universo. Geografia, Cartografia, Studi urbani, territoriali e ambientali 47, 1967, S. 720–820

Luhmann 1996 Niklas Luhmann: Die Realität der Massenmedien, Wiesbaden 1996

Lüthy 1973 Hans Armin Lüthy: Zur Ikonographie der Katastrophe in der Kunst, in: Du 33/2, 1973, S. 76–117

Macho 2008 Thomas Macho: Wetter machen, in: 2° – das Wetter, der Mensch und sein Klima, Göttingen 2008, S. 132–137

Malguzzi [et al.] 2006 P. Malguzzi [et al.]: The 1966 »century« flood in Italy: A meteorological and hydrological revisitation, in: Journal of Geophysical Research 111 (2006) D24106, doi:10.1029/2006JD007111

Manabe 2013 Noriko Manabe: Music in Japanese antinuclear demonstrations: The evolution of a contentious performance model, in: The Asia-Pacific Journal, 11/42, Nr. 3, Oktober 21 2013. Online unter: http://japanfocus.org/-Noriko-MANABE/4015 (abgerufen am 30.3.2014)

Mangini [et al.] 2005 Augusto Mangini [et al.]: Reconstruction of temperature in the Central Alps during the past 2000 years from a d18O stalagmite record, Earth and Planetary, in: Science Letters, Vol. 235, 2005, S. 741–751

Mann 2008 Thomas Mann: Der Zauberberg, Frankfurt am Main 2008

Margottini [et al.] 2011 Claudio Margottini [et al.]: Impact and Losses of Natural and Na-Tech Disasters in Europe, in: Inside Risk: A Strategy for Sustainable Risk Mitigation, hg. von Scira Menoni und Claudio Margottini, Mailand 2011, S. 93-128

Markus 1997 Andrew Markus: Gesaku Authors and the Ansei Earthquake of 1855, in: Studies in Modern Japanese Literature: Essays and Translations in Honor of Edwin McClellan, hg. von Edwin McClellan, Dennis C. Washburn und Alan Tansman, Ann Arbor 1997, S. 53-87

Mauelshagen 2011 Franz Mauelshagen: Wunderkammer auf Papier. Die »Wickiana« zwischen Reformation und Volksglaube (Frühneuzeit-Forschungen, 15), Epfendorf am Neckar 2011

Max-Planck-Institut für Meteorologie 2006 Max-Planck-Institut für Meteorologie und Umweltbundesamt: REMO – Regionale Klimasimulationen für Deutschland, Österreich und die Schweiz, 2006, https://remo-rcm.de/?id=1189 (abgerufen am 17.07.1014)

Mazzanti 1997 Renzo Mazzanti: Il bacino dell'Arno tra storia, idraulica e geomorfologia, in: L'Arno trent'anni dall'alluvione, hg. von Elena Tangheroni Amatori, Ospedaletto 1997, S. 310–397

McGillivray [et al.] 2008 Alexander McGillivray [et al.]: Geoarchaeological Tsunami Deposits at Palaikastro (Crete) and the Late Minoan IA Eruption of Santorini, in: Journal of Archaeological Science 35, 2008, S. 191–212

McGillivray [et al.] 2009 Alexander McGillivray [et al.]: The Minoan Santorini Eruption and Tsunami Deposits in Crete (Palaikastro): Geological, Archaeological, 14C Dating and Egyptian Chronology, in: Radiocarbon 51/2, 2009, S. 397–411

Meier, D 2007 Dirk Meier: Die Nordseeküste. Geschichte einer Landschaft, Heide 2007

Meier, D. 2012 Dirk Meier: Die Schäden der Februarflut von 1825 an der Nordseeküste Schleswig-Holsteins, in: Die Küste, Heft 79, 2012

Meier, D. 2013a Dirk Meier: Topographie und Geologie der Nordseeküste Schleswig-Holsteins, in: Der Küstenatlas. Das schleswig-holsteinische Wattenmeer in Vergangenheit und

Gegenwart, hg. von Dirk Meier [et al.], Heide 2013, S. 15–40

Meier, D. 2013b Dirk Meier: Historische Quellen und Karten, in: Der Küstenatlas. Das schleswig-holsteinische Wattenmeer in Vergangenheit und Gegenwart, hg. von Dirk Meier [et al.], Heide 2013, S. 41–48

Meier, D. 2013c Dirk Meier: Die nordfriesischen Uthlande, in: Der Küstenatlas. Das schleswig-holsteinische Wattenmeer in Vergangenheit und Gegenwart, hg. von Dirk Meier [et al.], Heide 2013, S. 74–117

Meier, D. 2014 Dirk Meier: Die Unterelbe. Vom Urstromtal zur Elbvertiefung, Heide 2014

Meier, D. – Kühn – Borger 2013 Dirk Meier, Hans Joachim Kühn u. Guus J. Borger: Der Küstenatlas. Das schleswig-holsteinische Wattenmeer in Vergangenheit und Gegenwart, Heide 2013

Meier, M. 2009 Mischa Meier: Eine fast verschlafene Katastrophe oder der Untergang eines »Sodom und Gomorrha«? Der Ausbruch des Vesuvs im Jahre 79, in: Katastrophen. Vom Untergang Pompejis bis zum Klimawandel, hg. von Gerrit Jasper Schenk, Ostfildern 2009, S. 20–36, 227-229

Mendes-Victor 2009 The 1755 Lisbon earthquake: revisited, hg. von Luiz Mendes-Victor, Dordrecht 2009

Meneguzzo [et al.] 2004 Francesco Meneguzzo [et al.]: Sensitivity of meteorological high-resolution numerical simulation of the biggest floods occurred over the Arno River basin, Italy, in the 20th century, in: Journal of Hydrology 288, 2004, S. 37–56

Mentgen 2005 Gerd Mentgen: Astrologie und Öffentlichkeit im Mittelalter (Monographien zur Geschichte des Mittelalters, 53), Stuttgart 2005

Milne 2011 Juli Milne: The abyss that abides, in: John Martin – Apocalypse (Ausstellung in London, Tate Britain, 21. September 2011 – 15 Januar 2012), hg. von Martin Myrone, London 2011, S. 53-60

Möller – Thannheiser 2011 Ingo Möller und Dietbert Thannheiser: Ecosystem dynamics of Subpolar and Polar regions, in: The SAGE handbook of biogeography, hg. von Andrew C. Millington, Mark A. Blumler und Udo Schickhoff, London 2011, S. 247–252

Molitor 1489 Ulricus Molitor: De laniis [et] phitonicis mulieribus, [Straßburg (Prüss) nach 1489] http://dibiki.ub.uni-kiel.de/viewer/resolver?id=urn:nbn:de:gbv:8:2-1691815 (abgerufen am 17.07.2014)

Morozzi 1786 Ferdinando Morozzi: Dello stato antico e moderno del Fiume Arno e delle cause e de' rimedi delle sue inondazioni, Florenz 1786

Morton – Gelfenbaum – Jaffe 2007 R. A. Morton, G. Gelfenbaum und B. E. Jaffe: Physical criteria for distinguishing sandy tsunami and storm deposits using modern examples, in: Sedimentary features of tsunami deposits – their origin, recognition, and discrimination, hg. von D. R. Tappin, Sedimentary Geology 200/3-4 (special issue), 2007, S. 184–207

Mosley 2013 Stephen Mosley: Japan: A Tale of Two National Disasters, in: The Fukushima Dai-Ichi Accident (Ingenieurwissenschaften/ Engineering 1), hg. von Peter Bernhard Ladkin, Christoph Goeker und Bernd Sieker, Zürich/Berlin 2013, S. 109–111

Mühlenbrock 2005 Josef Mühlenbrock, Mensch und Vulkan. Eine archäologisch-historische Spurensuche, in: Verschüttet vom Vesuv. Die letzten Stunden von Herculaneum (Ausstellung in Haltern, Westfälisches Römermuseum 2005), hg. von Josef Mühlenbrock und Dieter Richter, Mainz 2005, S. 239–253

Müller 1936 Müller, Friedrich: Alt-Nordstrand bis zur Zerstörung durch die Sturmflut im Jahre 1634 (Band 2 der Reihe Das Wasserwesen an der Schleswig-Holsteinischen Nordseeküste. Zweiter Teil, Inseln) Bearbeitet und ergänzt von O. Fischer, Berlin 1936.

Münkner 2008 Jörn Münkner: Eingreifen und Begreifen. Handhabungen und Visualisierungen in Flugblättern der Frühen Neuzeit (Philologische Studien und Quellen, 214), Berlin 2008

Muff 1950 Jakob Muff: Die Glocken von Plurs. Ein dramatisches Spiel aus dem Bergell mit Gesang und Reigen in 5 Akten. Musik von P. Emanuel Bucher, Elgg 1950

Mulazzini [et al.] 1989 Germano Mulazzini [et al.]: Il Palazzo Vertemate Franchi di Piuro, Milano 1989

Mulsow – Assman 2006 Sintflut und Gedächtnis. Erinnern und Vergessen des Ursprungs, hg. von Martin Mulsow und Jan Assmann, Paderborn 2006

Music Therapy New Zealand 2011 Music Therapy New Zealand, http://www.musictherapy.org.nz/wp-content/uploads/downloads/2011/10/MusT-October-2011_1.pdf (abgerufen am 29.3.2014)

Musper 1970 Der Antichrist und die fünfzehn Zeichen. Faksimile-Ausgabe des einzigen erhaltenen chiroxylographischen Blockbuchs, hg. von Heinrich T. Musper, 2 Bde., München 1970

Mutlukal 2011 Savas Mutlukal: Das Phänomen des Meeresspiegelanstiegs. Die Ursachen, Auswirkungen und anthropogene Anpassung, München 2011

Nadesan 2013 Majia Holmer Nadesan: Fukushima and the Privatization of Risk, Houndmills/New York 2013

Nardi 1997 Raffaello Nardi: Rischio idraulico nel bacino dell'Arno: Inquadramento delle problematiche e sintesi degli strumenti di intervento previsti dal piano di bacino, in: L'Arno trent'anni dall'alluvione, hg. von Elena Tangheroni Amatori, Ospedaletto 1997, S. 282–309

Naruta – Teer 2006 Anna Naruta und Jamille Teer: Pre-quake Demographics, in: The Unshakable. Rebirth of S. F. Chinatown in 1906, hg. von Joseph Leung, Brisbane 2006, S. 5

NASA NASA, http://data.giss.nasa.gov/ (abgerufen am 15.07.2014)

Natoni 1944 Edmondo Natoni: Le piene dell'Arno e i provvedimenti di difesa, Florenz 1944

Neal 1818 John Neal (als Jehu O'Cataract): Battle of Niagara, a Poem, without Notes; and Goldau, or the Maniac Harper, Baltimore 1818

Nevola 2014 Fabrizio Nevola: Picturing earthquakes in Renaissance Italy, in: Disaster as Image. Iconographies and Media Strategies across Europe and Asia, hg. von Monica Juneja und Gerrit Jasper Schenk, Regensburg 2014, S. 99–109

Newman [et al.] 2012 Andrew V. Newman [et al.]: Recent geodetic unrest at Santorini Caldera, Greece, in: Geophysical Research Letters 39, 2012, S. 1-5.

Niedersächsische Ingenieur-Kommission 1962 Bericht Niedersächsische Ingenieur-Kommission: Die vom Minister für Ernährung, Landwirtschaft und Forsten eingesetzte Ingenieur-Kommission: Die Sturmflut vom 16./17. Februar 1962 im niedersächsischen Küstengebiet in: Die Küste, Heft 1, 1962, S. 17–54

N.N. 1884 N.N.: The Volcanic Eruption of Krakatau, in: Proceedings of the Royal Geographical Society and Monthly Record of Geography 6, 1884, S. 142–152

Noboru – Mamoru 1995 Miyata Noboru und Takada Mamoru: Namazu-e: Shinsai to Nihon bunka (Welsbilder: Erdbeben und japanische Kultur), Tokyo 1995

Oliver-Smith 1996 Anthony Oliver-Smith: Anthropological research on hazards and disasters, in: Annual review of anthropology 25, 1996, S. 303–328

Oliver-Smith 2002 Anthony Oliver-Smith: Theorizing Disasters. Nature, Power, and Culture, in: Catastrophe & Culture. The Anthropology of Disaster, hg. von Susanna M. Hoffman und Anthony Oliver-Smith, Santa Fe/Oxford 2002, S. 23–47

Olshausen 1998 Eckart Olshausen, Mit der Katastrophe leben. Mentalitätsgeschichtliche Studie zum Umgang von Menschen mit Naturkatastrophen am Beispiel des Vesuvausbruchs 79 n.Chr., in: Naturkatastrophen in der antiken Welt, hg. von Eckart Olshausen und Holger Sonnabend. Stuttgarter Kolloquium zur historischen Geographie des Altertums 6, 1996 (Geographica Historica, 10), Stuttgart 1998, S. 448–461

Oppenheimer 2003 Clive Oppenheimer: Climatic, environmental and human consequences of the largest known historic eruption. Tambora volcano (Indonesia) 1815, in: Progress in Physical Geography 27/2, 2003, S. 230–259

Oreskes 2004 Naomi Oreskes: The Scientific Consensus on Climate Change, in: Science 306 (5702), 2004, S. 1686

Ostheimer – Vogt 2014 Die Moral der Energiewende. Risikowahrnehmung im Wandel am Beispiel der Atomenergie, hg. von Jochen Ostheimer und Markus Vogt (Ethik im Diskurs 10), Stuttgart 2014

Ouwehand 1964 Cornells Ouwehand: Namazu-e and Their Themes: An Interpretative Approach to Some Aspects of Japanese Folk Religion, Leiden 1964

Palyvou 2005 Clairy Palyvou: Akrotiri Thera. An Architecture of Affluence (Prehistory Monographs, 15), Philadelphia 2005

Pankenier 2009 David W. Pankenier: The Planetary Portent of 1524 in China and Europe, in: Journal of World History 20/3, 2009, S. 339–375

Pappalardo 1998 Umberto Pappalardo: Vesuvius. Große Ausbrüche und Wiederbesiedlungen, in: Naturkatastrophen in der antiken Welt, hg. von Eckart Olshausen und Holger Sonnabend. Stuttgarter Kolloquium zur historischen Geographie des Altertums 6, 1996 (Geographica Historica, 10), Stuttgart 1998, S. 263–274

Pappalardo 2010 Umberto Pappalardo: Pompeji. Leben am Vulkan. Zaberns Bildbände zur Archäologie, Mainz 2010.

Pasqué 1887 Ernst Pasqué: Die Glocken von Plurs, Stuttgart 1887

Peil 1983 Dietmar Peil: Untersuchungen zur Staats- und Herrschaftsmetaphorik in literarischen Zeugnissen von der Antike bis zur Gegenwart (Münstersche Mittelalter-Schriften, 50), München 1983

Petreus 1901 Johannes Petreus: Schriften über Nordstrand, hg. von Reimer Hansen, Kiel 1901

Pfister, Chr. 1975 Christian Pfister: Agrarkonjunktur und Witterungsverlauf im westlichen Schweizer Mittelland zur Zeit der Ökonomischen Patrioten 1755–1797, Bern 1975

Pfister, Chr. 2008 Christian Pfister: Von der Hexenjagd zur Risikoprävention. Reaktionen auf Klimaveränderungen seit 1500, in: 2° – Das Wetter, der Mensch und sein Klima, Göttingen 2008, S. 56-66

Pfister, Chr. 2009 Christian Pfister: Die »Katastrophenlücke« des 20. Jahrhunderts und der Verlust traditionalen Risikobewusstseins, in: GAIA 18/3, 2009, S. 239–246

Pfister, S. 1990 Silvia Pfister: Parodien astrologisch-prophetischen Schrifttums 1470-1590. Textform – Enstehung – Vermittlung – Funktion (Saecvla Spiritalia, 22), Baden-Baden 1990

Philipp 1967 Wolfgang Philipp: Physicotheology in the Age of Enlightment – Appearence and History, in: Studies on Voltaire and the Eighteenth Century 57, 1967, S. 1233–1267

Pilgram 1788 Anton Pilgram: Anton Pilgrams Untersuchungen über das Wahrscheinliche der Wetterkunde durch vieljährige Beobachtungen, Wien 1788

Pindar 1937 Pindar, The Odes of Pindar including the Principal Fragments with an introduction (...) Cambridge, MA./London 1937

Plinius 1969 C. Plinius Caecilius Secundus: Sämtliche Briefe, hg. von Walter Rüegg, eingeleitet und übersetzt von André Lambert, Zürich/München 1969, S. 230-234, 237-240

Plurium 2010 Plurium. Associazione italo-svizzera per gli scavi di Piuro, Sondernummer 4, 2010

Poenicke 1989 Klaus Poenicke: Eine Geschichte der Angst? – Appropriationen des Erhabenen in der englischen Ästhetik des 18. Jahrhunderts, in: Das Erhabene – Zwischen Grenzerfahrung und Größenwahn, hg. von Christine Pries, Weinsheim 1989, S. 76-90

Pope 1891 Alexander Pope: Essay on Man. Zitiert nach http://www.gutenberg.org/files/2428/2428-h/2428-h.htm, 2007 (abgerufen am 11.5.2014)

Post 1977 John D. Post: The last great subsistence crisis in the Western world, Baltimore 1977

Presser 1957 Helmut Presser: Vom Berge verschlungen, in Büchern bewahrt. Plurs, ein Pompeji des 17. Jahrhunderts im Bergell, Bern 1957

Principe – Sica 1967 Ilario Principe und Paolo Sica: L'inondazione di Firenze del 4 novembre 1966, in: L'Universo. Geografia, Cartografia, Studi urbani, territoriali e ambientali 47/2, 1967, S. 192–222

Quarantelli 1998 What is a disaster? Perspectives on the question, hg. von Enrico Louis Quarantelli, London/New York 1998

Radtke – Hennig 2013 Die deutsche »Energiewende« nach Fukushima. Der wissenschaftliche Diskurs zwischen Atomausstieg und Wachstumsdebatte, hg. von Jörg Radtke und Bettina Hennig, Marburg 2013

Raffles 1825 Thomas Stamford Raffles: Die Vulkane auf Java, Ebersfeld 1825

Rahmstorf 2003 Stefan Rahmstorf: Thermohaline circulation: The current climate, in: Nature 421, 2003, S. 699

Rahmstorf – Schellnhuber 2012 Stefan Rahmstorf und Hans-Joachim Schellnhuber: Der Klimawandel. Diagnose, Prognose, Therapie, München 2012

Raisson 2010 Virginie Raisson: Atlas des Futurs du Monde, Paris 2010

Ramazza 1996 Stefano Ramazza: L'organizzazione territoriale dell'amministrazione delle acque nello stato italiano, 1907-1971, in: Storia urbana. Rivista di studi sulle trasformazioni della città e del territorio in età moderna 20 [74], 1996, S. 153–194

Rassegna del comune 1968 Firenze. Rassegna del comune, Fascicolo speciale 1965–1968, Florenz 1968

Rathert 2007 Wolfgang Rathert: Katastrophe und Katharsis als Grundfiguren der Musik des 20. Jahrhunderts, in: AngstBilderSchauLust. Katastrophenerfahrungen in Kunst, Musik und Theater, hg. von Jürgen Schläder und Regina Wohlfahrt, Leipzig 2007, S. 59–84

Ratté 2006 Felicity Ratté: Picturing the city in Medieval Italian painting, Jefferson/London 2006

Reid 1910 H. F. Reid: The Mechanics of the Earthquake. Report of the State Investigation Commission (Reihe The California Earthquake of April 18, 1906, Bd. 2), Washington, D.C. 1910

Renna 1992 Enrico Renna: Vesuvius Mons. Aspetti del Vesuvio nel mondo antico. Tra filologia, archeologia, vulcanologia, Neapel 1992

Reynmann 1893 Leonhard Reynmann: Wetterbüchlein. Von wahrer Erkenntniss des Wetters, 1510. Faksimiledruck mit einer Einleitung, hg. von Gustav Hellmann (Neudrucke von Schriften und Karten über Meteorologie und Erdmagnetismus, 1), Berlin 1893

Richter 2007 Dieter Richter: Der Vesuv. Geschichte eines Berges, Berlin 2007

Ricoeur 1983 Paul Ricoeur: Zeit und Erzählung, Bd. 1: Zeit und historische Erzählung, München 1983

Ries 2013 Martin Ries: Post-Fukushima-Fotografie – Die Pionierleistung Obara Kazumas, in: Lesebuch »Fukushima«. Übersetzungen, Kommentare, Essays, hg. von Lisette Gebhardt und Steffi Richter (Reihe zur japanischen Literatur und Kultur, Japanologie Frankfurt, 6), Berlin 2013, S. 197–212

Risk Management Solutions 2006 Risk Management Solutions: Flood Risk in New Orleans. Implications for Future Management and Insurability, 2006

Rittmann 1933/34 Alfred Rittmann: Die geologisch bedingte Evolution und Differentiation des Somma-Vesuvmagmas, in: Zeitschrift für Vulkanologie 15, 1933/34, S. 8–94

Rittmann 1981 Alfred Rittmann: Vulkane und ihre Tätigkeit, Stuttgart 31981

Robine [et al.] 2003 Jean Marie Robine [et al.]: Report on excess mortality in Europe during summer 2003. Heat Wave Project. EU Community Action Programme for Public Health, 2003, Grant Agreement 2005114

Roediger 1962 Geert Roediger: Entwicklung und Verlauf der Wetterlage vom 16./17. Februar 1962, in: Die Küste, Heft 1, 1962, S. 5–16

Rohland 2013 Eleonora Rohland: Hurricanes in New Orleans, 1718-1965. A History of Adaptation. ungedruckte Dissertation Universität Bochum 2013

Rohr 2007 Christian Rohr: Extreme Naturereignisse im Ostalpenraum. Naturerfahrung im Spätmittelalter und am Beginn der Neuzeit (Umwelthistorische Forschungen, 4), Köln/Weimar/Wien 2007

Rombai 2004 Leonardo Rombai: Le politiche fluviali: sistemazioni e bonifiche (dal Medioevo al Piano di Bacino) e problematiche ambientali, in: Adottare l'Arno e i suoi paesaggi. Ado.net – Progetto I.N.F.E.A. 2003, hg. von Saida Grifoni und Leonardo Rombai, Florenz 2004, S. 141–159

Rosaldo 1984 Michelle Z. Rosaldo: Toward an anthropology of self and feeling, in: Cultural Theory – Essays on Mind, Self and Emotion, hg. von Richard A. Shweder und Robert A. Levine, Cambridge 1984, S. 134–158

Rostworowski 1998 María Rostworowski: Pachacamac and El Señor de los Milagros, in: Native Traditions in the Postconquest World, hg. von Elizabeth Hill Boone und Tom Cummins, Washington D.C. 1998, S. 345-356.

Rothe 2002 Peter Rothe: Santorin. Seine geologische Position und die minoische Vulkankatastrophe, in: Jahresbericht. Verein für Naturkunde Mannheim e. V., N. F. 7, Mannheim 2002, S. 79–93

Rothe 2009 Peter Rothe: Die Erde. Alles über Erdgeschichte, Plattentektonik, Vulkane, Erdbeben, Gesteine und Fossilien, Darmstadt 22009

Rothe 2010 Peter Rothe: Gesteine. Entstehung – Zerstörung – Umbildung, Darmstadt 32010

Ruskin 1904 John Ruskin: The Complete Works, hg. von E.T. Cook und Alexander Wedderburn, London/New York 1904

Sachs [et al.] 2011 Torsten Sachs [et al.]: Permafrost in den arktischen und subarktischen Tiefländern, in: Polarforschung 81 (1), 2011, S. 23–32

Salvestrini 2005 Francesco Salvestrini: Libera città su fiume regale. Firenze e l'Arno dall'antichità al Quattrocento, Florenz 2005

Samson [et al.] 2011 Jason Samson [et al.]: Geographic disparities and moral hazards in the predicted impacts of climate change on human populations, in: Global Ecology and Biogeography 20, 2011, S. 532–544

Scaramellini 1995 Guido Scaramellini: Piuro nella storia, in: Guido Scaramellini, Günther Kahl und Gian Primo Falappi: La frana di Piuro del 1618. Storia e immagini di una rovina, Plurs 21995, S. 9–48

Scaramellini 2009 Giorgio Scaramellini: La nascita dell'Associazione italo-svizzera per gli scavi di Piuro e la prima delegazione valchiavennasca, in: Plurium 2, 2009, S. 19–21

Scaramellini 2013 Guido Scaramellini: I contrasti confessionali tra fede, cultura e politica. La Valchiavenna nei secoli XVI–XVIII, in: Plurium 6, 2013, S. 22–32

Schellnhuber 2010 Hans-Joachim Schellnhuber: Tragic Triumph, in: Climatic Change 2010, Nr. 100, S. 229–238

Schenk 2007 Gerrit Jasper Schenk: …prima ci fu la cagione de la mala provedenza de' Fiorentini … Disaster and »Life world« – Reactions in the Commune of Florence to the Flood of November 1333, in: The Medieval History Journal 10, 2007, S. 355–386

Schenk 2008 Gerrit Jasper Schenk: Dorthin und wieder zurück. Mittelalterliche Pilgerreisen ins Heilige Land als ritualisierte Bewegung in Raum und Zeit, in: Prozessionen, Wallfahrten, Aufmärsche. Bewegung zwischen Religion und Politik in Europa und Asien seit dem Mittelalter, hg. von Jörg Gengnagel, Monika Horstmann und Gerald Schwedler (Menschen und Kulturen. Beihefte zum Saeculum, Jahrbuch für Universalgeschichte, 4), Köln/Weimar/Wien 2008, S. 19–86

Schenk 2010a Gerrit Jasper Schenk: Dis-Astri. Modelli interpretativi delle calamità naturali dal medioevo al Rinascimento, in: Le calamità ambientali nel tardo medioevo europeo: Realtà, percezioni, reazioni. Atti del XII convegno del Centro di Studi sulla civiltà del tardo Medioevo S. Miniato, 31 maggio – 2 giugno 2008, hg. von Michael Matheus [et al.] (Centro di Studi sulla Civiltà del Tardo Medioevo San Miniato, Collana di Studi e Ricerche 12), Firenze 2010, S. 23–75

Schenk 2010b Gerrit Jasper Schenk: Lektüren im Buch der Natur. Wahrnehmung, Beschreibung und Deutung von Naturkatastrophen, in: Geschichte schreiben. Ein Quellen- und Studienbuch zur Historiographie (ca. 1350–1750), hg. von Susanne Rau und Birgit Studt, Berlin 2010, S. 507–521

Schenk 2012 Gerrit Jasper Schenk: Managing natural hazards: Environment, society, and politics in Tuscany and the Upper Rhine Valley in the Renaissance (1270–1570), in: Historical Disasters in Context: Science, Religion, and Politics, hg. von Andrea Janku, Gerrit Jasper Schenk und Franz Mauelshagen (Routledge Studies in Cultural History, 15), New York/London 2012, S. 31–53

Schenk 2013 Gerrit Jasper Schenk: Vormoderne Sattelzeit? Disastro, Katastrophe, Strafgericht – Worte, Begriffe und Konzepte für rapiden Wandel im langen Mittelalter, in: Krisengeschichte(n). ,Krise' als Leitbegriff und Erzählmuster in kulturwissenschaftlicher Perspektive, hg. von Carla Meyer, Katja Patzel-Mattern und Gerrit Jasper Schenk

(Beihefte der Vierteljahrschrift für Sozial- und Wirtschaftsgeschichte, 210), Stuttgart 2013, S. 177–212

Schenk 2014 Gerrit Jasper Schenk: 'Learning from History'? Chances, Problems and Limits of Learning from Historical Natural Disasters, in: Cultures and Disasters. Understanding Cultural Framings in Disaster Risk Reduction (Routledge Studies in Hazards, Disaster Risk Reduction and Climate Adaptation), hg.von Fred Krüger [et al.], London/New York [im Druck 2014]

Scheuning 2005 Peter Scheuning: Herculaneum in der Musik. Die Oper von Félicien David, in: Verschüttet vom Vesuv. Die letzten Stunden von Herculaneum (Ausstellung in Haltern, Westfälisches Römermuseum 2005), hg. von Josef Mühlenbrock und Dieter Richter, Mainz 2005, S. 213–217

Schick 2007 Hartmut Schick: Geordnetes Chaos. Zur musikalischen Darstellung von Naturkatastrophen im 18. und 19. Jahrhundert, in: AngstBilderSchauLust. Katastrophenerfahrungen in Kunst, Musik und Theater, hg. von Jürgen Schläder und Regina Wohlfahrt, Leipzig 2007, S. 105–124

Schickhoff 2011 Udo Schickhoff: Wie reagiert die Vegetation in der Arktis auf den Klimawandel?, in: Geographische Rundschau 64 (1), 2011, S. 52–57

Schiller 2004 Friedrich Schiller: Wilhelm Tell, in: Friedrich Schiller. Sämtliche Werke, hg. von Peter-André Alt, Albert Meier und Wolfgang Riedel, Band 2, München/Wien 2004 [1804], S. 913–1029

Schläder 2007 Jürgen Schläder: »Gnade für unser Verbrechen!« Katastrophen-Dramaturgie auf dem Theater des 19. Jahrhunderts, in: AngstBilderSchauLust. Katastrophenerfahrungen in Kunst, Musik und Theater, hg. von Jürgen Schläder und Regina Wohlfahrt, Leipzig 2007, S. 85–104

Schläder – Wohlfahrt 2007 AngstBilderSchauLust. Katastrophenerfahrungen in Kunst, Musik und Theater, hg. von Jürgen Schläder und Regina Wohlfahrt, Leipzig 2007

Schlag 2014 Gabi Schlag: A Buddha to protect – Cyclone Nargis and the visual politics of security, in: Disaster as Image: Iconographies and Media Strategies across Europe and Asia, hg. von Monica Juneja und Gerrit Jasper Schenk, Regensburg 2014, S. 135–144

Schmid 2006 Margrit Rosa Schmid: Wenn sich Berge zu Tal stürzen. Der Bergsturz von Goldau 1806, Zürich 2006

Schmidt, A. 1966 Arno Schmidt: Krakatau, Stuttgart 1983 [1966]

Schmidt, H. 2005 Heinrich Richard Schmidt: Raum und Religion im frühneuzeitlichen Europa, in. Mikro – Meso – Makro. Regionenforschung im Aufbruch, hg. von Wolfgang Wüst und Werner K. Blessing (Zentralinstitut für Regionalforschung, Friedrich-Alexander-Universität Erlangen-Nürnberg, Arbeitspapier 8), Erlangen 2005, S. 90–124

Schmincke 2013 Hans-Ulrich Schmincke: Vulkanismus, Darmstadt 42013

Schneider, G. 1975 Götz Schneider: Erdbeben. Entstehung – Ausbreitung – Wirkung, Stuttgart 1975

Schneider, H. 1964 Hugo Schneider: Piuro sepolta da una frana nel 1618. Gli scavi di sondaggio del 1963, in: Valtellina e Val Chiavenna. Rassegna Economica della Provincia di Sondrio 17/8, August 1964, S. 3–10

Schneider – Wind 1993 La muette de Portici. Kritische Ausgabe des Librettos und Dokumentation der ersten Inszenierung, hg. von Herbert Schneider und Nicole Wind, Tübingen 1993

Schönherr 2012 Hartmut Schönherr: Klimadebatte. Über die narzisstische Kränkung der Menschheit, vom 13.07.2012, in: Novo Argumente online, http://www.novo-argumente.com/magazin.php/novo_dossiers/klimawandel/ (abgerufen am 17.07.2014)

Schuller 2012 Andreas Schuller und Hamburger Abendblatt: Sturmflut über Hamburg. Die Nacht, in der eine Stadt ertrank, Hamburg 2012

Schulte 2011 Paul-Günter Schulte: Ein Archivar hört die Glocken von Plurs (Piuro 4./5. September 2010), in: Plurium 4, 2011, S. 54–56

Schulz 1962 Heinz Schulz: Verlauf der Sturmfluten vom Februar 1962 im deutschen Küsten- und Tidengebiet der Nordsee, in: Die Küste, Heft 1, 1962, S. 5–16

Schwarzer 2000 Ralf Schwarzer: Streß, Angst und Handlungsregulation, Stuttgart 2000

Scudieri – Vaccari – Fiorelli Malesci 2006 Piccoli grandi tesori alluvionati. Un patrimonio da non dimenticare, hg. von Magnolia Scudieri, Maria Grazia Vaccari und Francesca Fiorelli Malesci, Livorno 2006

Seifritz 1990 Walter Seifritz: Die vierte Kränkung, in: Neue Zürcher Zeitung, 175, 31. Juli 1990, Teil »Forschung und Technik«

Seitz 1520 [Seitz, Alexander]: Ain Warnung des Sündtfluss oder \ erschrockenlichen wassers Des xxiiij. Jars ausz natürlicher art des \ hymels […], [Augsburg, Jörg Nadler, 1520] [=VD16 S 5396]

Self – Rampino 1981 S. Self und M. R. Rampino: The 1883 eruption of Krakatau, in: Nature 294, 1981, S. 699–704

Serreze [et al.] 2009 Mark C. Serreze [et al.]: The emergence of surface-based Arctic amplification, in: The Cryosphere 3, 2009, S. 11–19

Shaw 2011 Mega Disaster in a resilient society. The Great East Japan (Tohoku Kanto) Earthquake and Tsunami of 11th March 2011. Synthesis and initial observations, hg. von Rajib Shaw [et al.], International Environment and Disaster Management, Graduate School of Global Environmental Studies, Kyoto University 25th March 2011

Signori 2008 Gabriela Signori: Ereignis und Erinnerung: Das Ritual in der städtischen Memorialkultur des ausgehenden Mittelalters (14. und 15. Jahrhundert), in: Prozessionen, Wallfahrten, Aufmärsche. Bewegung zwischen Religion und Politik in Europa und Asien seit dem Mittelalter, hg. von Jörg Gengnagel, Monika Horstmann und Gerald Schwedler (Menschen und Kulturen. Beihefte zum Saeculum, Jahrbuch für Universalgeschichte, 4), Köln/Weimar/Wien 2008, S. 108–121

Sigurdsson 1989 H. Sigurdsson – S. N. Carey: Plinian and co-ignimbrite tephra fall from the 1815 eruption of Tambora volcano, in: Bulletin of Volcanology 51, 1989, S. 243–270

Simkin – Fiske 1983 Tom Simkin und Richard S. Fiske: Krakatau 1883: The Volcanic Eruption and its Effects, Washington, D.C. 1983

Simonett – Sablonier 2000 Handbuch der Bündner Geschichte Bd. 1–4, hg. von Jürg Simonett und Roger Sablonier, Chur 2000

Singh 2008 Anita Singh: Dubai resort The Atlantis stages most expensive launch party ever, in: The Telegraph, 20.11.2008, http://www.telegraph.co.uk/news/celebritynews/3490070/Dubai-resort-The-Atlantis-stages-most-expensive-launch-party-ever.html (abgerufen am 16.07.2014)

Smith 2010 Lawrence C. Smith: Die Welt im Jahr 2050. Die Zukunft unserer Zivilisation, München 2011

Smithsonian Institution Smithsonian Institution, Global Volcanism Program: http://www.volcano.si.edu/ (abgerufen am 15.07.2014)

Smits 2006 Gregory Smits: Shaking Up Japan: Edo Society and the 1855 Catfish Picture Prints, in: Journal of Social History 39, no. 4 (Summer 2006), S. 1045-1078

Snoek 2013 Jan Snoek A.M.: Klassifikation und Typologie, in: Ritual und Ritualdynamik. Schlüsselbegriffe, Theorien, Diskussionen, hg. von Christiane Brosius, Axel Michaels und Paula Schrode, Göttingen 2013, S. 55–61

Soles 1999 Jeffrey Scott Soles: »The Ritual ›Killing‹ of Pottery and the Discovery of a Mycenaean Telestas at Mochlos,« in: Meletemata. Studies in Aegean Archaeology Presented to Malcolm H. Wiener, hg. von P. Betancourt [et al.], Aegaeum 20, 1999, S. 787–793

Solnit 2009 Rebecca Solnit: A Paradise Built in Hell, London/New York 2009

Sonnabend 1999 Holger Sonnabend, Naturkatastrophen in der Antike. Wahrnehmung – Deutung – Management, Stuttgart/Weimar 1999

Sontag 2003 Susan Sontag: Das Leiden anderer betrachten, München/Wien 2003

Spande 2009 Conservation Legacies of the Florence Flood of 1966. Proceedings of the Symposium Commemorating the 40th Anniversary, hg. von Helen Spande, London 2009

Der Spiegel 1962 Der Spiegel: Stadt Unter. Nr. 9, 1962, S. 17–27

Stanfield-Mazzi 2013 Maya Stanfield-Mazzi: Object and Apparition. Envisioning the Christian Divine in the Colonial Andes, Tucson 2013

Stange 2012 Kunst und Klima, hg. von Raimar Stange, Nürnberg 2012

Statius 2003 Publius Papinius Statius: Silvae, hg. und übersetzt von D.R. Shackleton Bailey (The Loeb classical Library, 206), Cambridge, Mass. 2003

Staupe – Vogel 2008 Gisela Staupe und Klaus Vogel: Vorwort, in: 2° – das Wetter, der Mensch und sein Klima, Göttingen 2008, S. 8–9

Stefani 2011 Grete Stefani, Das Datum des Vesuvausbruchs 79 n.Chr., in: Pompeji – Nola – Herculaneum. Katastrophen am Vesuv (Ausstellung in Halle, Landesmuseum für Vorgeschichte 2011–2012), hg. von Harald Meller und Jens-Arne Dickmann, München 2011, S. 81–84

Steiniger 2011 Florian Steiniger: Gefährliche Brandung und Stille See(le), in: Awaisowski. Maler des Meeres (Ausstellung in Wien, Bank Austria Kunstforum 17. März bis 10. Juli 2011),

hg. von Ingried Brugger und Lisa Kreil, Ostfildern 2011, S. 67-74

Stephanus 1578 Henricus Stephanus: Platonis opera quae extant omnia: eiusdem annotationes in quosdam suae illius interpretationis locos, Bd 3, Paris 1578

Stöffler – Pflaum 1499 Johannes Stöffler und Jakob Pflaum: Almanach nova plurimis annis venturis inservientia, Ulm (Johann Reger) 1499 [=GW M44052]

Strabon 2003 Strabo: Geographika, hg. von Stephan Radt, Bd. 2, Göttingen 2003

Sturlese 2011 Mantik, Schicksal und Freiheit im Mittelalter (Beihefte zum Archiv für Kulturgeschichte, 70), hg. von Loris Sturlese, Köln/Weimar/Wien 2011

Suetonius 1955 Caius Suetonius Tranquillus: Leben der Caesaren [De vita duodecim Caesarum], übersetzt und eingeleitet von André Lambert, Zürich 1955

Summermatter 2009 Stephanie Summermatter: ,Das Thal in Schutt und Grauen.' Der Bergsturz von Goldau (Schweiz), 2. September 1806, in: Katastrophen. Vom Untergang Pompejis bis zum Klimawandel, hg. von Gerrit Jasper Schenk, Ostfildern 2009, S. 119–132, 245-247

Symons 1888 The Eruption of Krakatoa and Subsequent Phenomena. Report of the Krakatoa Committee of the Royal Society, hg. von G.J. Symons, London 1888

Szeglat – Rietze 2010 Marc Szeglat und Martin Rietze: Vulkane, Darmstadt 2010

Talkenberger 1990 Heike Talkenberger: Sintflut. Prophetie und Zeitgeschehen in Texten und Holzschnitten astrologischer Flugschriften 1488–1528 (Studien und Texte zur Sozialgeschichte der Literatur, 26), Tübingen 1990

Tannstetter 1523 Georg Tannstetter: Zu eren und gefallen dem durchleuchtigisten [...] Fürsten Ferdinando [...] auch zu trost seiner unterthanen hat Georg Tannstetter diß gegenwurtigs Buechlen ausgeen lassen, der leut hart furgenomene Verwänung [...] von ainem kunfftigen Synfluß auffs XXIIII. Jar gefast abzuwenden, Wien (Singriener) 1523 [=VD16 T160]

Targioni Tozzetti 1767 Giovanni Targioni Tozzetti: Disamina d'alcuni progetti fatti nel secolo XVI per salvar Firenze dalle inondazioni dell'Arno, Florenz 1767

Teiji 1989 Ichiko Teiji: Shintei Hôjôki. Tôykô: Iwanami shoten, 1989

Theatrvm Evropaevm 1635 Theatrvm Evropaevm, Oder Außfuehrliche/ und Wahrhafftige Beschreibung aller und jeder denckwuerdiger Geschichten [...], Beschrieben durch M. Joannem Philippum Abelinum, Argentoratensem. Mit schoenen in Kupffer gebrachten LandTafeln [...] gezieret/ und verlegt durch Matthaeum Merian [...], Franckfurt am Mayn/ bey Wolffgang Hoffmann [...] 1635

Thom 1975 René Thom: Structural Stability and Morphogenesis: An Outline of a General Theory of Models, Reading, Mass. 1975

Thomalla – Schmuck 2004 F. Thomalla und H. Schmuck: »We all knew that a cyclone was coming: disaster preparedness and the cyclone of 1999 in Orissa, India," Disasters 28, 2004, S. 373–387

Thomas [et al.] 2004 Chris D. Thomas [et al.]: Extinction Risk from Climate Change, in: Nature 427, 2004, S. 145–148

Tierney – Bevc – Kuligowski 2006 Kathleen Tierney, Christine Bevc und Erica Kuligowski: Metaphors Matter: Disaster Myths, Media Frames, and Their Consequences in Hurricane Katrina, in: The Annals of the American Academy of Political and Social Science 604, 2006, S. 57–81, doi:10.1177/0002716205285589

Trempler 2004 Jörg Trempler: Inszenierung der Erdgeschichte. Vesuvausbrüche im späten 18. Jahrhundert, in: Bildtechniken des Ausnahmezustandes, hg. von Horst Bredekamp und Gabriele Werner (Bildwelten des Wissens. Kunsthistorisches Jahrbuch für Bildkritik, 2,1), Berlin 2004, S. 93–105

Trempler 2012 Jörg Trempler: Das Atomkraftwerk als Ruine, in: Zeitschrift für Ideengeschichte 6/1, 2012, S. 76–79

Treter 2006 Uwe Treter: Global Change im hohen Norden – Die Zone des borealen Waldlandes, in: Planet Erde. Nord- und Südamerika, hg. von Rüdiger Glaser und Klaus Kremb, Darmstadt 2006, S. 38–49

Trexler 1972 Richard C. Trexler: Florentine Religious Experience: The Sacred Image, in: Studies in the Renaissance 19, 1972, S. 7–41

Trexler 1980 Richard C. Trexler: Public Life in Renaissance Florence, New York u. a. 1980

Turner 1989 Victor Witter Turner: Das Ritual. Struktur und Anti-Struktur

(Theorie und Gesellschaft 10), Frankfurt a. M./New York 1989

Tworuschka 2005 Monika und Udo Tworuschka: Als die Welt entstand ... Schöpfungsmythen der Völker und Kulturen in Wort und Bild, Freiburg/Basel/Wien 2005

Umweltbundesamt 2007 Neue Ergebnisse zu regionalen Klimaänderungen. Das statistische Regionalisierungsmodell Wettreg, http://www.umweltbundesamt.de/sites/default/files/medien/publikation/long/3542.pdf (abgerufen am 17.07.2014)

United States Congress 1965 United States Congress. House of Representatives. Committee on Public Works: The Hurricane Betsy Disaster of September 1965. Report of the Special Subcommittee to Investigate Areas of Destruction of Hurricane Betsy, Washington, D.C. 1965

United States Congress 2006 United States Congress. Senate. Committee on Homeland Security and Governmental Affairs: Hearing on »Preparing for a catastrophe: The Hurricane Pam experience«, Washington, D.C. 2006

UNO 2013 UNO: Cyclone evacuation to become a global example, UNISDR AP, am 23 Dezember 2013, http://www.unisdr.org/archive/35962 (abgerufen am 15.07.2014)

Upton 1884 W. Upton: The Red Skies, in: Science 49, 1884, S. 37–40

Valenti 2010 Floriana Valenti: Le dispute teologiche tra cattolici e riformati nella Rezia del tardo Cinquecento. Primato del Papa – divinità di Cristo – Sacrificio della Messa, Sondrio 2010

Van Eck [et al.] 2012 Translations of the Sublime. The Early Modern Reception and Dissemination of Longinus' »Peri Hupsous« in Rhetoric, the Visual Arts, Architecture and the Theatre, hg. von Caroline van Eck [et al.] (Intersections, 24), Leiden/Boston 2012

Verbeek 1885 R. D. M. Verbeek: Krakatau, Batavia 1885

Verdeil 1784 F. Verdeil: Mémoire sur les brouillards électriques vus en Juin et Juillet 1783 et sur le tremblement de terre arrivé à Lausanne le 6 juillet de la même année, in: Mémoires de la Société des Sciences Physiques de Lausanne 1, 1784, S. 110–137

Virdung 1523 Johann Virdung: Pracica deutsch Meister Hansen Virdung von Haßfurt/ uff das Erschroecklich Jahre .M.ccc.vn(d) xxiiij [...], Speyer (Anastasius Nolt) 1523 [=VD16 V 1281]

Vismara 2000 Novella Vismara: Monete di Piuro (Elementi per una ricerca, 7), Chiavenna 2000

Vollweiler [et al.] 2006 Nicole Vollweiler [et al.]: A precisely dated climate record for the last 9 kyr from three high alpine stalagmites, Spannagel Cave, in: Geophysical research Letters 33 (20), 2006, L20703

Walter 2010 François Walter: Katastrophen. Eine Kulturgeschichte vom 16. bis ins 21. Jahrhundert, Stuttgart 2010

Weber 2003 Bruno Weber: Das Elementarereignis im Denkbild, in: Naturkatastrophen. Beiträge zu ihrer Deutung, Wahrnehmung und Darstellung in Text und Bild von der Antike bis ins 20. Jahrhundert, hg. von Dieter Groh, Michael Kempe und Franz Mauelshagen (Literatur und Anthropologie, 13), Tübingen 2003, S. 237–259

Weichselgartner 2002 Juergen Weichselgartner: Naturgefahren als soziale Konstruktion: Eine geographische Beobachtung der gesellschaftlichen Auseinandersetzung mit Naturrisiken, Aachen 2002

Weisenfeld 2012 Gennifer Weisenfeld: Imaging Disaster: Tokyo and the Visual Culture of Japan's Great Earthquake of 1923, Berkeley, Cal. 2012

Weltecke 2003 Dorothea Weltecke: Die Konjunktion der Planeten im September 1186. Zum Ursprung einer globalen Katastrophenangst, in: Saeculum 54/2, 2003, S. 179–212

Wendland 1995 Andreas Wendland: Der Nutzen der Pässe und die Gefährdung der Seelen. Spanien, Mailand und der Kampf ums Veltlin 1620-1641, Zürich 1995

Wermiel 2012 Sara E. Wermiel: Did the Fire Insurance Industry Help Reduce Urban Fires in the United States in the Nineteenth Century?, in: Flammable Cities. Urban Conflagration and the Making of the Modern World, hg. von Greg Bankoff, Uwe Lübken und Jordan Sand, Madison/London 2012, S. 235–253

White 1945 Gilbert F. White: Human Adjustment to Floods: A Geographical Approach to the Flood Problem in the United States, Chicago 1945

Wijkman – Timberlake 1984 Anders Wijkman und Lloyd Timberlake: Natural disasters. Acts of God or acts of Man?, London/Washington, D.C. 1984

Wild 2006 Nicole Wild: Mises en scène de catastrophes dans le grand opéra, in: Le spectaculaire dans les arts de la scène du romantisme à la Belle Époque, hg. von Isabelle Moindrot, Olivier Goetz und Sylvie Humbert Mougin, Paris 2006, S. 102–109

Willey 1967 Basil Willey: The Eighteenth-Century Background – Studies on the Idea of Nature in the Thought of the Period. Harmondsworth 1967

Wimböck 2007 Gabriele Wimböck: In den Sternen geschrieben – in die Bilder gebannt. Die Angst vor der großen Sintflut im Zeitalter der Reformation, in: AngstBilderSchauLust. Historische Katastrophenerfahrungen in Kunst, Musik und Theater, hg. von Jürgen Schläder und Regina Wohlfahrt, Berlin 2007, S. 212–239

Winchester 2003 Simon Winchester: Krakatoa: The Day the World Exploded, August 27, 1883, New York 2003

Winkler 1998 Gerhard Winkler, Der Vesuvausbruch vom August 79 n.Chr. in der antiken Überlieferung, in: Naturkatastrophen in der antiken Welt, hg. von Eckart Olshausen und Holger Sonnabend. Stuttgarter Kolloquium zur historischen Geographie des Altertums 6, 1996 (Geographica Historica, 10), Stuttgart 1998, S. 376–395

Wisner [et al.] 2004 Ben Wisner [et al.]: At risk: natural hazards, people's vulnerability and disasters, London/New York ²2004

Wrede 1927 A. Wrede: Barbara, in: Handwörterbuch des deutschen Aberglaubens, hg. von Eduard Hoffmann-Krayer und Hanns Bächtold-Stäubli, Berlin/Leipzig 1927, Bd. 1, S. 905–910

Wundram 2011 Dirk Wundram: Umweltveränderungen in der subpolaren und borealen Ökozone, in: Ökozonen im Wandel, hg. von Dieter Anhuf [et al.], Passau 2011, S. 53–66

Wyder 2006 Margit Wyder: Ferne Echos einer Schweizer Katastrophe, in: Neue Zürcher Zeitung, 2. September 2006, http://www.nzz.ch/aktuell/startseite/articleEEBVD-1.57206 (abgerufen am 16.07.2014)

Yuien 1992 Kell Yuien, Kakuryo Gerhard [Übers.]: Tannisho. Klage über die abweichenden Ansichten, Kyôto 1992

Zay 1807 Karl Zay: Goldau und seine Gegend. Wie sie war und was sie geworden, Zürich 1807

Zehnder 1988 Josef Niklaus Zehnder: Der Goldauer Bergsturz. Seine Zeit und sein Niederschlag, Goldau ³1988

Zeitung für die elegante Welt 1806a Naturbegebenheit im Kanton Schwyz, in: Zeitung für die elegante Welt 117, 30. September 1806, S. 937–939

Zeitung für die elegante Welt 1806b Ueber den Bergfall im Kanton Schwyz, in: Zeitung für die elegante Welt 122, 11. Oktober 1806, S. 977–983

Zelle 1996 Carsten Zelle: Die doppelte Ästhetik der Moderne – Revisionen des Schönen von Boileau bis Nietzsche, Stuttgart/Weimar 1996

Zeller 2014 Rosmarie Zeller: Reading images of natural disasters in printed media of early modern Europe, in: Disaster as Image: Iconographies and Media Strategies across Europe and Asia, hg. von Monica Juneja und Gerrit Jasper Schenk, Regensburg 2014, S. 55–70

Zika 2007 Charles Zika: The Appearance of Witchcraft. Print and visual culture in sixteenth-century Europe, London/New York 2007

Zöllner 2011 Reinhard Zöllner: Japan. Fukushima. Und wir. Zelebranten einer nuklearen Erdbebenkatastrophe, München: 2011

Zollinger 1885 Heinrich Zollinger: Besteigung des Tambora auf der Insel Sumbawa und Schilderung der Erupzion desselben im Jahr 1815, Winterthur 1855

Abbildungsnachweise

Schenk, Juneja, Lind
Einleitung
Abb. 1 und 2 picture alliance / dpa | **Abb. 3** Nicku / Shutterstock.com | **Abb. 4** Gerrit Jasper Schenk, Heidelberg | **Abb. 5** Bayerische Staatsbibliothek München | **Abb. 6** Gemäldegalerie der Akademie der bildenden Künste Wien | **Abb. 7** © Victoria and Albert Museum London

Rothe
Vulkane und ihre Tätigkeit
Abb. 1 bis 4 © Peter Rothe | **Abb. 5** aus: P. Rothe, Gesteine. Entstehung – Zerstörung – Umbildung. Wissenschaftliche Buchgesellschaft Darmstadt 2010

Wyss
Von Atlantis lernen
Abb. 0 Universitätsbibliothek Heidelberg [M359 RES :: 2/Frontispiz] | **Abb. 1** Staatsarchiv Basel-Stadt, BSL 1002b 5-60-1 A 11-1 (Fotoarchiv Höflinger) | **Abb. 2** Hotel Atlantis, Paradise Island, Bahamas | **Abb. 3** Universitätsbibliothek Heidelberg [O 2526 B Folio RES::1-2/Seite 82] | **Abb. 4 und 5** Graphik erstellt von Christina Sturm

Panagiotopoulos
Leben (und Sterben?) im Schatten des Vulkans
Abb. 0 Archäologische Gesellschaft zu Athen | **Abb. Karte** erstellt von Christina Sturm | **Abb. 1 und 3** Walter L. Friedrich | **Abb. 2** IZZARD / Shutterstock.com | **Abb. 4** Panas Karas / Shutterstock.com

Kromer
Die Olive in der Tephra
Abb. 1 Reiss-Engelhorn-Museen Mannheim, Foto: Maria Schumann | **Abb. 2** Walter L. Friedrich

Braun – Lind
Zwei Tage im Jahr 79 n. Chr.
Abb. 0 Verwaltung der Staatlichen Schlösser und Gärten Hessen, Schloss Erbach im Odenwald, Foto: Michael C. Bender | **Abb. Karte** erstellt von Christina Sturm | **Abb. 1, 2 und 5** Alfried Wieczorek, Mannheim | **Abb. 3** Reiss-Engelhorn-Museen Mannheim, Forum Internationale Photographie, Sammlung Wilhelm Reiß | **Abb. 4** Luisa Reiblich, Mannheim

Hammerbacher
Vesuvius in Eruption
Abb. 0 Staatliche Kunsthalle Karlsruhe | **Abb. 1** Tate London 2014 | **Abb. 2 und 3** © 2014 Derby Museums Trust

Dirani
Naturgewalten im Bild
Abb. 1 © 2014, State Russian Museum, St. Petersburg | **Abb. 2** Digital Image courtesy of the Getty's Open Content Program, The J. Paul Getty Trust

Hochadel – Dirani
Trockener Nebel und Berge von Eis
Abb. 0 Kurpfälzisches Museum der Stadt Heidelberg, Foto: Reiss-Engelhorn-Museen Mannheim, Maria Schumann | **Abb. Karte** erstellt von Christina Sturm | **Abb. 1** Reiss-Engelhorn-Museen Mannheim, Foto: Jean Christen | **Abb. 2** Reiss-Engelhorn-Museen Mannheim, Foto: Carolin Breckle | **Abb. 3** Universitätsbibliothek Heidelberg [Graph. Slg. A_0392] | **Abb. 4** Stadtarchiv Mannheim – Institut für Stadtgeschichte, Foto: Reiss-Engelhorn-Museen Mannheim, Maria Schumann

Krämer
Der Ausbruch des Tambora
Abb. 0 Toggenburger Museum Lichtensteig / Schweiz | **Abb. Karte** erstellt von Christina Sturm | **Abb. 1** Tate London 2014 | **Abb. 2 und 3** Museum der Brotkultur Ulm | **Abb. 4** Sammlung des Museums der Brotkultur Ulm, Foto: Reiss-Engelhorn-Museen Mannheim, Maria Schumann

Dörries
Das größte erdumspannende Experiment
Abb. 0 Bibliothèque nationale de France – Société de Géographie Paris | **Abb. Karte** erstellt von Christina Sturm | **Abb. 1** Frankfurt, Senckenberg Forschungsinstitut und Naturmuseum | **Abb. 2** Science Museum/Science & Society Picture Library | **Abb. 3** Staats- und Universitätsbibliothek Bremen | **Abb. 4 und 6** MSTP, Museumsstiftung Post und Telekommunikation Frankfurt | **Abb. 5** MSTP, Museumsstiftung Post und Telekommunikation Berlin

Schenk
Wunder – Zeichen – Glaube
Abb. 0 Universitätsbibliothek Heidelberg [Cod. Pal. germ. 832/fol. 103r] | **Abb. 1, 4 und 5** Bayerische Staatsbibliothek München | **Abb. 2** The Bodleian Libraries, University of Oxford | **Abb. 3** Foto: Claude Menninger © Région Alsace – Inventaire général, Université de Strasbourg – Jardin des Sciences

Rothe
Erdbeben
Abb. © Peter Rothe

Schenk
Die Glocken von Plurs
Abb. 0 Sergio Castelletti | **Abb. Karte** erstellt von Christina Sturm | **Abb. 1 und 5** Luigi Festorazzi | **Abb. 2** Universitätsbibliothek Heidelberg [B 3446 C Folio RES:1/S. 114/115] | **Abb. 3** Stadtarchiv Krefeld | **Abb. 4** Gerrit Jasper Schenk, Heidelberg

Rothe
Bergstürze
Abb. aus: Albert Heim, Bergsturz und Menschenleben. Fretz & Wasmuth Verlag A. G. Zürich 1932

Homering
Das Erdbeben von Lissabon
Abb. 0, 1, 3 und 4 Colecção do Museo da Cidade / Câmara Municipal de Lisboa | **Abb. Karte** erstellt von Christina Sturm | **Abb. 2 und 5** Eva Günther, Speyer

Rothe
Lissabon
Abb. 1 Eva Günther, Speyer

Redepenning
Musik und Katastrophe
Abb. 0 marzolino / Shutterstock.com | **Abb. 1** Reiss-Engelhorn-Museen Mannheim, Theater- und Musikgeschichtliche Sammlungen | **Abb. 2** bpk / Roman Beniaminson

Birken
Ein Idyll wird begraben
Abb. 0 Stiftung für Kunst, Kultur und Geschichte, Winterthur | **Abb. Karte** erstellt von Christina Sturm | **Abb. 1** Klassik Stiftung Weimar, Museen, Inv. Nr. Ggz/1196 | **Abb. 2** Sammlung Bergsturzmuseum Goldau, Weggis, Foto: Reiss-Engelhorn-Museen Mannheim, Carolin Breckle | **Abb. 3 und 4** Bergsturzmuseum Goldau, Weggis | **Abb. 5** HMB – Historisches Museum Basel, Foto: P. Portner

Birken
Eine Stadt verweigert sich der Katastrophe
Abb. 0 Foto: Geo. R. Lawrence Co., 1906, Library of Congress Prints and Photographs Division Washington | **Karte** erstellt von Christina Sturm | **Abb. 1** Privatsammlung, Foto: Arnold Genthe | **Abb. 2** jejim / Shutterstock.com | **Abb. 3 und 4** Courtesy of The Bancroft Library, University of California, Berkeley | **Abb. 5** Courtesy California Historical Society, CHS2014.1708

Rothe
San Francisco
Abb. Wissenschaftliche Buchgesellschaft, Darmstadt

Kübler
Was kostet die Katastrophe?
Abb. 1 Prometheus 72 / Shutterstock.com

Weisenfeld
Die Verbildlichung der Katastrophe in Japan
Abb. 0, 1, 2 und 3 Collection Rabitz, Foto: Reiss-Engelhorn-Museen Mannheim, Carolin Breckle | **Abb. 4 und 5** OSUCGA – The Ohio State University, Billy Ireland Cartoon Library & Museum

Rohr
Sintflutdarstellungen
Abb. 0 Historisches Museum Bamberg | **Abb. 1** © Staatliche Museen zu Berlin – Vorderasiatisches Museum, Foto: Olaf M. Teßmer | **Abb. 2** Accademia Nazionale dei Lincei Roma | **Abb. 3** bpk / RMN – Grand Palais / Paris, Musée du Louvre / Christian Jean | **Abb. 4** Davids Samling, Kopenhagen, Inv. No. 8/2005, foto: Pernille Klemp | **Abb. 5** Asian Art Museum of San Francisco, Gift from Doris Duke Foundations Southeast Asian Art Collection, 2077.77

Meier
Rungholt
Abb. 0 Herzog August Bibliothek Wolfenbüttel: (Wa 6093) | **Abb. Karte** erstellt von Christina Sturm | **Abb. 1** Universitätsbibliothek Kiel [W 813] | **Abb. 2** Graphik erstellt von Dirk Meier | **Abb. 3** Caspar Danckwerth: Neue Landesbeschreibung der Herzogtümer Schleswig und Holstein (Husum 1652). Graphik und Montage: Dirk Meier | **Abb. 4** Graphik: Dirk Meier nach Andreas Busch mit Ergänzungen von Dirk Meier, Hans Jochen Kühn und Cornelia Mertens © Dirk Meier

Meier
Sturmflut von Hamburg
Abb. 0 und 3 Sammlung Ludwig Baier, Eberbach | **Abb. 1 und 2** Graphik erstellt von Dirk Meier | **Abb. 4** Sammlung Ludwig Baier, Eberbach, Foto: Reiss-Engelhorn-Museen Mannheim, Carolin Breckle

Schenk
Schlammengel von Florenz
Abb. 0, 1, 4 und 5 Kunsthistorisches Institut in Florenz – Max-Planck-Institut | **Abb. Karte** erstellt von Christina Sturm | **Abb. 2** Gerrit Jasper Schenk, Heidelberg | **Abb. 3** Royal Collection Trust / © Her Majesty Queen Elizabeth II 2014

Paris
Florenz
Abb. 1 Istituto Geografico Militare, Florenz | **Abb. 2 und 3** © Enio Paris, Florenz

Schenk
Krisenrituale
Abb. 0 Reiss-Engelhorn-Museen Mannheim, Foto: Carolin Breckle | **Abb. 1** Archivio di Stato Siena | **Abb. 2** Bayerische Staatsbibliothek München | **Abb. 3** Claudia Brosseder | **Abb. 4** Bridgeman Images / © Paul Maeyaert | **Abb. 5** Judith Schlehe

Günther
Einer hilft immer
Abb. 0 und 1 Eva Günther, Speyer

Numrich
Nothelfer Japan
Abb. 0 und 1 Reiss-Engelhorn-Museen Mannheim, Foto: Carolin Breckle

Rohland
Hurrikan Katrina
Abb. 0, 1, 2 Aric Mayer | **Abb. 3, 4, 5 und 6** Michael Falser

Rothe
Stürme
Abb. 1 Graphik erstellt von SchreiberVIS | **Abb. 2** Graphik erstellt von SchreiberVIS (aus Caviedes 2005) | **Abb. 3** Universitätsbibliothek Heidelberg [N 699 RE/S. 14]

Schlag
Mediale Erzählungen
Abb. 1 justasc / Shutterstock.com | **Abb. 2** Quelle: RTL Television

Numrich, Grimmig
»Großes Ostjapanisches Beben«
Abb. 0 © Japan Professional Photographers Society (JPS) 2012, Japanisches Kulturinstitut Köln, Foto: Arita Tsutomu | **Abb. Karte** erstellt von Christina Sturm | **Abb. 1** © Japan Professional Photographers Society (JPS) 2012, Japanisches Kulturinstitut Köln, Foto: Nomachi Kazuyoshi | **Abb. 2** © Japan Professional Photographers Society (JPS) 2012, Japanisches Kulturinstitut Köln, Foto: Noda Masaya | **Abb. 3** © Japan Professional Photographers Society (JPS) 2012, Japanisches Kulturinstitut Köln, Foto: Kido Takako

Canavas
Fukushima
Abb. 1 © Japan, Professional Photographers Society (JPS) 2012, Japanisches Kulturinstitut Köln, Foto: Saijo Kakichi

Glaser, Vollweiler
Klimawandel
Abb. 0 NASA/Goddard Space Flight Center Scientific Visualization Studio. The Blue Marble data is courtesy of Reto Stöckli (NASA/GSFC) | **Abb. 1** Jordi Delgado / Shutterstock.com | **Abb. 2** NASA Headquarter, Photo Department, Washington | **Abb. 3** Quelle: Deutscher Wetterdienst | **Abb. 4** World Resources Institute, Washington | **Abb. 5** Institut für Umweltphysik der Universität Heidelberg

Schneider
Klimakultur
Abb. 0 Deutsches Klimarechenzentrum GmbH, Hamburg | **Abb. 1** Christian Numrich, Mannheim | **Abb. 2, 3 und 4** IPCC, Intergovernmental Panel on Climate Change, Genf

Felgentreff
Katastrophenprävention
Abb. 0 Reiss-Engelhorn-Museen Mannheim, Foto: Carolin Breckle | **Abb. 1** Lack-O'Keen / Shutterstock.com | **Abb. 2** a katz / Shutterstock.com | **Abb. 3** Cico / Shutterstock.com | **Abb. 4** alphabetMN / Shutterstock.com

Chen
Zyklon Phailin
Abb. 1 Foto: Press Trust of India (PTI)

Sollte es vorgekommen sein, dass Rechteinhaber nicht benannt sind oder nicht ausfindig gemacht werden konnten, bitten wir um entsprechende Nachweise die beteiligten Urheberrechte betreffend, um diese in künftigen Heften zu berücksichtigen oder/und im Rahmen der üblichen Vereinbarungen für den Bereich wissenschaftliche Publikationen abgelten zu können.